日本近代史

林明德 著

三民書局

四版說明

　　日本的近代史始於明治維新。儘管從舊制轉變到新制的過程中歷經千辛萬苦，隱藏在幕府與天皇兩派之間的多股勢力暗潮洶湧，但最終仍是舉步維艱的完成目標，更成功躋身世界強國，在政治、軍事、經濟發展上皆足以與當時的歐美各國媲美。本書介紹日本近代一系列的改革與發展過程，看大和民族如何在國際間嶄露頭角，並經歷輝煌、飄搖而後重生的過程。

　　此次再版，除了版式與內文修訂外，也新增 1980 年至 2022 年間，日本與國際的大事年表，期望讀者在理解日本近代發展的跌宕過程時，也同步知曉世界大事，並將國際視野應用至今日乃至未來之世界。

編輯部謹識

修訂三版序

　　1980 年代，日本問題由於哈佛大學福格教授 (Prof. E. F. Vogel) 所撰《日本第一》(*Japan as No. 1*) 一書而轟動一時，引起世界各國研究日本的熱潮。平實而論，日本現代化的過程中，在民主化和精神層面並不徹底，但其經濟成長等外在的現代化發展，無疑是成功的。因此，在 1960 年代，美國學者有意識的比較日本現代化的成功和中國現代化的失敗，來說明日本傳統社會的優點，此一問題迄今雖仍爭論不已，但瞭解日本的傳統淵源，實為解開中日近代化優劣比較的先決條件。

　　過去臺灣學界對日本研究態度之保守，不夠積極，歸諸於政治原因，但目前這種說詞已成過去。近年以來，工商界對日本科技的吸收，無論在經營理念或應用科技方面，均有了敏銳而實際的具體反應。以今日臺灣與日本交往之頻繁，先進國日本已經變成世界情報的窗口，多量的資訊正透過此一窗口湧向臺灣。

　　多年以來，日本學者研究中國史、臺灣史者，著作很多，而國人研究日本史者，則是鳳毛麟角。難怪有人慨嘆我們大學歷史課程之偏重歐美列強，而忽略日俄。當前研究日本歷史的機關學校及出版日本國情書刊雖較前稍多，但仍感缺乏。

　　日本自明治維新以來，國勢蒸蒸日上，一勝於清，再勝於俄，又合併朝鮮，歐戰以還，一躍而為五大強國之一。日本軍閥侵略

中國思想以及大陸政策，實即孕育於此。

　　戰後日本，以戰敗之國，經數十年的勵精圖治，於今又重躍世界歷史舞臺，為亞洲重要支柱之一，且其勢力有舉足輕重者。不論與日本為敵為友，對日本的歷史及現狀，實有深切的瞭解與認識的必要，唯有知己知彼，始能增進雙方的正常關係。

　　在一百多年的現代化歷程中，日本不時給世界帶來驚奇。明治維新促進了日本的現代化，向富國強兵的目標邁進，日俄戰爭的勝利，使日本成為足與西方列強相抗衡的國家。第二次世界大戰後，在短短的二、三十年內，奇蹟式的從廢墟中重建，一躍而為世界第二的經濟大國。日本被西方學者認為是「非西方國家中唯一現代化成功的國家」，因而引起各國研究日本的熱潮。

　　日本現代化成功的秘訣是甚麼，此一問題雖看法不盡相同，但在探討日本現代化成功的因素時，不僅要注意到現代化的理論模式、行為基準，或儒家思想等問題，且須追溯到歷史的傳統，由「家」的意識轉化為集團意識、群體意識，或武士道效忠精神轉化為對公司的奉獻精神等文化層面的問題。

　　實際上，這一百年來，中國的對外關係，仍以日本最為密切。中國飽受日本侵略之害，臺灣亦受日本殖民統治五十年，但卻仍不瞭解日本。其所以如此，實惑於同文同種之說，以為日本為蕞爾小國，斷定其並無文化，而加以抹煞，因而連帶的忽視日本的研究。為此，本書從日本近代的社會、文化、經濟、政治與軍事等各層面加以探究，藉以瞭解日本的傳統淵源，以之為吾人之借鑑。

　　日本的近代史自 1868 年的明治維新邁向近代資本主義時代

以後，可以 1905 年的日俄戰爭為分界，劃分為資本主義制度的確立與軍事帝國主義發展的兩個階段，而軍事帝國主義，則在第二次世界大戰日本的戰敗而告終。依此推論，日本現代史是日本近代史上的第三個階段。它不僅是日本近代史上的重要歷史篇章，同時在現代世界史上亦占有重要的地位。因此，本書是起自幕末、明治維新時代，以迄 1980 年代日本成為經濟大國前後百年的日本近代史。

　　本書共分十二章，就明治維新百年來日本軍事帝國主義的興亡與戰後民主日本的誕生、經濟民主化的建設、社會生活與文化的發展等加以探討，大體上以政治及經濟發展為主，並兼及社會文化實況的分析。

　　本書承三民書局董事長劉振強先生之鼓舞而撰成，希能藉此加深國人對日本歷史文化的認識，在此特致謝忱。茲於再版之際，重申知己知彼，瞭解日本的重要性。唯仍難免謬誤遺漏之弊，尚祈諸先進不吝指教。

林明德　謹識
2006 年 9 月

日本近代史

目次

第一章　緒　論

　　日本列島位於東亞大陸的東緣，外側臨北太平洋，內側隔日本海和中國海，與朝鮮半島和中國大陸遙遙相對。九州雖處於最接近大陸文化的地理位置，但因隔著較之英國與歐洲大陸之間的杜佛海峽 (Strait of Dover) 寬廣的對馬海峽，因此，日本與中國大陸呈現間歇性的交流，造成中日關係異於歐洲與英國的關係。日本在此地理條件下，在中國文明的全面性影響下，吸收東洋的漢字文化。但自古至今，除了戰後數年盟軍的占領時期之外，長期以來得以保持其政治的獨立，發展其獨特的文化與傳統。

　　另一方面，日本隔著浩瀚的太平洋，與歐美技術文明之極的美國相望。過去，大洋雖是阻止人際與文化交流的障壁，但在近代的交通技術發達下，海洋乃一變而為優異的交通路線，日本遂得以透過太平洋，直接與美國的技術文明相連。因此，日本民族居於亞洲與歐美之間，一方面維持其獨立的社會結構，一方面吸收東方文化與歐美技術文明，在單一民族（人種、語言幾全一致）的條件下，建立高度的教育制度與文化。

　　1868 年的明治維新實為日本劃時代的變革，在富國強兵、殖產興業、文明開化的口號下，急遽的推行近代化。不僅在內政方面完成政府機能，廢除各種封建制度，制定憲法，建立立憲國家的體制；對外方面，亦致力修改不平等條約，撤銷幕府末年以來不平等條約的桎梏，達成國際上平等的地位。其間經過對清、對俄兩次戰爭，提高其國際地位，且進行產業革命，促進資本主義的發達。

　　明治時期的社會問題，由於資本主義的發達與產業革命的進行所衍生的勞工運動與社會主義運動，日本政府採取懷柔與彈壓軟硬兼施的手段加

以扼殺。文化方面，則高唱文明開化，「脫亞」，全面移植西歐文化。

　　大正、昭和時代是日本建立帝國主義路線、逐漸走向對外侵略戰爭的時期。日本利用二十世紀初期列強對立的有利國際情勢，加強朝鮮的殖民地化，並蠶食中國，隨即乘第一次世界大戰之機，向東亞擴張其勢力，成為亞洲唯一的帝國主義國家，亦使日本孤立於亞洲諸民族主義之外。

　　由於軍部❶勢力的抬頭，「大正民主」遂銷聲匿跡，學術研究、言論自由漸被剝奪，思想亦受到箝制。盧溝橋事變之後，更以國家總動員法加強其經濟統制。

　　1930 年代，軍部確立其在政治上的支配地位，轉向法西斯主義，發動侵華戰爭，陷入戰爭泥沼之中，在中國民族主義的抵制與英美的圍堵中，積極南進，終於掀起了太平洋戰爭，一意追求「大東亞共榮圈」的美夢。

　　第二次世界大戰期間，除了初期的短暫勝利之外，不久即節節敗退，終於 1945 年 8 月戰敗投降，接受盟國的占領統治。在美國的單獨占領下，強行推動非軍國主義化、民主化的改革，並制定新憲法，確立民主化的國家體制。

　　經過六年多的占領統治之後，又從戰爭的廢墟中重新崛起。1952 年簽訂「舊金山和約」，結束被占領的狀態，重獲獨立。

　　戰後的冷戰，使美國轉變其對日政策，改為以經濟復興作為重要政策。在美國的扶持提攜與全力推動經濟發展下，並拜韓戰的「特需」❷之賜，使其奇蹟式的復興。1960 年代開始，日本的經濟起飛，甚至高速發展，一躍而為世界第二的經濟大國。

　　戰後透過教育改革，使日本教育從戰前的天皇制軍國主義教育體制中解放出來，迅速地走上發展的軌道，為日本經濟的恢復和高度成長培養了大批的專業人才。

❶　軍部泛指陸軍省、海軍省、軍令部、參謀本部等各軍事機關的總稱。

❷　美軍所需軍需品特別的採購。

　　日本文化的性格有「縱型社會論」、「集團主義說」、「壺型文化論」等說法。至於日本的近代文化，則是「併有西洋文化與傳統文化的雙重結構」。從橫的層面來看，不少領域有西洋文化與傳統文化同時存在的現象。在縱的層面，則有貴族文化與庶民文化同時併存的雙重結構。日本的近代文化與西洋的近代文化不同，並非透過歷史的變革，在經濟與社會的基礎之上，形成傳統文化，而是大量引進西洋文化之後，與傳統文化融合而形成。

第一節　日本的國土與民族

　　日本位於亞洲大陸的東緣，由北海道、本州、四國、九州等四個大島以及附近數千個小島所組成，故在地理上亦稱日本群島。其中本州最大，計二十二萬平方公里；北海道次之，約八萬平方公里；九州次之，約為三萬六千平方公里；四國最小，尚不足二萬平方公里。總面積共約三十八萬平方公里，約占地球陸地總面積的三百五十分之一。

　　日本群島位居歐亞大陸和太平洋海盆的接觸線上，山地特多，占全國國土的三分之二。由於地盤不穩，斷層、火山特多，地震不絕，但是噴出的熔岩使河川斷流，構成湖泊，因此境內多湖，景色瑰麗。日本第一高峰富士山（三千七百七十六公尺）為圓錐形活火山，常呈白雪皚皚，非常美麗，成為日本的象徵。日本地形狹長，由東北延向西南，猶如一彎新月。

　　日本人在人種分類上屬黃種人 (Mongoloid)，但其間亦有差異性，蓋日本民族自古並非由單一民族發展而來，其間經過相當複雜的過程。

　　日本民族的構成有漢人血統說❸、蝦夷 (Ezo) 構成日本基本人種說❹、

---

❸　有吳泰伯後裔說、秦徐福後裔說等，但大抵為臆測之辭。

❹　屬於原白色人種高加索，距今約一千二百年前，蝦夷的祖先居住於北海道與本州北部三分之一的地域。其後被趕往北部，在文化、人種上，被日本人同化。現在的蝦夷已瀕臨絕種邊緣。亦有蝦夷 (Ezo) 與阿伊努 (Ainu) 為同族說法。

南洋民族說，以及通古斯族說❺等幾種說法。但是各說都缺乏嚴密的科學根據。根據一項繩紋式文化時代人骨綜合調查研究結果顯示，「原日本人」(Proto-Japanese) 的說法似較可信。所謂原日本人，是與現代蝦夷人、現代日本人不同，卻是兩者的祖先型人種。其後經過某種程度的混血與生活環境的影響，而發生體質上的變化，成為現代日本人體質的骨幹。最近又有亞洲大陸騎馬民族混血說，但亦無定論。

從地理上來說，一般常識性的判斷，日本民族是由許多種族混合而成的，即亞洲南方系和北方系民族的混合種族。他們分別從亞洲北部經由庫頁島、北海道、千島群島、朝鮮半島，以及從南洋通過馬里亞納群島 (Mariana Is.)、琉球等地輾轉到達日本。經過長期的混血融和，才逐漸形成共同語言與風俗習慣的日本民族。

第二節　日本歷史文化的傳統與特色

日本所受中國文化影響之深是無可否認的，但其歷史文化發展仍有其主體性。從世界史的觀點來考察，可以概略的窺出日本歷史文化在其演進過程中的特性，茲分述如下：

一是連綿性。日本在兩千多年的歷史演進過程中，無論其國土、民族、統治者等國家構成的要素，自古至今連綿一貫，無任何顯著的變更或斷絕。固然在近代因其軍國主義擴張的結果，國勢延伸到朝鮮半島、臺灣、庫頁島南部、西伯利亞、中國大陸以及東南亞等地區，但為時不久即物歸原主。至於日本本土，雖亦曾於十三世紀末葉被蒙古襲擊過兩次，二十世紀中葉被盟軍短暫的占領統治過，但這種外力的介入並未對日本國土的完整或日本民族的生存造成致命性的傷害。

---

❺　此說以為通古斯族 (Tungus) 在日本民族中混血的比例占 60%。通古斯族為住居東部西伯利亞的蒙古一種族。

　　日本沒有種族的大融合，卻有文化的吸收與融合。更沒有劇烈的革命，影響社會的大變革。因此，在社會上、文化上，自古到今，其發展始終持續而未嘗間斷。甚至統治日本的天皇制仍得維護其「萬世一系」的傳統。戰後天皇雖已由「現人神」(Arahitogami)❻的神格降為人格的存在，但在形式上，仍由天皇皇族嫡系出任最高統治者的象徵。

　　再就神道信仰，或政治、社會制度加以考察，在在反映其傳承古代傳統。自古以來的神道信仰，雖因終戰後被否定其國教的地位，但全國各地到處都是神社，在農村，神社仍是村落的生活中心，人們信仰的中心。皇室的重要儀典亦連綿傳承神道的儀式。如天皇即位儀式的「新嘗祭」(niinamesai)❼等，二千年來一直保存下來。甚至今日最足以表現日本文化特徵的茶道 (sadō)、插花 (ikebana)、「物語」(monogatari) 等，以及民間習俗，亦皆傳自室町時代，且受中古時代的間接影響。

　　明治維新以後創始的行政機關或官位如大藏省、宮內廳、或大臣、判事、主計、侍從、主稅等，均溯源於八世紀的律令制。甚至宮廷的日常生活，農村庶民的生活方式，農耕形態，亦具有古來的傳統。凡此均顯示其歷史文化的連綿性。

　　二是模仿性。日本民族有吸收外來文化的功能，更明白的說，日本文化是以先進文化為典範而形成的。一世紀以後，日本的部落酋長以及大和朝廷無不積極吸收輝煌燦爛的中國文化，大化革新（645～707 年）即是隋唐文化的模仿。日本於中古時代吸收中國文化，與日本固有文化相融合，遂產生了「和魂洋才」的「國風文化」。八、九世紀遣唐使之派遣與明治維新時期之全盤西化，可說是日本吸收外來文化的兩大顛峰。十二世紀以後

---

❻　現人神為天皇的尊稱，認為神是隱身的，有時以人的形狀現身，故有此稱，或稱之為現神 (Akitukami)。

❼　天皇即位後，最初舉行的新嘗祭，為大嘗祭 (ōnamesai) 的一種。天皇親自獻上當年新穀，以祭祀天神地祇的祭典，為一代一度的大祭。

明治神宮的新嘗祭

的鎌倉時代,新興佛教禪宗,為日本文化注入宋朝文化的精髓。元明之世更輸入以禪宗為中心的中國文化,影響及於學問、文化、藝術以及風俗,連遣明使節亦由禪宗擔任。直到明治時期,才轉而吸收西歐文化,推動全盤西化的現代化運動。尤其是第二次世界大戰後,在政治體制及社會各方面,歐美的自由主義思想更深入各階層,雖難免構成戰勝國對戰敗國強制性的方式,但日本亦積極的加以接受。

三是融合性。日本的文化是混合融化而成的。日本自始即擅長吸收外來文化,但這種外來文化一旦輸入之後,便與日本的固有文化渾然融合而形成新的日本文化。日本歷史具有同化中和外來文化的功能,因此自古以來即無劇烈的社會革命。七世紀的大化革新為日本史上最早的政治、社會革命,導致日本走向中央集權國家,使豪族擁有的土地劃歸中央,但不表示豪族之潰亡。蓋豪族雖失去土地與人民,卻仍以官位俸祿、功田等名目賜與土地、人民,並未剝奪其生存權。至於田制、稅制等,雖取範於隋唐法制,但亦保留不少日本固有的制度,絕非標新立異。足見其模仿隋唐之

制，並非全盤吸收，而是經過去蕪存菁的過程。

　　大化革新雖然是吸收隋唐的文物典章制度，卻有不少仍然沿襲日本固有的文化與習俗。在吸收隋唐文化之後經過一段時期，卻又完全被日本固有文化傳統所吸收融合，而產生了日本特有的政治社會制度，以及別具風格的佛教文化。攝關政治❽的特殊政治形態、源氏物語、和歌文學、寢殿造 (shindenzukuri)❾等，最具日本式的文化因素，卻是咀嚼消化外來文化，混合融合而成的日本文化。鎌倉時代的新佛教已脫離中國甚至印度的佛教精神，而形成日本化的佛教，這也是同化作用另一種顯著的例子。江戶時代由於長期的太平盛世，無論是水戶學派的史學或鑽研宋明理學的折衷學派，均以日本純粹的事物為對象，而興起國家觀念，走向日本化，逐漸樹立日本化的獨立學問。

　　再就明治維新而言，雖其物質文明取範於歐美，但形而上則仍然貫徹東方古來的道德以及日本固有的精神，因而有「藝術機械取於彼，道德仁義存於我」之論。

　　日本由於其地理條件屬於亞洲文化圈，卻是與大陸隔海的島國，較少受外敵的侵入，故能蘊育日本固有的文化，同時又能吸收中國、印度與朝鮮文化。反之，卻亦易流於閉塞與孤立，尤其十七世紀初期，江戶幕府採取的鎖國政策，自我斷絕與諸外國的交通，以致延緩了日本的近代化與國際化。至十九世紀後半，日本結束了近七百年的幕府將軍政治，迎接了革命的轉換期，著手明治維新的大改革，急速採行近代化的路線。除了躋進近代國家之林外，同時整軍經武，勵行軍國主義的侵略，但在第二次世界大戰戰敗。戰後卻因國際局勢變化的有利條件，並得到美國的支援，完成奇蹟式的復興。

---

❽　攝政與關白為天皇的輔佐，攝關政治即攝關執掌政治實權的政治形態。特指律令
　　政治形式化的十世紀至院政成立的十一世紀中葉的政治。

❾　平安時代貴族邸宅的建築模式。

第三節　明治維新以前的政治社會

日本實施立憲政治，走向近代化國家，實始自 1868 年的明治維新。在此之前，中央實際掌握軍政大權的，則是奉天皇之名而統治全國的幕府將軍，地方則是受制於將軍的大小藩主（稱之為大名，daimyō），因此，可稱之為「封建的幕府政治」。這種封建制度，乃發源於十二世紀末期鎌倉幕府所開創的武家政治。其後經室町幕府、織田信長、豐臣秀吉時代，而至江戶幕府（德川幕府），前後六百多年，奠定了根深蒂固的勢力。其政治社會形態具有以下諸特色：

一、典型的君主政治

日本的君主國體，自 645 年實行大化革新之後，天皇為國家的主君，居於最高統治地位。然自九世紀末葉藤原氏出任「攝關」職以降，天皇已喪失實權。迨至鎌倉幕府以後，除後醍醐天皇一度短暫的親政之外，統治權完全操之於征夷大將軍的幕府之手。但形式上，征夷大將軍一職，仍須由天皇頒任。將軍乃是受命於天皇，代行統治權的攝政。連官位的予奪，僧官的特許、榮譽狀的頒發等，均屬天皇的大權。就此而論，將軍宛如天皇體系中世襲的攝政。

二、複合式的聯邦國家

自十二世紀鎌倉幕府創立以來，將軍掌握國政大權，但幕府將軍並非直接統治全國，除了將軍之下直轄的「天領」之外，全國分為若干藩❿，各藩本身具有完全的「自治」之權，有如小國家。除了直轄地之外，將軍的權力不能直達於人民，而須假手於各藩主（大名）。幕府擁有外交、宣

❿　幕府末期，全國約有二百六十藩。藩由藩主統治。

戰、媾和、鑄幣、驛傳以及監督藩政或大名之「改易」⓫等權，但藩主則
有自己的領域，有軍備、司法、警察、課稅等實權，實行專制政治。由此
可見日本並非具有現代統一形式的國家，而是由多數小國家的統治團體所
組成的複合式聯邦國家。

三、封建的國家

　　幕府與各藩的統治組織形態，以及幕府與各藩的關係，乃建立在封建
制度的基礎之上。幕府以其擁有土地所有權，與「四民的忠誠」成為全國
最高的大地主。這種封建制度有兩項特質：一是上下統屬，追隨主君的君
臣主從關係；二是統治權伴隨著土地的領有，亦即領主擁有當地領邑內人
民的權能。將軍在天皇一人之下，居全國最高領主的地位，除直隸幕府的
旗本 (hatamoto)⓬之外，全國的藩主均為其陪臣，藩主一方面為將軍的臣
下，對將軍有忠勤之責，一方面卻亦各有其自己的陪臣。將軍以其領有的
全國土地，分封給大名（諸侯）。至於諸侯在其封地內，則有第二次領有
權——包括將其土地再分封其臣下的權力。

四、階級制度

　　幕府時代的統治組織，整個社會係以階級的特權為基礎。人民的階級
有公卿 (kuge)⓭、大名、武士以及町人（商人）、百姓（指農民）等之分。
　　江戶時代以降，武士已成為社會的支配者，享受參與政權及服兵役的

⓫　大名有絕嗣或違反忠勤的義務或藩政紊亂時，幕府將軍得以斷絕其「家格」（門
　　第）或沒收其土地。
⓬　直隸於幕府的臣屬，領有五百石以上一萬石以下，能直接謁見將軍的武士，稱之
　　為旗本，否則即為御家人 (gokenin)。
⓭　或稱公家，直隸於天皇的朝臣，雖受幕府的監督，但非幕府的臣下，與將軍或領
　　主無直接的隸屬關係。

特權，但負有對主公忠誠奉公的義務。事實上，武士除了享受政治上的特權之外，尚握有對町人（商人）與百姓生殺予奪的特權❶。町人與百姓屬於平民階級，均不得參與政治及服兵役。平民以下尚有「穢多」(eta)、「非人」(hinin) 等賤民階級，從事低賤的工作，不僅不得與平民同居同席，更不能通婚。江戶幕府末期，因穢多曾參與長州征伐有功，始廢穢多之名，至明治政府成立之後，始得解放。但實際上為數數百萬的穢多與非人（明治維新期間改稱部落民），直至第二次世界大戰之後的今日，仍未能真正解放，無論在職業、居住、婚姻甚至服飾方面，仍受到差別待遇。

階級的差別原則上是先天的，其間不允許有任何混淆。公卿雖可以為武士，但其他階級卻決不能轉為公卿。武士在社會上屬於表率階級，享盡榮華富貴與特權。町人與農民除了獲得特許之外，不得稱姓帶刀，更不許其練武，蓋與身分不相稱者，概被禁止。

五、極權警察國家

江戶幕府的政治是一種徹底的軍國主義警察國家，時常處於戒嚴狀態。統治者自將軍以至藩主，無不以練兵為職志，大都以武士兼管民政。其監察制度之嚴實無與倫比。上自幕府的幕僚，下至臨時派遣的使者，都有監察人員隨行。為了監察各藩的政治得失，探查民瘼，每三年派遣巡檢使監，分赴各藩巡視監察。甚至賦與「藝人」等秘密偵探之任。民間勵行「五人組」❶組織，相互監視探查，一般人民負有告發作奸犯科或是隱匿基督教徒及浪人之責。市井中的密探，更是充斥各角落。

---

❶　町人與百姓如有觸犯，武士享有「切捨御免」（kirisutegomen，格殺勿論）之權。

❶　五人組 (goningumi) 是江戶幕府統治下，農村裡互相監察的組織。以近鄰的五戶為一組的保甲制度。

第四節　明治維新的歷史意義

　　明治維新的斷限，由於其歷史性格與意義之複雜，而有不同的說法。但無論其說法如何分歧，經過了明治維新，日本從封建社會轉變為資本主義社會。由此可見此一轉變過程的起始點應是 1853 年的「黑船」叩關，迫使日本放棄閉關自守而開國，恰如鴉片戰爭之於中國。從此日本即被納入世界資本主義體系，原來的封建經濟崩潰，逐漸形成轉向資本主義發展的革新勢力。

　　從日本文化史的觀點而論，大化革新與明治維新為日本歷史演進的兩大關鍵。前者使日本民族脫離部落時期，進入文明階段，對古代日本文化的開拓、典章制度的樹立、道德風俗的形成，影響至深；後者使日本施行中央集權，實施憲政，模仿西洋，富國強兵，遂行近代化。故能一戰勝清，再戰勝俄，躋進世界強國之林。

　　江戶時代是日本歷史承先啟後的樞紐，也是近代日本形成的關鍵。日本歷史最昌隆的治平盛世，而且是世界歷史很重要的一頁。尤其在政治、經濟、文化各方面的施政，對於明治維新都有直接或間接的關連。

　　江戶幕府末期，政綱廢弛，財政窘困，武士沒落，人心思亂，加以維新志士，受英俄侵略的刺激，先有安內攘外之論，鎖國開國之爭甚烈。迄 1854 年，「日美神奈川條約」訂定之後，乃又積極主張尊王攘夷。各地雄藩尤其長州藩與薩摩藩兩大勢力，更利用此一思潮，作為打倒幕府，爭奪政權的手段。

　　原來尊王派與攘夷派各立門戶，至幕府採取開國政策，攘夷派便與尊王派合流，共同展開倒幕運動。幕府雖興安政大獄（1859 年），以圖鎮壓，亦歸失敗。1863 年，幕府被迫下攘夷令，長州藩襲擊停泊下關的美艦，薩摩藩在生麥村殺害英國人，均受到英美的迅速反擊。

　　長州、薩摩兩藩知列強不可侮，乃轉變攘夷的作法，一意對內。1865年，幕府起兵征討長州，因長州藩與薩摩藩聯合對抗，討伐終歸失敗，幕府的弱點完全暴露，頗有朝不保夕之勢。1867 年，明治天皇即位，薩摩與長州藩密謀起兵討幕。10 月，第十五代將軍慶喜，接受土佐藩主的建議，將政權奉還天皇，至此，江戶幕府正式宣告結束。

　　明治維新的思想領導，實以陽明學志士為主。同時將軍德川慶喜，深受水戶學派思想的薰陶，大義名分嚴格分明，本身亦富有王政復古的意識，未曾全力領導對抗反擊，幕府遂失去中心領導人物，當朝廷下詔討幕之際，幕府亦奏請「大政奉還」。未經長期爭戰，避免流血慘劇，亦未使國家淪為國際鬥爭的犧牲品，免受內戰的摧殘，而為現代日本奠定穩定的社會基礎，提早完成政治統一的新局勢，迅速接受西方文化的成果。

　　明治維新是十九世紀後半在一個亞洲的封建國家所發生的一場巨大的政治、社會及經濟變革運動。在本質上，一方面是變革幕藩體制，一方面是扶植資本主義。明治維新不僅終結了德川幕府的長期統治，同時抗拒了西方列強的侵略，獲得了民族的獨立，發展資本主義經濟。

　　明治維新與「大化革新」（645 年）是日本歷史發展的兩大里程碑。無論從日本民族發展或推動日本社會的進步來說，明治維新的意義都超過了大化革新。有謂明治維新是民族革命，不論其真實性如何，但明治維新確使日本贏得民族獨立，建立近代化的民族國家。蓋明治維新從國內情形來看，它使日本從封建制度走向資本主義體制，從對外關係而言，明治維新廢除了不平等條約，並贏得了自身的富強，奠定了民族獨立的基礎。

　　在明治維新過程中，一批代表新興資產階級的啟蒙思想家福澤諭吉等人，積極宣導歐美文化，以歐美文化為目標，另一批出身下級武士的資產階級或出身資產階級的貴族，乃是推動日本近代化的傑出領導者，又是親自實現日本西化的實行家，如岩倉具視、伊藤博文等，雖其出身不同，但在實現日本近代化的目標上，完全贊同「脫亞入歐」的西化方針，並在國

內積極展開政治、軍事、經濟、文化等全面西化的近代化運動，大量引進英美法等先進國家的各種政治與經濟制度和科學技術與文化教育。在「殖產興業」富國強兵、「文明開化」的口號下，仿照歐美經驗，結合日本國情的需要，採取一系列巨大而果敢的革新措施，制定日本式的立憲議會制度、公營保護企業制度、金融貨幣制度、交通運輸制度、常備兵制度以及國產品使用獎勵制度等，尤其是對日本經濟近代化措施的具體釐定，在工商業、農林水產、經貿及交通等，作全面性的改革，其目的乃在「脫亞入歐」，俾使日本早日進入近代資本主義國家之林。

　　日本由封建國家演進為近代產業國家，有幾種特徵：一、明治維新只是一種不徹底的由下而上的改革，產業勢力並不曾完全掃蕩封建勢力，建立英美式的民主政治，農村依然維持半封建關係❶，以致國內的市場極其狹小；二、舊日的封建領主搖身一變而成新的企業家，在官僚政府的保護下，利用低廉的勞力減低成本，造成足與先進國商品對抗的競爭力，所以日本產業發展很快，財富亦集中於幾個大財閥之手；三、日本國土狹小，資源不足，加上國民貧窮，缺乏購買力，必須向國外尋求原料和市場。因此，日本資本主義自始就與軍事侵略相結合，所謂大陸政策，正是它必然的產物。

---

❶　農民無自己的土地，賦稅又重，五百五十萬農家中有一百五十萬戶無土地，二百五十萬戶只有半英畝的土地。

第二章　江戶幕府的覆亡

第一節　封建社會的崩潰

　　江戶時代鎖國二百餘年所造成與世隔絕的情勢，嚴重阻礙日本的進步。十八世紀以後，自然經濟逐漸衰微，商品經濟日趨發展，而嬗變出資本主義的萌芽。在西力東漸尚未出現，保持長期的社會安定下，卻為資本主義的萌芽提供了滋養的條件。蓋「參觀交替」制❶所構成的城下町 (jōkamati) 與武士階級的奢侈生活，活絡了商品交換，因而在封建的自然經濟中，已含有商品經濟的因素，而農業生產的發展卻為商品經濟的長足發展奠定了基礎。

　　江戶幕府雖有堅固的統治機構，卻面臨社會經濟的新趨勢而日漸崩潰。武士集中於將軍（諸侯）膝下的城下町，以米穀換取貨幣而營生，但因通貨膨脹，生活費用提高而使其經濟陷入困境，商人卻因流通經濟的發達而致富，已能干預幕府或大名的財政，雖其在政治社會上的地位仍然低落，但在實力上卻已成為四民之首。至於農民則常以「一揆」（起義、暴動）反抗過重的賦稅，幕府對此雖實行享保、寬政、天保三次大改革，但效果不彰。

　　適逢此時，經過工業革命的歐美資本主義國家，東來開拓新市場，日本亦遭此強大的壓力。由於西力東漸，幕府不得不放棄兩百多年來的鎖國政策，改採開國政策，卻更陷入內外夾攻，進退維谷的困境，即一方面有歐美列強強硬的開港要求，一方面面臨國內尊王攘夷討幕的政治改革運動，

---

❶　參觀交替（參觀交代）制乃是江戶幕府課予諸大名的義務之一，即須隔年應其領邑數，率領一定人數到江戶居住的制度。

終於不能自持而崩潰。前後達六百七十年之久的幕府武家政治,於焉告終。江戶幕府的統治,自德川家康任征夷大將軍以來,至第十五代將軍德川慶喜奉還大政,結束江戶時代為止,凡二百六十五年。

一、封建社會的衰微

1.政治腐敗與人才凋零

　　江戶幕府的崩潰,起因於專制政體一變而為公議政體,不因其保守而亡,而是由於進取而亡。社會制度的崩潰原因有二:一是制度本身的腐蝕,二是推翻它的力量,自內部或外部抬頭。

　　江戶幕府以中央集權的封建制度為其特徵,要維持封建制度,必須維護階級制度與主從關係。此一制度注重門第與血緣,重視墨守祖法成規,排斥處士橫議,言論自由。就一般人而言,無論其如何努力,要出人頭地,都得依靠血統,而社會上四民階級是不可侵犯的,各種職業又有「株仲間」(kabunakama)❷制度,造成壟斷,不許新手同業營業,徒弟、工匠與「親方」(老闆) 的區別儼然存在,在在依循所有過去特權與常規。但此一封建制度到了幕末卻已無法運作。政治已墮落為形式主義。

2.社會制度的僵化

　　封建制度是以土地與農業為基礎。武士在中世封建制度下,由於擁有土地,並將之分封給予郎黨 (隨從人員)、家人,可算是生產階級。但中世末期以後,所給予的已非土地,而是土地上生產的稻米。武士已非土地所有者,而是土地支配者,因而成為不生產階級。亦即由農業自給經濟、土地經濟,逐漸改為商業經濟、貨幣經濟。於是產生兩種現象,一是在農村僅有間接之根的武士階級日益貧困,一是商業階級的抬頭,但階級制度仍然殘存。

　　在面臨外敵威脅情況下,單靠武士階級已不可能擔當國防重任,而近

---

❷　株仲間有如歐洲的商人行會組織 (merchant guild),為各行業壟斷性的商業組織。

代武器的使用又不得不徵調強壯的農民為士兵，於是形成階級制度崩潰而有實力的人物抬頭的契機，且造成非一改過去政出二途（京都朝廷與江戶幕府），而定於一尊的必要。

3.貨幣經濟的影響

幕府末年，社會消費日增，而生產卻無法趕上社會的需要。社會制度之能否繼續存在，端賴其制度能否增加生產。證之幕府的經濟制度，實已無法長久維持。蓋封建制度主要依靠農業，而日本農業經濟卻已無法維持武士階級的人口❸。至於稻米生產，則在十九世紀初期以後，增加有限。

生產停滯的原因主要是在身分制度、階級制度與獨占制度的封建社會體制下，抹殺了自由競爭與進取性，極端的統制隨著武士階級生活的窘困，苛斂誅求，而喪失了增產的意願。此外，各藩之傾注於戰時經濟，當亦阻礙了生產力的提升。各藩基於戰爭、軍事優先的立場，當使分工生產受到極度的壓抑。

在長期的江戶封建社會裡，各藩之間的交通形成閉塞，當不利於促進生產的發展。江戶幕府為了統治的方便，劃分全國為二百數十個藩，而每一藩的平均人口僅有一萬四千人，全日本有一百十二藩的平均人口只有一萬六千人，即使領邑三十萬石以上的大藩，其平均人口亦僅有四十八萬多人。各藩形成獨立割據的孤立經濟的局面。

江戶幕府初期的財政相當充裕，但自第四代將軍德川家綱起，由於支出增加，金銀礦山的產量減少，所儲存的金銀已消耗殆盡，至第五代將軍德川綱吉以後，開支虧損，入不敷出，財政愈益困難。幕府屢次改鑄貨幣，或加徵直轄領地內農民的賦稅，或令富商捐納「御用金」❹，或獎勵節儉，以減少支出，但仍無法解決財政困難問題。

另一原因是幕府本身財政的特異性。幕府初期，「天領」（直轄領地）

---

❸　當時的武士人口約有二百五十萬人，占全日本人口的十分之一。

❹　向御用商人徵收的強制性捐款。

達全國土地總額的四分之一，散布於四十七國，直接派遣奉行（bugyō，主管政務的官職）、代官（daikan，幕府直轄地的地方官）統制。因此，倉廩豐裕，但自第五代將軍起，幕府財政已轉盈為虧，只能講求一時彌縫之策。其後歲計逐漸膨脹，而窮迫愈甚。及至幕末，財政之拮据愈甚。

此際正逢外國軍艦頻頻叩關，勢須加強防備，建造砲臺，創設海軍，建設煉鋼廠、造船所，加上生麥事件的賠款❺以及長州征伐等支出，造成龐大的負擔。

旗本與御家人等，由於常居大都市江戶，生活日趨豪奢，而收入卻已固定而陷入窘境。因此常以祿米作抵向商人借錢，或兼營被禁的商業或手工業，甚至有出賣武具刀劍或御家人資格者。他們因為身分限制，不能自由地發揮才能，自立謀生。至此，封建社會一項重要支柱——主從關係與身分制度遂開始崩潰。

自幕府、諸藩以至武士，在經濟方面乃日漸困窘。武士聚集城下町，大都以米易錢從事消費，生活日益窮困。尤其多數的下級武士因各藩財政困難，俸祿日減，其特權地位亦發生動搖，而有遷怒幕藩體制，成為幕藩體制崩潰的潛在因素。

參觀交替制度，更是莫大的財富浪費。其費用約占各藩歲出之大半，且將家屬留在江戶的結果，武士階級的奢靡之風愈盛，各藩的財政乃益為拮据。

各藩既然不能鑄造貨幣，只有實行物產的保護獎勵，製造特產品輸出國外，或採取專賣以謀取利益。有的向幕府申請貸款，有的以貢米作保，

---

❺　1862 年 7 月，薩摩藩主島津久光在四百多名衛士的護衛下，由江戶返回途中，行經生麥村時，為英國人所衝撞，當場斬殺了三人。駐橫濱的外人聞悉大憤，要求採取強硬措施，英國公使強制阻止領事動員停泊的各國海軍士兵逮捕島津的企圖，但向幕府提出強烈的抗議，要求嚴懲兇手，致送二萬五千英鎊的慰問金、十萬英鎊的賠償。幕府被迫接受。

向大阪商人告貸，有的借用家臣的祿米，有的加重農民的賦稅，不僅增加了藩士的不滿，且引起農民的反抗。

西方國家的中產階級大多成為打破封建的革命勢力，幕末日本社會的貨幣經濟、商業經濟本應轉化為資本主義，但江戶幕府卻禁止外國貿易，而商人的唯一顧客乃是武士階級。對外貿易既受封建勢力的掣肘，對內卻以歷史上對抗勢力的武士為顧客，因而無法從內部興起變革作用。

4.農民的困苦

幕末的日本農村，除了地主、富農與自耕農之外，同時也產生大量的半自耕農和佃農。多數農民因耕地狹小，田租重，加以受到種種限制，生活極為困苦。江戶時代中期以後，每當幕府與諸藩財政困窘之際，必先加徵農民的田賦。及至貨幣經濟滲透以後，自給自足的農村愈益凋弊。貧困的自耕農出賣田地而淪為佃農。另一方面，卻有豪農興起。因當時的租稅制度並非採取累進法，而是不分土地大小，同率課稅，因此，耕地愈多則愈富。豪農兼併貧農的土地，或經營商業，或投資開發新田，或營高利貸，於是農村中階級分化乃愈顯著。貧農之中頗多離開農村而走向都市，於是都市人口膨脹，農村人口反而減少。同時由於農民生活困苦，養不起子女，盛行墮胎和殺女嬰的風氣，因此，江戶時代後期（十八世紀後半期），日本人口幾未增加。復因天災荒歉頻仍，農村更為荒廢。城市貧民的生活更是每況愈下，各地諸侯均各自為政，禁止本藩的糧食運往他藩，復因地主和商人囤積居奇，損害更大。

農民遇凶歉，常要求減免田賦，或團結以對抗官吏之不法，或集體逃亡，甚至鋌而走險，起而暴動，以反抗官府。幕府與諸藩均採取高壓手段應付，首倡者總是被處以極刑，但農民的要求卻大多被接受，田賦亦獲相當的減免。除此，都市裡亦因反對高利貸，米價高漲，而發生搗毀米店等事，發生次數達三千八百次以上。尤其江戶後期，暴動更為頻繁，參加者數以萬計。

二、幕府及諸藩的改革

1.幕府的改革

　　江戶幕府的組織完成於第三代將軍德川家光時代，但盛世不久，自第五代將軍德川綱吉時代開始，幕府財政即已露出破綻。其後經新井白石的改革，卻無甚效果。旋有第八代將軍德川吉宗的「享保改革」，第十一代將軍德川家齊的「寬政改革」與第十二代將軍德川家慶的「天保改革」。

　　第八代將軍德川吉宗，以武士之困窘實因生活奢靡，乃廢止新井白石等人的各項改革，推動政治機構官僚化，其政治目標是在否定前代的文治政治，恢復幕府創業時代獨裁的「武斷政治」。當時的政治課題有三：一是幕府及旗本、御家人的財政困難，二是貨幣流通不順暢，三是奢侈風氣與紀律紊亂。

　　吉宗擬定對策以圖解決。首先是極力矯正奢侈之風，倡導節儉，導正軟弱的士風為剛強。為了廣聽民意，設立訴願箱制度，復創建防火設備及收容孤貧病人的「養生所」等。同時積極開發新田，以擴增生產，並獎勵甘薯、朝鮮人蔘等的栽培。此外對大名縮短參觀交替居留江戶的時間為半年，但依每一萬石繳納百石作為條件；對旗本亦不受理其負債的訴訟，以救一時之急，但效果不彰。

　　享保改革之後，老中❻田沼意次攬權。田沼採取重商主義經濟政策，即擴大專賣制度，允許「株仲間」等的設立，保護其特權，利用商業資本，加徵各項賦稅，並改鑄貨幣，以肆應貨幣經濟的發展，但因其粗製濫鑄，反因此招致經濟的混亂。對外貿易亦頗積極，除長崎貿易外，逐漸緩和嚴苛的禁制，在定額以外，改用銅與海產，以換取金銀的輸入。同時調查各地的銅山，促進銅的增產與專賣。在開墾事業方面，則積極開發北海道，並在江戶、大阪等地從事大規模的開拓。

---

❻　老中是直屬將軍，綜理幕政的高官，定額四至五人，按月輪班執事。通常由譜代大名中選任。

　　田沼的政策一反吉宗復古的緊縮方針，採取與商業資本結合的經濟政策，但過分的維護商業，引起中間剝削與幕政的腐敗，幕府的財政雖因新的財經政策而好轉，但世風奢侈，賄賂風行，武士階級的負擔轉嫁給農民，農民生活極為窮困。此時商品經濟擴及全國，導致農民階層的分化，加以天災頻仍，瘟疫流行，病死、餓死者達數十萬人之多。田沼的改革被指為「秕政」。

　　嗣由松平定信任老中首座（首席），推行緊縮政策，以改革田沼的弊政，世稱「寬政改革」。定信首先起用新人，整肅綱紀，命大名、旗本、武士、商人等均行節儉，並採取嚴刑峻法，強調封建身分制度的維護。農業政策則為防止農村人口的減少，嚴禁殺嬰陋習，頒「舊里歸農令」，以防止農民湧入都市。為了肆應饑饉，命各地儲藏糧食，並撥款補助大阪、京都等地設立社倉、義倉。在文教方面，採取嚴峻的統制措施。為了端正風俗，禁止奢侈品的買賣、婦女的結髮、男女共浴與賭博。

　　這種緊縮政治，表面上雖能壓抑農民的暴動，並有幾分社會福利措施的意義，但在任僅七年，且其政策是消極的，因此無法阻止農民階層的分化，更不能遏止封建統治者對商業高利貸資本的依賴。及至定信引退，幕府政治又陷入混亂的局面。定信辭職後，德川家齊親政，晚年（1836 年）讓位於其子家慶，仍居江戶城，稱「大御所」(ōgosyo)❼，掌握實權，其間約五十年，稱為文化、文政時期，或大御所時代。家齊的治世，解除了寬政改革的緊張情緒，江戶的生活充滿豪奢，賄賂風行，世風日下，政風一蹶不振，財政尤為拮据。

　　為了肅清人心，恢復幕府舊勢力所實施的改革，積極獎勵文武，勵行節約，著重財政的整頓、經濟的發展，並仿習歐美的砲術，加強國防，以圖恢復幕府的威信。然而由於積弊已深，秕政百出，綱紀紊亂，士風頹廢，風俗淫靡，賄賂成風，兼之年年荒歉，米價暴漲，民眾生活困苦，改革績

❼　大御所，原是隱退將軍的稱呼，此處指的是隱退將軍的住所。

效不彰。在此情況下，加上西力東漸，遂使幕府的財經破綻百出。

由於商品經濟的發展，消費性支出增加，遂使仰賴一定的「年貢」收入的武士生活困窘。最嚴重的是天災頻仍，連年饑荒。單是津輕藩❽就有四萬餘人餓死，商人卻囤積居奇，哄抬物價，終於引起社會的混亂。全國各地接連發生暴動，1837 年，大阪發生大塩平八郎之亂❾，使江戶幕府的威信盡失。

此時德川家慶就任將軍（第十二任），由老中水野忠邦出而推行改革，稱之為天保改革。改革的目標乃在仿效享保、寬政的精神，具體的政策仍是以獎勵文武、肅正風俗、限制消費、勵行節約為主，並採用西學「利用厚生」的知識與技術，以挽回經濟上及國防上的危機。

1841 年發布「節儉令」，限制各種祭祀規模，禁止過分的擺設與浪費，禁止生產、販賣奢侈品，甚至對華美的庭園、賭博、混浴、墮胎、出版、婦女的髮型、路邊下棋等，亦嚴加管制。「節儉令」雖屬道德風俗匡正之策，同時也是為了抑制消費欲望，平抑物價。最重要的措施則是解散「株仲間」，確保營業的自由競爭。農業政策則是限制農村家庭手工業，保護農業。為避免因農村家庭手工業的發展導致農業經濟的瓦解，對農村家庭手工業加以嚴格的限制。限制農民移居江戶，以防止都市遊民增加。並發布「棄捐令」，減免幕府貸款的半數，免除高利貸利息，以救濟日益窘困的旗本、御家人等武士階級。但課賦大阪、堺、兵庫等地商人的公務稅，不啻是強制性的公債。

類此改革相當嚴苛而徹底，可說是挽救幕府權威的稀有機會。但因強制實施「上地令」(agetirei)❿，引起大名、旗本甚至農民的猛烈反對，而過

---

❽　在青森縣西半部。

❾　大塩平八郎以陽明學者稱著，其公然譴責大阪町奉行的施策，暗批判幕府，引起很大的反響。

❿　「上地令」乃是鼓勵大名、旗本捐獻江戶、大阪周遭的領邑作為幕府直轄地，而

分壓抑消費，反而導致商業蕭條，商店倒閉，工人失業。強制採行低物價政策，限制物價，禁制壟斷，囤積居奇，公開標價，甚至對工匠、雇工的工資和借貸利息亦加限制，終引起當鋪休業，借貸無門。結果實施僅二年半的天保改革亦因此半途而廢。

　　及至安政時期（1854～1859 年），面臨「黑船」（外國艦艇）的威脅，造成日本的危機，迫使幕府和諸藩不得不推行政治改革。

　　幕府的老中阿部正弘，啟用人才，革新幕政，設立講武所和軍艦教授所，採用新的陸海軍軍事技術。為集眾智，破格起用諸藩有識之士，放棄一向由幕府獨占中央政權的作風，結合改革派諸藩，參與中央的決策，藉此消除幕府和諸藩之間的隔閡，建立中央集權體制的決心。反之，卻亦顯示幕府獨裁政治權威的沒落，引起諸親藩與「外樣大名」❶的干政。

　　1862 年，**一橋慶喜掌權**以後，承繼此一改革。法國的支援則更成為改革的催化劑。1865 年，法國公使羅叔亞 (Leon Roches) 與幕府訂定橫須賀煉鋼廠建設的合同，法國全力軍援幕府，但以生絲的獨占輸出權為交換。幕府於是首先整頓幕府的機構，裁汰冗員，新設陸軍、步兵、騎兵部門，起用幹才者，致力充實武備並派遣留學生到法國留學，積極引進西學，同時進行對諸大名參觀交替制度的改革❷。

　　這些改革與天保改革不同，實為相當大膽而不符合舊例者，不僅引起向來獨占幕府集權政治的「譜代大名」（將軍直系的諸侯）和將軍近臣等保守派的不滿，且大部分旗本的風氣已敗壞，因而並無太大效果。

以轉封他處或支付米穀作為交換。

❶　大名分成親藩、譜代與外樣三種。德川家近親封邑諸侯為親藩，自始即臣屬於德川氏的家臣稱為譜代，在「關原之戰」後始臣屬的大名則為外樣 (Tozama)，概配置於偏遠地區。

❷　三年之內，只要一百天在江戶「參觀」即可，並允許妻小歸鄉，事實上，此一制度已形同廢止。

2.雄藩的崛起

天保（1830～1843年）年間，各藩與幕府同樣面臨財政危機。薩摩、長州、肥前諸藩，均是負債累累，各藩財政的巨額虧空，嚴重影響各級武士的權益而引起不滿。打破門閥制度，起用有才能的下級武士，撫平農民起義，改善惡化的財政，成為各藩迫在眉睫的課題。各藩雖亦仿效幕府的改革，卻同歸失敗。唯薩摩、長州、肥前與土佐等四雄藩，地處西南，較多與外來先進文化接觸的機會，反應敏捷。加以其封建經濟解體，農村階級分化較為明顯，改革易於奏效。

1838年，長州藩主起用下級武士擔任改革重任，緊縮財政開支，並制定「清償債務法」，強迫豪農、豪商犧牲權益，以解救債務纏身的下級武士。其改革的重點在於增加生產，推行重商主義政策。為增加藩的財政收入，在下關設立管理貿易的機關。一方面貸與他藩的商船資金融資，徵收各項規費，取得莫大的收益，累積巨額的財富。一方面管制本藩商人、工匠的營業，同時設置撫育局，以特別經濟，補通常經濟之不足。改革的成效頗著，至1846年，藩債已減半，1850年，已有盈餘五萬餘兩，不僅解除財政危機，亦鞏固了藩政。

1830年開始的薩摩藩的改革，則以加強專賣為主。薩摩藩透過琉球貿易，砂糖專賣，新田開發，整理財政，以充實藩庫。此外，強行規定所欠債務不計利息，甚至以提拔債主為武士而勾消藩內的債務。此外又加強與琉球、中國大陸的走私貿易，謀取巨利。歷時十載，即儲備百萬兩，用以推動軍事改革。

肥前藩的改革從1835年開始。採取均農政策，重點是防止農民的沒落，以振興農村經濟的措施。1842年頒發「租佃延緩令」，以減輕租佃，保護貧農，抑制土地的兼併。1861年，收回大部分佃耕地，改撥給佃農，使之成為自耕農，並禁止農村地主經商，沒收城市商人地主的佃耕地。同時引進西方的技術，製造大砲，加強軍事實力。此外，土佐與越前藩的改

革亦都取得相當的成果。

　　總之，經過藩政改革的四雄藩，實力強盛，與幕府改革的失敗形成強烈的對比。西南諸雄藩經濟實力增強之後，當不再侷促於「外樣大名」的地位，不啻加強其對國家政治更大的發言權。

第二節　西力的衝擊

一、西力東漸與幕府的因應

　　在幕府採取鎖國政策期間，世界的情勢大變。當時歐洲列強已建立資本主義體制，積極向海外擴張，美國也積極展開西部的開拓，並向太平洋擴展。歐美列強為了推銷產品，並取得原料，紛紛向海外落後地區尋求市場，於是俄、法、英、美等國乃相繼開往日本，要求與日本通商。

　　十七世紀後半，達成市民革命的英國，自十八世紀後半起所進行的產業革命風潮擴及於歐洲各國與美國大陸。結果，列強為了攫取殖民地，開始進窺亞洲。這是從十八世紀末到十九世紀初，英俄船隻所以不斷來日叩關的國際背景。

　　首先開往日本的是俄國。俄國主要為了獲得獸皮，進向西伯利亞一帶。自十八世紀取得堪察加半島 (Kamchatka Pen.) 以後，即沿太平洋南下，其勢力已伸展到千島和庫頁島。1792 年，俄皇派使赴日，要求通商，被拒。1804 年，俄使雷薩諾夫 (Nikolai P. Rezanov) 持國書率艦開進長崎要求通商，被拒絕。其後一度襲擊庫頁島、擇捉 (Etorofu) 等地，但因遭逢法國入侵，自顧不暇，此後四十餘年，俄國不再叩關。其間，英船、美船亦曾開往長崎要求通商。

　　在俄船來日之前，幕府已自荷蘭商館得悉俄勢南下的消息，林子平、本多利明等人，均著書疾呼北邊防衛之急。幕府亦察情勢危急，乃著手調查

北海道，並擴大海產的輸出，卻半途而廢，旋又墨守成規，堅持鎖國政策。

　　1798 年，幕府改北海道為直轄地，先開發東部，並探勘南千島、庫頁島。十九世紀初年，停泊日本沿海各港的外國船，大多為要求糧食薪水的漂流船，幕府於 1806 年，頒「撫恤令」，允許給予失事船隻薪水，使其返航。但不久，英、俄軍艦相繼叩關，英國捕鯨船與商船亦出沒於日本沿海一帶，且與日人屢起糾紛。

　　1808 年，英艦菲頓號 (Phoeton) 懸掛荷蘭國旗，開進長崎港掠奪。旋又要求將荷蘭館交給英國，未能如願。1818 年，英船開進浦賀要求通商，為幕府所拒，後來發生英國船員在九州的寶島搶奪耕牛之事。幕府遂於 1825 年發布「異國船燒毀令」，採取強硬的對外政策，同時加強國內統制。

　　1842 年，幕府得悉中國在鴉片戰爭中敗於英國，決定撤銷異國船燒毀令，同時積極建造反射爐，製造大砲。後因攘夷論抬頭，幕府窮於應付，但仍不願遽而「開國」，及至英、美、法各國軍艦相繼東來，要求通商，幕府更是進退維谷，終於不得不打破祖法，諮詢諸侯，以決定是否「開國」的問題。

　　首先打開日本門戶的，是比俄、英兩國起步較晚的美國。美國於十九世紀，經過產業革命後機械式的大量生產，紡織業突飛猛進，有擴大海外市場的迫切需要，遂著重與中國的貿易。至 1848 年，美國西部地方急速的開拓，其領土擴張到太平洋東岸的加州。取得加州之後，即注重進向太平洋的發展，而太平洋捕鯨業之盛，更須在其作業近海的日本找尋捕鯨船的薪水、糧食的補給與避風港。過去繞道大西洋、好望角的東方貿易，已可橫渡太平洋直接進行。唯限於輪船的航行里程，需設立轉運站，因而益感日本開國的必要。

　　1846 年，美國派遣東印度艦隊司令長官彼杜 (Biddle) 赴日要求談判，被幕府拒絕。旋因捕鯨船遇險事件，使美國在和平手段未達目的之後，不惜訴諸武力。

培里登陸神奈川

　　1853 年，美國東印度艦隊司令培里 (Mathew C. Perry) 率領四艘「黑船」至浦賀，攜帶致日皇國書，以武力威脅，要求「開國」通商。日本朝野莫不驚慌失措。幕府猶豫不決，但接受其國書，約期一年後再議。

　　面臨美國的強大壓力，幕府有鑑於牽涉「祖法」的事態嚴重性，乃打破慣例，一方面呈報朝廷，一方面向諸大名及各界徵詢「開國」的意見。此舉主要在於藉朝廷的傳統權威，以重建其權力，並將外壓的危機感擴大到基層，以重建分裂的幕藩體制。但開國與攘夷兩論對立，幕府躊躇不決。結果此一措施提高了朝廷的權威，給予諸大名發言的機會，成為幕政變革的契機。

　　翌年 1 月，培里依約率領七艘軍艦來日，要求答覆，幕府終於屈服，在橫濱簽訂「日美親善條約」（亦稱「日美神奈川條約」），約定開放下田、函館二港，供給淡水、糧食，救助美國漂流漁民，在開放港口設定外國人

的「居留地」等，以及美國派遣領事駐下田。此一條約附有最惠國條款，為日本不平等條約的嚆矢。

其間俄使普提雅廷 (Euphimi V. Putiatin) 亦率領四艘軍艦開進長崎，要求勘定俄、日國界，開港通商，幕府極為狼狽，未予置理。但不久，日本先後與英國締結日英友好條約。嗣又與俄、法、荷等國締訂友好條約。至此，堅持二百年以上的鎖國政策完全崩潰。

美國於 1856 年派遣美商哈里斯 (Townsend Harris) 為駐日總領事。翌年，提出通商條約要求，但反對聲浪高，幕府不敢擅簽。1858 年 4 月井伊直弼出任大老❸，未經天皇敕許，即擅自與美國簽訂「日美友好通商條約」與「貿易章程」。此一條約規定開放函館、新潟、神奈川、兵庫、長崎等五港以及江戶和大阪二市，並享有關稅協定與領事裁判權，無異為一不平等條約。

「日美友好通商條約」訂定以後，英、荷、俄、法等國亦先後與日本締結友好通商條約，稱之為「安政條約」或「五國條約」。此後，葡萄牙等國亦接踵而至，與日本締訂商約。

開港後，「敕許問題」❹等一連串政治問題，以及起因於開港的國內經濟的混亂，掀起了朝野上下的不安，攘夷運動與幕政的反對者相結合，加速了倒幕的趨向。幕府假藉敷衍外交，極力阻止自由貿易的展開，英國也為避免攘夷運動的轉劇而阻礙貿易的進行，採取妥協態度。

二、開港的影響

二百多年封建閉關的幕藩體制，面臨開國而從內部發生變動。從鎖國到開國的轉變中，日本的經濟，受到世界資本主義的激盪，而發生了很大

---

❸　輔佐將軍的最高官職。有統轄幕政的權責，但僅於非常時期設置，以統率老中。

❹　幕府締訂「日美友好通商條約」時，是否取得朝廷的「敕許」（天皇的裁可）的爭議。

的變動。

由於國內的排外主義高漲，幕府亦自 1860 年起，陸續發布各種禁令，實行阻止自由貿易的政策。及至 1864 年，英、美、法、荷四國聯合艦隊為報復長州藩砲轟外國船隻，攻擊下關，終於迫使幕府解除貿易統制而改採自由貿易政策，並於 1866 年，訂立「改稅約書」（協定關稅），作為減輕下關事件的賠償與兵庫開港延期的代價。結果，輸入關稅一律改為從價 5% 的低關稅率，而免稅輸入品則由二、三種增加為十八種。此一不平等的協定關稅，使日本稅收銳減，外商則獲取暴利。

1858 年簽訂的「日美友好通商條約」，除了掃除使日本作為先進資本主義國市場的一切障礙之外，主要規定領事裁判權、關稅協定權、片面最惠國條款等。這一不平等條約，此後費了四十餘年的歲月始得廢止。

依據通商條約，自 1859 年 7 月起，開放橫濱、長崎、函館等港的對外貿易。自開港後的 1860 年到 1867 年之間，日本的對外輸出總額增加二‧五倍，但輸入額卻遽增十三倍之多。就貿易額而言，橫濱一港即占貿易額六成以上，貿易額以英國居多。初期以輸出居多，其中以生絲、茶、海產等為主；到了後期，輸入與年俱增，1867 年已呈絕對的入超。輸入則以毛織品、棉織品以及艦船、槍砲等軍需品為主。尤其機械生產的廉價棉織品的大量輸入，對發展中的農村棉織業與種棉，造成傷害。棉紗與棉布的產量銳減。生絲大量的輸出，國內的供給奇缺，導致絲價暴漲，絲織業嚴重萎縮。

自由貿易的發展，使日本國內生產過程急速地捲入商品生產。結果在生絲方面產生養蠶和製絲生產的分工，製絲手工業的興起。與此同時，從事銷售物品和放款的鄉村貨主的活動轉趨活潑，而舊有的生產過程和商品流通結構則發生根本的動搖。

然而封建的限制和低生產深深地滲入生產過程，明顯的阻礙了因應急劇膨脹的需求所作的商品生產與銷售。因此引起輸出商品價格的高昂，也使一般物價受到影響。由於需求不均衡，引起物價暴漲。在明治維新之前

十年間，重要輸出品茶葉、棉花、生絲等的價格，分別上漲二至十倍，稻米、大麥、大豆、鹽和酒的價格，亦分別上漲四至十倍。直接受害者是沒有固定收入的武士與貧窮的町人。

在輸出方面，因歐美各國的大量採購，供需失去平衡，引起國內物價暴漲。金銀比價的差額過大，導致黃金的大量外流，迫使幕府鑄造劣質貨幣，助長了一般物價的上漲。

金銀貨幣之允許輸出，造成日本金融財政的沉重打擊。蓋開港後的金銀比價為一與五之比，而國際比價則是一比十六。因此，外商、外交官等競相利用此一差額，以外國銀幣套取黃金出口，以賺取暴利，因而導致大量的黃金外流，加速了經濟的混亂。於是幕府斷然實行幣制改革，發行品質低劣的金幣，並提高貨幣價格三倍，結果反而助長了物價暴騰。

雖有一小部分新興商人、地主因而獲利，且有富農、地主等，製造輸出用生絲與茶而致富，甚至因隨著輸出產品的增加生產，提升品質，而有工廠制手工業 (manufacture) 等新生產方法的盛行，但一般民眾與武士階級卻愈窮困。幕府財政困難，唯有加徵農民的租稅或積欠、減少家臣的俸祿，以支應日益增加的對外開支，或加強國防，但卻加重武士與民眾的負擔，民眾的窮困，引起民眾對開港政策的怨懟，因而咸認其禍源在於幕府的怯弱與對外貿易不振，進而責難幕府，仇視外商，甚至襲擊外人。攘夷倒幕運動遂如火如荼地展開。

另一方面，不平等條約使在日外國人享有治外法權，外國商人、不法之徒，甚至商人身分的領事，均可藉此逍遙法外，或藉口遣送本國治罪而逃之夭夭。外國官吏無視於條約中不得在居留地建造軍事設施的規定，以防止攘夷派的襲擊為藉口，強行在橫濱駐軍。

依據通商條約，允許內外商人自由交易，日本的商人已可逕往開放的港埠直接交易，不必受制於過去的種種束縛，因此對於獨占商品流通的都市特權商人實為打擊。幕府為了保護這些商人，於 1860 年初，發出「五品

江戶回送令」⑮的輸出政策。但這種政策僅能奏效一時，卻因其違反條約所規定自由貿易的原則，而遭受列強的強烈反對，同時也受到產地農民和新興貿易商人的抵抗，而無法持久。

幕府的企圖不僅在於當前的商品生產、流通混亂等問題的肆應，而是貿易獨占的確立。即設法集中掌握開港後的全國市場於江戶一帶，以便加強幕府權利的基礎。但統制貿易的結果阻礙了經濟的發展，不久，輸出額減退，輸入額漸增。歐美大工廠生產大量廉價的輸入商品湧入，尤其棉織品的流入，造成日本國內採用舊式工業成本較高產品的萎縮，被壓抑的國內經濟更為混亂。由此可見開港後的影響是多方的，經濟的混亂的確成為尊攘運動轉劇的口實。

隨著開港的商品生產、流通急劇的進展，使得幕末時期小中產階級經濟，以全國性的規模發展，解除了幕藩體制個別領域分立的束縛，而發揮其走向民族國家統一的經濟作用。從這種經濟變動之中，一部分地主、富農、商人階層自覺的喚醒，急速的增進了尊攘、倒幕運動的氣勢。

總之，經過二百多年封建封閉性的鎖國，到十九世紀中葉，幕府被迫轉為「開國」而開放港埠，不論在政治、對外關係或貿易方面，均對日本發生很大的影響。

第三節　倒幕維新運動

一、尊攘運動的抬頭

1.尊王攘夷論

幕藩體制的危機，統治階級武士處境的惡化，使有志之武士，尤其下

---

⑮　規定生絲、水油、蠟、綢緞、雜穀等五種物品，必須先運往江戶的批發商，然後始可送往橫濱，甚至採取限制生絲的政策。

級武士，對幕府和保守的藩主不滿，要求改革現狀，以尋求解決之道。他們接觸到一些西方的新知識，瞭解世界的大勢，更加強其改革圖強的意識。於是形成了一批以下級武士為骨幹的改革派武士，成為尊王攘夷和倒幕維新的核心領導力量。

　　尊王思想源自尊王斥霸的儒家思想，王道指行仁政的天皇政治，霸道指以武力為背景的幕府政治。尊王論是依據古代以來的天皇權威，強調君臣關係，確立尊崇皇室的一種封建思想。攘夷論源於華夷之辨的思想，本為封建武士團所主張，意在維護封建統治，為一種神國思想的表現，具有濃厚的排外傾向，與近代民族主義的排外主義不同。在閉關自守的封建體制下長期支配人民的武士階級，認為西洋人是野蠻人，日本的武士不能屈服於野蠻的敵人，歐美資本主義國家不能和日本幕府封建體制和平共存，遭受歐美侵擾的日本，可能招致封建社會的崩潰，因而主張要防止歐美的侵略，拯救封建社會的重大危機，必須斷然實行攘夷。但幕府與封建諸侯均已無能為力，因此必須與朝廷合作，實行中央集權，使朝廷統制幕府和諸藩，主張天皇至上大權，成為尊王論的理論依據，於是攘夷論和尊王攘夷論合流。尊王攘夷有讚頌日本傳統與國土的共通性，其思想體系亦然。尊王思想源流的日本學、朱子學與水戶學之中，均有排外的攘夷思想。尊王攘夷思想主張確立天皇、將軍、武士、百姓的等級身分制度和封建社會秩序，含有否定幕府的意圖。尊王攘夷志士需要一個足以和幕府對抗，而有號召力的政治勢力天皇。於是訴諸於「托古改制」，進行反對幕府統治的運動。

　　素持水戶學尊王攘夷論的志士，逐漸對鎖國政策不滿，傾向於開國進取，而非盲目的排外。尊王攘夷論者認為幕府體制的危機是由歐美外力的壓迫，因此，必須先集中全力對付外力的入侵。尊王攘夷論者志在建立中央集權的民族國家，帶有反封建的近代意識，於是積極的展開了反幕運動。

2.將軍繼嗣之爭與反動派的壓制

美國總領事哈里斯逼迫日本簽訂通商條約之際，幕府發生將軍繼嗣之爭。幕府第十三代將軍德川家定體弱多病，無子嗣，因此引起繼嗣問題的尖銳對立。擁立賢明的一橋家的德川慶喜（時年二十一歲），與擁護血統較近的紀州藩主德川慶福（時年十三歲）兩派相持不下。1857年（安政四年），大老阿部正弘死後，由井伊直弼繼任執政，井伊與水戶家宿有嫌怨，因之力主迎立慶福為將軍，此即第十四任將軍家茂。

井伊本為一攘夷排外主義者，但一因無力抵抗外來的壓迫，一因力圖挽回日漸危殆的幕府獨裁權力，當政後立即與列強簽訂通商條約，此舉引起了動搖幕府根基的大政治風暴。蓋未得天皇敕許即簽署通商條約，招致堅拒開港的孝明天皇之怒，造成朝廷與幕府之間的激烈衝突，且引起一橋派對其違敕簽約的猛烈攻擊，儒教名分論的「尊王」與「攘夷」乃結合而為「尊攘論」，成為反幕的口號。無論是朝廷或各藩內部，都產生佐幕派與尊攘論急進派的爭論。

深感幕府危機的井伊，對內採取高壓手段，於1859年冬，大興「安政大獄」，懲處反幕集團的久邇宮朝彥親王、三條實美等公卿，並幽禁水戶藩主德川齊昭等，處死吉田松陰、橋本左內等勤皇志士數十人，株連者眾多，當時全國的菁英幾為井伊一網打盡。但幕府此舉卻未能收到預期的效果，這批在士族與庶民中間形成的知識階層，實為日後明治維新變革的原動力。

井伊的暴戾手段，雖能短暫懾服反幕派，卻因此招來反幕派的直接行動。反幕派以京都為根據地，糾合同志，圖謀革命，推翻江戶幕府。當時由於開國通商後，物價昂貴，經濟混亂，生活困難，武士階級亦因貧困，對於引夷狄進入日本的幕府產生憎惡，而紛紛加入反幕府陣營。在此民怨沸騰下，1860年3月，井伊大老為水戶藩志士所殺（櫻田門外之變）。至此，幕府的獨裁開始崩潰，此後延續不到十年即亡。

井伊被刺後，幕政由安藤信正等主持。安藤力圖緩和與朝廷間的關係，

四國聯合艦隊砲轟下關

並壓制反幕勢力,以重建體制,然全國形勢大變,尊王攘夷之論風起雲湧,
薩摩、長州、土佐等外藩,公然從事反幕的政治活動。安藤為了緩和局勢,
取消井伊的嚴峻手段,並策動「公武合體運動」❶⑥,策劃朝廷以皇妹和宮
下嫁於將軍德川家茂❶⑦。此一政略結婚,遭受尊王攘夷論者的非難,安藤
因此於 1862 年為水戶的浪士所刺傷,幕府的威信掃地。

二、倒幕運動的進展

1.尊攘運動的展開

　　幕府極力謀求公武合體,以渡難關。薩摩藩的島津久光於全力推動公
武合體,壓制激進反幕志士之際,長州藩的下級武士和浪士,卻狂熱地展
開尊王攘夷運動,尤其吉田松陰門下的高杉晉作等長州藩士,與三條實美、
岩倉具視等公卿相要結,使朝議為之一變。於是朝廷乃決意攘夷,命令幕
府以 1863 年 4 月為期,實行攘夷。幕府不得已定於 5 月 10 日為實行攘夷
的期限,擁有下關海峽的長州藩,於當天對通過下關的美、法、荷三國船
舶加以轟擊。翌年,美、英、法、荷等四國聯合艦隊襲擊下關。

---

❶⑥　所謂公武合體即指公家(朝廷)與武家(幕府、雄藩)的合作。

❶⑦　和宮時十五歲,原與十六歲的栖川宮熾仁親王訂婚,並已擇日出嫁。

遭受四國艦隊攻擊而慘敗的長州藩，決定與四國議和，放棄盲目的攘夷，實行開港，全力倒幕。同年 12 月，長州藩保守派乘幕府征長州之機奪權成功，向幕府投降，鎮壓改革派。改革派卻重整旗鼓，投入倒幕陣營。高杉晉作創建奇兵隊，與伊藤博文等合謀，於下關舉兵，得群眾的響應，擊敗保守派，重掌長州藩的實權。他們勵精圖治，對幕府佯稱恭順，對內則積極整軍經武，伺機倒幕。長州藩遂成為全國武裝倒幕的根據地。

英國駐日公使巴夏禮 (H. S. Parkes)，逐漸看破幕府的無力，毋寧期待建立以天皇為中心的雄藩聯合政權。薩摩藩亦由薩英戰爭（英國軍艦砲轟鹿兒島灣）的經驗，反而採取接近英國的政策。但法國公使羅叔亞，卻繼續支持幕府，給予財政、軍事的援助。英、法兩國對日政策的對立，使朝廷與幕府的對立更甚。

2. 公武合體派的崛起

與尊王攘夷運動對立的是公武合體運動。其實大多數保守的藩主並無推翻幕府之意，但希望透過公武合體，借助天皇權威，改革幕府專制，擴大諸藩的發言權，以維護幕藩體制。幕府自知其專制幕政已難繼續存在，因而亦力圖借助公武合體，以保持其統治地位。但由於尊王攘夷運動的發展，幕府與諸侯無不恐懼，堅持公武合體的孝明天皇亦開始動搖，於是公武合體勢力於 1863 年 8 月發動政變，迫使尊王攘夷勢力退出京都。

政變後（1864 年），在京都成立公武合體的雄藩聯合，但因幕府和薩摩藩的對立而瓦解。蓋薩摩藩在政變中居於領導地位，而抱有領導政局的野心，且從薩摩與英國戰爭以後，放棄攘夷政策，轉而一意打破幕府獨占貿易的體制，因而脫離幕府而轉向倒幕派。

3. 倒幕派的形成

尊攘論者認為要改革政治，充實國力，非統一朝廷與幕府對立的二元勢力，打破現狀不可，因此以外交問題為藉口，展開激烈的倒幕運動。至此，尊王攘夷論又一變而為尊王倒幕論或王政復古論。

　　薩摩藩亦在鹿兒島灣對英國軍艦作戰，雙方損失均重。長州藩在此困境中，深知攘夷之不可能，只可作為倒幕的手段，高杉晉作、伊藤博文等倒幕派的勢力逐漸抬頭。薩摩藩亦因與英國作戰，眼見外國的船堅砲利，知一味攘夷之非計，乃紛向英國購買武器，並設立工廠，製造武器，以謀富國強兵之策。藩士西鄉隆盛、大久保利通等討幕派，逐漸得勢而掌握了實權，於是多年來主張公武合體的薩摩藩與主張尊王攘夷的長州藩遂日益接近。

　　但公武合體派的勢力占優勢，遂使搖搖欲墜的幕府稍露轉機，然因法國公使羅叔亞表示願意協助統一日本，幕府亦有意藉法國的援助，以圖恢復幕府的權力，因此斷行再度討伐長州，壓制薩摩，以圖控制朝廷。

　　幕府得到法國的支持，第一次長州征伐不戰而勝。以為反幕勢力已不堪一擊，而決心趁機摧毀正實施軍事體制的長州勢力，於 1865 年 5 月，準備第二次討伐長州。此戰雖將軍家茂親自出征，並有法國的軍事援助，但遭到薩摩、尾張、越前等大藩的反對與各藩的抵制。諸藩不願再負擔戰費，尤恐民眾的「蜂起」，同時體認「公武合體」之不合事宜，乃轉而支持長州。

　　薩摩藩的主導權已操在大久保利通、西鄉隆盛等討幕派之手。他們覺察雄藩聯合重編幕藩體制之不可能，且由薩英戰爭（英國砲轟薩摩）以來，深悟外患之嚴重以及攘夷運動之魯莽。在長州藩主導權再度轉入倒幕派之手，幕府征伐長州的情勢下，經土佐藩的坂本龍馬等的斡旋，終於在 1866 年 1 月成立了聯合盟約，倒幕派勢力大增。薩長同盟標誌著討幕勢力的茁壯，不啻從尊王攘夷向尊王倒幕推進一大步，充分顯示江戶幕府之勢衰。此後在薩摩與長州二藩主導下，推動以武力謀求以天皇為中心的政治統一，逐漸超越狹隘的鄉黨意識、諸藩的範圍，顯現出國家民族意識的覺醒。

　　幕府軍作戰不利，屢次失利。7 月中旬，將軍家茂暴卒。親幕府諸藩紛紛撤兵，幕府乃藉口撤兵，第二次長州征伐完全失敗，幕府威信為之大喪。

　　同年 12 月初，德川慶喜繼任將軍。慶喜雖曾拒絕英國公使何禮國 (Sir

R. Alcock) 所提幕府與雄藩組織聯合政權的建議，但卻在法國公使羅叔亞的指導下勵行改革幕政，招聘法國軍官練軍，但因法國外相之更迭，以致對日政策改變，所有支援幕府的計劃亦中途而廢。新外相穆斯蒂 (Marguis de Moustiers)，一反羅叔亞支持幕府的政策，反而附和英國公使巴夏禮接近雄藩的政策。在與倒幕派對決最重要的時刻，法國態度之改變，使幕府深受打擊。

另一方面，操縱對日外交的英國公使巴夏禮，在幕府征長州之際，依然認定幕府為中央政權，期待幕府改變政策，使朝廷、幕府與各藩關係得以改善。英國公使的企圖並非訴諸武力的政權交替，而是經由全國性的幕藩協商，誕生新的中央權力。英國的對日政策，表面上雖主張自主，實際上卻是宣布下關海峽通航的自由與中立，無異賦與長州藩交戰權，表明其支持倒幕派。巴夏禮最畏懼的是外國的干預引發日本的內亂——從下而上的革命，因此佯裝「自主」、「中立」，而期待「從上而下」妥協性的政權轉移。

不久，堅決反對討幕，主張「公武合體」的孝明天皇突然暴斃，江戶幕府失去了維持殘局的重要依靠。1867 年 1 月，年僅十五歲的皇太子睦仁親王踐祚，是為明治天皇。孝明天皇之死對倒幕派極為有利。公卿岩倉具視和三條實美掌握朝政，倒幕勢力為之大振。

三、奉還大政與王政復古

第二次長州征伐失敗，國內的政局益趨明朗。薩、長為核心的倒幕派轉而主張「公議政體論」。坂本龍馬積極策劃公議政體論，穿梭於薩、長、土各藩之間，運籌帷幄，於 1867 年 6 月，與後藤象二郎共商大計，策劃幕府還政於天皇為中心的大名聯席會議，建立統一國家。

就任第十五代將軍的德川慶喜，採納法國公使的建議，致力重建幕政。但為了征討長州的善後問題，與薩摩藩發生衝突。當江戶幕府專心於改革

奉還大政圖

幕政時（1867 年 9 月），薩、長二藩達成出兵協議。長州藩隨又與芸州藩達成出兵密約，形成三藩倒幕同盟。10 月初，三藩代表聚集於京都，確認出兵協議，並奏准朝廷頒布倒幕密敕。薩摩與長州聯合，決意武力倒幕。但始終採取公武合體立場的土佐藩於得悉薩、長已約定出兵倒幕後，力勸慶喜主動奉還大政。在倒幕密敕下達的同時，慶喜省察時勢，決定奏請「奉還大政」。其實，慶喜此舉，無非想藉以消弭倒幕派舉兵的口實，為捨名求實的苦肉計❶。朝廷果然接受其辭呈。薩、長二藩的武力倒幕遂又中止。

　　志在武力倒幕的薩摩與長州兩藩，與朝廷內的岩倉具視相要結，於 12 月初發動王政復古的政變，樹立以天皇為中心的新政府。

　　新政府正式以天皇名義通告全國和各國使節，業已廢除江戶幕府，宣

---

❶　慶喜之奉還大政只是藉此消弭倒幕派舉兵的藉口，實則策劃擬訂一新的憲法草案，以將軍兼任上院議長，對下院有解散權，天皇只有法理的批准權，而不具否決權。即在公議政體論的佯裝下，德川氏掌握主導權，仍排除朝廷（天皇）的政治實權。

告天皇政府之成立，今後內外一切政事，概由天皇決定，過去對外使用大
君 (taikun) 稱號的條約，今後均改用天皇稱號，並承認開國以來與各國所
簽訂的一切條約。

德川慶喜並不接受此一決定，蓋當時列強尚未承認新政府，甚至繼續
與幕府保持外交關係。因此，在王政復古政變之後，實際上形成天皇制新
政府與江戶幕府兩個政權的對峙局面。

四、戊辰戰爭

由於新政府對慶喜處分過分嚴苛，引起幕臣和佐幕派之不滿，因而不
顧慶喜制止，於 1868 年年初，進兵京都，卻在鳥羽‧伏見之戰挫敗，慶喜
則逃至江戶。

天皇隨即下詔親征，設立討幕東征軍，追討慶喜。3 月，進占駿府，
旋即進抵江戶城近郊。

當倒幕軍追近江戶時，德川幕府內部守舊派雖仍主張決一死戰，但軍
事總裁兼海軍奉行勝海舟，有鑑於民心離散，力主談判投降。同時英國公
使巴夏禮，亦表示以武力討伐已表恭順的慶喜有違人道，且以江戶引起戰
端，將對橫濱的治安及貿易造成重大影響，警告朝廷。當時幕府軍一萬五
千名，倒幕軍只有五千人，雙方勢力本甚懸殊，但因幕府軍的軍事指揮與
武器裝備落後，而德川慶喜的態度曖昧，大部分的大名眼見幕府大勢已去，
遂紛紛宣誓勤皇，投靠新政府。

旋經勝海舟與新政府代表西鄉隆盛談判，達成一項幕府交出江戶城，
保全慶喜生命及維持德川氏七十萬石領地為條件的不流血開城的協議。德
川慶喜遂不戰而降，蟄居水戶。

德川慶喜雖已投降，但追隨慶喜的幕府舊臣與各地的守舊諸侯仍進行
最後的掙扎，而各自據地反抗。大鳥圭介等組織「彰義隊」二千餘人，盤
據上野反抗，東北各藩組織「奧羽越列藩同盟」，抵抗官軍。海軍副總裁榎

本武揚，則占據北海道函館。及至翌年（1869 年）5 月，榎本軍投降，江戶幕府遂完全覆滅。這一連串的戰爭稱之為戊辰戰爭。此為日本史上江戶幕府以武力反對王政復古的最後一次內戰。

總之，幕府至此告終。自德川家康受命為將軍以來，凡二百六十五年，源賴朝開府鎌倉以來，近七百年的武家政治至此遂告結束。

綜觀上述，明治維新的原動力為當時數雄藩的下級武士。他們鑑於外患頻仍，國事日非，幕府又缺乏振作改革的決心，乃倡導尊王攘夷論，聯合朝廷的公卿、諸藩的上層武士，以及社會的中間階層的商人、地主等，擴大陣線，迫使德川將軍意識到大勢已去，而不得不就範。結果導致不流血的革命——「大政奉還」，但本質上，奉還大政不能算是政權的和平轉移，蓋慶喜及佐幕派各藩，仍企圖抵抗，不願放棄其領邑，及至戊辰戰爭，佐幕勢力被鎮壓之後，才真正完成全國統一的局面，王政復古始得落實。

第四節　幕末時期的社會與文化

一、幕末的社會

開國的經濟混亂，政局抗爭，使社會的不安加大，世風日下。國學的尊王思想廣及農村，社會上普遍叫嚷社會改革之聲。在征討長州之際，大阪與江戶發生的搗毀事件，充分顯示民眾對幕府的不信任。

在混亂的政局與世風之中，幕府企圖加強與列強諸國的交流，吸收其文化、學術，以促進近代化。開國後不久，設立「蕃書調所」教授西學與外交文書的翻譯。其後發展為洋書調所，旋又成為開成所，一改過去偏重自然科學的西學，擴及於哲學、政治、經濟等領域。醫學方面，設立種痘所（其後成為醫學所）。幕府所派遣的留學生，學習歐美的政治、法制、經濟等，薩摩與長州諸藩，亦轉採開明政策，派遣留學生到外國。

因通商條約，來日的傳教士中，有美國人赫本 (Hepburn) 等，開設診療所與英文學塾，積極引進西洋文化。至此，攘夷的思想已大為轉變，模仿歐美，促進近代化之聲更是響徹雲霄。

二、幕末的軍事工業

西力東漸成為幕藩體制崩潰的主因，同時成為肆應外力衝擊，而把列強資本主義國家先進技術移植日本的契機。所形成的工業，與歐洲「自下而上」的自然的經濟發展所展開的不同，而是以幕藩領主層為主體的「從上而下」的移植形式。但仍標榜「東洋道德，西洋技術」，忽略了歐洲近代科學的精神基礎，只是單純作為技術而接受。

幕府與各藩近代軍事工業的設立過程各自不同，先就幕府的煉鋼廠加以考察，這是幕府委託法國公使所建造的，根據其藍圖，擬於四年內在橫濱建造煉鋼廠、修船廠、造船廠，並由法國提供六百萬美元的借款。

至於技術的引進則先輸入蒸汽機與工作母機。但在此階段中，似乎沒有日本國內製作的實用品，此由幕府與諸藩積極從外國購買軍艦、武器即可印證。

三、洋學的發展

十八世紀以降商品經濟的發展，促成幕藩體制的動搖，卻導向自然科學的勃興。當時的自然科學以農學、本草學、天文學、地理學、醫學等為主，無不與自然經濟的農業社會有密切的關係。

自然科學研究影響較大的是「洋學」（西學）的輸入。洋學起初以其為南蠻之學，而稱之為「蠻學」，旋又改稱「蘭學」。最先引進的是醫學。其後逐漸注意到格物致知，追求原理之必要，並逐漸接受天文學與地理學的智識。但追求新知識之風並不普遍，唯一的仲介者則是居留於長崎的荷蘭人。1823 年，德國人席保特 (P. F. J. van Siebold) 在長崎開設私塾，教授洋

學，對醫學與本草學的發達頗有貢獻。

十九世紀以後，高野長英、佐久間象山等蘭學家，逐漸將注意力轉向政治、經濟與社會問題，使蘭學的發展與國學的地位相埒。

日本西學的勃興，不但承受西洋自然科學和技術思想，且對於形而上學表示關心，重視西洋的教學，否定中華儒家世界觀思想的存在，表示日本人在西學勃興時期的民族自覺。其後又衍伸為國際性的人權平等思想，否定中華思想的夷狄觀念以及儒教的封建身分制度。

佐久間原屬陽明學派，後來對西學產生濃厚的興趣，他身體力行，研究醫學、物理、化學、兵器學等新科學，甚至研究製造各種兵器、發電機等。他批判傳統的「華夷」觀念，要求開放海禁和貿易，雖承認西方文物制度之長處，但反對全盤西化，提出「東洋道德，西洋技術」的主張，橫井小楠亦倡導「和魂洋才」之說。在此觀念之下，振興西學無異是在加強幕府的封建體制，但仍以東洋的封建倫理為主體，並利用西洋的科學與技術。這正是明治維新前夕日本承受西洋自然科學的基本態度。

幕府起初出於維護本身的統治，當亦採取了一些促進西學發展的措施。如設立翻譯局，集中江戶、長崎的一流蘭學者，翻譯出版西學著作，並設立講武所和海軍傳習所。但西學的興盛對解放思想、促進社會發展發生積極作用。及至其批判幕政，加深了封建統治的危機，對尊王攘夷思想的發展給予很大的影響，西學遂遭受幕府的壓抑和限制。

四、經濟的變動

幕藩體制本是以一夫一妻制小家庭為單位，以稻米為中心的產品地租為基礎而建立在剝削之上。但這種原則，到了江戶中期以後，由於農業商品經濟的發展而開始崩潰。米穀的商品化更為進展，種稻農民的小商品生產逐漸普遍，稻米生產力的提升或稻米商品化的進展，成為經濟作物和農村工業發展的基本條件。

農業商品經濟的發展,當更促進商品流通的活絡,結果,幕藩領主的剝削方式,已漸鬆懈,過去盛行給予特權商人買賣特權,以徵收營業稅的方式,已隨著商品製造的飛躍性增加,而改採依產量直接課稅的形式。這種轉課營業稅的方式,一方面固然是為了讓領主可以繼續剝削隨著商品經濟發展而更加殷實的農民,但以「商品生產的自由」乃至「營業的自由」為前提,明顯的是隨著幕藩體制基礎崩潰,而排除其對農業商品經濟的障礙。

第五節 幕藩體制的瓦解

一、幕藩體制的崩潰

江戶幕府幕藩體制的崩潰,其原因主要是幕府本身政治的腐敗與財政困難。江戶幕府主要以武力維繫封建制度,雖亦有推行文治主義者,但其統治策略的實力及武家主義,卻始終不變。因此,當幕府失去其威力時,反抗勢力自必乘機而起。

幕府末年,雖經幾次改革,然而積弊已深,綱紀紊亂,士風頹廢,賄賂成風,兼之連年荒歉,米價暴漲,民生凋弊。加以江戶幕府的政治是以中央政權的封建制度為其特徵,而階級制度與主從關係又為維持這種封建制度的必備條件,但到了幕府末年,中產階級抬頭,這種封建制度已難運作。且由於工商業逐漸發達,農村疲弊,而以土地為基礎的武士社會,在經濟上遂處於不利地位。

另一方面,強藩崛起,薩摩與長州等,原為外藩,在政治上無發言權,但自天保改革以來,在重建藩政方面頗獲成功,且累積相當的經濟實力。薩摩一手壟斷琉球的砂糖貿易,獲利甚厚。長州藩則因開發新田而獲益驟增,加上掌握通過下關的北陸、山陰兩地的物資,所以兩藩在財政方面都較其他各藩富裕。因此能較早採用西式軍備,而在外壓下,乃得增強其發

言權，且透過財政、軍政改革和政治活動，培養了許多有能力的人才。如維新三傑的西鄉隆盛、木戶孝允與大久保利通等，都是薩摩與長州藩的藩士，也是倒幕派志士中的傑出人才，成為明治維新的領導者。

日本的武士原屬統治階級，自鎌倉幕府時代以來，在政治上居於獨占的地位，但到了江戶時代中期以後，由於工商業發達，農村凋弊，以土地為基礎的武士，在經濟上逐漸陷於不利的地位。武士對於農工商已漸失去其威嚴。武士迫於生計，卻又不得從事商業或低賤的工作，遂導致武士喪失其社會中心的地位。失去社會地位的下級武士，當希望社會發生變動，以為扭轉其政治命運的機會，於是成為後來明治維新倒幕運動的有力支柱。

二、外力衝擊

經過二百多年的鎖國政策，日本對外幾乎處於與世界隔絕的孤立狀態之下。鎖國時期，葡萄牙與英國等歐洲列強，或由於國勢漸衰，而喪失東亞貿易的霸權，或由於戰亂而無力經營東方的貿易，日本得以維護其孤立於世的體制。但自十七世紀初葉之後，世界情勢一變，歐洲列強競營亞洲貿易，俄、美、英、法、荷等國紛紛進逼日本。當列強紛紛扣關之際，幕府昧於宇內大勢，仍然墨守「祖法」，固守鎖國政策，不肯與各國通商。各國卻始終不放棄其通商要求，甚至有以武力迫使日本就範的意圖。十八世紀初年以來，俄勢已伸展到千島群島、北海道。其後，俄國一再進犯日本的北方，日本朝野興起對俄的攘夷論。繼俄國之後，英國東洋艦隊亦於十九世紀初，發生闖入長崎港騷擾事件。至 1842 年，中英發生鴉片戰爭，英國戰勝清廷，英國船艦出沒於東亞海面。此後，英、俄分由南北進向日本。不久，與日本維持二百多年邦交的荷蘭，亦勸導日本開國通商，卻不為幕府所接受。但在美國的武力壓迫下，鎖國政策終於崩潰。

十九世紀以後，與歐美的交涉日繁，加以法國等民權思想之輸進日本，對於懷著近代國家美夢的先覺者發生不小的影響。

三、尊王攘夷思想的興起

　　江戶幕府末期，外力的衝擊，實為促成尊王倒幕思想運動的一大原因。在幕府末年內憂外患交迫之下，政治腐敗，財政困窘，經濟蕭條，國民的經濟生活陷於山窮水盡的窘境。幕府既採取緊縮政策，收回大都市及礦山的經營權，並操持貨幣鑄造權，各藩亦極盡苛斂壓搾之能事。德川幕府的封建體制遂亦開始動搖。憂國之士鑑於國家日趨沒落危殆，咸認非銳意改革政治，充實國力，不足以拯救國家，但在手段與方法上卻有「尊王攘夷論」與「佐幕開國論」之分。尊王思想源自尊王斥霸的儒家思想，攘夷論具有強烈的排外主義。他們認為唯有尊王攘夷，實行中央集權，使朝廷與幕府對立的二元化獲得統一，才能防止西方的侵擾，拯救封建社會的危機，於是尊王攘夷論者遂一變而為尊王倒幕論者或王政復古論者。結果佐幕開國論者，亦與尊王攘夷合流，共同倒幕，終於促成明治維新的大業。

第三章　明治維新

第一節　新政權的成立

一、明治新政權的確立

德川慶喜奉還大政之後，朝廷命大名晉京共商國是，但諸大名卻多持觀望，甚至推辭。因此，會集全國的諸侯共商國是大計的聖旨始終無法貫徹，將軍的威權依然不變，政局呈低迷之勢。

1867 年 12 月，以岩倉具視為中心的公卿及薩、長兩雄藩倒幕派，奏請實行王政復古。依照王政復古的旨意，建立維新政府的組織，廢除原有的關白、攝政，以及征夷大將軍之職，新設總裁、參與、議定三職，另設太政官議政。

新政府當時最急迫的，便是獲得外國的支持，乃於 1868 年 1 月，向各國宣告王政復古與天皇掌握外交主權。同年 2 月，天皇派遣東久世通禧為敕使，前往兵庫，向英、法等國使節通告，願意繼承德川幕府與各國所簽訂的條約，採取和睦親善的外交政策。

二、「五條誓約」與「五榜禁令」

同年 4 月，明治天皇在京都宣布「五條誓約」❶。這是新政府的基本

---

❶　「五條誓約」的內容如下：一、廣興會議，萬機決於公論；二、上下一心，共展經綸；三、文武同心，下及庶民，務使各遂其志，人心不倦；四、破除舊有的陋

方針，也是新興日本的政治綱領。明示公議輿論之尊重，開國和親的基本
國策。此一誓約是新政府的一項重要施政綱領，也是內外政策的基本原則
之宣言，表明了新政府進行改革的目標和決心，同時也是新舊勢力之間達
成妥協的產物。當時政權雖歸朝廷，名義上由天皇親政，但薩摩與長州兩
雄藩擅恣驕橫的態度，顯然有變成德川氏第二，蔑視王政復古之虞，於是
採取議會主義為主旨的國是大本「五條誓約」，以牽制壓抑其跋扈，並防止
人心之浮動。其基本精神，欲把天皇與大名同列一席，以共商國家大事，
但遭受重視王政復古形式的公卿之反對，其後將盟約改為誓約文，並以天
皇率領公卿、諸侯、文武百官，宣誓於神前的方式，強調天皇親政。

　　此後維新政府所推行的國是綱領，以及朝廷的各種政治措施，悉以此
誓文為準繩。有謂此係日本憲法的雛形，日本民主主義的出發點。就其本
質而言，可說是一種打破封建獨裁制度，確立資本主義民主制度的宣言書。
其第一條「廣興會議，萬機決於公論」，在第二次世界大戰後，被解釋為明
治維新是奠立於民主主義原理的依據，自由民權運動的歷史淵源，甚至追
溯其為第二次世界大戰後新生日本民主化的出發點。但在其起草過程中，
卻不難看出「庶民」與「列侯」孰重的問題，反映明治政府的保守性。

　　與新政府這種革新的政治傾向正相反的是，在與「五條誓約」同時揭
示「五榜禁令」❷，禁止人民離開本籍地，限制政治活動，強調君臣、父
子、夫婦等儒教的道德，嚴禁徒黨、「強訴」等民眾運動，指斥基督教為邪
教，完全承繼舊幕府時代的教學傳統，顯為違反民主的作法。

　　依據「誓約」的施政方針，新政府採取下列幾項方針：一是古代天皇
制的復活。新政府建立在諸藩聯合政權之上，所不同的是，將古代天皇制

　　習，一切立基於天地之公道；五、廣求知識於世界，大振皇基。

❷　亦稱「五種禁令」，內容是：一、正五倫之道，不得有殺人、放火、盜竊資財等罪
　　行；二、不論何種理由，均不得結黨「強訴」或相率擅離鄉里；三、堅決禁止基
　　督教；四、禁止對外國人擅自殺害或濫施暴行；五、禁止私自逃離本鄉。

復活。至於國是之發表並未採取諸侯會盟的方式，而採取天皇親率文武百官向天地神祇宣誓的方式，乃是仿效大化革新的先例。二是公意輿論的尊重。打破封建制度、建立四民平等的社會，為新政府所懸為鵠的者。新政府在「五條誓約」中已明示尊重公意輿論的方針，在政體書將中央政治組織定為太政官制，採取美國三權分立原則，立法機構設立上下兩局議政官。1869 年復設待詔局，作為聽取人民意見的機構。新政府之所以採取尊重公意輿論的方針，表面上表示民主主義的傾向，實由於其基礎尚未穩固，且無武力，而全國諸藩仍處於幕府時代之舊，各擁私兵，甚至新政府的中心人物，迄未能完全控制本身各藩，為嚴密監視當時尚處於獨立狀態的諸藩，不得不斟酌諸藩意見，稍作讓步。三是採取睦鄰政策。新政府於成立後不久即宣示採取「開國睦鄰」方針。此一轉變給予時人很大衝擊。蓋朝廷多年來採取攘夷鎖國立場，新政府的中堅人物大多為尊王攘夷運動的倡導者，因此，當明治政府宣示此一政策，且由天皇引見外國公使時，攘夷論者極表反對，甚至有埋伏暗殺晉謁天皇的外國公使，或襲擊採取睦鄰邦交論者。但新政府始終堅持此一方針，並於 1869 年設置外務省（外交部），翌年，又建立公使駐紮制度。

三、「政體書」與新政治機構

　　新政府成立之初，設置三職七科，其後又改為三職八局。頒發「五條誓約」之後，即於 1868 年閏 4 月，發布「政體書」。這是根據福澤諭吉的《西洋事情》、美國布里吉曼 (Bridgeman) 所著《連邦志略》以及孟德斯鳩 (Baron de Montesquieu) 的「三權分立」等為準則，作為新政府政治上運作的法度，將「五條誓約」方針具體顯現在官制上。至此，遂仿效奈良時代的律令制，實行太政官制。其內容是集中國家權力於太政官的中央政府，形式上採取行政、立法、司法三權分立與議事制度。

　　其官制則是設太政官為行政首長（總理大臣），其下分七官（議政、行

政、神祇、會計、軍務、外國、刑法），掌理立法、行政、司法。但實際上，立法與行政並未分立。

```
        ┌─ 立法權 ── 議政官（上下局）
太政官 ─┤  行政權 ── 行政官、神祇官、會計官、軍務官、外國官
        └─ 司法權 ── 刑法官
```

此外，規定在地方實行府縣藩「地方三治」的行政體制。地方政府直接受中央政府的指揮統制。府置府知事，縣置縣知事，藩仍照舊置諸侯。至1868年年底，頒布了「藩治聯制」，規定打破身分限制，廢除門閥世襲的「家老制」❸，分別設立執政、參與、公議人等官職，大都由倒幕派藩士擔任，但須經中央政府批准。如此在一定程度上限制了藩主的權力，初步加強了新政府的統治地位。

此一政治機構就三權分立、打破門閥、尊重公意而言，較諸幕府專制政治確具有高度進步性，同時也強烈地表現出維新進取的精神。其特徵有三：一是政府組織的三權分立主義，二是採用議會制度，三是官吏公選制度。模仿美國政府組織的三權分立主義，標榜近代權力分散的原則，卻以「天下權力總歸太政官」，而從屬於權力統一的絕對主義原則。其次是採用上下二局的議會制度。「議政官」（立法機構）由皇族、公卿、諸侯以及藩士中選任的議定和參與所組織的上局和各府、縣、藩選出的「貢士」組織的下局所組成。但上下二局並非並立的議決機構，下局只不過是上局的諮詢機關而已。至於官吏的「公選」（四年一任，採用公民投票的方式），亦只是高級官吏互選，且僅施行過一次而已。

為了提高天皇的權威，一方面宣揚天皇神話，提倡神道，一方面保持天皇傳統的獨特機構、制度與法規。

事實上，這一「政體書」所展現的政權，係一種諸藩同盟的政治形態，

---

❸ 幕府時代，諸侯的家臣之長。

同時也是從純粹封建制度急速轉移到絕對主義制的過渡政權。「政體書」雖把重點放在輿論政治的實現，尤以採取官吏公選制為一革命性的大改革，唯以封建的遺物「藩」的組織為前提，仍然承認大名與武士的存在，忽視一般庶民，缺乏廣泛而牢固的民主根基。

1868 年 7 月，新政府改江戶為東京，9 月，改元為「明治」❹，同時確立一世一元（一代天皇只用一個年號）制度。明治天皇（睦仁）於 10 月，正式舉行即位大典。翌年 2 月，遷都東京。

明治改元、天皇東巡與遷都東京的主要目的乃在提高天皇的權威，並建立鞏固的中央集權。為了提高天皇的神權，明治政府借助「國學」❺，提倡神道。將古代的天皇神話，「萬世一系」等奉為經典，大肆宣揚。

1869 年，進行官制改革，實行祭政一致的政治體制。為了借助神權以提高天皇的權威，將神祇官提高到與太政官同等地位。太政官之下設左大臣、右大臣、大納言、參議等，至於中央原設各官，則改為「省」，即民部、大藏、兵部、刑部、宮內、外務等六省。另有大學校（教育部）、彈正臺（最高檢察機構）。此次官制改革，樹立了以太政官為首的集權行政機構，而政體書標榜的三權分立主義的精神，全被抹殺殆盡。

總之，明治維新的中央政治制度的運用，自始即徘徊於復古主義、進步開化思想與藩閥主義三者之間，但由於藩閥勢力自始即在維新政府中位據要津，因此在其後的日本政治演變過程中，一直居於優勢地位。

初期的明治政府雖是過渡性的政權，但並非簡單的封建政權的轉移，而是在國內外各種矛盾日甚，相互對抗的條件下，通過武裝鬥爭所建立。雖然明治政府舉著「王政復古」的旗幟，但此一政權的更替，卻也符合日本發展資本主義和建立資產階級民族國家的客觀歷史要求。明治政府一系

❹　取自中國古籍《易經·說卦篇》「聖人南面聽天下，向明而治」之意。

❺　江戶時代興起，依據日本古典（《古事記》、《日本書紀》等）等文獻學，探究日本固有文化之學。

列的改革措施，推動了日本資本主義的發展，初步實現了「富國強兵」，因
而使日本能從不平等條約的束縛下逐漸擺脫出來，成為獨立的民族國家。
明治維新可說是透過革命和改革的雙重手段，實現其歷史的使命。

　　近七百年的武家政治結束以後，明治新政府積極改革國內的體制，標
榜富國強兵。平定西南戰爭，掃除反革新運動後，頒布憲法，並促進政治、
經濟的近代化。對外則進行不平等條約的廢除。

　　經過明治維新的變革而日益強盛之後，日本決定推動大陸政策，與中、
俄角逐，向亞洲大陸擴張，於是發動甲午戰爭。日本獲勝，取得臺灣、澎
湖以及大量的賠款。從此，日本的經濟突飛猛進，第一次產業革命告成。
戰後十年，復因滿洲問題，與俄國發生武力衝突，日俄戰爭結果日本又獲
勝，不僅向朝鮮半島以及中國東北擴展，同時又完成了第二次產業革命。
使明治時代的後半期，成為日本國力擴張的時代。

第二節　集權政治的進展與社會改革

一、奉還版籍

　　領導明治維新的勢力有二，一是朝廷中以岩倉具視為中心的急進派公
卿，一是共同聯合倒幕的薩摩、長州、土佐三藩以及尊王派的肥前、尾張、
越前、芸州等各藩志士。這些勢力在明治初年的國是會議中分成保守與急
進兩派。一主文治，一主武治，且以各藩為背景的藩閥，互相對立，爭權
奪利，形勢極為複雜。

　　戊辰戰爭之後，幕藩體制雖被推翻，中央政府粗具規模，但依然呈現
諸藩割據的局面，蓋諸藩仍擁有版籍❻及武力，除舊幕府直轄地之外，一
般地方統治權仍為諸藩所分占，封建領地的存在，限制了新政府的財源，

---

❻　版指版圖，即領地之意，籍指戶籍、人民。

且形成各自為政的局面，對中央政府的政令，陽奉陰違，封建制度的色彩仍極濃厚。因此，朝廷並未舉統一之實，王政維新的大業，未能貫徹。

1868 年初即有木戶孝允提出奉還版籍之議，在伊藤博文等勸導下，四雄藩藩主於 1869 年 3 月，聯名提出奉還版籍之請。朝廷優詔四藩，使其奉還版籍，諸藩相繼響應。至 7 月，奏請者已達二百三十六藩。朝廷接受其請，並命令尚未奏請的十四藩一律照辦。舊大名仍給與「家祿」，以取代俸祿，並任命為舊領地的藩知事（地方官），照舊掌管藩政。藩主的家祿與藩的財政分離，舊大名形式上依然殘存，租稅與軍事兩權，仍操在各藩主之手。

當時新政府兵力尚不足以打倒舊勢力，因此在奉還版籍之後，廢除公卿、諸侯，改稱華族，各藩藩主亦列為華族，並任命為藩知事，與府縣知事並立，執掌藩政。至於各藩的藩士則改稱士族。全國分為八府、二十六縣，近代日本的中央集權政府遂告實現。

至此，封建制度乃名實俱廢，日本全國的土地及人民脫離了封建諸侯而成了天皇的土地與子民，日本遂蛻變為中央集權的近代國家。

奉還版籍之後的官制改革，進一步進行天皇支配的神權化、專制化。中央政府組織方面，恢復古代「大寶律令」形式，沿襲古來的官名，採取祭政一致的形式，置神祇官於太政官之上，將原有行政官以下七官總稱的太政官實質化，在其下置左右大臣、大納言、參議，而構成政府中樞。為了天皇的神格化與國民思想的教導，新設置宣教使，於 1870 年正月，頒布「大教宣布」❼之詔，規定神道為國教。同時展開神佛分離，廢佛毀釋。

在奉還版籍之後，形式上全國已趨於統一，藩知事已非封建諸侯，成為中央政府所任命的一個地方官而已，但事實上藩知事仍為諸侯，其下有主從關係的藩士，對藩民的關係，依然保存著一種領主對領民的關係，庶政的刷新仍有待更徹底的改革，於是有二年後廢藩置縣之舉。

---

❼　宣示以天皇崇拜為中心，神道教義為教育宗旨的國民教化運動。

二、廢藩置縣

奉還版籍之後，雖形式上全國已統一，藩知事亦成為由中央政府任命的地方官，而非封建諸侯，但其對轄下的人民仍具「殿樣」（tonosama，主公）地位，而保持領主對領民的關係，因此仍有待一次更徹底的改革，廢除藩知事成為刻不容緩的急務，此實廢藩置縣的背景。

1869 年 7 月，最初由少數藩知事提出辭呈，朝廷批准數藩廢藩之請，翌年，請辭者接踵而至，遂於 1871 年 7 月，將所有在中央政府任職的公卿、藩主一概免職，並由三條實美宣讀廢藩置縣詔敕，限令舊藩主於同年 9 月以前遷往東京居住。此時計有二百六十二藩廢藩置縣，全國改為三府（東京、京都、大阪）三百零一縣。

1871 年 2 月，新政府從薩摩、長州、土佐三藩募集一萬名「御親兵」（御林軍，即後來的近衛軍），擔任朝廷的護衛，並頒布戒嚴令，以防止諸侯的反對。可見廢藩置縣是在朝廷威武之下完成，無異是第二次王政復古的大變革。

同年年底，完成廢藩置縣，旋即進行府縣的撤廢合併，改成三府七十二縣，任命府知事、縣令（取代縣知事）擔任地方行政，同時頒布縣治條例。嗣於 1886 年設北海道廳，1888 年，再修改為一道三府四十三縣。

廢藩置縣徹底消除舊幕藩體制，建立了中央集權的統一國家。此實近代日本史上劃時代的大事，其重要性遠在大政奉還與奉還版籍之上，蓋由此次改革，徹底剝奪了舊藩主的一切政治權力，進而摧毀了各藩的封建割據勢力，日本遂有統一的地方制度，各地方亦成為天皇任命的地方官管轄區域，真正實現了中央集權的統一國家。至此，朝廷完全取得土地與兵民之權，實現了王政維新之實，奠定了日本絕對主義天皇制國家的基礎。

廢藩置縣之後，為了整備集權體制，太政官制再度改革。頒布「太政官職制暨事務章程」，明確規定天皇親臨、萬機親裁的方針。太政官分為正

院、左院、右院等三院制，並在其下設省。正院擁有立法、行政以及司法等決策權，為天皇親政的官廳。正院設太政大臣、納言（旋又改為左右大臣）、參議等職。太政大臣（相當於內閣總理）輔佐天皇，總攬政務、祭祀和外交大權。納言為太政大臣之副官，於太政大臣缺席時代行其職務。正院之下設省，分內務、外務、大藏、工部、兵部、司法、文部、農商務、神祇以及宮內等省。省的長官稱卿，次官稱「大輔」，由天皇委任。此一新官制的政府機構，除了三條實美與岩倉具視少數公卿以外，幾全以薩摩與長州藩為中心，加上土佐、肥前四藩出身的實力者掌握實權，其後稱之為藩閥政府的官僚政府基礎於焉固定。

藩閥政府高級官吏出身別一覽表

	人　口		敕任官			奏任官		
	人　數	百分比	人　數	百分比	每人與縣民人口數之比	人　數	百分比	每人與縣民人口數之比
薩摩	560,200		18		31,123	247		2,268
長州	827,500		12		68,958	345		2,398
土佐	524,500		7		74,928	112		4,683
佐賀	506,600		7		72,371	96		5,277
小計	2,418,800	7.6	44	65.7	54,973	800	37.6	3,023
其他	29,571,800	92.4	23	34.3	1,285,736	1,326	62.4	22,301
全國	31,990,600	100.0	67	100.0	477,471	2,126	100.0	15,047

三、社會改革

1.身分制度之廢除

明治維新後，在「一君萬民」的標榜下，打破人民的階級特權制度。先是在公卿諸侯之外，提拔各藩藩主，列為朝官，並設「徵士」、「貢士」之制，以徵用藩士。在奉還版籍之際，廢除公卿諸侯之稱，改為「華族」。

1869 年 12 月，舊幕府幕臣與幕藩武士，則統稱「士族」。同時改稱農

工商為「庶民」（平民），准許庶民有居住、遷徙、旅行、職業、財產等的自由。翌年 9 月，准庶民稱「姓氏」，禁止庶民攜刀，准庶民騎馬，准許武士散髮廢刀，貴族與庶民可以通婚。

1871 年，允許士族從事農工商業，平民亦與士族同享就任文武官職的機會。同年 4 月，廢止農民的階層制度，並頒布禁止買賣人口之令。

同年 8 月，以太政官布告「解放令」，宣布廢止在幕藩體制下身分外的穢多 (eta) 與非人等稱呼。已有部分穢多部落民在幕府征服長州藩戰役有功，而升為平民。但所謂「解放」只限於天皇的恩惠，被利用為天皇新權威的裝飾，實際上解放令僅止於形式，即使是戰後世人所稱讚經濟大國的民主日本，仍有二百萬人以上的部落民，迄仍受到不平等的身分待遇。

翌年 11 月，發布徵兵令，廢除過去士族獨占服兵役之制。在身分、職業方面與平民居於同等地位。同時制定華族、士族、平民三族的戶籍法，實現全民平等的社會。

對於千餘年來，以武士階級為社會中心及政治權力所寄的社會組織而言，全民平等之制，確給予莫大的變動。除少數華族之外，士族與平民已居於平等地位，既不再享受特權，亦不受任何封建的約束。根據 1873 年（明治六年）的統計，全國人口三千三百三十萬餘人之中，平民占 93.4%，士族與華族等占 6.6% 而已。

2.士族的處理

明治維新在社會方面的改革並不徹底,蓋舊社會的階級殘餘仍然保存，皇族、貴族、僧侶等,仍過著奢侈的寄生生活,統治階級仍以世襲為特色,甚至官僚、資本家財閥及軍閥,亦都是舊統治階級蛻變而來,農民及勞工的生活仍處在重重的剝削下而陷入絕境。由於新政府全力推動工業發展,忽視農業技術與經營的近代化,因此日本的農業一直停留在前近代的低水準。村落共同體的農村社會形態依然殘存。個人甚難獨立於封建性的「家」,對於家長的隸從容忍心態,使一般人甘受國家對個人自由的束縛,

而隸從於天皇的權威，在天皇制的「國體」基礎上，維持封建的家族制度。從君權至上主義為原則的明治憲法所制定的戶主、「家督」（戶主的身分）繼承、男女不平等的民法等，看出明治維新後封建體制色彩之濃厚。

在廢藩之後，舊藩主仍位列華族，不失為特權階段，蓋其舊日財政上的虧空，或濫發的紙幣，均不必負責，而由新政府善後，因此，華族只是失去土地與人民，卻仍能養尊處優。但一般武士則因奉還版籍及廢藩的結果，加上實行徵兵制度，而使其境遇益趨艱難。占全國人口十分之一的武士階級，威權既已崩潰，其生活亦瀕臨絕境。

明治初年所確立的「全民平等」精神，並未落實，迨至 1884 年新設公、侯、伯、子、男五爵位，稱之為華族，並頒布「華族令」，承認爵位世襲特權，開始依功勳列為華族之制，及至「明治憲法」制定之後，更使華族有列入貴族院的特權，使階級特權又得以死灰復燃，終使全民平等的精神完全被破壞。

「全民平等」實質上是創造新的身分制度。天皇與皇族姑不必論，華族、士族均受到特別的優遇，雖有多數的士族因「士族的商法」而沒落，代之而起的特權身分是官吏。官吏作為天皇的官吏而「君臨」民眾，並以官尊民卑的形式，重新塑造幕藩體制下的士與農工商之別。平民一旦任官，即享受士族的特權，因此由士族轉任官吏或軍人、警官者眾多。據 1871 年的統計，中央政府的官吏五千一百二十五名之中，士族占四千四百六十二名（87%）。

雖有一大部分武士階級，隨著封建體制的崩潰而陷入生活困境之中，但有一部分武士，卻能憑恃其教育背景，在「文明開化、普及教育」的要求下，轉向教育事業。1883 年，中學教師之中的 73%、小學教師的 40% 為士族出身。至於培養「富國強兵、殖產興業」的新式高等教育的受教者，幾乎全屬士族的子弟。根據 1880 年的調查，中央與地方官吏之中，74% 為士族。其後的眾議院選舉，士族所占比率亦高（約占三分之一），可見封建體

制之下的統治階級，在明治維新之後，仍在政治上或社會上占有優越地位。

　　明治維新的成功，得力於一部分下級武士的勤皇熱情，他們在新政府成立後，出將入相，高居廟堂之上，掌握國家大權，但大部分武士卻在廢藩置縣以後，不僅世襲的財產被剝奪，知識的特權亦因教育的普及制度而消失，最基本的武士職務上的特權，亦因徵兵令而被褫奪。雖然新政府實行武士的授產，但這些頓失世襲財產與職業，一向未從事實業的武士，一旦需要與町人競爭，難免會遭遇挫折，於是遷怒新政府的種種改革，憤懣之餘，乃展開反對一切改變舊制的運動，甚至採取武力抗拒行動，明治初年一連串的士族叛亂，至 1877 年的西南戰爭達到最高潮。但自該役失敗之後，沒落的士族深悟武力反抗運動之困難，改以言論督促政府的辦法，大勢所趨，終於開啟了自由民權運動，以及政黨運動的先河。

四、徵兵制度

　　「文明開化」與「殖產興業」旨在達成「富國強兵」的目的，因此首要乃在改革軍事制度，建立強大的軍隊和強有力的警察機構。

　　新政府進行整編近代軍隊的構想，在廢藩置縣之後，即解散各藩的軍隊，掌握全國兵權。1872 年 4 月，根據新兵制法，改兵部省為陸軍省和海軍省，陸軍分五個兵種，設置六個鎮臺（東京、大阪、仙台、熊本、名古屋、廣島），並組織鎮守軍；海軍則設東西二海區（東京、長崎）。平日常備軍為三萬一千餘人，戰時作戰部隊則為四萬零三百人。

　　同年年底，發布「徵兵告諭」，宣布四民平等，人人須服兵役，實行徵兵制度與全國皆兵主義，至此以往士族獨占軍役之制遂被廢除。

　　翌年 1 月，公布國民皆兵的徵兵令。全國十七歲至四十歲的男子都載入軍籍，編為國民兵，滿二十歲男子中選者編入常備軍，服現役三年，期滿後編入後備軍，同時規定繁多的免役條件❽。至此，不論士族、平民，

---

❽　官吏及特定學校的學生、戶主及其繼承者，繳納二百七十圓，即可以免役，給予

滿二十歲男子服兵役的統一兵制已樹立。於是作為近代國家的軍制已整備，奠定了國力的軍事基礎。

但徵兵令公布之後，遭到封建武士的詆譭非難，農民則因搶走其勞力，且對告諭之中「血稅」❾一詞的誤解，群起反抗，形成大暴動。但建立徵兵制不失為打破封建制度，促進軍事近代化的重要手段，也是富國強兵一項根本的改革措施。其後經過幾次修改，至 1889 年，廢止不合理的免役規定，確立了幾近「國民皆兵」的徵兵制。

在逃避徵兵風潮之中，新政府致力改革制度，以創建天皇制軍隊。1874 年在陸軍省設置參謀局，1878 年統帥部從陸海軍省獨立，劃歸參謀本部，而直屬於天皇。此即所謂軍、政分離的統帥權的獨立，與軍備的擴充結合，建立天皇制軍國主義化的主軸，而成為對外侵略的基本國策。1882 年 1 月，採取統帥權獨立的方式，直接由天皇頒賜「軍人敕諭」給陸海軍卿，「訓戒」軍人，對天皇為頂點的命令體系之絕對服從，軍事政治化之排除，特殊身分之強調等，以灌輸天皇制軍隊的精神。

1872 年 10 月，在司法省之下設置警保寮，以維護國內的秩序及民眾的健康為宗旨。1874 年之後，先後設置東京警視廳、內務省，逐步樹立中央集權的統一警察制度。除了作為取締反抗新政府的「百姓一揆」（民眾的反抗運動）的司法警察外，尚兼備取締人民日常生活的行政警察的性質。

五、土地改革與「秩祿處分」

1. 土地改革

奉還版籍與廢藩置縣並沒有廢除封建領主土地所有制，這對於商品貨幣經濟和資本主義的發展構成一大障礙。一因農民自幕末以來苦於重租而

權勢富貴之家大開逃避兵役之門。

❾　「徵兵令」諭告中有「臣民宜以鮮血報國」一詞，引起本來就反對徵兵的農民反抗。

屢有農民起義，一因新政府為爭取民心，克服日益增加的歲出，遂決心改革地租。

改革的第一步是 1871 年廢止播種面積的限制，翌年，解除「田畑代買賣令」（田地的永久買賣令），訂定地價，發行地券，承認土地為不動產的所有權。地券原則上交付原來年貢負擔者（地主、佃農），原有的封建領有制乃解體。復於 1873 年 7 月公布「地租改正條例」，著手修改地租，至 1879 年大體已完成。

修改地租的要點有四：一是課稅的標準，從不安定的收穫量，改為依據一定的地價，即以土地法定價格作為全國統一的課稅標準。二是地租的稅率，統一定為法定地價的百分之三，另外加徵百分之一的地方稅，採固定稅率，不因豐歉而增減。三是地租一律以貨幣繳納。四是規定土地所有者為納稅義務人。

至此，各藩不統一的地租，已改為不論豐歉，一律以貨幣徵收，具備近代租稅的形式，政府的財政遂得以穩固。地主與自耕農土地所有權之確立，加深與商品經濟的連帶關係。

此次改革，簡化了種類繁多，手續複雜的貢租法，保證國家財政收入的穩定，否定了封建領主的土地所有制。在大舉推動殖產興業政策，創建軍事力之際，財政收入大多倚恃地租，因而造成百分之三的高稅率。雖有貨物稅增收時，減收為百分之一的公約，但因工商業之發達未如預期，而關稅改革亦未成功。結果，新政府徵收的地租，與舊的封建貢租相若，因此造成與領主之剝削不同形式的新剝削方式。以致引起農民的不滿，掀起了大規模的農民起義。至 1877 年，新政府不得不採取減稅措施，將地租稅率從原地價的 3% 減為 2.5%，地方稅亦降為 0.5%。但地租徵收比率的訂定，乃是以不減少原來年貢的收入為方針，農民的負擔與過去並無不同，地主的收取量反而較前增加。因此，要求減輕地租，揭竿而起的暴動層出不窮。甚至原來共有的山林、原野等「入會地」(iriaichi)，不能立證者，皆

被編入公有地，此亦造成農民起義的一因。

此次改革，新政府的財政得到穩定的增長，地主所得亦增加，地主兼併土地的情況加劇。農民雖獲得土地所有權，負擔亦較過去減輕，但由於缺乏適應商品經濟的能力，大批農戶淪為佃農。至於貧農的困窘並未好轉，蓋其繳納仍限於實物地租，而地主則以各種手段，攫取他們三分之二以上的收穫。

雖然如此，這種地租形態的改變，實質上是土地制度的變革，土地變成可以自由買賣的商品，成為資本主義的個人私有財產。從法律上廢除了封建領主土地所有制，確立了以土地私有權為主要鵠的的近代土地所有制，可說是具有資本主義性質的改革。

地租改革一如明治維新，是不徹底的改革，蓋其保留了大量的封建殘餘。新興地主占有大量土地，依靠搜刮高額的佃租，過著腐朽的寄生生活。寄生地主制在日本迅速形成和擴大。地主把部分地租收入，投資近代企業，獲取利潤，半封建剝削造成的農村貧困，使資本家得以壓低工資。因此，寄生地主制與資本主義結合在一起，而寄生地主制造成土地分散零細經營，必然阻礙近代資本主義農業的形成和發展。寄生地主制的苛重壓榨，更大為限制了農業生產力的發展和國內市場的擴大，因此，寄生地主制勢必愈益嚴重的妨礙資本主義的發展。

2.「秩祿處分」

在 1871 年實施土地改革的過程中，同時進行「秩祿處分」❿。武士俸祿是國家財政的沉重負擔（約占歲出總額的三分之一）。自 1871 年至 1876 年 8 月，政府決定士族一律獻出俸祿，由政府付給五～十四年不等的公債。此舉使少數華族、皇族獲益，蓋其能將資金投向金融和工商業，而轉化為資產階級。但多數的士族，卻很快喪失其公債券，且因其缺乏務農經商的經驗而破產。政府雖發放貸款，廉售國有地，或無償分配荒地，甚至提供旅費、資金，鼓勵個人、集團前往北海道拓荒，或獎勵耕農營商，但

❿　所謂秩祿處分，即以贖買方式革除武士俸祿制度。

武士仍陷於失業的困境，變成出賣勞力的雇用勞工。

為了徹底消除封建領有制，於 1873 年 12 月，頒布「家祿奉還規則」，整頓俸祿。即以數年的終身祿與公債支給為代價，收回家祿，但僅有 24% 回應。至於西南諸藩的士族則幾無應者。在此一「規則」公布之後不久，發生了佐賀之亂，此後士族叛亂在西南諸藩接踵而起。

土地改革既在法律上認定農地私有，當意味著封建領邑的消滅，而領主制的解體，至 1876 年的「金祿公債證書發行條例」的公布而實現。據此，將所有華族與士族的俸祿一律廢止，另發行「金祿公債」，以為代價，每年的祿額總數達一億七千餘萬圓（占明治初年稅金總收入的 60%）。國家負擔沉重，但每人仰賴的公債額與年利甚少，不足以解決其生活問題，因此，頗多拋售公債，而轉入高利貸者及商人之手，而運用轉化為資本，形成日本資本主義基礎的一環。亦有部分武士因此而致富者，後來許多日本資本家為武士出身，即導源於此。

六、反動不平分子的叛亂與西南戰爭

1.反動保守主義者的叛亂

自 1871 年至 1877 年西南戰爭止，約有六年之間，處於反革新的騷動時代。明治維新前夕，不滿現狀的人們，把未來的希望寄託在倒幕尊王。但當幕府崩潰，王政復古，明治新政府建立後所實行的一連串庶政改革，諸如徵兵令的頒布，解散藩兵、廢除武士階級的特權等，極度的刺激了士族的感情，他們因懷恨改革的急劇而陰謀顛覆政府。

1870 年發生奇兵隊的暴動。奇兵隊為倒幕派所依靠的主力部隊，在倒幕戰爭中，頗著功勞。但在戊辰戰爭後，長州藩首先宣布解散奇兵隊，迫其回鄉務農。突然失去軍職的戰士因生活來源斷絕，乃掀起暴動，並與要求減輕地租的農民起義合流，突襲山口城，包圍藩廳。新政府認為事態嚴重，乃派遣常備軍加以鎮壓。

2.不平士族的叛亂

農民起義起因於農民與地主之間的對立，而士族叛亂則是舊領主階級對明治新政府解散士族政策之不滿所衍生的反政府運動。明治初年以來陷於低迷的士族階層的憤懣，以1873年的征韓論的分裂為契機，逐漸顯現，尤其以舊西南雄藩為最。

明治初期的中央政府，內部派系林立，互相傾軋，尤其是把持政權的薩摩與長州兩藩，專橫腐化，引起其他諸藩藩士的不滿，提出「打倒藩閥、改革內政」的口號，以期顛覆政府。失去封建特權的反動士族，對新政府心懷不滿，常利用、煽動農民起義，進而發動叛亂。1869年後十年間，不平士族暴動達二十一次之多。

1873年年底至翌年年初，佐賀藩士族先後組成「征韓黨」與「憂國黨」，糾集上萬士族，在江藤新平（前參議）率領下舉兵。「佐賀之亂」是明治新政府建立之後第一次大規模的士族之亂，首領江藤自征韓論失敗之後，即被舊佐賀藩士奉為盟主，江藤眼見各地士族不平之氣氛，自以為率先發難，必獲響應，企圖以武力清君側，強迫政府實施征韓政策。新政府立即遣兵征討，未及一個月即予敉平。

3.西南戰爭

1876年，在「廢刀令」發布、家祿停止等措施之後，再度引起士族的不滿。於是相繼發生變亂，但規模較小，1877年初的西南戰爭，則是規模最大，也是明治最後一次的士族叛亂。

西南戰爭係西鄉隆盛所發動。西鄉是薩摩藩倒幕派領袖之一，在王政復古政變中立有奇功，為「維新三傑」之首。但與文治派政見不合而自動辭職，於1873年征韓論失敗下野後，統率三千薩摩精兵歸返故里鹿兒島，興辦學校，教育鄉里青年，儼然自成一封建王國。該塾學生，大多為武士出身，慕西鄉之名而來的反政府分子。當1876年10月，熊本發生「神風連之亂」時，新政府派遣十餘人前來偵察，但塾生卻疑之為謀殺西鄉，遂

於翌年 2 月，擁西鄉起兵，包圍熊本鎮臺。當時兵力一萬二千人，連同九州各地來援的士族共計四萬餘人。政府幾乎傾全國之師，分道進剿。西鄉之兵雖眾，卻仍不敵擁有近代化武器的官軍。同年 9 月，西鄉被圍於鹿兒島城，戰敗自殺，持續近八個月的戰爭乃告終結。

此役官軍出動六萬餘人，死傷達四分之一，薩摩軍死亡高達一半，消耗經費四千餘萬圓。此為明治維新以後唯一的大規模內亂。

西南戰爭西鄉敗北，意味著士族派路線的破產。自西南戰爭以後，有組織的武士團勢力完全消滅，此後未再發生內亂，明治維新的基礎從此鞏固。唯此役之後，政府威信雖已確立，但反對的力量依然存在。企圖奪取政權的士族及失意政客，皆知以武力與政府抗爭的不利，深深領悟到武力成功的前提是人民大眾的需要與時代的要求。因此引為龜鑑，遂放棄以武力奪取政權的念頭，將反政府的方式改變，轉向民主運動，以言論貫徹其主張，以對抗政府，為此，板垣退助繼西鄉之後，成為時代的領導者，大勢所趨，終於開啟了以後自由民權運動及政黨政治的先河。

4.農民的騷動

新政府成立後，全國各地不斷發生農民起義。農民因土地改革後，不僅負擔未減輕，多數佃農的情況反而更為惡化而日益貧窮，同時一連串的近代化政策，如徵兵、太陽曆、學制、電報等的採行，引起保守的農民種種誤解。農民對新政府的政策，均視為猛虎苛政而加以排斥。

農民的騷亂事件，明治年間較之幕府時代尤甚。1869 年在各府縣即有四十三起農民騷動。此後數年，各地農民暴動數以千計。僅 1868～1873 年之間，就有五百次之多，萬人以上規模的亦達二十次以上。其中尤以土地改革、徵兵令發布的 1873 年最為激烈。1875 年末至翌年，鳥取、茨城等發生所謂「大一揆」的農民大暴動。1876 年年底發生的三重縣農民起義，很快波及愛知、岐阜與和歌山等縣，起義者搗毀三井商社、政府機關等公共建築，並焚燒監獄，釋放囚犯。但農民起義均遭到新政府軍的殘酷鎮壓。

第三節　近代產業的扶植

一、維新變革後的財經措施

　　殖產興業政策乃在利用國家權力和資金，帶動發展資本主義的政策。要達成殖產興業，必先有資本的累積。新政府除了改革地租外，同時進行以下各種改革措施。一是施行「秩祿處分」，發行公債，處理沉重的武士俸祿負擔。二是改革財政金融制度。為了建立近代金融制度，新政府於 1871 年採用金本位制度，制定新貨幣條例，採用以圓為基準的十進法，製造圓、錢、厘等新硬幣。此外，發行新紙幣，促進紙幣的統一，但仍屬不兌換紙幣。遂借用商人等民間的力量，發行兌換銀行券。

　　翌年 11 月，制定國立銀行條例，設立五家國立銀行（官商合辦）。至 1879 年，已有一百五十三家國立銀行。但各種銀行紙幣流通量與政府發行的紙幣已達一億三千萬以上，導致紙幣貶值，而又不能兌換金銀，物價顯著上升。至 1881 年，大藏卿（財政部長）松方正義採取強制性金融緊縮政策，整頓不兌換紙幣，成為資本原創性累積 (primitive accumulation) 的重要手段。續又發行巨額的公債，作為處理舊藩債務、秩祿處分與整理紙幣等之用，並籌措創設鐵路、開拓水利等事業的資金。

二、殖產興業

　　與政治、社會制度之改革同時，也進行經濟制度的改革與產業的近代化。1868 年以來，新政府陸續撤銷各地的「關所」（關卡）與宿驛⓫，廢止阻礙全國性流通的各種制度。大舉築路、修橋、振興交通，同時廢止「株仲間」（行會）的獨占與大商人的壟斷特權，接管幕府與各藩的工礦業，加

⓫　專供旅客泊宿或有轉運中繼站設備的場所。

強公營企業。

　　為了移植大規模的機械工業，一方面扶植民間企業，一方面直接經營公營企業。1870 年設立工部省，負責管理公營企業，致力創辦各種新式企業，引進先進的經濟制度和生產技術，採取多種方式，推動經濟發展。

　　至 1882 年，各類民間工廠已逾二千家，於是轉而採取以扶植私人資本為主的方針。1880 年年底，決定將軍事、鑄幣、通訊、印刷、鐵路等特殊部門以外的公營企業廉售給三井、三菱、川崎、古川、久原等政商。此外，又以發放補助金或貸款等方式支持私人企業。1884 年以後，公司企業資本驟增，尤以政商資本發展為最快，為其後的財閥奠定基礎。

　　在殖產興業政策推動下，經濟迅速發展，從 1886～1890 年間，出現產業革命的熱潮。工廠總數增加，規模擴大，技術程度提高，純生產總額亦增。

　　新政府積極改革舊幕府所經營的佐渡、生野等地的金屬礦山與煤礦，為了軍備的近代化，極力擴充東京、大阪的砲兵工廠與橫須賀、長崎的造船廠。

三、交通的整備

　　政府對近代產業所不可或缺的交通、通信制度的整備，亦極積極。1868 年，新政府聘請英國技師為顧問，開設東京與橫濱之間的電信。至 1878 年，准許民間使用，使日本內外通信業務大為發達，對於後來政治上、軍事上的電信往來發揮了莫大的功能。

　　1870 年，向英國借債（一百萬英鎊），建造東京、橫濱間二十九公里的鐵路（1872 年開通）。民間則於 1882 年成立日本鐵路公司，於 1891 年完成東京、青森間的鐵路。旋即成立大阪、山陽、水戶等私營鐵路公司。1891 年年底，全日本的鐵路公營線有八百八十二公里，私營線達一千八百六十四公里（1906 年，頒發「鐵路國有法」，而收歸國營）。

　　1871 年，建立取範歐美的郵政制度，成立驛遞局，開展官營的郵政事

業，推展三都（東京一京都一大阪）間的郵政業務，並逐漸普及於全國。
1873 年，與美國締結郵政交換條約，1877 年，參加國際郵政條約。

　　為了促進日本近海的海運，整備軍事輸送，給予三菱優厚的保護。
1870 年設立通商司掌管的公私合辦的水路運輸公司及日本郵便蒸氣船會
社。三菱利用土佐藩的汽船經營海運，在 1874 年的臺灣事件中，承擔軍事
運輸，獲取巨大的利益，旋又無償取得政府撥付的十三艘輪船。1877 年之
後，在政府的扶持下，驅逐外國汽船公司，確立了日本海運業的支配權。
1885 年與半官半民的共同運輸會社合併，成立日本郵船會社。經第一次世
界大戰而急速的發展，成為日本最大的海運公司。此外，以住友為中心的
大阪商船會社，亦乘第一次世界大戰的機會而大為發展，成為日本第二大
的海運公司。

第四節　近代文化的形成

一、文明開化

1.西洋文化的吸收

　　志在富國強兵的新政府，為了促進文化與國民生活的近代化，率先積
極吸收歐美文化。此一風潮蔚為明治初期的新氣象，促成民間的啟蒙運動。
開國之後，對外交流驟增，到國外考察、留學者絡繹不絕，外國專家、技
術人員與傳教士蜂擁而至，西方的文物與生活方式為民眾所接受，此一傾
向，當時稱之為文明開化。

　　過去依儒教、神道考慮問題的古來習慣，被斷定為落伍而受到排斥，
代之而起的是，自由主義、個人主義等近代思想的流行，倡導天賦人權的
思想。福澤諭吉的《西洋事情》、《勸學篇》與中村正直譯的《西國立志
編》、《自由之風》等甚為暢銷。新思想的啟蒙書，對國民思想的轉變有很

大的作用。

　　明治初期移植西洋文化的風氣，最著名的是英美為主的資本主義文化。
這是因為自江戶時代末期的開港，與外國通商貿易後，與英美兩國的接觸
最為密切，因此，英美的資本主義文化，對於資本主義形成期的日本而言，
成為最適當的模仿對象。日本雖早已和德國有邦交，但文化方面的交流卻
不能與英美等量齊觀，學術方面只有醫學的模仿移植而已，但在國體觀念
方面卻著重德國式的國權富國強兵思想。是以自英美輸入中產階級的自由
主義思想，自德國學習了官僚的國權思想，自法國學習了急進的民權思想，
並聘請法國學者包索納德 (G. E. Boissonade) 來日本參與法典編纂工作。此
外，盧梭 (Jean Jacques Rousseau)、孟德斯鳩民權派思想家的著作，亦被譯
成日文，給予日本民權思想及憲政運動的發達莫大的助益。凡此，可知明
治初期雖自西洋各國輸入了思想、文化，但文明開化的指導理論，仍然以
英美系的自由主義、功利主義與合理主義的思想為主流。

　　與歐美不同的是，擔負這種吸收歐美文化的責任者，並非發自國民的
內心，而是由少數官僚和知識分子以及政府當局由上利用政治力量加以推
動，因而難免帶有專制方式的啟蒙色彩。明治初期的文明開化，從近代社
會的建設歷程加以觀察，自抽象的哲學思想以至實用的技術無不加以吸收
移植。在此過程中，日本已邁進了近代黎明的啟蒙思想的時代。

　　藉由此一文明開化運動，完成了近代文化的啟蒙。但其速度過激，與
舊有封建社會所遺留下來的保守思想傳統文化形成一顯著的對比。蓋屬於
傳統者悉被認為是因循、姑息而受到排斥。但在此歐美文化輸入過程中，
儒家思想尚占有光耀的地位，儒家的教養係中古時代以來一千多年的傳統，
一直支配著一般日本國民的思想及學問，社會的價值觀仍然以儒家的理念
為基礎。所以在明治初年，並不因文明開化而有過徹底或過激的思想革命，
或近代化革命。當時所謂文明開化，當然是邁向近代社會建設期的資本主
義，足見其重點乃在西洋的科學精神及物質文明的移植。

　　江戶時代末期，受了歐美諸國的壓迫，和尊王佐幕、開國攘夷等紛爭，激盪人心，刺激了一般人民的情緒，因此對於文化的影響甚大。西洋學術文明輸入之後，國體思想及政體思想的發達等稍有可觀，但其效果的擴大，卻是明治維新以後的事，而其發展的結果，卻培植了日本人「和魂洋才」的民族意識，進而積極地吸收歐美的物質文明。但日本於明治維新後，在吸收、引進歐美先進物質文明的同時，避開了歐洲的指導思想，而創立了自己的近代化指導思想——即堅持「學問技術採於彼，仁義道德存於我」的原則，把近代化的諸多因素納入日本獨特的「絕對主義天皇制」加以運用，以歐美的社會和文化為範例，努力移植科學、技術、法律和政治制度、教育制度以及資本主義產業組織。

　　新政府繼承江戶時代末期所持的開化政策，確立「開國和親」的國是，對西洋文化的模仿不遺餘力。為了獎勵西學，除了招聘外國教師，派遣海外留學生之外，翻譯刊行歐美的學術著作或啟蒙書籍。於是西洋文明的攝取，文明開化在廢藩置縣後數年間，風行一時，並及於民眾的風俗。但當時民智未開，民間文化水準極為低落，因此不能期望由下層民眾啟導的文化運動，所以，文明開化亦如同殖產興業一樣，完全由政府的獎勵政策加以推行，即「自上而下的近代化」。

　　福澤諭吉是明治維新初期的民權大師，稱讚西歐的進步政治為「文明政治」，極力鼓吹日本應以西洋文明為目標，而加以移植，以建設日本的新文化。

　　文明開化最初僅限於大都市，其後透過新聞、雜誌、戲劇、錦繪等媒介，逐漸滲透到各角落。對於日本國民生活有很大的影響，其中衣食住與生活文化，亦感染了西洋的色彩。此一色彩以東京為中心，後來被稱之為「明治風」。落成於 1883 年的鹿鳴館，作為政府高官、上流階級、外交使節聚會、舞會等推動西化主義的場所。

　　明治初年文明開化時代盛行的西洋思想之引進，為自由民權運動所繼

承，以明治十年後半的朝鮮問題為契機，民權論者之中，亦出現倡導國權論者。民權論與國權論的關係，為修改條約問題而變得複雜，主張平民西化主義的德富蘇峰等人，與倡導近代民族主義的三宅雪嶺等之間，展開激烈的論爭。

　　日本在甲午戰爭獲勝，給予思想界很大的變化。德富蘇峰在開戰時，力主日本對外擴張的必要，高山樗牛亦倡日本主義，肯定日本進軍中國大陸。批判西歐瓜分中國的陸羯南等，亦以庚子事變為分水嶺，容忍帝國主義。雖有一部分社會主義者與基督教徒，反對這些思想傾向，但日本的對外擴張以及背後支撐力量的國家主義，卻成為日俄戰爭以前思想界的主流。

　　及至日本因日俄戰爭的勝利而躋進列強之林，在國民之間，已有普遍認定明治維新以來的國家目標大致已達成的想法，而產生對國家主義的疑問。在農村亦出現重視地方社會的利益優於國家利害的傾向，都市則出現脫離國家或政治，以求現實利益，或對人生的意義感到煩悶的青年。新政府對此類傾向，於 1908 年頒布詔書，致力加強作為列強一員的國民道德，並重整地方社會共同體秩序。

2.風尚的改變

　　明治初期的「文明開化」，實際上只是一種流於表面，形而下的事物革新，而忽視了西洋文化根本精神的闡明，因此，對於舊有文化，時有肆無忌憚的破壞與蔑視。如否定舊有風俗習慣，廢佛毀釋，拆除各地城廟，採伐具有長久歷史和優美價值的東海道和吉野山櫻樹等，皆因迷惑眼前的實利，而把傳統文化的遺產加以破壞的一大明徵。這種盲從衝動的措施，使許多美術品流落海外，帶來了江戶時代二百餘年鎖國期間形成的種種藝術的衰微。

　　但這種文化近代化，亦波及於制度方面的革新。1872 年 11 月，頒發改曆之詔，廢除一向慣用的太陰曆，改採太陽曆，於是年 12 月 3 日折算為明治六年一月一日。過去的一日十二時刻制，亦改為二十四小時制，並且

採用一週七日的制度。從此，日本的曆法遂與西洋完全一致。但地方農漁村則因交通、通信的不便，生活方式與過去並無兩樣，曆法亦因農耕關係，仍然採用舊（陰）曆。

明治時代，除了東京以及其他大都市，政府部門、公司、學校、軍隊等，採用實用的西式生活樣式。但明治時代一般人的衣食住，仍然是傳統的方式。明治一〇年代電燈在郵局等公共設施實用化。交通機關則繼鐵路開通之後，有鐵路馬車，二〇年代末，電車亦在京都開通。人們的生活方式遂有日本式與西式兩種混合。西式從實用面考量，部分的採用，逐漸對國民生活的近代化產生普及化作用。

1872 年，准許僧侶食肉、娶妻、蓄髮。翌年，廢止僧侶的爵位，並准許僧侶還俗。

二、教育的普及與科學的發達

自 1871 年廢藩置縣確立中央集權政府之後，政府除積極展開「富國強兵，殖產興業」政策之外，在文化政策方面，亦帶有積極性，而產生了所謂「文明開化的時代」，在「全民平等」的民眾教化政策下，全力推動教育的普及。

教育方面，新政府體認培養文化科學技術人才的重要性，大刀闊斧的改革教育。1871 年，新設文部省，推行全國教育改革。翌年 8 月，公布學制，實施普及小學教育，建設男女同校的國民教育。

基於義務教育的原則，大規模採用法國式的學區制度，將全國分為八個「大學區」，每區置一大學，每一大學區分為三十二個「中學區」，每區設一中學，每一「中學區」分為二百一十個「小學區」，每區設一小學。預計全國設置八所大學，二百五十六所中學，五萬三千七百六十所小學。以當時的人口為準，則每六百人即有一所小學，且採用強制的義務教育主義，命令各府縣實行。

　　由於採取自費原則，連小學的設施，經費亦悉由村民負擔，因此在各地掀起了反對學校的騷亂，與反對徵兵制同時，廢止小學成為當時的口號，甚至有搗毀小學建築，襲擊教員的事件。但學制公布後翌年，全國有公立小學八千餘所，私立小學四千五百所，公布後第六年全國總數已超過二萬所，就學率亦提高（參閱下表）。教育普及的背景，實不能忽視傳統寺子屋⓬為中心，民間教育機關的普及。

明治初年小學教育統計表

年　　度	學校數	就學率
1873	12,000	28%
1875	24,000	35%
1877	25,000	39%
1894	24,046	61.7%

　　此一新學制懸鵠過高，不合實情，徒增人民及國庫負擔，就教育政策而言，雖不算成功，但對於國民生活的啟蒙及文明開化，卻有重大的作用。蓋政府期待此一教育制度能作為移植西洋文明的窗口，教育的內容，則著重於促進殖產興業的實用之學，但自 1877 年以還，隨著近代思想的傳入，個人的自由權利及參政權的要求，促使自由民權運動急劇發展，使得維新政府當局恐懼因而失去政權。他們認為此一危機，實係導源於期待以學校教育為輸入西洋文明的窗口使然。因此，把教育的目標轉向傳統價值的保存以及武力之加強。

　　1886 年頒布「學校令」，致力普及小學教育的結果，義務教育的就學率逐漸提高。1907 年延長為六年，國民教育乃次第發達。

　　但同時，學制時代的自由主義教育政策，逐漸改為重視國家主義的教育政策，1890 年發布的「教育敕語」⓭，強調忠君愛國為教育的基本。

⓬　寺子屋 (terakoya) 為江戶時代，各行業的學習之所，後成一般庶民的簡易學塾。

⓭　「教育敕語」為一篇訓詞，每當學校開學、畢業典禮、國家慶典等，從小學至大

1903 年起，小學的教科書訂為國定，國家對教育的統制由是而加強。

在高等教育方面，1869 年，東京的昌平黌改為大學校，最初係官立學校，以復古主義為前提的國學研究為中心，另再輔之以西學中心的開成、醫學二校為兩翼的一種綜合大學形態。其後開成、醫學二校改為大學南校、大學東校，前者專授西學，後者教授醫學，國學於是衰退，而西學開始抬頭，旋踵即發展成為西式的大學 (university)。及至 1877 年，改為東京大學，成為一所擁有文理法醫四個學部（學院）的綜合大學。但從其成立過程加以考察，啟蒙主義的色彩已逐漸淡化，而在政府庇護下奠立官學權威主義的基礎。當時引進海外知識主要途徑的留學生，亦以此官學為中心。

但在民間，繼慶應義塾、同志社大學等之後，大隈重信所創立的東京專門學校（現在的早稻田大學）等私立大學發達，以不同於官立學校的學風自豪。同時也出現以佛教、神道、基督教等特定宗教教育為目的的私立學校。女子教育則有 1872 年最先在東京成立的女學校，旋即有女子師範學校的設置。

近代學術的研究，從明治初年即聘請外國專家學者來日任教，以東京大學（其後的帝國大學）等官立大學為中心而進行。不久，日本學者亦在各自的領域擔當專門研究與教育，並成立各種專門性的學會，刊行專門雜誌，奠定了今日學界的基礎。

人文科學與社會科學方面，起初主要以英美的自由主義傾向為中心。但在「明治憲法」制定後，德國的國家主義學說占優勢。經濟學最初盛行英國自由主義經濟，接著德國的保護貿易論、社會政策學說占優勢。法學起初是聘請法國的包索納德，編纂各種法典，至民法典的編纂，德國法學盛行，哲學亦以德國哲學為優勢。

明治初年仍繼承江戶時代的禁制政策，但當岩倉具視等一行自歐美考察返國之後，認為為了修改條約必須撤除對基督教的禁令，至 1873 年，命

學，無不由校長誦讀，而成為一隆重的儀式。

令撤除設在全國各地的禁止基督教牌示，如此基督教遂逐漸流傳日本。

三、宗教的統制

王政復古的成功，無異神祇思想的勝利，維新的變革引發了宗教界大變動。新政府高倡王政復古，強調「神武創業精神」，亟欲恢復輸進佛教以前的神道，以實現「祭政一致」的古制。1868 年正月，設置神祇科等，推進神道國教政策。

同年 3 月，新政府基於王政復古祭政一致的立場，訂立一項禁止古代以來神佛混合，立神道為國教的方針，命隸屬各種神社的僧侶還俗，旋又禁止以佛像為神體，除去神社前的佛像、佛具。4 月，更令擔任神職者當其家族去世時必須舉行神道葬體。此一政策立刻引起各地的排佛毀釋運動，到處發生廢寺、合併寺院的情形。祭政合一既成為統治國家的基本方針，乃更加強對神道的信仰，卻也引起佛教的覺醒運動。

翌年改革官制時，設置一個地位高於太政官的神祇官，實現古代制度的復甦，不啻為基於排佛教興神道，採取神道國教化的劃時代措施。

從 1868 年明治天皇君臨之後，新政府採取一切手段，向國民灌輸天皇具有神權的思想、觀念和信仰。宣揚天皇是創造日本國的神之子孫，是日本唯一正統的統治者，國民對天皇必須無限尊崇和絕對服從。以信仰所謂天皇祖先的天照大神 (Amaterasuōmikami) 及所屬諸神和其子孫諸神為中心的神道，事實上神道已成為日本國教。

1871 年 12 月，因歐美列強的抗議而撤銷對基督教的禁令，壓制佛教的政策亦因受到佛教勢力的強烈反對而緩和。蓋其發現廢佛毀釋，易於導致群眾思想的革命化，於是改變政策，使佛教隸屬於神道，令僧侶、神官共同擔當「教諭」國民之責。

在信仰方面，則有傳統神道、佛教與西洋傳入的基督教之間的對立與競爭。明治初年試圖神道國教化失敗，在此一時期，民間的教派神道卻也

浸透到庶民之間。

1873 年明令撤除設在全國各地的禁止基督教牌示，從此基督教逐漸流傳日本，傳教活動亦轉趨活潑。基督教除了積極傳教，又從事設立學校、救濟與醫療等文化或社會運動，遂使基督教有西洋文明代表者之觀。

基督教或天主教之所以為知識分子所接受，因其為吸收西歐文化的媒介，同時新教所高倡的社會主義觀念、人道主義與理想主義等思想，能打動一般年輕男女的心弦，甚至贏得自由民權論者的共鳴。

但這種世界主義的傾向，卻遭受國粹主義的抨擊，終於引起教育與宗教的衝突。基督教為了取得公認合法的地位，開始與現實妥協，其傳教事業亦日漸衰微。

1889 年，明治憲法頒布之後，國民信仰的自由，始真正獲得法律上的保障，基督教因而取得合法的地位。唯神道、神社則受到國家特別的保護優遇。真正信仰自由的保證，則須等到第二次世界大戰戰敗之後才得確立。

大體而論，隨著自然科學之發達，宗教信仰乃愈淡薄，甚至有泛神論與神秘主義的流行。

第四章　近代國家體制的確立

第一節　自由民權運動

一、自由民權運動的萌芽

　　江戶時代的日本是一個閉關自守的封建國家，具有濃厚的神權思想。旋由於受到時代思潮的激盪，而有民主自由、民權思想的產生與發展。

　　遠在明治維新之前，自由民權運動即已萌芽。在王政復古之後，四雄藩把持政權，實施寡頭政治，頗遭非議，民間亦因浸淫於歐美新思想，盛行要求民權之風，終於發展成為樹立立憲政府，開設國會的自由民權運動。

　　自由民權運動雖屢被新政府壓制，但民權運動的浪潮，卻方興未艾。自由民權運動打破了人們的傳統觀念，使天賦人權論和立憲思想擴大其影響層面，對缺乏思想基礎的明治維新實具有重大的意義。蓋其推動並加速立憲步伐，促進了改革的進程，在修改不平等條約方面亦起了推動和監督作用。

　　明治維新王政復古之後，日本人民渴望新政府能掃除過去幕藩體制封建政治的弊害，樹立英國式的君主立憲政制，實行責任內閣制，以保障人民的合法權益。但明治維新後，中央政府採取太政官制，未能廣開仕途，無法實行責任政治。因此，一部分對新政府不滿的志士和民眾，便聚眾為亂，反抗政府。

　　「明六社」是明治初期，一群知識分子傳播自由民主思想，鼓吹啟蒙

運動的結社。1874 年 2 月成立時成員有十人,他們創辦《明六雜誌》,傳播西方的自由平等、天賦人權、個人主義和功利主義思想,發揮了相當大的作用。其宗旨則是擁護政府自上而下推動近代化。

推動自由民權運動的民權派,要求先開設國會,在國會制定憲法,適與明治政府及漸進論者主張先制定憲法再開設國會的論調形成對立。易言之,前者志在制定民定憲法,後者則傾向於欽定憲法。

當時日本民權思想大師福澤諭吉,在東京三田地方創立「慶應義塾」,鼓吹英國式的功利主義自由民權思想,倡導天賦人權、自由平等之說。福澤曾遊歷美、法、英等國,主張個人主義,強調「實踐重於空談,實力造成真理」,反對中央集權,力倡地方自治之利,多以當時英國進步黨及美國共和黨的政綱主義為準繩。

另一方面,一批熱衷於國權派的學者加藤弘之等,則以「開成所」(東京大學前身)迎合新政府的中央集權統一主義,力倡國家至上及國權主義思想,代表藩閥政府庇護下逐漸成長的企業家立場。這兩派成為後來自由主義政黨和國權主義政黨分野的端緒。

二、「建議書」與自由黨的建立

1871 年廢藩置縣之後,新政府逐漸成為以薩摩、長州為主的藩閥政府,從中央到地方的官吏,大部分出身四雄藩,連陸海軍首領亦長期被薩摩、長州藩閥所把持。

因征韓論的失敗而下野的參議板垣退助、後藤象二郎與副島種臣等,於 1874 年 1 月組織愛國公黨,並向新政府提出設立民選議院的「建議書」。其主要內容在於痛斥有司專政之弊,主張應讓富商及豪農階層人士參與政治,建請由人民選舉代表組織公議的立法機關,設立民選議院,實行責任內閣制的君主立憲議會政治,但未被新政府接納。建議書在報上擴大宣傳,引起社會普遍的反響,顯現在野士族與富農、富商的參政要求。這

是以幕末以來西歐天賦人權思想為基礎所展開的民權論，成為自由民權運動的肇端。建議書固然是基於西歐近代思想，尤其天賦人權思想而主張民權論，但其目標卻集中於「君臣相愛」、「振興帝國」，民選議院的建構亦只是在近代天皇制國家的政治基礎之上，有限度的擴大到士族及豪農商人階層而已，可說是從上而下的民權論。但其歷史意義仍不能輕易的加以否定。蓋以之為契機，「基層的民權」抬頭，廣泛的展開國會開設運動。爭執的焦點不僅在於開設議院的時期，最大的對立乃是官僚的漸進論與在野派的急進論。

愛國公黨不但是日本最初的政黨，以及自由黨的起源和政友會的遠祖，也是日本首次誕生具有時代精神的政治團體。愛國公黨的成立實為被排斥於政權之外的土佐、肥前兩藩失意政客的不滿與外來思想結合，假藉自由民權運動，對執政的薩摩、長州藩藩閥專權的抗議，甚至是用以打倒政府內部薩、長兩藩人士優越地位的一種手段。

愛國公黨的成立，其目的乃在擴張民權，設立民選議會。當時正值自由民權思想盛行於日本，愛國公黨遂利用此一機會，高倡「天賦人權論」，頗得年輕人的支持，聲勢極為浩大。但在政府嚴厲壓制之下，於 1874 年 3 月被迫解散。

但在板垣等人呼籲創設民選議院的影響下，全國各地聞風響應，民選議院之議甚囂塵上，新政府不得不於同年 5 月，頒布「議院憲法案」，規定每年召開地方長官會議，代替民選議院，以緩和日趨激昂的民論。地方長官會議雖商討地方行政及租稅等事宜，但採用與否，卻仍須取決於天皇。

愛國公黨解散後，板垣返回土佐，從事地方自治，組織政治團體，於 1874 年 4 月成立立志社，講授民權主義、天賦人權論，指導鄉里子弟，致力於政治運動。立志社成立的目的，乃是使日本人民享受不分貴賤的平等權利。板垣除日夜講解自由民權學說等思想之外，奉盧梭的社會契約說、邊沁 (Jeremy Bentham) 的功利主義學說為金科玉律，灌輸一般年輕社員自

由主義思想精神。立志社結社後，影響所及，土佐各地政治結社紛紛成立，且為後來愛國社的起源，為自由民權運動的中心。

　　一般人民對民權的爭取日趨高漲，有志之士更謀集中結社的力量，走上實際行動的途徑，板垣為了促進結社力量的發展，謀求統一合作起見，乃於 1875 年 2 月，在大阪召開全國同志大會。旋又聯合二十數個社團，再度成立愛國社組織，並設總部於東京，各縣設有分社，規定每年召集全國代表大會一次，其組織稍具近代政黨的性質。

　　從立志社到愛國社的特徵，是主張基本人權為基礎的民權論，與著重天皇、國家的國權論兩者表裡一體的結合。這一方面是十九世紀後半以來在歐美列強壓力下，以之為典範急速形成資本主義國家的日本民權運動必然顯現的特質，一方面卻是受制於此一時期政治結社的主角為士族階層使然。

　　愛國社的組織屢受政府嚴厲取締，自由民權運動受到壓制，但一般志士並不因失敗而灰心，反而再接再厲，繼續奮鬥。1878 年春天，各地聚集東京活動的志士日益增加，板垣鑑於形勢有利，決心恢復愛國社組織，於是年 4 月，以立志社為盟主，在大阪集會企圖再興愛國社。

　　1880 年 3 月，約有十萬人會員的愛國社在大阪召開大會，擴張組織，結成國會期成同盟。運動的焦點集中於國會的開設，集合同盟支部代表的簽名，先向太政官提出，被拒，再向元老院請願，仍不被接受。政府有鑑於國會開設運動之廣泛，乃於 4 月，制定「集會條例」，嚴厲壓制民權派的言論、集會與結社。但民權運動卻毫不氣餒的繼續進行，年底，會員增至十三萬人以上，大會甚至通過扶助參與民權運動而「遭遇變故」者家族的辦法，足見運動之尖銳化。由此可見，歐美的自由民權思想，自明治維新初輸入日本之後，先為舊士族的知識分子所接受，繼之逐漸蔓延到一般國民階層之間，甚至連軍隊士兵亦受到感染。軍部乃於 1881 年設置憲兵科加以壓制。翌年又頒布「軍人敕諭」，迫使軍人絕對服從天皇及其代理人的長官。

　　政府雖屢次壓迫民權運動，但到了 1879～1880 年間，開設國會運動的

浪潮洶湧，各地志士實行請願者紛紛結社，並推舉代表攜帶請願書晉京，請願運動澎湃。

新政府有鑑於民權運動的澎湃，為迎合人心，不得不規劃立憲和開設國會。1881 年，明治天皇徵詢參議有關立憲問題的意見，旋由伊藤博文、山縣有朋等參議連署上奏，原則上承認立憲的主張。

新政府對於立憲的基本原則雖立場一致，但對設立國會的日期卻意見分歧。大隈重信雖立基於欽定憲法論，但主張英國式的政黨內閣制，至於制定憲法與開設國會的時期，亦堅持數年內舉辦的主張，與其他參議暫採不定期限之說對立。適發生北海道公有物標售問題❶，大隈力加反對，反對的輿論沸騰。大隈即時成立國會的主張與反對標售之議，觸了薩、長政府人士之忌，尤其痛恨大隈挾輿論以自重，且謠傳大隈與福澤諭吉等民權論者勾結，企圖推翻政府。伊藤博文遂乘機與岩倉具視提攜合作，一方面中止標售，一方面罷黜大隈，重組以薩、長為中心的政府，唯同時發布 1890 年為國會開設之年。此即所謂「明治十四年政變」。此次政變的主要原因乃是民權運動的展開促使國會開設成為不可避免的課題，迫使新政府暴露其內閣的不統一與財政政策的破綻，不得不明示國會開設的預定進程。可見這是民眾贏得立憲制的第一步驟，具有劃時代的意義。此次政變固屬藩閥內部政權的爭奪，但大隈帷幄制憲，實有促成 1889 年制定憲法及開設國會之功。

三、三大政黨的結成

新政府既頒布以 1890 年為國會開設之期，在野人士遂一改其促進民選議會運動，而積極從事政黨的組織，以備將來積極參與立憲政治的運作，政黨的產生乃成勢所必然。

---

❶ 北海道開拓長官黑田清隆，將政府出資一千四百萬圓的官有財產，以無息分三十年，每年三十八萬圓的低價，售與薩摩派的政商五代友厚等關西貿易商會。

　　1881 年 10 月，最先組成的是以板垣為黨魁，主張急進自由主義的自由黨。自由黨繼承立志社的衣鉢，以國會期成同盟為核心，鼓吹法國式民約憲法，建立立憲政體，揭櫫自由平等、主權在民之說，主張一院制議會。主要以地方農村地主、士族階層為基礎。

　　翌年（1882 年）3 月，以大隈為黨魁，成立了主張英國式議會政治的立憲改進黨。綱領是改良內政，擴張國權，確立地方自治基礎，擴大選舉權。依據英國式的政治論而採取漸進主義，主張政黨內閣制，國會二院制，附帶條件的限制選舉（繳稅十五圓以上者始有選舉權），受到都市中產階級、知識分子、地方富農和富商等的支持。

　　政府既決定開設國會，眼見民間兩大政黨相繼成立後，勢必要有執政黨，乃推福地源一郎，組成以舊士族、僧侶、官吏、神官等為主的御用保守的立憲帝政黨，與之對抗。帝政黨雖受政府的支持援助，但以其過分濃厚的御用色彩，主張絕對擁護天皇的權力，反對普選制度，政見頗受侷限，政黨的規模始終無法與自由、改進兩大黨抗衡。翌年，伊藤博文自歐洲歸國之後，通告與帝政黨斷絕關係，帝政黨乃告解散。

四、自由民權運動的衰退

　　政府為了籌措西南戰爭軍費，增發不兌換紙幣，引起通貨膨脹。結果，政府的歲入實質上減少，招致財政困難，貿易亦自明治初年以來，繼續入超，以致正幣（本位貨幣）保有額銳減。因此於 1880 年，決定標售官營工廠，著手整理財政。翌年，松方正義就任大藏卿（財政部長），一方面增稅，以圖增加歲入，一方面徹底緊縮軍事費以外的歲出，以歲入的剩餘處理不兌換紙幣，進行正幣的累積。

　　由於採取嚴格的緊縮財政，米價等物價跌落，嚴重的不景氣擴及於全國。農村因生絲與稻米價格下落，而受到很大的打擊，農民階層的分化愈益進展，自耕農沒落而使地主土地集中的幅度愈益加大。喪失土地的農民

流入都市,成為貧民,下級士族日趨困窘,社會的動搖愈甚。松方財政下農民的窘迫,對民權運動有很大的影響。一方面是支持運動者的地主、農民之中,相繼產生因經營或生活困難者,一方面亦有轉向急進者。

在此情形下,政府乃於 1882 年,施行「刑法」與「治罪法」,並頒布「軍人敕諭」,修正「集會條例」,加強取締,同時採取懷柔分化之策,勸導自由黨魁板垣出國。因此自由黨內部以及自由黨與改進黨之間的對立乃愈尖銳化。

但國會開設的時期愈逼近,民權派之間亦圖再結集。1886 年,舊自由黨的星亨等人倡導大團結。翌年以井上馨外相修改不平等條約失敗為契機,全國各地的民權運動家繼續聚集於東京,與政府攤牌。此一運動,由於同年政府公布「保安條例」,驅逐多數在東京的民權派人士而趨於平靜,至 1889 年,接近憲法頒布之期,民權派的活動又轉趨活躍。

五、自由民權運動的性質與作用

自由民權運動是日本人民爭取自由民主權和民族獨立的群眾政治運動,也是要求實行政治改革的社會運動,目的乃在建立立憲君主制度,以適應日本資本主義的發展。

十九世紀七、八〇年代正是世界資本主義從自由走向壟斷的過渡期,而明治維新則是具有革命與變革雙重內容的社會改革。但由於自由民權運動未能廣泛傳播,明治政府在政治、軍事與社會、經濟方面的改革無法徹底。

自由民權運動歷時十五年,運動的發展迭有起伏。其目的乃在廢止專制政治,實現立憲政體,維護民族的獨立,屬於政治社會的改革運動。

自由民權運動的主要目標乃在要求開設國會,否定藩閥專制,創設立憲君主制,但僅限於立憲君主制下的議會式民權,及至 1881 年政府頒布有關開設國會的詔敕時,多數的民權派即對此一承諾感到滿意,民權運動的目的已達。

　　自由民權運動雖亦要求減輕地租，帶有民主主義的成分，但僅限於中小地主的改革，全無反映農民的土地改革要求。

　　總之，自由民權運動推動了立憲步伐，促進了政治與社會的改革，加速了近代化的進程，為此後的大正民主運動奠定了思想上的基礎。

第二節　中央集權制度的礎石——「明治憲法」的制定

　　「大日本帝國憲法」通稱「明治憲法」，這是日本近代天皇制確立的標誌。1889 年公布的「日本帝國憲法」，直至 1946 年日本投降後一年為止，成為控制日本社會強有力的基礎。

　　在明治維新之初，日本已有憲政運動。1868 年 4 月發布的「五條誓約」中「廣興會議，萬機決於公論」，即明治憲法之所本。

　　「明治憲法」確立的過程，一方面是明治政府的領導者學到十九世紀普魯士國家的許多教訓。其間孟德斯鳩、盧梭等所代表以人民為基礎的民主論調逐漸被壓抑，而以國家優越的思想取代。1890 年發布的「教育敕語」，不僅確定了文教政策，且限制了政治、文化上的方向。由此產生的體制，在世界史上亦屬特異的體制，一方面是在十九世紀末年，強制推動由上而下的權威主義，於是產生了強力的中央集權主義的國家，經由徹底的義務教育而普及到每一個角落。

一、憲法的制定與頒行

1.私擬憲法時代

　　推動自由民權運動的民權派人士要求開設國會，由國會制定憲法，與明治政府及漸進論者先制定憲法再開設國會的主張對立。兩者的差異在於前者主張制定民定憲法，而後者則傾向於制定欽定憲法。

　　1879 年開始即有民權運動各派提出所謂「私擬憲法」的草案，隨著民權運動的展開與明治十四年（1881 年）政變預定國會開設日期，憲法論更為具體，至 1882 年達最高潮。綜合各派所草擬憲法草案的特徵如下：一是主權在國民集合體的國家，立法權分由君主與人民代表的國會共享，二是採取二院制，租稅與財政則賦與下院優越權，政制則採議院內閣制，三是下院的選舉資格均主設限（只有男子有參政權），至於國民的基本條件則都是在法律保留範圍內的保障，但較之「明治憲法」顯然寬大。

2.「明治憲法」的制定

　　新政府自 1872 年，先後提出「下議院」、國會議院規則等維新後最早的憲法草案。翌年，木戶孝允亦提出長篇的「憲法制定意見書」。

　　1876 年 9 月，明治天皇詔令元老院議長有栖川宮熾仁親王，在元老院內設置「國憲取調（調查）委員會」，從事調查資料，翻譯英、美、法等國的憲法條文，並蒐集各國憲法論的要旨，起草憲法。另一方面，民間自由民權派人士亦有從事憲法草案制定的運動者。如慶應義塾內福澤諭吉所主持的憲法起草會，曾制定憲法草案呈獻給政府。植木枝盛亦撰有「東洋大日本國憲法」，從主權在民的立場，強調保障基本人權，並賦與人民有不服從、抵抗權及革命權。

　　元老院有鑑於民間人士制定憲法草案的盛況，乃加緊工作，於 1880 年 12 月底，完成憲法草案（元老院憲法），其基本精神乃取範於英國式的憲法，內容是：一、皇室費用每年由議會議決，以法律公布；二、天皇、元老院及代議士院共同行使立法之權；三、對君主稱皇帝，而不稱天皇；四、兩院彈劾大臣在大審院行之。此一草案與後來的「明治憲法」頗多共通之處，但立基於君民之分，在天皇大權、議會的組織權限、財政、憲法的修改、皇室制度等有相當的差異，較之「明治憲法」具有民主的色彩，這也是伊藤博文等人所以反對，終被否決的理由。

　　其後由於民權運動之高昂，新政府亦體察制定憲法、開設國會之不可

「明治憲法」頒布典禮

避免，遂以 1881 年「明治十四年政變」為契機，決意籌劃制定憲法。

　　1882 年 1 月，決定成立國會，委任伊藤博文擔任調查、起草憲法等工作，並赴歐洲考察。伊藤率領伊東巳代治、西園寺公望等偕行。當時岩倉具視（右大臣）即曾建議，不應採用英國國會模式，而應仿效議會勢力不甚強大而專制勢力最強的普魯士（德國）憲法。因此，伊藤等抵歐後，咸認歐洲最保守的普魯士憲法最適合日本國情，於是大部分留在德國，並從德國學者古耐斯特 (H. R. H. v. Gneist)、史坦因 (Lorenz von Stein)、摩西 (Albert Mosse) 等得到啟示。但對英國憲法則以其國君有王位而無統治權，有違王政復古之意旨而捨棄。伊藤自信有「挽救之道理與手段」對付自由民權運動，「鞏固皇室之基礎」，避免天皇大權旁落。

　　伊藤在歐洲考察近一年半，於翌年（1883 年）回國，並主持新設的制度取調（調查）局，自兼宮內卿，改革宮內省。為了在立憲制度下確保皇室的利益和天皇大權，於 1884 年 7 月公布「華族令」，定公、侯、伯、子、男五等爵位，重新授與爵位。明治維新有功人員得以位列華族。

　　1885 年起，隨著內閣制的實施，廢止制度取調局，委由井上毅、伊東巳代治、金子堅太郎等，並聘請德國勞斯勒 (Karl F. H. Roesler)、法國包索

納德為顧問，秘密著手憲法及各種制度的制定，對主張民權的呼籲充耳不聞。「明治憲法」的基本構想，大體依據井上草擬的「大綱領」而定。其中明定為欽定憲法，有關皇室部分，另依「皇室憲則」規定，天皇大權有統率陸海軍，宣戰、媾和與締結條約，任免文武官員，授與勳章、位階，議院的開會、閉會及解散等權。

此一憲法草案先後共歷四載，於 1888 年完成，經樞密院審查通過，並密呈明治天皇欽定。「大日本帝國憲法」 於 1889 年 2 月 11 日紀元節❷發布。同日，頒布「皇室典範」、「議院法」、「眾議院選舉法」等重要法令。

「大日本帝國憲法」的內容計分七章七十六條。壓抑民權派中產階級民主主義的要求，而符合建構專制天皇制的基本法，第一章規定天皇的大權，第二章規定臣民的權利義務，第三章為帝國議會有關事項，第四章則是國務大臣以及樞密院顧問的特權，第五章規定司法事項，第六章為預算會計事項，第七章為補則。

3.「明治憲法」的特質

「大日本帝國憲法」的頒布雖為藩閥勢力向自由民權派讓步的產物，但最初是為了寡頭藩閥政府的專制政治而設，其原意乃在建立帝制，因此，與自由民權運動的目標實背道而馳，不啻為憲政的帝國主義 (constitutional imperialism)。

1890 年 11 月，日本的憲法與第一屆議會的召開同時生效，成為亞洲最早的立憲國家。帝國憲法以強大的天皇大權、眾議院之無力、國民基本人權的限制為其特徵，專制特質極為明顯。這部欽定憲法，讓天皇擁有高於一切的最大權力，議會權限受到極端的限制，國民的基本人權亦受限制，在在顯示其專制的特質。「明治憲法」可說是普魯士憲法的亞洲版，在封建國家權力的表面，裝飾一層後進國中產階級近代化的外衣。

「明治憲法」所模仿的是德國絕對主義君主制，雖有基本人權的保障，

---

❷ 設定傳說中神武天皇即位之日為紀念日。

卻只是象徵性，而無實質意義，且規定天皇的地位是神授（絕對主義神權說），天皇掌握國家的最高權力，行政、立法、司法機關均為天皇統治的工具。軍隊是天皇私人所擁有（稱之為「皇軍」），並有宣戰、媾和、締結條約、任命官吏等權力。在「明治憲法」體系之下，日本乃是實行君主專制的國家。

自始即為寡頭藩閥政府的專制政治設計的「明治憲法」，屬於欽定憲法，顯示出萬世一系的天皇永遠統治日本，具有絕對君主主義、天皇大權主義、保守主義、皇室自律主義（一切均在國會的審議之外）等特色。同時承認元老以及樞密院為天皇最高的諮詢機關，議會只能在上述種種限制之下運作，完全否定政黨內閣制度。其中以樞密院對議會政治的妨礙為最大。樞密院本係專為審議憲法草案而設的機關，但後來重要的法案均須經過該院審查同意，幾成為慣例，因而成了藩閥的大本營，民主政治的障礙物。樞密院存在的最大目的乃在牽制「明治憲法」實行後產生的政黨內閣，證之 1927 年民政黨若槻禮次郎內閣，因臺灣銀行救濟問題，被樞密院反對而垮臺，即可瞭解。

「明治憲法」雖是在自由民權運動壓力下成立，但它一方面致力確立天皇大權，卻亦不得不根據立憲主義，力圖保護民權。伊藤博文在樞密院的憲法草案審議中，強調帝國憲法一方面加強天皇大權，一方面卻也是基於立憲主義謂：「蓋創設憲法的精神，第一是限制君權，第二是保證臣民的權利。」因此具有維持加強天皇大權與民權的保護雙重性格的「明治憲法」，每每使明治政府領導者中的保守派，一旦面臨危機時，必主張中止憲法。自覺憲法具有矛盾的憲法起草人之一的井上毅，於任文部大臣時，指出憲法的普及「原屬危險之事」，而將之從高等師範學校的學科中袪除。帝國憲法在原則上加強天皇大權，但愈到後來立憲主義的運用愈益明顯，高度採取立憲立場解釋憲法的天皇機關說❸，成為公認學說。這也是後來軍

---

❸ 依據 Jellinek 國家法人學說，否定天皇為國家統治的主體，認為統治權主體是法人的國家，元首的天皇作為國家最高機關，須遵守憲法的條規，行使統治權的學

部推進戰爭體制時，以「國體明徵」❹否定天皇機關說，強調帝國憲法神權層面而加以固定化的理由。

　　在藩閥政府的政治演進中產生的「明治憲法」主要規定是：一、萬世一系的天皇永遠統治日本；二、皇室一切事宜均在國會審議之外；三、非政黨內閣制的國務大臣制；四、樞密院為天皇的諮詢機關；五、貴族院與眾議院享有同等的權限；六、外交、宣戰、媾和為天皇的專有權；七、統帥權之獨立；八、議會對立法權及預算權，只有有限度的權限。

　　這部「外表立憲制」的「明治憲法」，具有以下三個特徵：一是規定天皇的絕對性、神聖性，卻又指國家元首、統治權總攬者的天皇，「依本憲法條規行之」，這是後來天皇機關說之由來。此一憲法認定過去的國家機關與規定事實，並創設新的國家機關，同時卻由憲法上未規定的國家機關所構成，為其特色。蓋憲法外的機關，構成更具封建性格，中產階級性格的憲法機關，形成二元機構，而天皇即成為其銜接點。因此，天皇是神，同時也是君主，為超憲法的存在，又是憲法的機關。天皇制正是基於這種二元甚至是雙重結構與平衡之上的專制統一機構。

　　二是在內閣、議會、裁判所（法院），行使行政、立法、司法三權，具備三權分立的形式，但終極只是天皇總攬的專制體制而已。而此三權事實上是受到各種限制。第十一條「天皇統率陸海軍」統率權的獨立，使軍部對內閣居於獨立的地位，內閣本身常因此而受到軍部干涉，大臣與天皇之間只是縱的連結，僅對天皇負責。因此人民代表的議會不能追究內閣的責任，而議會的組成在選舉方面更有嚴格的限制❺。

　　三是憲法第二章雖有與權利義務有關的人權規定，但只停留於形式，所著重的是「臣民」對天皇的權利，服從的權利。除了信仰宗教之外，均

　　說。此說與統治權為天皇固有而萬能，擁有絕對權限的天皇主權說對立。

❹　明確天皇中心主義的國體觀念。

❺　繳納國稅十五圓以上的成年男子，1889 年只占全日本人口的 1.1%。

須在「法律範圍內」，或法律所定之外，附帶條件的權利。法律既可以無限制的訂定，自由範圍當受極大的限制。

　　雖然「明治憲法」保留了不少的封建因素，但仍不失為亞洲第一部君主立憲的憲法。

二、近代天皇制的確立

1.近代天皇制的誕生

　　天皇與議會的關係，與歐洲基於基督教的國情成立的絕對主義國家迥異。沒有基督教教會之類的宗教權威存在的日本，天皇不僅只是統一地域的、身分的利害對立的象徵，甚至期待其為國民宗教的、道德的中心，並成為「教育敕語」發布的主體。

　　另一方面，議會的權限，與多數絕對主義國家相比較，亦有很大的不同。蓋各國議會之中有時似乎不存在，或僅是名目的存在，屢有長期不開會的。但日本的議會卻至少每年召開一次，政府要確定新的預算，制定法律，需要議會的議決。帝國議會，基於憲法大權的既定歲出，未經政府同意不得削減。議會即使否決預算，卻規定仍然能執行前年度的預算，加諸議會審議預算權以種種限制。但在急速的成長過程中，當時的日本受到每年預算規模擴大的影響，這二種限制亦未成為議會運作過程中，政府優勢的武器。

　　內閣的國務大臣直接與天皇相結，僅對天皇負責，因此人民代表的議會，無法追究內閣的責任。日本政府即以此為根據，主張超然主義，忽視議會或政黨的意向，宣稱將以不偏不倚的態度，推行政策。第一次山縣有朋內閣實際在閣議仰賴天皇親臨，採取親政的形式。任命大臣雖屬天皇的大權，內閣如受議會不信任時，天皇雖能解散議會或停會，但只要固守超然主義，則有必要採取妥協以恢復信任，或舉辦選舉，取得國民信任的措施，僅依靠天皇大權無法維持內閣。結果，在帝國憲法下內閣的立場不安

定，其平均壽命僅有一年四個月，內閣為了鞏固政權，非接受政黨的主張，與之提攜不可。結果，政府為了每年擴大預算規模，雖沒有議院內閣制的規定，卻在憲法發布未及十年，即確認以多數黨總裁為首的內閣制，成為「憲政的常道」。

「明治憲法」的核心是「天皇主權論」，既明文規定「大日本帝國由萬世一系的天皇統治之」，「天皇為神聖不可侵犯」，並「總攬統治權」，不啻集一切國家大權於一身。「明治憲法」在形式上雖其專制的色彩頗為濃厚，但在近代天皇制的歷史演進過程中，天皇幾無直接干預國政之例，尤其被神格化後，臣屬之奏報國務，或奏請裁可，均屬於形式上的儀禮而已，蓋力避讓天皇為政事費神，而有「不恭」或「褻瀆」之舉。因此，天皇對臣屬的奏呈，只聽不答，至於責任與後果則由臣下承擔。即使是奉為「明君」的明治天皇亦不例外，足見天皇實權實已轉移到藩閥官僚掌握的內閣手中。「三權分立」實際已成為內閣的行政權、半立法權、軍部的軍事權、議會的半立法權。

簡言之，日本帝國憲法的特色一是議院內閣制為必然，二是內閣、眾議院、樞密院、參謀本部、軍令部等國政機關，互相之間幾無任何關連，而各自與天皇直接連結。因此，能使國家意志一元化的，唯有天皇而已，而強大的天皇大權乃其最大的保證。但在實際的運作上，天皇雖擁有強大的權限，慣例上卻統而不治，而不能主動的行使，通常均由伊藤或山縣等重臣代行。

2.皇室財產與屏藩的設定

皇室的家法「皇室典範」，在第二次世界大戰之前，為日本基本法之一，其主要內容是有關皇位繼承、踐祚、即位、攝政及皇族等事項。自公布起施行近六十年，直至戰後（1947 年）「日本國憲法」（新憲法）施行時，始另行制定新的「皇室典範」。

在「明治憲法」頒布以前，皇室事務與一般國務全無分別，與國家財

產亦混淆不清。至 1885 年改革官制，始以宮內大臣立於內閣之外，單獨管理皇室事務。在憲法頒布後，則將皇室事務置於議會權限之外，皇室事務遂與一般事務完全分開。

經過甲午戰爭與日俄戰爭，銀行與財閥向殖民地擴張，皇室財產亦在股票投資方面占一席地位。皇室財產承購巨額的軍事公債，可見皇室資本家化及其與軍國主義結合的情況。皇室財產具有的地主性與資本家特質，俱以剝削民眾為主，即由上而下的「創制」，且具有濃厚的寄生特權色彩。為此再創立以下的機關與制度，以資配合。

首先是 1884 年制定的 「華族令」，授與舊華族與維新功臣公、 侯、伯、子、男等世襲爵位，以為擁護皇室的屏藩，預為上院構成的布局。

1885 年與內閣的設立同時，另行成立專管皇室事務的宮內省，確立宮中與府中之別的制度。同時以內大臣取代太政大臣，掌管御璽、國璽，「常侍」天皇，後來成為超越憲法的國政機關。

至於皇室的財產，則與年俱增。截至 1900 年（明治三十三年）為止，皇室的財產有林野三百六十五萬町步❻，當時的國有林野共有一千二百萬町步，而民間林野共有七百萬町步。皇室的私有地，1881 年只有六百三十四町步，1885 年增至三萬二千町步，1890 年增至三百六十五萬町步，占全部國有土地山林的六分之一，足見天皇也是日本最大的地主。加上股票的移轉以及兩處礦山的轉讓，天皇已成為全國最大的地主和資本家❼。

---

❻　計算田地或山林面積的單位。一町步等於九千九百一十八平方公尺。

❼　1884 年將日本銀行的股票五百萬圓、 橫濱正金銀行股票一百萬圓移管為皇室財產，隨又增列日本郵船會社股票五萬二千股，二百六十萬圓，直至甲午戰爭前後，皇室的動產達二千二百萬圓之鉅（其中有一千五百萬圓為股票）。1889 年又將佐渡等兩處礦山轉成皇室財產。

三、「教育敕語」的浸潤

對「大日本帝國憲法」憲法體制，灌入意識形態的是 1890 年發布的「教育敕語」。首相山縣有朋積極推動「教育敕語」的起草，基於國民教化體制的確立，從軍事政策上企求國民思想的統合，以肆應「文明開化」的西化主義，終於產生天皇主義與立憲主義粘合的「教育敕語」。

新政府對於意識形態的灌輸有二種思想：一是以儒教主義建立以天皇為道德基礎的國教；一是將政治與道德、宗教分開的構想。這種對立由於內有民權運動的高昂，外有列強的威壓，新政府不得不傾向於國教主義的構想，求諸收攬民心於國家「機軸」的天皇。

「教育敕語」列舉了多數普遍性的德目，但其中心是「忠」與「孝」，以之為「國體的精華」、「教育的淵源」。

「教育敕語」一方面發揮了學校教育內容上實質最高法規的作用，一方面卻隨天皇、皇后「御真影」（肖像）「下賜」給各學校及其他團體，透過儀式的「奉讀」與低頭「拜聽」，以深植國民絕對服從之心。

在哲學家、佛教徒等的鼓吹下，基督教遭受「不敬」的圍剿，「教育敕語」、國體論之前，基督教亦不得不妥協。「教育敕語」實扮演著天皇專制下剝奪思想自由的角色。

「大日本帝國憲法」與「教育敕語」，反映地主與中產階級的利益，在集中一切政治權力到神聖不可侵犯的天皇原則之中，以「忠孝」為核心，吸收國民的能源，構成天皇制的法律意識形態。

四、法典的編纂與司法制度

1.法典的編纂

憲法發布後，公布「刑事訴訟法」與「裁判所構成法」（法院組織法）。翌年公布「民事訴訟法」。「民法」雖於 1890 年公布，卻延期施行，至

1898 年始完成，實施新民法。

　　日本的法律本來借自中古時代中國隋唐的律令法（如「大寶律令」、「養老律令」），後來雖因封建制度而稍有變化，但仍本中國法律的原則，即依據江戶幕府所頒布關於諸藩關係的法令，仍具有濃厚的中國法色彩。

　　新政府於 1870 年所制定的「新律綱領」，亦係參照日本古代法典及中國明清兩代的刑法（1873 年修訂，稱為「改訂律例」）而成。1872 年頒行的「監獄則」，其主要內容亦是以中國法制為依據。但維新政府痛感有制定西洋法系近代法的必要，太政官制度局遂翻譯法國民法，作為日本的民法張本。翌年聘請法國法學家包索納德，起草刑法與民法，至 1880 年，完成「刑法」及「治罪法」，並於 1882 年付諸實施。此一刑法確認「罪刑法定主義」精神，而「治罪法」除規定由檢察官及律師參與的「當事者主義」及「上訴制度」外，又確立了審判公開的原則，奠定了日本刑事法則的近代化基礎。

　　憲法發布後，法典的編纂更為積極。在憲法頒布的同時，公布了「裁判所構成法」。該法規定，裁判所分為區裁判所、地方裁判所、控訴院、大審院，且規定其組織與管轄。同時又公布「刑事訴訟法」以取代「治罪法」。復擬刑法修正案，先交民間研究，後經兩院協議，至 1907 年公布，翌年 10 月頒布實施。

　　以法國的民法作為日本民法而施行之議未實現，但民法仍以法國民法為藍本，滲入日本的習慣法，於 1890 年公布，定 1893 年實施。但以其取範於法國民法，與日本家族制度諸多不合，遭受朝野人士的反對，以致延期施行，乃另行起草民法，改以德國民法為範本，完成總則、物權、債權、親族、繼承等五篇，於 1898 年實施。此一民法的內容，著重家族制度的維持，強調戶主握有一家的統轄權，並側重戶主的繼承，這是此一民法的特色。此外，「民事訴訟法」亦於 1891 年起施行，而「刑事訴訟法」則於 1890 年實施。

至於商法，則由德國學者勞斯勒起草，並經修改，於 1899 年公布實施。可見日本降至明治三〇年代，主要法典已經完成，開始成為西洋法系的法治國家。

2.司法制度

在明治維新以前，江戶幕府屬於獨裁專制的政治體制，尚無統一而獨立的司法制度，如同中國等東亞國家，行政與司法不分，通常均由行政官吏兼辦司法。明治維新以後，銳意改革政治，為了收回領事裁判權，力圖劃分司法與行政組織，於 1872 年成立司法省，其下設置臨時裁判所（法院），並在各府縣設置裁判所，審理各種民刑案件。唯司法卿以司法行政長官，兼有相當的裁判權；府縣以下裁判所的裁判官，亦多由地方行政官吏兼任。可見行政與司法尚未完全分離。1875 年，成立大審院，取代司法卿和臨時裁判所的職權，並與司法省分離。翌年，又將府縣裁判所改為地方裁判所，禁止地方官兼任判事（法官），至此始略具統一、獨立的司法制度雛形。至 1890 年，「明治憲法」實施後，又公布「裁判所構成（法院組織）法」，日本的司法制度始一變而為憲法上的確定原則。

「裁判所構成法」所規定的司法制度，大體模仿德、法等國家的大陸法系制度，普通裁判所採取四級三審制，為免行政權受到司法權的干預，亦仿德、法之制，設置獨立於司法權的行政裁判所。

第三節　內閣與政黨政治

一、內閣制的創立

1885 年 12 月，正式廢止太政官，設置內閣，純仿德國內閣的形式，主其事者為伊藤博文。他被任為第一任內閣總理，此外的九位國務大臣，幾全為薩摩、長州等二藩出身。事實上，此內閣制係法律上的機構，而非

憲法上的機構，蓋其存在係依 1889 年的「內閣官制敕令」而行使其職權，在「明治憲法」上，並無片言隻語提及。

　　但於 1888 年 4 月，下詔設立樞密院作為天皇的最高諮詢機關。在國會開設之前，其權限較大，有權審議憲法、解釋憲法及審議預算、重要敕令、法律草案、與外國交涉之條約等。迨及 1890 年國會開設後，經修改官制，規定須俟諮詢而後議。

二、政黨的再造

　　1889 年頒布「大日本帝國憲法」後，民黨準備在即將來臨的國會選舉中有所作為，但後藤象二郎入閣（1889 年）以後，民黨的團結瓦解，分成許多小派系，內訌甚烈。

　　第一屆帝國議會於 1890 年 11 月召開。日本成為亞洲第一個立憲國家。

　　同年，在板垣的策劃下，在野黨聯合成立一個新政黨立憲自由黨，為日本政黨的再生。翌年 3 月，恢復自由黨之名。改進黨亦於 1896 年改組為進步黨，並推大隈重信為黨魁。

　　國會開設後再造的自由、進步兩大民黨的指導人物，雖仍是當年自由民權運動的中堅分子，但兩黨的社會基礎，已由舊時的士族階層逐漸擴及於地主資產階級，其性格亦逐漸變為有產階級政黨。當時有產階級雖然對政府嘖有煩言，但政府對於地主有產階級仍然採取保護政策。

三、初期議會時代的政治

1.初期議會

　　日本國民所企求的帝國議會，受到憲法的諸多限制，只能在眾議院中選出民間代表，但又在資格方面受限，因此，等於寄生地主與富農地主的議會。眾議院議員的候選人資格，選舉權限於男子二十五歲以上，被選舉權則須三十歲以上，且須繳納直接國稅十五圓以上，依此，必須有兩町步

以上土地者始有資格，在當時全國人口三千九百萬人中，只占 1% 而已。

1890 年 7 月，第一次眾議院議員選舉後，同年 11 月召開第一屆帝國議會。伊藤博文與東久世通禧分任貴族院正副議長。眾議院的正副議長則由自由黨的中島信行與大成會的津田真道當選。自由、進步兩黨，挾其過半數的議席，在修改條約、軍事預算、教育方針等問題上，對政府加以掣肘，形成對立。山縣有朋內閣採取收買手段，賄賂自由黨中的土佐派議員，始得渡過危機。此一卑劣手段引起閣員的不滿，迫使山縣內閣於 1891 年總辭。

日本政府開設國會以期統治的安定，甲午戰前，民黨占多數的初期議會，成為提倡近代化與擴軍而希望增稅的政府，與強調休養生息、節省政治費用的民黨互相抗爭的局面，在議會不具優勢席位的執政黨，常處於劣勢。民黨議員亦為了選舉的勝利，不能忽視鐵路方案等與地方利益攸關的要求，處於當時國際情勢之中的日本，又不能反對擴充軍備，因此採取不反對新訂事業費或擴充軍備本身，而反對不信任政府計劃的論調。在第二屆通常國會解散後舉辦的大選，政府大規模加以干涉。追究責任的結果，因陸海軍兩大臣提出辭呈的致命傷，松方內閣倒閣。從此軍方開始展現其左右內閣命運的力量。

但第二次伊藤內閣的敵人並非只限於民黨。俄國已開始在隔日本海的對岸海參崴建造要塞。1891 年，常駐該地的俄國艦隊，為了避冬季結冰而進入長崎港，使日本國民感受切膚的威脅。面臨第四屆通常議會的伊藤首相受此威脅，乃與自由黨的板垣退助等密商，以將來贊成政黨內閣制為交換條件，得到擴張海軍的承諾。因自由黨與政府內文官派的妥協，過去的民黨聯合至此乃瓦解，過去與政府有密切關係的黨，轉而為反政府派。原來的政府對民黨的對立已崩潰，產生國際協調派與對外強硬派對立的新局面。

第二屆帝國議會在薩摩閥松方正義內閣執政下，於 1891 年召開，民黨仍然否決海軍軍費及鐵路公債案，政府解散眾議院，這是日本議會史上第一次解散眾議院。眾議院解散後，翌年 2 月的大選中，政府出動全國警察

干涉民黨候選人，並動用公帑賄選，支持執政黨的候選人，引起全國的搗毀事件，政府出動軍隊鎮壓，造成二十五人死亡、三百多人負傷的慘劇，舉國譁然。選舉結果，民黨仍大獲全勝。在野黨居多數的第三屆國會，提出「內閣不信任案」，迫使松方內閣瓦解。

　　松方內閣垮臺後，由伊藤博文繼起組織「元勳內閣」，但為在野黨所反對，且未獲國民協會的支持，政府與議會之間，屢因預算而發生爭執，伊藤則利用天皇詔諭，壓抑議會，迫使其停會。這種破壞立憲政治的作法顯然為後世開惡例，頗招致輿論非議。1893 年 11 月的第五屆議會，國民黨提出內閣不信任案，伊藤解散眾議院，翌年第六屆國會，在野黨又再提出彈劾內閣案，卻遭受解散的命運。

　　1893 年 3 月，郡司成忠等六十三人首度探險千島。福島安正單騎橫斷西伯利亞的壯舉，成為報紙的每日頭條新聞。《日本》雜誌列舉這些事件，以為「將競爭之心理，移向海外的絕好機會」，藉此極力鼓吹進向海外的國權擴張論。但因日韓間「防穀令事件」❽的爭執而觸礁。

　　伊藤內閣濫施解散權，激起民黨各派的憤懣，各方交相指責，但適逢甲午戰爭發生，各政黨在「政治休戰」之下，忍氣吞聲，採取所謂舉國一致體制，藩閥與民黨之間的抗爭暫告終止。

2. 政黨內閣的誕生

　　甲午戰爭之後，政府鑑於民黨力量之不可忽視，放棄其壟斷政權與超然主義，改採拉攏手段，與自由黨聯手，並懷柔籠絡國民協會。其後松方正義繼伊藤之後，組織第二次松方內閣，亦拉攏進步黨。從此，日本的議會政治逐漸轉向政黨政治之途。唯藩閥勢力仍然倚恃其元老身分，經常對於天皇任命閣揆擁有絕對的影響力。因此，政黨政治在確立之前，難免經

---

❽　日本派自由黨的鬥士大石正巳為駐韓公使，1889 年朝鮮政府頒布米穀輸出禁令（「防穀令」），致使日本商人受到損害。日本政府要求朝鮮損害賠償被拒，經數年交涉，一直懸而不決，最後在北洋大臣李鴻章的調停下，達成妥協。

過許多曲折，數年後，政黨內閣終告誕生。

1898 年召開第十二屆國會，自由、進步兩大黨又聯合反對第三次伊藤內閣因整軍所提出的增徵地租方案，政府乃解散眾議院。自由黨與進步黨遂摒棄成見，於 6 月實行合併，成立憲政黨，對抗伊藤內閣。當憲政黨成立時，新政府有鑑於民心的趨向，擬組織一個「官黨」，以對抗民黨，俾便維持藩閥政權。但不獲山縣等元老支持的伊藤，遂辭首相職，推舉大隈重信與板垣退助組閣，俗稱隈板內閣，亦是日本政治史上最早的政黨內閣。此一內閣除了陸海軍大臣二人外，閣員全由憲政黨擔任，唯為了閣員的分配問題發生內訌，以致其抱負與理想無法實現，組閣未及半年即告崩潰。隈板內閣垮臺後，政權又落入藩閥手中，由山縣有朋組織山縣第二次內閣。

第四節　地方自治制度的建立

一、地方政府組織

1871 年 7 月實行的「廢藩置縣」，復免知藩事之職，同年 11 月，制定府縣官制，合全國府縣與各藩，成三府七十二縣，改知縣事為縣令，頒布縣自治條例及事務章程。

府縣以下的下級地方行政區域，維新後亦暫依幕府時代的舊慣，自 1871 年 7 月廢藩置縣之後，頒布「戶籍法」，為計劃一全國的地方制度，乃於府縣之下分為大小區，每區置區長及副區長。1878 年 7 月，頒布「郡區町村莊編成法」、「府縣令規則」及「地方稅規則」，此三新法之後，府縣以下的地方區域，始益顯明，而地方自治制的基礎亦告確立。依照此三法的規定，地方區劃係在府縣之下設郡、區、町、村。郡設郡長，區設區長，町村則各設戶長，戶長由公選產生。

1883 年，山縣有朋任內務卿，為根本改革地方制度，設置地方制度編

纂委員會，由德籍顧問勞斯勒起草市町村制的草案，經元老院議決後，於 1888 年 4 月公布「市制」、「町村制」，嗣於 1890 年 5 月，公布「府縣制」及「郡制」。至是地方自治遂與「明治憲法」成為表裡一體，帶有濃厚的普魯士系的官僚色彩。唯因自治的範圍狹小，地方團體遂置於中央政府所派遣的府縣知事強烈監督下。

二、創立地方議會

1878 年，天皇下詔設立府縣會，二年後又令各市町村設立議會。1888 年至 1890 年之間，政府又陸續頒布許多命令，成為地方政府的法規。因此，在取得當地行政長官的同意下，各地方議會有管理財務之權，至於町村以上的行政長官，則由中央政府委任。地方議會的設立，使人民熟悉議會立法的功用與運作，奠定了日後全國議會的基礎。

三、警察制度的改革

警察制度方面，1873 年對於各府縣的警察制度加以刷新，在東京設置警視廳，1875 年設巡查，取代過去的邏卒等。1889 年至翌年，對警察制度又大加改革，減少以往的警察本署、分署數目，而多設警察派出所及駐在所，把警力的配置分散於全國各角落。當時全國的派出所、駐在所約有一萬一千餘處，即使在深山僻壤的村落，亦設有中央集權的警察網。

第五章　資本主義近代化的推進

第一節　日本近代外交的推進

一、初期的國際關係

1.外交的建制

　　江戶幕府末期，西人勢力澎湃東來之際，久已酣睡於鎖國好夢的日本，在外來的武力威脅下，遂由排外的攘夷論，轉為對外修好。

　　明治維新之後，新政府將江戶幕府末期的外交關係加以明確的宣布，1868 年 1 月，除於太政官設置職掌外國事務的「外國官」外，並向各國通告天皇親政。同時明告國內的「開國國是」詔敕文中，宣示以後處理一切外交問題，完全依照萬國公法（即國際公法）處理。當時駐日外交使節在法國公使羅叔亞（外交使節團團長）影響下，對維新政府遲遲不予承認，同年 5 月，英國公使巴夏禮向明治天皇呈遞國書之後，法、義、荷等三國公使亦於翌年 1 月接踵而至。迨至 1869 年（明治二年）2 月，明治新政府始得到各國的承認。

　　當明治維新之初，歐洲列強各因本身有事，且有鑑於先前英、法兩國對印度及中國所作武力侵略，引起印度及中國人的強烈反抗及排斥，因而對於日本的態度轉趨緩和，以避免引起日本人的反感拒斥，日本幸而得以不受列強的過分欺侮干涉，順利完成「王政復古」，同時明治政府所謂「國權主義」的外交政策，亦獲得了相當程度的成功。

　　1869 年 8 月（明治二年七月），改革官制時，於太政官設置外務省，
負責對外事務。旋又頒布公使駐紮制度，於外務省置大辦務使（特命全權
大使）、中辦務使（辦理公使）、少辦務使（代理公使）等駐外使節官員，
同時派遣使節駐紮法、美等國。這是日本駐外使節的嚆矢。1873 年（明治
六年）撤除明治維新初年禁止基督教的牌示，以表示「開國和親」的誠意。

2.對歐美屈從與侵亞構想

　　明治維新政權標榜「公議」，將天皇統一國家的絕對象徵與國家獨立的
民族象徵重疊，而形成統治的思想。當時對外的口號「萬國對峙」，意味著
自「開國」以來涵蓋的資本主義世界的國際關係。因此，為了「萬國對
峙」，恢復國權，成為維新政府所面臨的主要課題。如幕末諸藩向列強借款
的處理，幕府與美國所簽訂江戶與橫濱間鋪設鐵路獨占經營重新確認的問
題，以及各國在日礦山開發權收回等，均可見到恢復國權以達「萬國對峙」
之境。但其肆應的方法，卻過於倚賴英國公使和英國資本。

　　1869 年 9 月與奧匈帝國所締結的友好通商條約，實際是受到英使巴夏
禮之左右，而不得不簽訂較之幕末更為不利的規定。由於最惠國條款，當
會惠及歐美諸國。至於外務卿副島種臣處理馬麗亞魯易士號 (Maria Luiz)
事件❶的方式，其背後卻有英國資本的強烈要求。蓋恐中國的苦力買賣，
破壞中國勞力，將阻礙在中國市場的英國產業資本。連 1875 年與俄國締結
的庫頁島、千島交換條約亦不例外，其中有英美駐日公使的勸導。但當其
標榜「萬國對峙」對待東亞時，卻一轉而為以歐美先進國自居，而有仿效
列強帝國主義遂行對亞洲侵略政策的意圖，充分顯示近代日本軍國主義的
本質。

3.對外交涉

　　明治政府自聲明開放通商的睦鄰政策以來，對內實行政治革新，對外

---

❶　運載一批中國奴工的秘魯船隻駛進橫濱港修理時，一逃亡的苦力求助於英國軍
　　艦，而由日本加以審理。日本基於人道，判處釋放苦力，遣返本國。

岩倉具視使節團赴歐美考察

致力於國際地位的提高。當時歐美列強亦遭逢巨大的變革和困難，大都忙於國內的政務，無暇顧及對外擴張。由於維新政府自成立之初，即銳意整頓幕府末期以來積弊已深的外交問題，其與各國間的外交大體上都能順利獲得解決。這些外交問題包含修改不平等條約的交涉、日俄國境交涉、「中日修好條約」、琉球問題、臺灣事件、日韓關係的調整、小笠原群島歸屬問題等。

(1)日韓關係的調整

　　明治維新之前四百年間的日韓關係，完全以對馬領主宗氏為媒介，尤其在江戶幕府時代一切對韓外交亦交由宗氏負責，因此，江戶幕府要求直

接與朝鮮締約，始終未果。迨至 1868 年，明治新政府以宗重正為修信使將
王政復古通告朝鮮，並要求「開國通商」，卻被拒絕。1871 年，副島種臣
就任外務卿之後，日本的對韓外交轉趨積極，再度派遣使節赴韓，卻反而
引起朝鮮政府的警戒，甚至關閉作為與對馬藩連絡窗口的釜山草梁館。其
後兩次交涉均無結果，於是有主張訴諸武力的「征韓論」發生。失意的士
族，尤其鹿兒島的士族更熱衷於遠征朝鮮，以圖挽回其頹勢。副島與西鄉
隆盛等力主征韓，留守的內閣同意先派遣西鄉隆盛使韓，要求開國，不從
即出兵。但返國的使節團岩倉具視、伊藤博文等人卻以內治優先為由加以
反對，軍部亦以軍事未備而不表贊同，因而作罷。征韓派失敗下野，但新
政府仍未放棄謀使朝鮮開埠通商的政策，乃改採威嚇手段，以達其目的，
於 1875 年 9 月，託名測量，出動軍艦（雲揚號）駛往江華島，遭受猛烈砲
擊而退。

　　翌年 2 月，日本派遣黑田清隆為全權大臣，率領軍艦六艘、兵員三百
赴韓調查雲揚號砲擊案，並仿效美國故技，以武力威迫朝鮮簽訂「江華條
約」❷。此一條約包含日本自幕末以來忍受已久而正擬修改的領事裁判權
與關稅協定等不平等條款，足見其以先進國自居而威壓亞洲鄰國的技倆。
此後清日兩國在朝鮮半島的角逐愈趨尖銳，伏下甲午戰爭的禍根。

⑵「中日修好條約」

　　自十六世紀末年，豐臣秀吉侵略朝鮮以來，中日之間的邦交中斷，及
至明治維新之後，鑑於居留日本的中國人日益增多，而日本人滯留上海等
地者亦復不少，因而有締結條約，恢復邦交的必要，乃於 1870 年 7 月派遣
外務權大丞（次長）柳原前光等赴華議約。清廷僅允許通商，不許立約。

---

❷　朝鮮承認為「自主之邦」，與日本保有平等之權，朝鮮得派使臣至日本，商議有關
　　兩國事項，開放釜山、元山、仁川三港通商，並承認日本僑民的治外法權。此處
　　所謂「自主之邦」，並非尊重朝鮮的自主，只是意味著脫離清廷的宗主權。至此，
　　原屬中國屬邦的朝鮮，無異否認了清朝在朝鮮的宗主權。

翌年，另行派遣伊達宗城（大藏卿）為全權大使重議。清廷則派李鴻章為全權大臣，與之議於天津。1871 年簽訂「中日修好條約」，建立兩國間平等的通商關係，是為兩國訂立平等條約之始。不久又派遣外務卿副島，要求改約不成，至 1873 年完成換約。「中日修好條約」可說是中日之間所訂最早近代的通商條約，成為一直到甲午戰爭之前兩國關係的法理基礎。

⑶臺灣事件

　　1871 年年底，發生琉球宮古、八重山兩島的居民殺害事件❸，日本對臺灣素抱領土野心，主張出兵「征討」臺灣之聲不絕。日本乘 1873 年與清廷交換「中日修好條約」批准書之便，質問總理衙門（外交部）臺灣「蕃人」殺害琉球民事件。總理衙門卻以琉球為清朝藩屬，以「殺人者皆屬生蕃，故且置之化外，未便窮治」為推托，造成日本出兵臺灣的藉口。

　　1874 年 4 月，新政府設置臺灣蕃地事務局，命西鄉從道領軍三千六百餘人侵臺。日本之出兵事前受英、美、俄等國的反對，內閣決定中止，但西鄉置之不理，終於登陸臺灣南部，降服原住民，甚至有久屯之計。嗣派參議內務卿大久保利通與清廷交涉，復以英使威妥瑪 (Thomas F. Wade) 的居間調停，於同年 10 月，簽訂「北京專約」，清廷承認日本為「保民義舉」，約定日本撤兵，清廷給予撫恤及賠償十萬兩，修築費四十萬兩，始得解決。日本此役雖遭受英美等國的譴責與抵制，在外交上陷於孤立，但與清廷的交涉卻取得「義舉」的證詞，無異表示清廷放棄其對琉球的宗主權。

⑷南北的領土問題

　　自江戶時代以來，琉球即屬於島津藩支配之下，但同時亦服屬於清國，可說是處於兩屬關係。其間，琉球又先後與美國（1854 年）、法國（1855年）、荷蘭（1859 年）訂立條約。日本採取以之為日本領土的方針，於 1872 年置琉球藩，以尚泰為藩王，將對外交涉劃歸外務省管轄。旋又利用

---

❸　琉球民六十六人漂流到臺灣東海岸，其中有五十四人被牡丹社等原住民所殺，但有十二人獲救。稱為牡丹社事件或臺灣事件。

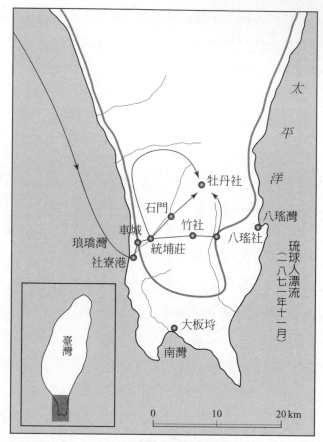

日本出兵臺灣圖

臺灣原住民殺害漂流臺灣東海岸琉球人的「臺灣事件」，出兵臺灣，取得清廷「義舉」的憑證，遂禁止琉球向清廷朝貢或受冊封，同時將之改隸於內務省，強行「琉球處分」。

　　1874 年 7 月起，琉球藩從外務省轉到內務省。翌年 3 月，決定召諭琉球官吏，強迫琉球王子赴日朝賀，並改琉球為日本藩屬，強封尚泰為藩侯，照會各國公使，聲明琉球已歸日本，將琉球與美、法、荷三國所訂條約，改為日本的條約。

　　1875 年，日本派熊本鎮臺兵駐屯琉球，禁止向清廷朝貢，琉球因未全

接受，乃由內務大丞松田道之赴琉球，提出禁用清國正朔，改明治年號，停止朝貢，改革藩政，廢止福州館等要求。琉球不應，日本遂於翌年7月，強迫琉球斷絕與清廷的宗屬關係。

1877年，琉球王密使向德宏赴福建，哀求閩浙總督何璟，代向清廷乞援。清廷則束手無策。

1879年，日本正式布告廢止琉球藩，設置沖繩縣，迫使藩王尚泰居東京，並阻止琉球向清廷朝貢。清廷於5月向日本提出抗議。清日之間雖有交涉，甚至有「分島改約」之議，但無結果。

其後雖由卸任的美國總統格蘭芯(U. S. Grant)斡旋琉球問題，亦無結果。翌年駐華日使提出「三分案」❹，以接近臺灣的宮古、八重山兩群島割讓給清朝，其代價是在修好條約中加入最惠國均霑條款，已達成初步協議，清廷卻因與俄國之間的伊犁問題已獲解決，對琉球問題改採強硬之策，以至協議破裂。直至甲午戰爭結束，琉球問題無異自然解決。

(5)庫頁島問題

幕末以來日俄之間的疆界爭執，一直成為懸案。1854年簽訂的「日俄修好條約」，約定千島群島分為兩部分，擇捉以南由日本占領，得撫(Urubu)以北由俄國占領，庫頁島則為日俄兩國人民雜居之地。其後雙方屢就疆界問題商談，但對南北分界線的劃定問題意見無法一致，而未獲結果。至明治維新之後，雖有美國之斡旋，卻仍無結果。1873年，新政府以庫頁島並無地利價值，擬予放棄，而專注於北海道的開拓。遂於翌年，派遣海軍中將榎本武揚至俄交涉，於1875年簽訂「樺太、千島交換條約」，日本放棄其在庫頁島的所有權利為條件，取得千島群島。

(6)小笠原群島的歸屬

據傳十六世紀末，豐臣秀吉侵韓時，日本已發現小笠原群島，但未開拓。1827年，英國布羅桑號(Blorsom)艦曾在該島懸掛國旗。1853年，美

---

❹　琉球北部歸日本，中部仍為琉球統治，而南部的宮古與八重山群島則割讓給清廷。

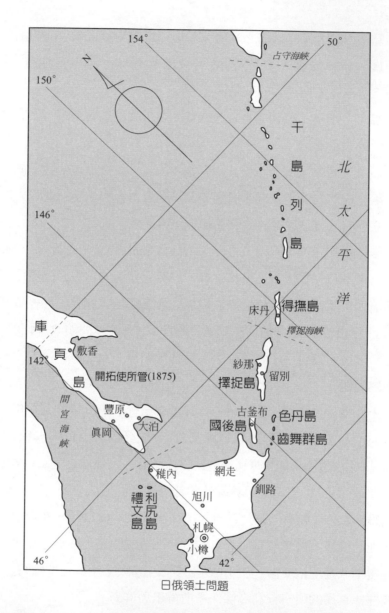

日俄領土問題

國培里提督亦曾在該島設官治理，且有數十名外國人（美、英、法）居住島上。明治初年，該群島的歸屬發生爭執，但在 1875 年，美國承認日本在該群島的主權，其歸屬遂告確定。新政府乃於翌年將該群島改置於內務省管轄之下。至此，南北兩方面的領土，遂在國際上完全確定。

二、不平等條約的廢除

　　江戶幕府末期和外國所締訂的「安政條約」，包含領事裁判權、關稅協定、最惠國條款的利益均霑，及租借地等不平等條款。此外尚有英法兩國在橫濱的駐軍，俄國在長崎的停泊地，以及江戶幕府向外國購買武器外債四百萬圓償還問題。明治維新之初，新政府對這些有損日本領土與主權的不平等條約亟欲加以廢除，故於 1868 年（明治元年）即對外宣言改訂舊幕府締結之不平等條約。但各國以日本尚非為一現代化的國家為藉口，拒予承認。

　　1871 年，新政府派遣右大臣岩倉具視為大使赴歐美，先與美國交涉，未果。此後鑑於宇內形勢，主張先整修內治，復因西南戰爭爆發，以致修約之議暫被擱置。及至西南戰爭結束，新政府乃積極致力修改不平等條約。當時由於日本的法律未備，治外法權的恢復較難，遂專注於稅權恢復的談判，首先與美國展開交涉，在稅權的恢復交涉已成，於 1878 年成立「日美新約」，卻因英、德的反對以及國內輿論以法權的恢復為先決條件而表反對，此次交涉終告失敗。

　　1879 年繼任外相的井上馨，全力修訂條約，試圖同時收回部分的稅權與法權。井上擬定修約草案，親自與各國駐日公使談判，至 1886 年，各國已有承認之意。唯井上法案，法權和稅權雖獲得部分修正，距平等條約尚有一段距離。尤其法權修正案中，日本承認允許外國人內地雜居，以及任用多數外國人為法庭推事，作為廢除領事裁判權的代價，因而成為爭論的焦點。同時，為了促進修約，主張勵行西化政策，開設西式社交機關「鹿鳴館」，這種極端的西化主義引起國粹主義者的不滿。修約內容一經洩露，不僅政府內部反對，民間反對聲浪高漲。外相井上辭職，修約交涉亦隨之中止。

　　1887 年，大隈重信出任外務大臣，開始修改不平等條約的努力，放棄與列國同時談判，改採國別交涉的方式。並利用國際法，引用歐美各國國

際法學者的學說，作理論性的談判。雖然大隈的交涉一改井上型的懇願方式，無寧臨之以強硬態度，頗受各界支持，而有相當的進展。年底，日本與墨西哥簽訂「日墨友好通商條約」，完全收回治外法權，但關稅問題卻仍懸而未決。1889 年，大隈先後與美、德、俄等國草簽新約。但與日本利害關係最深的英、法，卻提出異議，日本民間對於其中大審院仍採用外國人，有條件給予最惠國條款的修約內容，引起贊成與反對的爭論。政府內部亦對大審院採用外國人是否違反憲法問題爭論不休。大隈卻被反對派的國權論者炸傷而辭職，修約交涉又告失敗。

　　大隈外交遭到挫折之後，繼起的外相青木周藏（1889 年），放棄列國會議方式，欲先與態度最強硬的英國談判。青木提出新約實施六年後，取消協定關稅和領事裁判權制度，外人在日本國內享有與日本人同等的權利。英國亦表同意。蓋日本的法制已臻完備，實力增強，且 1891 年俄國修築西伯利亞鐵路，積極經營亞洲，嚴重威脅英國在亞洲的權益。法、德在亞洲連俄制英，英國深感孤立。當時英、俄在遠東的對立日深，英國為了遏止俄勢南下，希望接近日本，對日本的修約提議至表同情，交涉頗有進展。雙方已議定平等條約草案，適遇俄國皇太子在大津遇刺的「大津事件」❺，青木引咎辭職，修約又告流產。

　　榎本武揚就任外相後，繼承青木的方針，同時在內閣設置條約修正案調查委員會，以加強交涉工作。但由於政府干預選舉，引起在野黨的反彈，修改條約受到抨擊，終致內閣總辭。唯一的例外是成功的與葡萄牙之間達成撤銷治外法權的協議。

　　及至 1892 年，陸奧宗光出任外相，著重法權之收回，終於 1894 年 7月，與英國簽訂「日英新約」，得以五年後廢除治外法權，但關稅自主權仍未能達成。直至 1908 年，第二次桂內閣的外相小村壽太郎繼續交涉修約成

❺　1891 年 5 月，俄國皇太子於訪問日本遊覽琵琶湖途中，在大津市突被一名日本巡警刺殺，頭部受傷。

功，於 1911 年 8 月，始與列強簽訂完全平等的條約。日本修改不平等條約的努力，自維新至此凡四十二年，始大功告成。

第二節　走上軍國主義之路

一、走向軍國主義

1.脫亞論

十九世紀與二十世紀之交，實為帝國主義開幕的時期，尤其以甲午戰爭為分界，是帝國主義列強在亞洲的利害衝突與對立最激化的時代。在此國際環境的劇烈變動之中，清、日、韓東亞三國的進路亦因而受到影響，其中因日本急遽變成帝國主義國家，而使東亞的命運連帶的受到變動。

明治維新以後的近代化與富國強兵的努力，一方面以充實足與歐美列強對峙的國力為目標，同時對亞洲諸國卻強力的顯現其一意加以支配壓抑的侵略態勢。

鼓舞文明開化理念的福澤諭吉，卻大力倡導「脫亞論」❻。福澤倡言國際交流之道在於正義與道理，但對鄰國清韓，卻提倡仿效歐美列強，以帝國主義之道應對。

2.擴充軍備

岩倉具視使節團考察歐美之後，認識到「強權即公理」的國際環境之中，建設近代軍隊的重要性，乃積極推行以德國為模範的軍隊現代化。且

---

❻ 福澤的脫亞論，其主旨是在西歐列強急速擴張其對東亞的勢力之際，除非攝取西歐文明而近代化，否則無法維持國家的獨立。強調日本沒有等待鄰國的開明，以與亞洲的餘暇，毋寧捨棄近鄰諸國朝鮮、清國於不顧，應獨自進行近代化，與西歐列強為伍，而以西歐的作法對付清韓。這種脫亞論，無異促成日本與清國之間的軍事對決。

在國內重要改革基本實施之後，立即走上軍國主義之路。

在軍事改革上，把過去仿效法國的軍政、軍令一元制，改為德國軍政、軍令分立的二元制。1876 年，規定軍部大臣武官專任制。兩年後，設置直屬於天皇的最高軍令機關參謀本部。一切軍令事宜悉由參謀本部長運籌帷幄，經天皇裁可後交陸軍卿執行，負責檢閱與教育事務。軍政與軍令分立，意味著天皇制軍國主義軍事領導體制的確立。天皇對軍隊的統帥權能，使其在國家政治中處於獨特地位，為軍部秉承天皇意旨的形式獨斷專行（帷幄上奏權）奠定基礎。

日本軍隊鎮壓國內人民的同時，其主要任務已轉向對外侵略。參謀本部的成立，標誌著日本開始走上軍國主義道路。參謀本部的首要工作是調查清國軍備和地形。1880 年，參謀本部長山縣有朋強調從事軍備為「當前之急」，將「富國強兵」改為「強兵富國」，確立強兵和對外侵略列為國家首要政策的軍國主義路線。

與此同時，建立較為完整的軍事教育體制。1883 年開辦陸軍大學。1888 年，擴充海軍兵學校（從廣島遷至江田島），在東京開辦海軍大學，培養海軍指揮人才。

為了提高軍隊戰鬥力，不斷向士兵灌輸盡忠天皇的思想，加強思想的統制和紀律的管束。1878 年，公布「軍人訓戒」，以忠實、勇敢、服從作為軍人的主要品德，以封建武士道和效忠天皇作為精神支柱。1882 年，明治天皇頒授「軍人敕諭」，闡明日本軍隊從神武天皇以來，世世由天皇統率的傳統，並舉盡忠、尚武、重信、節儉、禮儀等五項軍事道德標準。「軍人敕諭」顯然是封建武士道精神的再版，被奉為「皇軍」的經典，日本建軍的方針。

此後，政府不斷加強直接隸屬於天皇的軍部指揮權。1885 年改太政官制為內閣制，明確規定統帥權不屬於政府，可由參謀本部直接上奏天皇，即以獨立於內閣，而自行其事。1887 年 5 月，制定「軍事參議官條例」，由內閣中的陸海軍大臣和參謀本部長、監軍組成「軍事參議官」，授與內閣

中陸海軍大臣帷幄上奏、審議的權力。1893 年，改海軍參謀部為海軍軍令部，軍令事項從內閣中獨立出來。同時，制定「戰時大本營條例」，規定戰時天皇的軍令大權不用國務大臣，而由陸海軍將領組成的幕僚長輔佐，但不含文官。作戰的計劃和指揮，國務大臣無權過問。在法律上確保了軍部能以天皇名義行使軍事獨裁權。因此，在甲午戰爭前夕，日本軍隊完全變成為天皇制軍國主義效命的工具。

自 1880 年代開始，日本即加緊擴軍備戰。1882 年，日本干涉朝鮮內政的企圖失敗後，加緊進行以清韓兩國為目標的戰爭準備。根據山縣有朋等的擴軍意見書，天皇下敕增收租稅，以擴充陸海軍。翌年，修改「徵兵令」，廢除以金錢代役及其他各項免役規定，以保障兵源。1888 年 5 月，陸軍撤銷鎮臺，實行師團編制。至 1893 年，包括常備軍和預備役、後備役在內的總兵力，已達二十三萬人，1880 年後的十年間，軍費開支占國家預算的比率從 9% 上升到 27% 左右，1892 年的軍費開支竟占國家預算的 41%。

軍事工業在產業結構中始終占有特別重要的地位。這是日本有別於其他資本主義國家的一大特點。軍事工業對其他工業發展，有帶頭作用，民營機械工業只有依賴官營軍工業才能發展。1890 年，官營軍工有機械動力一千五百餘匹馬力，而民營只有九百零五匹馬力。從 1885 年改造村田步槍，年產二萬三千支。1886 年，本國生產的山砲、加農砲等新式重砲，供應野戰砲兵部隊。1889 年，已能製造鋼製軍艦。

1893 年，日本完成陸海軍的擴張計劃，擁有現役兵力六萬九千人、預備役兵力二十三萬人的新式陸軍，和一支六萬餘噸艦隊、艦艇二十八艘、魚雷艇二十四艘的新式海軍。同時，參謀本部不斷的派遣人員到清國東北、渤海灣、朝鮮等地秘密調查，蒐集政治、軍事情報，繪製軍用詳細地圖。同年 4 月，參謀本部次長川上操六親自到清國和朝鮮各地進行實地偵察。

二、甲午戰爭的國際背景

1.朝鮮問題

朝鮮問題是明治初年以來，清日外交上爭執的焦點，也是日本大陸政策的試金石。明治前半期，日本亟欲排除清韓宗屬關係，取代清國以控制朝鮮，但國力不充足，唯有先整頓內部，確保朝鮮的獨立狀況下，才能阻止列強勢力入侵朝鮮。

1882年，朝鮮發生壬午事變❼後，日本在韓勢力日益膨脹，清廷乃一變其昔日消極的懷柔主義，而為積極的干涉政策。清廷留駐袁世凱等率三營兵駐漢城，以資鎮懾，大力干涉朝鮮內政；日本亦派竹添進一郎為公使，帶領軍隊（一中隊）駐紮漢城。

同年，赴日謝罪使朴泳孝、金玉均等回國，與日使合謀，欲乘機殺閔氏家族，掃除事大黨（親清派）。1884年10月，朝鮮爆發政變（甲申事變）。日使竹添乘機率一中隊闖入朝鮮王宮，殺事大黨閔泳穆等人，迫朝鮮國王行新政。事大黨急向吳兆有、袁世凱求救，清日遂起衝突，日軍敗，朴、金等逃亡日本。

此次亂事，全由日使唆使，日本竟先派遣外務卿為全權大使，詰責朝鮮。清廷亦派使至朝鮮，先日軍進入漢城。

翌年，日本派遣伊藤博文等赴天津，與李鴻章等交涉朝鮮共同撤兵問題。雙方訂定「天津條約」：一、約定四個月為期，盡數撤回；二、不預聞朝鮮練兵之事；三、朝鮮有事，一國認為有事必要出兵時，必先行文知照。

締約後，清日兩國在朝鮮完全成為一種均勢的局面。朝鮮內政腐敗，

---

❼ 壬午事變是1882年（光緒八年），起因於朝鮮政府發放軍餉不正所發生的兵變。其實是大院君與諸閔爭權。結果，諸閔遭受蹂躪，閔妃出奔，閔氏多人被殺，同時攻擊日本公使館。清廷應韓廷之請，派兵前往戡內亂。日亦派艦赴韓，脅訂「濟物浦條約」。獲償金五十萬圓，加開商埠。

黨派傾軋，隨時有發生重大事變的危機，故清日兩國亦有隨時派兵入韓的可能。兩國對於朝鮮的態度，日本承認其獨立而隨時懷有併吞的野心；清廷則強調朝鮮為清國的屬邦，但對朝鮮的內政外交，卻又依循自古以來的舊習，聽其自主，在此情勢之下，清日兩國兵戎相見，當然是無可避免的。

甲申事變後，日本在韓經濟勢力衰退，復因「防穀令」的實施影響日本糧食的輸入，以及金玉均暗殺事件的刺激，掀起日本「膺懲暴清」的聲浪。及至東學農民起義，日本遂以之為藉口，向清國開戰。

日本國內的政治情勢，在第四屆議會，因在野黨（民黨）對政府的凌厲攻勢而疲於應付的伊藤內閣，為了通過擴大軍費等預算案，利用天皇的威權，壓制反對勢力，勉強渡過難關。但在野黨與政府之間的對立關係，其後並無變化，雙方的爭執並未緩和，甚至在第五屆議會（1893 年 11 月召開）中更為尖銳，主要原因乃是不平等條約的修改問題。

伊藤內閣解散議會，但選舉結果，朝野的勢力分布並無顯著改變，不足以實現政局的安定。立憲改進黨等對外強硬派勢力占議席半數。

福澤諭吉、玄洋社等，藉口金玉均事件，大力鼓吹「膺懲」清廷之聲。玄洋社幹部訪問外相陸奧，要求開戰。

在此紛擾情勢之中，日本於 1894 年 5 月，召開第六屆經常議會，通過內閣彈劾上奏案。政府被逼在總辭與解散國會作一選擇，但唯恐總辭使過去進行的修改條約交涉前功盡棄，乃不得不訴諸解散議會。但要在大選勝利，必需要有「驚人的事業」，以轉移國民反政府運動的注意力，而「無故而起的戰爭」的絕好機會即是朝鮮問題。

2.西伯利亞鐵路的建造

1885 年 4 月，英國占領朝鮮東南方的巨文島 (Port Hamilton)。英國當時占領了從歐洲到東亞的海上交通線要地直布羅陀、蘇伊士、錫蘭、新加坡、香港等地，以世界最強的艦隊加以防衛。為此，與英國對抗的軍隊，將立即遭受英國艦隊切斷補給，因此，任何國家均無法在東亞與英國抗衡。

英國倚恃這種軍事的優勢，支配東亞的沿海地區。不屈服於英國支配的唯一例外是俄國。俄國在英國艦隊威力所不及的內陸地區，與東亞接壤，因此從阿富汗到阿穆爾河 (Amur R.) 流域，堪察加半島的前線，伺機南下。英國艦隊占領巨文島，乃是對俄國進窺阿富汗的對抗措施，即在掌握對馬海峽的制海權，封鎖俄國勢力於沿海州，同時表明其阻止俄勢南下的決心。俄國為了對抗英國的行動，表示有意占領朝鮮北部的要港永興灣 (Port Lazareff) 的態勢，對此最感驚異的是日本。外務卿井上馨判斷英俄已開始瓜分朝鮮，因而必要重新檢討軍事政策。

日本雖為四面環海，但在此之前，卻利用英國在東亞維持現狀政策，將需要龐大經費的海軍建設放在後面，而先行建設同時對內亂鎮壓有用的陸軍。為此能在歲出中，相對的壓低軍事費的比率，以其餘力推進近代化。但不能漠視朝鮮海峽危機的日本政府，配署警備隊於對馬，並開始建設砲臺，租借釜山港口的小島，設置儲煤庫。明治天皇為了整頓海防，頒賜內帑三十萬圓，以之為契機，開始海防捐獻運動。海軍乃開始著手以日本近海制海權的確保為目標的艦隊建設，於是決定預訂三千噸艦體，裝填三十二英寸口徑巨砲的艦艇。

俄國則構想在內陸建設一條不受英國海軍妨礙，可連結西伯利亞與歐洲的西伯利亞鐵路。西伯利亞鐵路一旦完成，則東亞的情勢或將根本改觀。俄國可以很快將歐洲最強大的陸軍，在東亞各地展開，英國因未準備足以對抗的陸軍，只好與亞洲國家合作，由其提供陸軍部隊，開始重新檢討東亞政策，其對象乃是清日兩國。

1890 年，首任實行立憲政治的日本首相山縣有朋，在議會的最初施政方針的演說中，明示朝鮮為日本應固守的利益線，力主阻止俄勢南下朝鮮。當日本明確表明與俄國的敵對態度後，英國亦表示願意原則上同意應日本之請，全面性的修改對等的條約修正案。英國之所以改變態度，乃是由於西伯利亞鐵路的建造。由於俄國之進向東亞，產生成立英日聯合或清英聯合的可能。

三、開戰與媾和

1894 年 5 月底,朝鮮東學農民起義,日本少壯軍人策士渡韓煽動,全羅道的主邑全州陷落,駐韓代理公使杉村急電日本政府,通報朝鮮政府乞援清朝的事。日本決定以保護公使館與日僑為名義,派兵朝鮮。日本政府於 6 月 2 日決定出兵後,復於 5 日設置大本營於廣島,並動員第五師團。並於 7 日,正式通告清廷出兵一事。

伊藤面臨北洋艦隊的威脅而回到協調路線,但軍方卻持強硬態度。內閣會議命令駐韓特使大石提出「防穀令」交涉的最後通牒二日後,「戰時大本營條例」即獲裁可,充分顯示日本發動戰爭的意圖。

先是,清廷應朝鮮之請,出兵赴韓平亂,日本亦根據「天津條約」出兵,進駐漢城。其後東學亂事已平,日本卻不肯撤兵,反而要求清廷共同改革朝鮮內政,並逼迫朝鮮宣言廢除中國宗主權,驅逐在韓清軍。

日本御前會議的開戰決定是 7 月中旬,宣戰布告卻遲至 8 月 1 日宣告,可見日本早已進入「戰時」。因大本營的設置,平時應屬內閣決定的海外派兵,遂改屬參謀總長的裁決,連首相亦被排除於政策核心。

日本參謀本部預想十年後的清國瓜分戰爭,為了確保有利地位,決出兵朝鮮。英俄等國均加反對,尤其英國在清國擁有巨大的利益,對華貿易的利益龐大,自不欲清廷的弱體化,杜絕貿易,當不願因而改變東亞的現狀。外相陸奧乃向英國保證日本的真意乃在阻止俄國占領朝鮮。7 月中旬,達成「英日通商航海條約」的簽署。修改條約的成功,意味著日本完成其發動戰爭的準備工作。翌日即在御前會議決定對清開戰,致送最後通牒給清韓,限期答覆,並於下旬攻擊王宮,打倒親清派的朝鮮國王政府,代之以國王的生父大院君,樹立親日政權,強迫其倚賴日本驅逐朝鮮境內的清軍。

日艦於正式宣戰之前,即偷襲清廷運兵船,並大舉進攻。經過豐島和成歡兩戰以後,清日於 8 月 1 日宣戰。翌日,清軍退至平壤。清軍紀律鬆

弛，士氣不振，大都不戰潰逃，不久，平壤陷落。

9 月中旬，清日在黃海發生海戰，清艦大敗。日軍乃進攻遼東，陷旅順、大連等地，遼河以東、遼陽以南之地，幾盡為日本所占領。日本第二軍更進擾山東，於 1895 年正月陷威海衛。

北洋海軍全軍覆滅，日本既無敵於海上，乃分兵占領澎湖，進窺臺灣，清廷不得已，唯有忍辱求和一途。

日本渡過鴨綠江，進入清國的領土，戰爭乃從爭逐朝鮮的限定性戰爭，變為瓜分清國本土為目的的戰爭。

清日朝鮮交涉期間，清廷一味避戰求和，及至日軍渡鴨綠江，更傾向於和議。先是委任津海關稅務司德催林 (Herr Gustav Detring) 赴日議和。日本以德氏為李鴻章私人，非大員，且無國書，拒不與議。旋又改派張蔭桓（戶部左侍郎）、邵友濂（湖南巡撫）為全權大使，亦遭拒絕。

清廷遂於 3 月派李鴻章為頭等全權代表，赴日訂約。幾經折衝，於 4 月 17 日締「馬關條約」，清國除承認朝鮮為獨立自主之國以外，賠償二億兩，並割讓遼東半島、臺灣、澎湖列島給予日本❽。

四、三國干涉還遼

甲午戰爭期間，清廷千方百計請求列強的援助，但各國卻抱持隔岸觀火的態度，紛紛宣布嚴守中立。及至清國戰敗，簽訂「馬關條約」，俄、德、法三國，乃聯合出面干涉。

俄國於 4 月 11 日召開御前會議，外相羅巴諾夫 (A. B. Lobanov-Rostovsky) 表示，俄國如欲以急進的行動滿足其在遠東的迫切要求，則必須在太平洋上取得不凍港，且必須合併便於修築西伯利亞鐵路一部分的滿洲領土，但最初只希望日本放棄旅順。俄國財長韋德 (Sergei J. Witte) 認定

---

❽　此外，約定增開重慶、蘇州、杭州等地為通商口岸，並允許日本在中國通商口岸設立工廠。

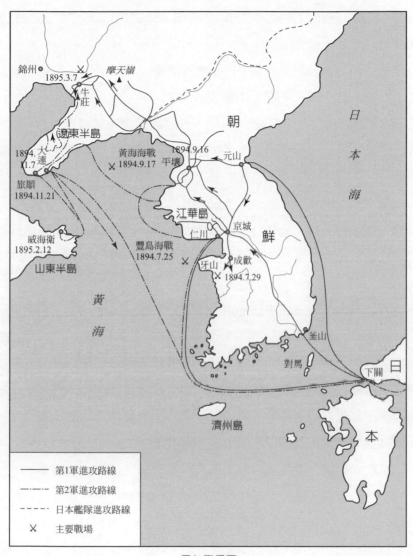

錦州

1895.3.7 摩天嶺

牛莊

遼東半島

1894. 大連

11.7

黃海海戰 1894.9.16

1894.9.17 平壤 元山

旅順

1894.11.21

江華島

仁川 京城

威海衛 成歡

1895.2.12 豐島海戰

山東半島 1894.7.25 牙山 1894.7.29

黃 海

釜山

對馬

下關 日

濟州島 本

朝

鮮

日 本 海

——	第1軍進攻路線
—·—·—	第2軍進攻路線
------	日本艦隊進攻路線
✕	主要戰場

甲午戰爭圖

日本計劃占領南滿對俄構成威脅，遲早要和日本衝突，力主迫日放棄遼東半島，以免西伯利亞鐵路受到威脅，復可穿越滿洲，進而改變中俄疆界。經過討論後俄帝決定實行干涉。

4月23日（「馬關條約」簽訂後的一週），外相羅巴諾夫邀請德、法參

與，均表同意。三國公使偕同至日本外務省，致送備忘錄，對「馬關條約」中割讓遼東半島一事提出異議。

是時，俄陸軍五萬餘，集中於海參崴待命，俄艦分泊清日兩國海面者凡二十九艘，計七萬三千噸，作戰爭部署。

日本對此感到「非常驚訝與憂慮」，召開御前會議研商對策，終於屈服而接受三國的勸告，放棄對遼東半島的永久占領權，但清國應給予相當的補償❾。

三國干涉還遼事件，是十九世紀末帝國主義瓜分清國所進行的第一次大爭奪。沙俄在名義上迫使日本歸還遼東半島，但實際上只是讓清廷暫時代管，以便日後伺機攫為己有。此後，日俄爭奪朝鮮和東北的鬥爭乃日益尖銳。

日本政府為了報三國干涉之仇，揭櫫臥薪嘗膽，從事大規模的軍備擴張，並培養其基礎產業。擬將陸軍新設六個師團與騎兵、砲兵各二個旅團，增加現役兵力為二倍以上。海軍則著手建造當時世界首創的一萬五千噸巨艦四艘、戰艦二艘，合計六艘的艦隊。當時蘇伊士運河連一萬噸以上的軍艦都因吃水與幅員的關係而不能通航，航路上的儲煤庫均屬英國領土。因此，如英國守中立，則因得不到煤炭，事實上不能回航。日本海軍為了對付一萬噸級的戰艦，準備強力的一萬五千噸戰艦，以確保制海權。

為了推動軍備的擴充，新政府乃放棄超然主義，與政黨合作。結果，於 1898 年 6 月，出現最初的政黨內閣隈板（大隈、板垣）內閣。但此一內閣卻因藩閥勢力的反擊，僅四個月即瓦解。政黨覺悟到只在眾議院擁有多數實無法維持內閣，乃選擇再度與藩閥妥協以接近政權之路。如此，憲政黨乃與第二次山縣內閣合作，協力成立地租增徵案。山縣內閣以壓抑政黨的進出為目的，修改「文官任用令」，加強資格任用制，一改過去的藩閥官僚，而以東京帝國大學畢業生為中心的學閥，成為實質的政策立案者，扮

---

❾　賠款初議一萬萬兩，恐三國不允，減至五千萬兩，旋由三國核減為三千萬兩。

演國家運作的重要角色。使學閥官僚置於特權位置的山縣內閣，接著使軍部大臣的現役武官制明文化，以阻止政黨介入軍部，同時，修改選舉法，增加都市選出的議員，以呼應工商業的希望。

在山縣內閣之下，日本社會迎接重要的轉機。甲午戰爭後，物價騰貴與增稅，使自耕農、佃農沒落。農民失去土地，工業的進展不成熟，而且工廠制工業，由於引進先進國進步的技術，不能一舉吸收沒落的農民到工廠，成為工資的勞工。貧農多數留在農村，負擔高比例的地租，遭受地主的壓搾。製絲業、織品、紡織等，依靠這些貧農子女的低工資，得以與先進諸國對抗。

在此條件之下，甲午戰爭後不久即產生勞工問題，透過工會期成會的設立，誕生了鐵工工會等組織。但工會的目的卻非為改善勞動條件，而著重於社會地位的改善，即作為互助組織而組成，因此不能發揮工會的機能，多數因財政困難而在短期間內崩潰。其後，只剩不具工會基礎的社會主義者的啟蒙活動。但對這些本已無力的勞工運動，山縣內閣仍然制定「治安警察法」，以「死刑宣告」對待這些搖籃期的勞工運動。

五、甲午戰爭的意義與影響

戰爭結果，日本從被壓迫的國家一變而為壓迫他國的國家，實為日本近代史上劃時代的戰爭，具有與第二次世界大戰匹敵的重要意義。

甲午戰爭雖在軍事上壓倒清國，但在政治上卻是失敗的戰爭。蓋引起三國干涉還遼，而戰爭目的之一的朝鮮內政改革——朝鮮的殖民地化——卻未達成。此舉成為瓜分清國的起點，在亞洲成立帝國主義體制的劃時代事件，同時引進俄國勢力於朝鮮，喪失了日本戰爭的主要目的。僅餘朝鮮與臺灣民眾的壓抑、奴隸化而已。

甲午戰爭對日本的影響有以下數點：一是朝鮮問題的解決，將清朝勢力逐出朝鮮之外。二是獲得片面的領事裁判權（根據「馬關條約」，締結通

商航海條約），以及其他有關各條款，與歐美各列強同樣，對清朝立於優越地位。三是雖不得不歸還遼東半島，卻擁有臺澎各島，因而加入殖民地所有國之列，而占有臺灣，使日本足以之為踏腳石，進窺對岸福建省，或具體考慮南下菲律賓等地。四是獲得巨額的賠款，甲午戰爭日本開支的軍事費超過二億圓，相當於 1893 年歲出的一‧六倍。從清國攫取的戰爭賠款二億兩白銀，合三億六千五百萬圓，為日本 1895 年國家財政收入的四倍以上。此筆賠款對日本資本主義的發展，有極大的作用，大大地改變了日本的財政狀況。日本的大藏大臣不隱諱地承認其對日本財政的轉變作用，不僅足供日本陸海軍擴張之用，並以軍備擴張為中心，促使與之關連的產業開發，如銅鐵廠之建設、造船、航海之獎勵等，日本資本主義遂得以急速的發展。同時確立了金本位制，促進財閥的成長。

　　此外，此役給予日本國民意識很大的影響。一是認為維新以來努力西化的結果，文明的勝利；一是反映在三國干涉還遼方面，深感日本在遠東國際政治現實比重之低。在國際政治舞臺上，強力政治 (power politics) 的傾向，

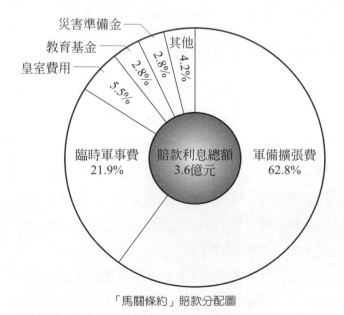

「馬關條約」賠款分配圖

已深植在日本國民之中。對三國的敵意，產生國力增強的努力，同時成為後來大亞洲主義的出發點。戰時的敵愾心，由於勝利而變成侮蔑感，戰後稱清國人為「清國奴」。戰爭前夕尚存的對中國傳統文化尊敬之念，頓然消失。日本國際地位大為提高。在修改不平等條約方面，已於 1894 年 7 月，與英國簽訂修改法權條約，1911 年復得恢復稅權。戰後急速而相繼的與各國改訂不平等條約。各國對清日兩國的觀感為之一變，有「日主清從」的觀念。

第三節　日本帝國主義的形成

一、壟斷資本主義的形成

甲午戰爭後，日本經濟逐漸走向壟斷資本主義體制。1880 年代，在紡織、造紙等業，出現卡特爾 (cartel，企業聯合) 組織。至二十世紀初，出現了托拉斯 (trust，同行企業結合資本合併的一種形式)。開始「政商」資本為中心的資本集中，實行紡織、鐵路、銀行等企業的大合併，且已形成三井、三菱、住友、安田四大財閥。此四大財閥擁有銀行、鐵路、礦山、造船、航運、紡織、貿易等各部門的大公司、大企業，並以此為中心急劇集中資本，支配產業與金融業。1901 年底，全國銀行存款約五億日幣中的三分之二，為四大財閥等所占。

二十世紀初，經歷了經濟危機，在一切主要工業部門中不斷產生了卡特爾、托拉斯、企業聯合等壟斷組織。同時加緊執行資本輸出。1906 年設立南滿洲鐵路會社，1908 年成立「東洋拓殖會社」。至第一次世界大戰前後，基本上已表現出帝國主義的特徵，確立了壟斷資本主義。

由於日本壟斷資本主義發展過程中，往往使用掠奪手段以補其金融財政的不足，因此不斷發動侵略戰爭。日本壟斷資本的確立和發展，實建立在不斷對外侵略擴張基礎之上。

二、英日同盟

甲午戰爭的勝利與三國干涉還遼，對日本國內政治發生很大的變化。自由黨公然支持第二次伊藤內閣，贊成軍備擴張預算。1896 年，繼任的第二次松方內閣與進步黨合作，擴張軍備。1898 年成立的第三次伊藤內閣，由於陸海軍要求擴張軍備的聲浪愈強，乃向議會提出增收地租案。自首屆議會以來，要求減輕地租的自由、進步兩黨表明反對，共同結成憲政黨。由於在眾議院出現擁有絕對多數的政黨，伊藤內閣已喪失其在議會運作的把握而下臺，取代的是日本最初的政黨內閣第一次大隈重信內閣（隈板內閣）的成立。

但此一內閣，由於舊自由、進步兩黨間的對立，以致僅四個月即倒臺。第二次山縣有朋內閣得憲政黨（舊自由黨）的支持，成立增徵地租案。為了防止政黨對官僚的影響力，於 1899 年修改「文官任用令」，翌年又制定軍部大臣現役武官制，以防止政黨勢力及於軍部。旋又公布「治安警察法」，加強政治、勞工運動的統制。

對這一連串政策持反對立場的憲政黨，擁立對政黨政治較有理解的伊藤博文為總裁，於 1900 年，結成立憲政友會，同年組織第四次伊藤內閣，卻遭受貴族院的反對而總辭。翌年，成立第一次桂太郎內閣。

甲午戰爭的結果，清國的衰弱已暴露無遺，列強乃相繼在清國設定勢力範圍（瓜分）。俄國於 1896 年 6 月，與清廷締結「清俄密約」，取得俄國進出遠東不可或缺的中東鐵路建設的權利。1898 年，租借日本放棄的遼東半島之旅順與大連，以及建設南滿鐵路之權。

德國於 1898 年 3 月，以德國傳教士在清國山東被害為由，占領膠州灣，迫訂專約，取得膠澳租借地與鐵路、礦山之權；英國則為阻止旅順租借，出動艦隊，但恐被巡弋越南近海的法國艦隊與駛進旅順港的俄國艦隊挾擊而作罷，反而自行租借九龍半島與威海衛並取得長江沿岸不割讓聲明；

翌年，法國租借廣州灣，要求雲南鐵路建設權。各國以這些租借地為根據地，建設鐵路。日本亦於同年迫使清廷作出臺灣對岸福建省及其沿岸一帶不割讓宣言。

當列強盛行瓜分清國之際，英、俄、德訂立協定，相互承認長江沿岸屬英國，黃河沿岸屬德國，滿洲屬俄國鐵路建設的勢力範圍。美國國務卿海約翰 (John Hay) 乃於 1899 年 9 月，發表「門戶開放宣言」，要求在各國勢力範圍內通商的自由。列強均有條件接受，日本亦表贊同。

此後日、英、美、俄四國的關係，遂受制於門戶開放政策與勢力範圍設定政策之中二者擇一，原則的對立，日本直到日俄戰爭之前，利用此一原則的對立，與美國相結合，但在日俄戰爭以後，因受美國的掣肘，轉而與俄國勾結。

美國的門戶開放主張，事實上只是帝國主義對華侵略機會均等之要求而已。1900 年清國發生以「扶清滅洋」為口號，反抗列強侵略的義和團（庚子）事變。

1900 年 6 月，日本公使館書記官杉山與德國公使克林德 (Freiherr von Ketteler) 被清軍所殺，清軍及義和團圍攻北京公使館區。各國公使紛紛電請本國政府派兵保護。遙遠的歐美諸國卻無法立派陸軍，具有派遣能力的只有俄國與日本而已，俄國則先出兵。駐紮大沽口的各國軍隊聯合開往北京，保護使館，與清國軍民發生武力衝突。

日本並非傳教國家，義和團的「仇教」運動，初與日本無關。然以保護北京使館，與西方列強採取一致行動，決定派遣一個師團到華北。

在八國聯軍的蹂躪下，清廷一敗塗地，被迫簽訂「辛丑和約」（「北京議定書」）。付出賠款四億五千萬兩，改訂通商條約，承認各國在北京近郊的駐兵權。日本分得三千四百餘萬兩（占 7.73%），次於俄、德、法、英，大於美國等國。在八國聯軍進攻北京期間，日本軍艦在廈門登陸，原擬由臺灣出兵，進攻福建，因英美的抗議而取消。

　　在三國干涉要求日本歸還遼東半島的俄國，竟然租借該半島，引起日本普遍的不滿，日本政府期待俄國對朝鮮問題讓步，致力與俄國妥協。

　　俄國乘庚子事變，占領滿洲，迫使清廷承認其獨占權益。與韓國陸地相連的滿洲一旦為俄國所占有，則對日本在韓權益形成威脅，日本乃開始改變其與俄國的協調政策。日本政府內部雖有主張與俄國交涉，實行「滿韓交換」論者，但多數傾向於與英國同盟，以維護日本在韓國的權益。

　　就任桂內閣的外相小村壽太郎亦主張為了對抗支配朝鮮與滿洲的俄國，與英國締結同盟。但伊藤博文、井上馨等，卻不相信強大的英國會與日本結盟，主張日俄協商，相互承認滿洲與朝鮮的勢力範圍。另一方面，英國內部亦有對俄妥協論者，促進有關滿洲的英俄協定。俄國外相藍斯妥夫 (Vladimir N. Lamsdorf) 卻加以拒絕。至此，英國乃放棄與俄國的妥協，決意與日本同盟。此時伊藤開始與俄國進行協商，英國唯恐日俄接近，終於 1902 年 1 月，與日本簽訂「英日同盟」❿，期限為五年。

　　英日同盟是當時世界一等國的英國與東洋一小國的日本，基於平等的立場所締訂最早的條約，具有重大的意義。日本在遠東的國際地位，為歐洲強國所保障，日本遂得以加強擴展其在朝鮮的權益，加深其對俄勢南下的防衛信心，且為二年後日俄戰爭勝利的因素。

　　對日本而言，同盟的最大意義是不訴諸戰爭即能壓抑俄國進出朝鮮，萬一開戰，亦可阻止法國參戰，預防第二次三國干涉。在此情況下，俄國於 4 月與清廷簽訂為期一年半的撤兵協定。

---

❿　約定英國承認日本在韓國，日本承認英國在清國政治上、經濟上的權益，為保護此種權益，英日一方與他國開戰時，一方保持中立，但如有另一國或數國參戰時，英日應相互援助，共同作戰。

三、日俄戰爭

日俄戰爭可說是俄國侵略滿韓與日本生存發展的衝突。日本認為三國干涉還遼是奇恥大辱，蓋三國並非仗義執言，而是完全的自私自利，實非日本所能堪。由清日戰後俄國在東三省的進逼與權益之攘奪，即可知日俄之衝突實為無可避免。

庚子事變一起，俄國一方面參與聯軍攻擊北京，卻同時企圖占領東三省。1900 年 8 月，俄國宣布一旦滿洲恢復秩序之後，立即撤兵。但藉口庚子事變中，清國砲擊黑龍江俄國船舶及海蘭泡 (Blagoveshchensk)，不僅不撤，反而大舉進攻，完全占領東三省。

英日同盟成立後，俄國為緩和國際局勢，終於 1902 年 4 月與清廷簽訂撤兵協定，約定俄軍限十八個月內，分三期撤出東北。同年 9 月，俄國遵照條約，將錦州、遼河西南部的俄軍悉數撤退，同時將鐵路交還清朝。翌年 3 月，第二期撤兵已屆，俄國本應將奉天、吉林兩省殘餘的俄軍撤退，但俄國不僅不撤兵，反而令其駐北京代理公使向清廷提出新的七項要求。此種要求引起日、英、美等國的責難，終為清廷所拒絕。俄國公使乃更提議新款五項，這種提案，對清廷固然是蠻橫無理，對日本亦無異於直接宣戰，加之俄國不僅對滿洲如此，乃至對朝鮮亦不肯放鬆，於是日本不得已，乃於 1903 年 7 月，向俄國提議協商。

駐俄公使栗野慎一郎向俄國提議兩國和平交涉。是時，俄國因巴爾幹問題糾紛正急，故對日本的提案遲遲不理，直至 9 月初始答允談商，並派俄使羅森 (R. R. Rosen) 與日本交涉。俄國要求獨占滿洲，並要求日本承認朝鮮北緯三十九度線以北為中立地帶。日本則要求獨占朝鮮，並容許其插足滿洲。雙方互不相讓，終於導致戰爭。

俄國財長韋德，唯恐俄國在西歐勢力的衰弱，主張迴避對日戰爭，但因擁有鴨綠江流域木材採伐權的比佐布拉左夫 (Aleksandr M. Bezobrazof)

等宮廷勢力的抬頭而失勢。宮廷派進出朝鮮北部，在鴨綠江南岸的龍岸浦開始建設砲臺。

日本從 1895 年夏季開始實行擴軍計劃，至 1903 年完成。陸軍擴充到二十萬人，連預備役在內，擁有百萬人以上，海軍艦艇則擴充到二十六萬噸，編成「六六艦隊」 ❶，已有應戰之準備。

日本提出「滿韓交換論」為基礎的方案，卻始終無法與俄國達成協議，唯有訴諸武力一途。1904 年 2 月，日本對俄開戰。

日俄戰爭爆發後，日本朝野上下大都抱持悲觀態度，無人敢抱持日本有戰勝的奢望。蓋以當時日本國力脆弱，確屬賭國運的冒險之戰。戰費總額二十億圓之中，約有八億圓是向英美舉債，海運與鐵路幹線運輸量均感不足，連農家的牲畜及牛車亦被徵收。

日俄戰爭竟以清廷的領土滿洲為戰場。清廷宣布局外中立，劃遼河以東為交戰區，但俄國破壞中立，將戰區擴及遼河以西。

日軍對旅順的攻擊遭遇俄軍的強烈抵抗，經過激戰之後，始於 1905 年初加以占領，旋又有日俄戰爭中規模最大、戰況慘烈的奉天會戰，但日軍仍無法給予俄軍決定性的打擊。日本在軍事上居於優勢，但卻無法獲得絕對性的勝利，因而自旅順陷落之後，各國即有斡旋媾和之議。

俄國在旅順的太平洋艦隊被擊潰之後，波羅的海艦隊遠航東援。英國以中立為由，不允俄艦通過蘇伊士運河，俄艦遂繞道好望角東航，於 1905 年 5 月經對馬海峽。日艦集中全力，以逸待勞，擊滅俄國艦隊。

日俄開戰，歷時一年多，俄國陸海軍雖敗於日本，但實力尚存，當不肯屈服，依然由西伯利亞鐵路運輸大軍，源源而來，勢不稍衰。及至波羅的海艦隊被殲滅，陸海軍全敗，國內又發生震驚世界的革命，沙皇為了集中全力鎮壓國內的革命運動，當希望盡快結束戰爭。

日本雖屢戰屢勝，但由於缺乏武器彈藥，兵員不足，實已無力再戰❷。

---

❶　戰艦六艘、裝甲巡洋艦六艘為主力的六六艦隊。

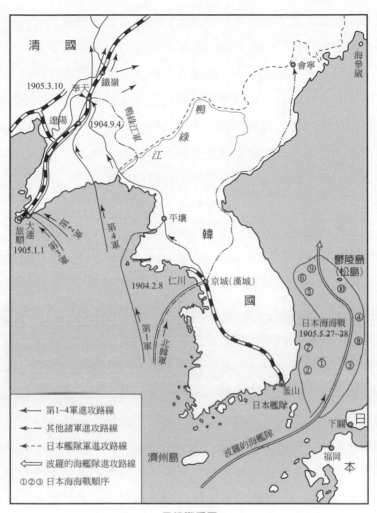

清　國

1905.3.10　奉天　鐵嶺

遼陽　1904.9.4

鴨綠江軍

鴨
綠
江

會寧

海參崴

大連
旅順
1905.1.1

第2軍

第3軍

第4軍

平壤

韓

國

京城(漢城)

1904.2.8　仁川

第1軍

北韓軍

鬱陵島
(松島)

⑥　⑨
⑤　⑩

日本海海戰
1905.5.27~28

④
⑧
⑦
①
②　③

日本艦隊

釜山

下關

日

濟州島

波羅的海艦隊

福岡

本

⟵　第1~4軍進攻路線
⟵‑　其他諸軍進攻路線
⟵--　日本艦隊軍進攻路線
⟸　波羅的海艦隊進攻路線
①②③　日本海海戰順序

日俄戰爭圖

日本既已後繼無力，日俄兩國終於 1905 年 9 月，經美國總統羅斯福
(Theodore Roosevelt) 的斡旋，在美國的樸資茅斯 (Portsmouth) 舉行和談。

⓬　日本財政捉襟見肘，初期估計五億圓，國庫負擔預算一億五千萬，其餘三億五千
　　萬，倚賴同盟國英國等籌募外債。參謀次長預估約需八億，實際上支出則達二十
　　億圓以上。各方面均是冒險，且可說是超越國力的戰爭，軍隊死傷人數二十萬人
　　以上，損失總兵力 20% 以上。

　　日本起初提出要求賠款十五億圓、割讓庫頁島、俄國放棄在滿洲的利益、限期撤兵等條件；但俄國表示不割讓寸土、不償寸金，蓋其並非被征服國家，和議幾至破裂。日本所期望者固多，但既無繼續作戰的自信與餘力，終於9月5日簽訂「樸資茅斯條約」十五條。此一和約約定俄國承認日本在朝鮮的優越權，並將旅順、大連租借權以及長春以南鐵路（即南滿鐵路）等權利讓與日本；庫頁島南部割讓給日本；允讓日本海、鄂霍次克海、白令海沿岸的漁業權；所有在滿洲的日俄軍隊，於十八個月內全部撤退。從此，日本確立其對朝鮮的支配權，並獨占南滿的權益。

　　此一條約內容與日本國民期待的奢求差距太大，尤其未得賠款，將使巨額軍費全由本國負擔，更使國民失望，因而引起東京地區民眾的騷動。

　　日俄戰爭日軍的動員兵力約達一百萬人，軍費達二十億圓，為戰爭前（1903年）歲入總額的六倍半。軍費的籌措主要靠增稅與內外債，增稅的項目是租稅與間接稅的專賣與砂糖消費稅。國債發行總額高達十四億七千萬圓，其中有八億圓是在英、法、德等國籌募的外債。

　　日俄戰爭實為遠東一場大戰，對於遠東局勢及日本國內外的地位都有重大的影響。日俄戰爭在近代史上具有無比的意義，蓋其為日俄兩個帝國主義國家為了支配朝鮮、滿洲而發生的東西方國家之間所發生的帝國主義戰爭。也是有色人種第一次戰勝白色人種，大為增加世界有色人種的信心與勇氣。尤其清國更以立憲日本戰勝專制的俄國，而興起清末一股立憲運動。另一方面，卻也引起「黃禍論」❸。

　　日本雖未能獲得豐碩的權益，但對於日本的影響仍極大，不僅因此而奠定了軍國主義的礎石，且迫使俄國在遠東的地位處於保守狀態，而感受到日本大陸政策北進的壓力。

　　對日本而言，此役使日本從被壓迫國家，一變而為壓迫他國的國家，

---

❸　歐洲唯恐清日合作，完成黃種人大聯盟，重現過去數百年潛伏在心底的對蒙古鐵騎的蹂躪恐懼。

並躋入世界強國之林。大陸政策的初步成功，使日本資本主義得以長足的發展。為此，得在亞洲可與先進資本主義國家並駕齊驅。戰後軍部逐漸得勢而干預國政，迫使一般文人接納其黷武主義，逐漸走上軍國主義之途，且從此產生輕視東方民族的優越感。

對大國俄國的勝利，不僅軍人，全國上下產生亞洲強國的自負，並使國民從長年的國家危機感解放出來。此後與列強帝國主義競爭，投入軍備競爭，殖民地經營，充實產業基礎，構築帝國主義體制，即所謂戰後經營。但這已超過日本的國力。為此，一方面進行對亞洲各國的壓抑與攫奪，一方面不得不對歐美列強依賴。

簡言之，日俄戰爭對日本的影響有二，一是產生「力的福音」大國意識，其次是宣導日本殖民地的重要性，強調「不能失去滿洲」、「滿洲聖地傳說」，作為對外危機感的煽惑，或擴張權益正當化的手段。至於戰後的財政問題拮据，以及與英美對立轉劇則是戰後滋生的內外兩大難題。

四、日俄戰爭後的政治外交動向

1.明治時代後期的政治

1900 年，伊藤以憲政黨為基礎，成立立憲政友會，西園寺公望、原敬等人加入政友會，使伊藤完成其組黨的宿願。

軍閥勢力在甲午戰爭之後，聲威日盛，逐漸凌駕於文官官僚之上，當政友會成立之際，山縣辭職，改由伊藤籌組第一次政友會內閣，但受到山縣之掣肘，終於 1902 年辭職，此後進入政友會與官僚的妥協時代。

長州軍閥桂太郎繼伊藤組「超然內閣」，但實際則是山縣在幕後操縱，其閣員多二流人物，而有「二流內閣」的諧稱。當時政友會眾議院擁有多數席位，足以左右政局，但桂內閣在山縣內閣扶持下，勉能渡過難關，及至 1904 年日俄戰爭起，政爭暫告中止，桂內閣得以維持政權達四年半之久，此為日本自內閣創立以來任期最長的內閣。一度休戰的民黨與藩閥的

抗爭又再度掀起，尤以民眾對「樸資茅斯條約」的反感，助長了民黨攻擊政府的聲勢，且其在開戰前解散國會，未得各黨派的諒解，對桂太郎的蠻橫大加指責。在四面楚歌之下，桂氏乃於 1905 年年底辭職，並奏薦西園寺公望為繼任首相。

西園寺內閣起初承襲前內閣的政策，組閣二年半，任內政績平凡，唯於第二十二屆議會閉幕之後，毅然放棄其蕭規曹隨的作風，堅持己見，實行政友會的獨自政策。對滿洲政策力主開放，冀圖壓抑軍方勢力在滿洲的過分擴張，卻遭受軍閥的反擊。至 1908 年 7 月，以財政困難，兼受元老與進步黨的夾攻，遂提出辭職。此後至 1913 年 2 月，桂太郎組織第三次內閣為止，其間閣揆一職由西園寺與桂太郎輪流授受，卻能保持政局的平衡，此即「桂園交替時代」。

其間，日本曾於 1910 年 8 月合併朝鮮。1912 年 7 月，明治天皇駕崩，明治時代於焉結束。

此一時期日本政治的特色是形成明治初期政權所謂的元老，已不再親自出面擔負政權，但以天皇最高顧問身分推薦首相候補人選，居於內閣的幕後操縱，對於國家重要政治的決定享有強大的發言權，致使政府重大政策的推行，須事先徵求元老的諒解或同意，形成日本政治史上畸形的「元老政治」，其干預政府的施策，不啻形同太上政府。

2.滿洲的自由化與日俄勾結

⑴「東三省善後事宜條約」與滿洲開放政策

樸資茅斯會議所締結者，大半牽涉清國的權益。日本政府乃於 1905 年 11 月，派遣小村壽太郎等為全權委員，至北京與慶親王奕劻等商議善後，要求清國承認其根據「樸資茅斯條約」所繼承俄國在東三省的權益。雙方遂締結「東三省善後事宜條約」。清國承認「日俄和約」中第五條、第六條有關俄國讓與日本的各項權益。

(2)「日俄密約」與英日同盟續約

日俄戰爭，俄國蒙受敗北之辱，自不甘心，日本亦預料俄國必將復仇，故兩國雖一時媾和，彼此間一直處於緊張狀態。迨「日法協約」成立後，日俄情勢為之一變。

日本雖於日俄戰爭僥倖戰勝俄國，但一因滿洲開放問題，與英美之間的關係日益惡化，深知阻礙其侵略滿洲的敵人，除俄國之外，必是英美兩國，在絕對需要戰後休養的情勢下，亟思與俄國言歸於好，採取共同對付英美的行動。

1906 年 5 月，俄國採取協調政策，首先與英國訂立協定，並希望與日本維持和平。翌年 6 月，日本與法國簽訂「日法協約」❶❹。「日法協約」促進了「日俄密約」的交涉。不久，日俄簽訂「漁業條約」及「通商航海條約」之後，更於 1907 年 7 月，仿照「日法協約」，締結「第一次日俄協約」，互相尊重領土完整及承認對清國領土完整及機會均等主義。但秘密協約──追加條款卻約定相互承認兩國在滿洲勢力範圍的劃定。俄國不干涉日韓關係，日本承認俄國在外蒙的特殊權益。此一密約奠定了日俄兩國瓜分滿洲的基礎，且彼此同意日本對朝鮮、俄國對外蒙古的自由處分權。

「第二次日俄協約」，乃是受到哈里曼 (Edward H. Harriman) 的滿鐵共同管理案、諾克斯 (Philander C. Knox) 滿洲鐵路中立案等一連串的鐵路政策所刺激而產生。這些計劃雖未成功，但給予日俄兩國很大的刺激，因此，日俄兩國為了實行獨占侵略滿蒙陰謀，乃決意聯合排拒美國的計劃，並於 1910 年 7 月初旬，簽訂第二次協約。

「第二次日俄協約」的性質一如第一次英日同盟，其中規定如遇滿洲有第三國干涉時，日俄兩國當可立即成立攻守同盟，且另有密約，重申

❶❹ 其內容是有關清國者，兩國確認英日同盟對清國獨立、領土保全、在華機會均等主義的原則，法國承認日俄戰爭的結果，即日本在滿韓的特殊地位；日本則尊重法國在中南半島的領土權，同時約定兩國在清國的勢力範圍。

1907 年第一次密約劃定的分界線。第二次密約不外乎彼此承認各自取得其利益範圍內的自由軍事行動。有此保障，日本遂可大膽合併朝鮮，而俄國亦可無所顧忌的侵略伊犁和外蒙古。1910 年 8 月，日本合併朝鮮，俄國亦於翌年春天，唆使外蒙古獨立，訂定「俄蒙條約」。其後日俄兩國分別在 1912 年與 1916 年，簽訂第三次、第四次協約，加深其對華侵略。

　　日本利用 1902 年的英日同盟，以英國為靠山，使日本敢於對俄作戰。1904 年 2 月，日俄開戰，日本大捷，使俄國國力聲威大受打擊，而英國亦減輕了對俄國的戒心，但俄國在戰前已和德國接近，而德國的勢力在日俄戰爭期間卻突形加大。英國為了保持國際均勢，必須拉攏俄國，以便抵抗德國。唯因有「英日同盟」的關係，英國不能為了俄國而犧牲日本，有必要使日俄言歸於好，並使日本對俄國所提的媾和條件，不能過分苛刻。為此，英國必需使日本有安全的保障，不再恐懼俄國將來的報復，因而有再度締結英日同盟的需要。日本方面，於日俄戰爭將結束之時，軍力財力均感嚴重不足，而俄國尚在調集本國軍隊東來，準備繼續作戰。面臨如此的困境，日本固然願意談和，且為了防備俄國的報復，自然願意和英國續訂同盟。於是英日兩國乃於 1905 年 8 月，訂立「第二次英日同盟」。適用範圍擴大到印度，同盟的性質亦由防守同盟，轉為攻守同盟。至於英國，在其條約中，暗示支持日本侵略清韓的政策；日本則承認英國對於印度國境等處有必要處分的權利。結果，日本合併韓國，而英國則取得對於雲南、西藏及印度邊境等地自由處置之權。從此英國可以在西方專心對付德國，而日本則躋進世界強國之林。

　　英國鑑於德國日漸強盛，而德俄關係亦日益緊密，且日俄化敵為友，轉趨親密，恐懼日本和德國結成一氣，因此不得不與日本維持友好關係。當時日美關係漸趨惡化，萬一日美開戰，依第二次英日同盟，英國有遵守條約助日抗美的義務，但實際上英國卻不能與美國發生戰爭，為解決此一難題，英國乃向日本提議修改第二次盟約，以適應新的情勢，結果，英日兩國於

1911 年 7 月簽訂第三次英日同盟，唯英日關係已大不如從前密切。

3.日本合併朝鮮

　　日本在此有利的國際背景下，根據「日韓新協約」同時簽訂的秘密備忘錄，解散朝鮮的軍隊。雖有義兵運動，日本卻加以討伐，並在中央、地方政府機關安置日本人官吏，改革財政、稅制、學制、戶口，從事土地調查、農林、水產業的統制、朝鮮銀行的設立。

　　日本早就有併吞朝鮮的野心，其對朝鮮政策日益強硬，甲午戰爭即是爭取朝鮮的主導權所發動的，結果強迫清廷退出朝鮮。在戰爭期間，日本於 1894 年 7 月，強迫朝鮮訂立「攻守同盟條約」。

　　1896 年 6 月，山縣有朋與俄國外相羅巴諾夫簽訂協約，約定日俄共同勸告朝鮮改革內政，日俄各自保留其擁有的電線之權等。至 1898 年 4 月，又由日本外相西德二郎和俄國公使羅森簽訂了「西‧羅協定」(*Nishi-Rosen Agreement*)❶，雙方的衝突暫告緩和。但日本不僅志在朝鮮，甚至企圖擴張在滿洲的利益，卻為俄國所阻，蓋其在滿洲的大量投資與設施，當不允許日本插足滿洲，雖有日俄間的「滿韓交換論」，雙方各不相讓，終至決裂而開戰。

　　日俄開戰後，日軍大批開入朝鮮境，占領許多土地，以為軍用地，並於是年（1904 年）2 月，由日本駐韓公使林權助強迫韓國外交部大臣李址鎔，訂定「日韓議定書」❶，表面上雖支持韓國獨立，保全韓國的領土完整，但韓國的主權無異已喪失。

　　其後，日本擴大其對韓國政治、軍事保護的實權，進而發展經濟的權

---

❶　約定日俄兩國政府確認韓國的主權及獨立，不干涉其內政，韓國聘請練兵或財務顧問的任命，須先經日俄兩國的同意。俄國承認日本對韓國通商方面特殊利益的保障。

❶　議定韓國有關政治上的改革聽從日本的忠告，韓國遇第三國侵害或內亂，日本可執行臨機必要的措施，韓國政府對日本政府的行動，許以完全便利行事之權。

益，得寸進尺。同年 8 月，林權助公使與韓國外部大臣之間，簽訂協定書，規定設置一個日本所推薦的韓國財政以及外交顧問。

1905 年 9 月，日本公使逼迫韓皇，陸續召回韓國駐外各國公使，韓國的一切外交事務，均由日本駐外國使領代辦，至此韓國名為獨立主權國，實已淪為日本的屬國，毫無主權獨立領土完整可言。此時日本已無所顧忌，蓋已取得美英的諒解。同年 7 月，日本與美國簽訂 「桂‧塔虎脫協定」 (*Katsura-Taft Agreement*)，日本承認美國對菲律賓的支配權為代價，獲得美國承認日本在韓國的宗主權；與英國之間亦締結第二次英日同盟。英國以英日同盟關係，當積極支持日本支配朝鮮，對抗南下的俄國；日本利用歐洲各國對立的加劇與亞洲民族獨立運動的抬頭，對日本軍事力的倚恃心理，使歐美列強承認日本對韓國的支配。「樸資茅斯條約」之後，日本已取得俄國對朝鮮必要的指導保護、監督之權，且又取得美國承認日本之保護朝鮮。

1905 年 11 月，簽訂 「日韓保護條約」（「第二次日韓協約」），約定朝鮮的外交權委讓給日本外務省以及日本政府派駐京城（漢城）。翌年又簽署了 「第三次日韓協約」。

1905 年 11 月，日俄戰爭結束後，日本派樞密院議長伊藤博文為特派大使赴韓，在日軍進駐漢城的威嚇下，迫使韓廷簽訂所謂 「日韓保護條約」，設置統監府，控制朝鮮的內政與外交。

日本隨即公布統監府及理事廳官制，以伊藤博文為首任統監，代表日本政府統轄韓國的外交權及指揮駐韓日軍司令官。統監事實上是韓國朝廷的太上皇。韓國外務部及其駐外使館均已廢除，駐韓各國使節亦全撤回。這種 「顧問政治」 的擴大，以推動保護國化的手法，可說是日本獨特的殖民地化方式。

1907 年 6 月，發生所謂 「海牙和會密使」 事件❶，伊藤博文迫使韓皇

---

❶ 在荷蘭召開世界和平會議期間，韓人前議政參贊李相高等，奉韓皇李熙密詔，向和平會議申訴日本的野蠻行為，呼籲各國代表同情韓國處境，譴責日本的侵略行

李熙讓位，由其子李坧於同年 8 月即皇位。旋又逼迫韓廷簽訂「日韓新協約」，取得韓國內政外交之權。

此時日本內閣已經決定合併韓國。1909 年 10 月，伊藤博文對於合併一事為了先徵求俄國諒解，約俄國財相柯科佐夫 (Vldadimir N. Kokovtsov) 會談，甫抵哈爾濱車站，即為韓國愛國志士安重根刺殺。親日派的韓國總理李完用亦遭難，更刺激日本的輿論，加速日本合併韓國的進程。

同時日本在朝鮮扶植李容九創設的一進會，倡導與日本的合併論，彙集了一百萬人簽名請願書，向日皇上書進言合併。大韓協會和基督教徒等群起反對，各地方組成義兵，展開反日鬥爭。日本則派遣大軍監視人民，並屠殺義兵及其協力者。

1910 年 6 月，日本任命陸相寺內正毅繼任韓國統監，掌握韓國的警察權，新組憲兵隊。旋出動日軍於龍山，即於 8 月 22 日，迫使韓國與之簽訂「日韓合併條約」，強行合併。

此一合併條約公布以後，韓國領土遂淪為日本帝國的版圖。各國對於日本此舉，亦無一反對者，即韓國民間，雖不滿日本的蠻橫，但以日本到處駐紮軍隊及憲兵警察之故，只好忍氣吞聲，不敢起而作正面反抗。

合併條約公布後，日本將韓國國號廢除，改稱朝鮮，國都漢城改為京城，頒「朝鮮總督府制」，使總督統率陸海軍，並統轄政務，以陸軍大將寺內正毅為第一任總督。李氏朝鮮自太祖李成桂建國以來，傳二十七主，五百十九年而亡。從此，韓國民族在日本帝國主義者的鐵蹄下呻吟三十五年之久，直至第二次世界大戰結束後，始恢復獨立。

為。嗣因日本委員暗中活動，終使和會拒絕韓國參加。此一消息傳抵日本後，朝野大為憤慨，責備韓皇派遣密使行為不當，迫其讓位，此即所謂「海牙和會密使」事件。

第四節　產業革命的完成

一、工業化的推動

　　由於日本在江戶幕府時代，二百餘年來採取閉關自守的鎖國政策，自我切斷與外國間的往來，直到明治維新時期，歐美各國的經濟進入重工業化與獨占資本主義化，日本卻仍停留於農村的家庭手工業階段。當時日本全國人口的 80% 以上為農民，而產業資本的成長尚未成熟，連手工業亦不甚發達，產業技術與設備尚未發展，近代化工業基礎的民間資金累積不足，原始資本累積尚未成熟，可見日本經濟停滯落伍的情形。

　　日本在明治維新以前，雖亦被迫與列強締訂不平等條約，而受到壓榨，但以其彈丸之地，亦非首當其衝，因此，其經濟壓力，不如其他殖民地國家之嚴重，尚有翻身之機。再則日本人的模仿性強，能在短期間內全盤西化，學習資本主義，逐漸由層層的束縛中解脫，因此在明治維新以後，在經濟方面的發展，遂亦由封建經濟而轉入國民經濟的時代。

　　近代日本資本主義的發展，受到先進國家的壓迫與限制。日本的自然資源極為貧乏，缺乏必要的原料，甚難得到充分的滋養。日本近代資本主義之所以能在短短幾十年之內由萌芽而臻於發達，主要是依靠軍事冒險的僥倖和第一次世界大戰的機會。

　　由於當時日本經濟落後，維新政府為了克服這些後進性的各項條件，為培育日本的資本主義，採取以下的措施：促進職業自由制度、自由買賣交易、居住遷徙的自由，確認並尊重私有財產制，積極舉辦公營事業，修改地租，以地租稅收推行殖產興業政策，培育增進民間資金，由政府貸與資金，以期克服資本主義的種種困難，對於促進銀行、公司制度的合理化以及交通機關的發達，則採取保護干涉政策。

　　在發展產業的過程中，最迫切需要者實為生產技術的移植，新政府乃推動公營產業的方案，將徵自農民的地租完全投入產業建設。開創此公營工業的端緒者，實為承繼江戶幕府末期所興辦的西式軍事工業。主要有東京及大阪的砲兵工廠，板橋、目黑等地的火藥製造所，橫須賀以及鹿兒島造船廠等，這些工業設施成為明治政府軍事工業的雛形，且為發展日本重工業的一般基礎。

　　日本近代經濟成長始自幕府末年引進西歐科學技術。薩摩藩等建設工廠，試圖輸入各種機械，培養近代工業，已開其端。明治維新誕生了中央集權國家，致力於追趕西歐列強為目標的「殖產興業」，促進產業近代化。新政府積極引進西方的各種技術、機械與設備，興辦公營工廠之外，盡力扶助民間產業，並供給大量的資金。

　　明治初期，由於通貨制度不完整，物價變動大，經濟頗為混亂。而產業結構的中心是農業，工業幾乎只限於農村副業經營的手工業，近代工廠只是極少數。據統計，1881～1887 年之間，全部工廠之中，使用蒸汽的僅占 3.6%。1886 年是民間企業急速發展之年。受到 1881 年設立的日本鐵路成功的刺激，多數民營鐵路成立。海運業亦於 1884 年、1885 年設立大阪商船、日本郵船，著實延長其航線。近代工業原動力的蒸汽機馬力數，1885 年之後有急速的增加，即為明證。1886 年以前的近代經濟成長，只是初步形態，與二十世紀的近代經濟成長有所區別。近代經濟成長的真正形態乃是二十世紀初以後。1897 年設立的公營八幡煉鋼廠，於 1901 年開始營運，開創了工業化不可或缺的鋼鐵國產化之途。

　　日本資本主義的發展並非內在，而是部分憑藉政治的扶植，部分遇到僥倖的時機。政治的扶植是日本資本主義發展的必要條件。新政府一方面為了爭取民族獨立，避免遭受歐美列強資本主義國家的侵略，一方面為了加速發展資本主義經濟，趕上先進資本主義國家，始終倡導「殖產興業」，施政方針全以資本家利益為準繩，屢將公營事業廉價售與資本家，以扶植

特權資本，甚至以國家資本資助資本家。

　　事實上，明治維新政府的目標，是要把日本從經濟落後的國家推進到一個世界水準的產業化國家。但由於當時日本國內市民階級尚未形成，國內自發的資本與技術尚未發達，因此，初期的日本資本主義，是在勵行「富國強兵，殖產興業」政策下，由國家籌措必需的財源，以推動工業化計劃。政府為了籌措工業資本，除了舉債之外，並採取獎勵投資市場，建立匯兌制度，以及運用國家財源，投資於生產事業。

　　明治年間，日本政府的歲入，租稅及印花稅所占比例約達 60%，可見當時日本農民負擔沉重，以及犧牲農村利益，以培植工業資本，發達工業建設的梗概。明治初期日本資本主義原始累積的最大特色是取之農民，用之於資產階級的政策。明確的說，明治時代的經濟政策是以剝削農民為基礎，促使封建經濟轉向半封建的政商資本主義。

1.資本的累積

　　廢藩置縣後，新政府一面加強其藩閥專制的中央集權體制，一面對於產業界，亦竭力積極的保護與獎勵政策，民間企業乃逐漸抬頭。但促使國內產業大躍進者，係西南戰爭後所引起的物價暴漲及其後的通貨緊縮。奉還版籍、廢止家祿及西南戰爭等，使新政府增加財政上的支出，導致大量鈔票的發行，引起通貨膨脹，致使幣值猛跌，影響民生，尤以佃農和一般平民為甚。但另一方面，資本的累積，卻使國內的產業界獲得突飛猛進的發展。

　　新政府在 1882 年公布「國立銀行條例」，作為促進資本累積及齊備金融的一大步驟。於是設立了第一國立銀行，作為中央銀行。「國立銀行條例」修訂後，三井另外設立三井銀行，為日本最初的民間普通銀行，成為三井財閥的中心。1883～1884 年，東京第一國立銀行等四行先後開業，准許發行紙幣。不久，銀行數增至一百三十八家。由於銀行事業的發達，迨至 1886 年，確立對於一般經濟的統制及匯兌制度，作為近代資本主義經濟

發展的基礎，因此，維新政府對於改良貨幣制度，亦列為重要事業之一。

自 1885 年起，日本銀行發行兌換券。此後仍以日本銀行為中心，繼續整理紙幣，至 1898 年，混亂一時的不兌換紙幣完全收回。紙幣政策終由日本銀行統一，而確立了兌換制度，並完全統制普通銀行的金融業務，名副其實的成為日本資本主義發展的中樞機關。

金本位制的施行與金融機關的整備，實為資本主義經濟建設的一環。甲午戰爭以後，所謂戰後經營，原始資本的累積與清廷賠款所發揮的重要角色是施行金本位制的一大助力。

事實上，新政府於 1871 年即已確定採取金本位制的方針，但由於黃金的準備不足與政府紙幣增發，銀價的低落而無法實現。經過明治一〇年代後半的紙幣整理，於 1886 年始能完成與銀幣的交換。但這種銀本位制卻因當時國際銀價低落，匯價行情不安定，招致物價上漲等，給予經濟不良影響。銀價的低落引起對金本位國輸出價格降低，增進輸出的效果，另一方面，卻使機械與原料等輸入價格上漲，因此在貿易上並非一概有利。為此，新政府乃於 1893 年設立貨幣制度調查會，審議銀價低落的影響和貨幣制度應有的方向，其後隨著物價上漲，入超增加，逐漸傾向於金本位制。

清廷的賠款充實了日本施行金本位制所需要的黃金準備率。日本與清廷交涉，將賠款存放在英國倫敦，以英鎊清算，並於 1897 年公布「貨幣法」，定本位貨幣的品位，於同年 10 月實施。結果，日本的經濟遂從不安定的匯兌行情解放，加強其對外貿易關係，透過商品與資本的輸出入，正式加入與西歐諸國的貿易競爭。

在促進近代資本主義經濟發展的過程中，確立健全的近代化金融制度，亦為刻不容緩。新政府放棄原來的積極保護政策，勵行財政整頓，於 1881 年任命松方正義為大藏大臣，著手不兌換紙幣的整頓與銀行制度的改革。一方面節省行政費，出售官營事業，增徵租稅等，以增加稅收，一方面扣除整理紙幣的資本七百萬，收回紙幣。

這種緊縮政策，固然使物價安定，輸出增加，準備資金日多，但另一方面，因農產品價格低落，農民生活困苦，中小地主因負債而不得不出售土地，土地集中於大地主，而使貧農富農的差距愈益懸殊。至於中小商業和工業，則因農民購買力減弱，日漸窮困。在此情況下，沒落的貧農、中小商人及就業人員，變成自由勞力的源泉，同時也建立資本主義發達的一大重要基礎。經過松方的整頓，已為日後的日本工業儲備了豐富而低廉的勞工。

外國資本問題，成為有待解決的問題，蓋自江戶幕府末期，開港通商以來，外國資本廣泛而大量地輸入日本，幕府及諸藩莫不倚賴巨額的外債興辦事業，甚至與外國資本共同經營幕藩的企業，其中亦有由外國資本經營造船業及海運業的現象。因此，明治初年的日本經濟，實已面臨「半殖民地化」的危機。為克服這種現象，新政府極力推行排除外資政策，嚴禁各藩依賴外債興辦事業，並禁止輸入外國船艦，同時積極整頓外債，收購外國人經營或投資的工廠和礦山。1873 年頒布「日本礦坑法」，宣示所有礦物資源歸屬日本國有的方針，以杜絕外國資本介入礦山的開採。對外國人所提建築鐵路的申請，概予拒絕。

2.工業扶植政策

新政府對於近代化產業，採取積極引進各種技術及機械，興辦公營工廠之外，盡力保護扶助民間產業，並供給大量資金。

近代日本資本主義的發達，乃明治政府運用政治力量採取「由上而下」的保護扶持政策，因此，在資本主義的形成過程中產生所謂「政商」（財閥）。這批「政商」大多是貴族與武士轉變而來，蓋其因廢藩置縣，改為領取世襲的「秩祿金」，即以此項資本投放於銀行或是工商業而換取身分，因此日本資本家與政府高級官吏多有血緣或世緣關係。同時政府的高級官吏因為政治不清明，多有貪污賄賂的機會，亦都富有資財。政府元勳同時又是公司最大的股東，財閥、官僚、特權貴族三位一體。明治維新以來，日

本最大的財閥三井、三菱、安田、住友，併稱日本四大財閥。三井企業創立於 1863 年，其後以政權及特權發跡。三井一族為其股票的最大保有者，對於金融資本、重工業資本、輕工業資本、商業、化學工業、食糧產業，均占支配地位，唯大體上而言，三井的勢力在煤礦及輕工業部門中較大。三菱財閥則是 1870 年創始自岩崎彌太郎，由小規模的米行，改營運輸造船與鐵礦，因得土佐藩的庇護而發展。三菱始終與土佐藩士板垣退助所領導的自由黨保持密切關係。三菱的勢力亦深入各個產業部門，與三井在日本商業界中平分秋色。但大體上，三菱在重工業及運輸業有較大的勢力。安田財閥占金融資本的首位，後來以向中國東北大額投資為特色。至於住友財閥的主要企業是經營銅礦。這些財閥後來利用幾次對外戰爭，奠定其基礎，因此，財閥並不反對戰爭，蓋戰爭為其擴展商品市場、原料供給地以及剩餘資本投資地，戰爭使重工業及軍需工業得到繁榮。此即日本步入近代資本途上所產生的奇異現象，近代日本資本主義的發展遂離不開軍國主義的色彩。

公營企業的民營化對日本近代工業的發達有很大的貢獻，同時由於官營工業變成民營工業，促成了民間資本的發達以及國民經營企業能力的進步。

1880 年，新政府頒布「工廠出售概則」，除純粹軍事工業部門及交通機構之外，其他官營工廠皆出售給民間，由以往公營中心的經濟政策，轉向私人企業保護政策。在此政策下，多數國營公司均轉售給民營公司。

公營工廠的出售，價格低賤幾近於贈送，後來三井、三菱、住友、古河等財閥之所以能擴大其產業資本，實奠基於此。這種公營工業移轉民營的產業政策，雖包含放棄某種程度的保護干涉政策的意義，但並非即傾向於自由放任。此舉毋寧是藉由其對巨大產業資本家予以特權保護，冀圖培養產業資本。因此，自 1884 年至 1890 年底，公司資本額自一千二百四十萬元增加十六倍，而達一億九千九百萬。

在政府的扶持獎勵民營工業政策之下，自 1882 年起至 1889 年之間，

組織株式會社的企業熱及投資熱極為高昂，形成一種風潮。當時日本的主
要輸出品是絲與茶，主要的輸入品是棉紗與砂糖。政府傾力保護助長製絲
業及紡織業機械化，並著手發展新式的製糖工業。當時成為企業發展的中
心是棉絲與紡織業，自 1882 年起至 1885 年之間，所謂「二千錠紡織所」
相繼開業。1883 年，擁有一萬五千錘的大阪紡織公司開始生產，這是日本
第一家利用蒸汽動力的工廠。翌年，有島田、宮城、長崎等各紡織工廠的
出現。旋又成立名古屋紡織、三重紡織等工廠。大阪紡織與三重紡織後來
合併為東洋紡織會社。1887 年，倉敷紡織、富士紡織等相繼出現。由於紡
織業大量發展的結果，至 1890 年，日本的棉絲生產額已提高到與輸入額相
等，至於國內棉絲的生產額，較之前年提高了將近二倍。迨至 1892 年，日
本紡織界已擁有三十九萬錠的生產設備，每年有二十萬包生產量，輸出的
棉紗，足以在清國與印度棉紗競爭。

　　由於官民雙方的努力，從 1882 年起，日本的國際貿易，從入超轉變為
出超，且一直持續至甲午戰爭發生的前一年（1893 年）。

二、第一次產業革命

1.產業革命的序曲

　　西南戰爭之後，民間企業逐漸興起，自力更生的機會隨之提高。維新
政府為整理財政，除保有軍需產業外，其餘公營工廠、礦山等，陸續開放
民營。於是，三井、三菱等大財閥，便乘此機會，利用與政府高官的人脈，
以廉價收買，獨占各民營企業，奠定其後來財閥的基礎。

　　一般民營企業因獲得銀行的貸款，競向外國購買新式機器設備，並聘
請外國工程師。此後，手工業也逐漸擴大為大規模的工廠。自 1881～1882
年起，產業界頓形繁榮，並且重新改組。十八世紀英國的產業革命，由於
個人緩慢的累積資本，因而進展較為遲緩，為時約一世紀，但日本的情況
不同，其進展迅速，僅在十多年的極短期間內，即完成兩次的產業革命，

實具革命性的意義。

自從產業組織改革之後，公營軍事工業的發展，最為顯著。1882 年，軍需工業的擴展使日本軍事力量大為充實。但煤鐵等資源甚為缺乏，只有仰賴中國大陸。這是後來日本之所以發動幾次戰爭，侵略清國的原因。民間工業的進展，雖較遲緩，但到 1883 年前後，亦有以蒸汽水力為動力的大型工廠出現。其中尤以紡織、製絲等纖維工業發展最快，這是因為新政府多方培植並保護民間紡織業的結果，因而有 1882 年大阪紡織工廠最新的近代化大工廠出現，將其生產品源源不斷地向中國大陸輸出。

日本近代產業的成長路線，確與其他先進國發展的情形不同，明治初年的公營工廠，多以兵工廠為主，且都是零星的工廠，並無整套系統，但若由其產業發展路線來看，卻仍以衣料生產，尤以紡織工廠為最早。西方產業革命初期，亦以衣料工廠，尤其以大眾衣料的紡織工業為主要部門，因此，產業革命離不開近代的紡織工業。

2.產業的發展

日本資本主義成立的主要條件，即資本的累積、勞力的培育、近代生產樣式的引進等，大致在 1889 年已完全整備，而開啟了日本第一次產業革命的端緒。不過第一次產業革命的成功，則有賴於清日甲午戰爭。日本戰勝，取得賠款二億兩（約合日幣三億六千五百萬圓），作為其發展工業的資金。此一巨款幾等於當時日本國家財政四年歲入的總和。1897 年，由於清國巨額賠款，使日本得以確立金本位的貨幣制度。由於獲得朝鮮市場，又在清國長江沿岸開闢了商埠，擴充了領土（臺灣、澎湖），同時巨額的增稅，自然促成日本資本主義飛躍的發展，呈現了經濟異常的繁榮。

當時世界各國採用金本位者正在增加，因此促進了日本與這些國家之間的貿易，開闢了引進外資的途徑，奠立了資本主義發展的基礎。雖然獲得賠款是促進日本資本主義企業興盛的主要原因，唯下列數端亦為促成甲午戰爭後日本企業發達所不可缺少的原動力：一、戰勝的正面影響。因巨

額軍費的支出，消費增加，與財富集中於大資本家，且由於戰勝提高了國際信用，引進外資的來源暢通，因而呈現帝國主義的進出與貿易擴張；二、世界銀價的暴跌。當時日本仍採取銀本位，世界銀價的暴跌，對日本產業的興盛實為一大刺激。因銀價暴跌的結果，對外而言，日本的物價較之歐美等金本位國家顯然低廉，仍促成出口的增加，而阻止進口，為日本產業開拓了發展的餘地；自國內而言，銀價暴跌，促進物價上漲，一方面將在銀價高時所建築的鐵路工廠等導向極有利的地位，另一方面在經濟企業的前途上，為資本家帶來了巨大的利益。兩者相輔相成，促成了日本產業顯著的興盛；三、貿易實權完全操在日本之手，清日甲午戰爭以後，貿易量的增加，極為顯著。尤其是從前的原料輸出、製品輸入的現象發生變化，而傾向於原料輸入、製品輸出的現象。此外日本商人所經手的貿易貨品較以往增多，因之，逐漸促進了日本的對外貿易額，使日本的工業產品得以銷售於世界市場而增加外匯收入。

由於戰爭的收穫，清日甲午戰爭後的日本經濟，有全面性的進展，當時最興盛的是銀行、鐵路及棉紗紡織三種行業。

事實上，第一次產業革命乃拜戰爭之賜，取得巨額的賠款，使日本能用之於各項建設，同時在政府的保護下，以特權資本家為先鋒，促進了日本資本主義產業的發展。可是利之所在弊亦隨之，蓋由於日本國內市場非常狹隘，所以日本近代產業發達的結果，不得不向海外市場擴張，又因受了原料不足的限制，亦須尋求海外市場，由於這種關係，日本資本主義自其形成之初，即帶有侵略性。

綜而言之，清日甲午戰爭後的十年中，輕工業部門皆已發展到機械化的程度，同時重工業部門的發展亦開始向前邁進。具體而言，至 1903 年，全日本的工廠總數為八千二百餘所，其中使用原動力機的，計達三千七百餘所，員工總數共達四十八萬三千餘人，其中女工占 62%。

3.交通運輸的近代化

產業革命的進展促使交通運輸業的發達，1884 年，首先計劃東京、京都間的鐵路工程，1889 年，東京、神戶間（六百公里）的鐵路開通。起初日政府採取鐵路國有政策，後因財政困窘，未能奏效，乃開放民營。同年，日本鐵路公司成立，股東均為華族出身，1890 年，東京、青森間的鐵路完成。此後，鐵路逐漸繁榮，民營的鐵路增多。但日俄戰爭以後，全改歸國營。鐵路的發達為當代產業帶來進步，對於地方產業的發達亦有莫大的貢獻。以往農村自給自足的經濟，逐漸衰退，工業與農業間的相互關係，愈形密切。

其中尤以華族的出資與政府保護的日本鐵路公司為中心，民間鐵路紛紛設立，私鐵延長的里程，1889 年已超過國有鐵路，1891 年為國有的兩倍，1895 年為三倍。

鐵路開設之先行於產業革命，與英國在產業革命後，資本的累積提高後鐵路業始正式展開的情形有顯著的不同，日本資本主義形成的特質正是在此政府的保護之下，創造出這種條件。

航運業方面，1884 年，關西的中小船主合組大阪商船，翌年，三菱會社與共同運輸公司合併成立日本郵船。明治二〇年代後半到了三〇年代初，

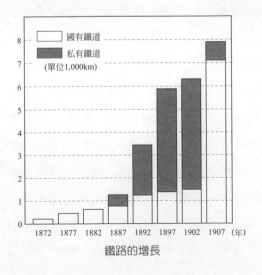

鐵路的增長

陸續開闢印度、歐洲、北美、澳洲等外國航線。

交通、通信的整備與發達，乃是資本主義市場擴大不可或缺的要素，重工業部門，除了陸海軍工廠之外，並無多大的發展。

航運業則在政府的保護下順利發展。成立於 1873 年的三菱輪船公司，在西南事變中，為新政府之「御用」事業，得以在航運業獨占霸權。唯壟斷之弊甚大，致有其後共同運輸公司的創立。此後兩者之間產生猛烈競爭，遂於 1895 年合併，成立大日本郵船公司。大阪商船公司亦在日本郵船公司之前一年成立，至此日本航運乃由沿海航業發展為遠洋航業。1893 年商法實施後，日本郵船公司純歸民營，開設中國、朝鮮、印度航線。

航運業在政府協力支持下亦以甲午戰爭為轉機，隨著日本經濟的繁榮，自沿海航業一躍而發展遠洋航路。日本郵船公司自 1896 年起，陸續開闢歐美澳三大遠洋航線。甲午戰爭促進了航運業空前的興盛，但在運輸上、經濟上，運輸力仍感不足，而於 1896 年頒布「航海獎勵法」與「造船獎勵法」，作為戰後經營的一環，對航行外國航線一定基準以上者（一千噸以上，最大速力十節以上，船齡十五年以內的鐵、鋼船），發給獎勵金，對於製造總噸數七百噸以上的鐵、鋼船的造船所，亦依噸數、馬力數給予獎勵。結果到了日俄戰爭前夕，僅七年間，已增至一千零八十八艘，六十六萬噸。

4.重工業的萌芽

日本重工業的發達，並非與輕工業同時並進，其中有一部分是先於輕工業而引進日本的產業。在江戶時代末期，幕府以及薩摩、長州、肥前等諸藩，即已引進外國技術，以幕府公營、藩營等形態，開展了軍火、船隻、鋼鐵等的生產。明治維新之後，更由於政府的富國強兵、殖產興業政策的推行，紛紛在各地建設了造船廠、軍火廠、機器廠、水泥廠、玻璃廠等國營工廠，而與國營礦山同為政府所經營。凡此固然不能稱之為自主的產業發展路線，但在日本重工業出發點的意義上，確有其重要的貢獻。

此類大部分的國營工廠、礦山，大致是因 1880 年後松方財政政策的轉變而出現。當時日本政府制定了「工廠出售概則」。除了軍需工業之外，全部撥歸民營。

造船與機械工業部門則以承繼舊幕藩所經營煉鋼的橫須賀海軍工廠、三菱長崎造船所、川崎造船所等技術的累積與用地、設施，扮演了先導的作用。在造船部門，明治一〇年代，就已製造了小型木製、鐵製蒸汽船或小型艦艇、蒸汽機等，供給一般之用，明治二〇年代，除了鋼製汽船的建造，亦能製造船舶、蒸汽機、礦山用機械、橋樑等，在機械工業的領域占有重要的地位。

關於重工業方面，由於三國干涉還遼，強迫日本歸還遼東半島，因之激發了日本國民的敵愾心，在臥薪嘗膽的號召下，促使日本積極準備對抗俄國，所以在擴充軍備的目標下，軍事工業的擴張更加活躍。尤其是清日甲午戰爭結果，日本因為獲得清國大冶鐵礦的獨占經營權，鋼鐵工業遂得以擴展。1897 年，國營的八幡煉鋼廠創立，力圖經濟上和軍需上鐵礦的自給自足。八幡煉鋼廠於 1901 年開工，第一年度的生產量已達日本全國銑鐵產量的 53%，鋼鐵的 83%，至今仍為遠東最大煉鋼廠，成為日本重工業的中心，奠定了日本軍事工業的初基。

民間的煉鋼工業，亦因受了戰爭需求擴增的刺激，於 1899 年創立住友鑄鋼廠，開始正常的生產工作。事實上，在 1900 年前後，民間的機械器具、造船業，亦相繼設立，由特權大資本家的公司出資經營，其中以三菱造船所、三井的芝浦製作所等規模較大。民營重工業雖已開始萌芽，但當時公營的軍事工業在數量上、規模上遠較民營工業為龐大。

此外，當時造船業已達到能建造六千噸輪船的能力，而汽車製造業亦已開始生產，其他各種機器，皆能自製。

三、第二次產業革命

1.工業的發展

　　清日甲午戰爭不僅使日本完成了輕工業為中心的第一次產業革命，同時也是成為重工業為中心的第二次產業革命的基礎。十年後的日俄戰爭，日本獲勝。日俄戰爭無論在規模上、戰費上，均較甲午戰爭為大，軍費增加近十倍，約為當時歲入的六倍半。其中約 73%，完全依靠國內外公債，所以戰後難免引起通貨膨脹，卻因此促進了工商業的發達。

　　由於軍事需要劇增，戰時產業界呈現景氣活絡而有相當的擴展。戰後，日本政府仍繼續採取擴張軍備政策，這種景氣遂得以維持。為了開發、經營朝鮮、庫頁島以及南滿，日本政府投下巨資，以重工業為中心的第二次產業革命，遂應運而生。戰後的積極擴充軍備，兵工業的發展一直持續不斷，而日本資本主義乃更為增進，以重工業為中心的第二次產業革命，遂獲得成功。

　　鐵路方面，為了軍事上的運輸，主張鐵路國有論的勢力更盛，因此，於 1906 年頒布「鐵路國有法」，並用公債抵償辦法，發行四億八千萬公債，收買了四千八百三十公里的鐵路和二萬五千輛車廂。全國主要幹線，均由政府經營，此一時期所需機車、客車、貨車，已可以自製。公營和民營的車輛工業均受保護，過去依靠輸入的火車頭，已能自製。

　　日俄戰爭後的日本產業，無論是國營或民營的重工業，仍不發達，工業的中心仍屬纖維產業為主的輕工業。紡織業因大公司的合併，加強其獨占的地位，棉絲與棉布業結成組合，向朝鮮、滿洲擴張，與英美棉布對抗。製絲業由於輸向美國的成長，於 1909 年已超過清國，成為世界最大的輸出國。

　　日俄戰爭後，日本除了擴張國內的軍事企業之外，並積極從事對外投資，尤其是投資經營中國東北為最。關於日本的對外投資事業，最先起於甲午戰爭後，1895 年上海清日合辦的東華紗廠之設立，即其萌芽。迨至日

俄戰爭之後發展迅速，1906 年，南滿鐵路公司成立，1908 年成立東洋拓殖會社。在此之前，先在朝鮮和清國東北，先後創立了朝鮮銀行和橫濱正金銀行，均屬於以政府及天皇為大股東的半官半民的企業組織。起初雖以政府及天皇的資金作為企業資金，嗣後又有三井、大倉等民間資本的加入，事實上，這四個半官半民的企業組織，以後均成為日本帝國主義進展的急先鋒。

2.重工業的建設

由於日本戰勝俄國的結果，清國東北的煤鐵鋼完全落入日本之手，煤鐵的供給量大增，重工業發展的基礎亦趨鞏固。鋼鐵業方面，八幡鋼鐵廠大為擴張，戰後兩次擴張工程，生產力驟增。1901 年至 1915 年之間，銑鐵生產從三萬噸增加為八倍的二十五萬噸，鋼鐵產量從三千噸，增加為二十七萬噸，遽增八十八倍之多，全國生產額的比例是銑鐵 77%，鋼鐵 84%。其間與清國的漢冶萍公司商訂特殊的契約，廉價購買銑鐵，確保原料來源。

民間的煉鋼廠相繼成立，由於鋼鐵的供給量提高（八幡煉鋼廠為主），開始大規模的煉鋼作業，結果，國內的需求量，銑鐵可以自給 56%，鋼鐵可以自給 38%，更奠定了日本重工業發展的基礎。

在機械製造方面，無論公民營，亦皆急劇發達。此外，原來以蒸汽為工廠原動力的，均改以電力替代。因此提高了工業的技術水準。原來日本的電力事業萌芽於 1887 年，唯當時的主要用途只是照明，迨至日俄戰爭前後，由於發電廠建設的急速增加，開始大量採用電力代替蒸汽作為工廠的原動力，工業部門的機械化大有進展。

在機械工業之中，造船業的發展尤其顯著，由於建造軍艦的關係，以及受到政府的保護優待，反而呈現不平衡的發展。日本造船技術本已達到世界水準，此外亦可以生產陸上使用的各種機器，但工作母機的製造工業卻非常落後。

　　為了擴充軍備，造船工業首先受到重視，因之，在裝備上、組織上，均可與歐美造船工業技術並駕齊驅。1898 年只能建造六千噸級的輪船，日俄戰爭後，已能建造一萬三千噸級的大輪船和軍艦。戰艦薩摩 (Satsuma) 等三巨艦，已可媲美歐美各先進國。但重工業仍以公營工業為主，成為世界著名的造船技術最優的國家，一直到現在仍保持此一領先地位。

　　1908 年以降，國內建造船隻已凌駕於輸入船隻之上。建造船舶亦趨向大型化，三菱造船所於 1908 年，承包豪華客輪作為北美航線之用。同時與海軍工廠合建巡洋戰艦霧島（二萬七千五百噸），顯示其建造商船、艦艇能力已達世界水準。

3.產業的發展

　　在產業革命過程中，銀行資本的發展及其與產業資本的結合大有進展，而完成了壟斷金融資本的形態。此一時期，三井、三菱與住友等財閥已形成「企業統一聯合體」(konzern)，確立其在各主要企業的壟斷地位。

　　日本產業革命之所以能順利進行，實由於機器工業不如歐美之發達，而未引起許多手工業的失業。因為新式工業的勃興和勞力的需要，反而感到勞力不足，遭受犧牲的，卻是農家副業和一般家庭的手紡業。

　　在第二次產業革命階段中，日本資本主義經濟發展的演變過程，有以下幾項特色：一、機械化與大工業化之積極推行（1894～1898 年之間，蒸汽動力凌駕水力，至 1909 年，電力取代了蒸汽力）；二、電力的大幅成長（最初的發電是 1887 年，十年後的 1897 年，開始採用高壓送電技術，1900 年，發電所的建設大有進展，1907 年的新設事業計劃中，發電所四百〇四所，資本額九億餘圓，其中電力公司占一百三十七所、四億餘圓，發電量大增）；三、重工業的突飛猛進，但以國營工業為主。八幡煉鋼廠為起點，1905 年，池貝鐵工廠已能自製車床，此實日本確立重工業的開端，其後至第一次世界大戰發生為止，日本的重工業可說大抵已完成。而八幡的擴建，及日本鋼管等公司的設立，使日本鋼鐵的自給率提高，以此為基礎，

造船、車輛、機械製作等各種機械工業亦隨之發達；四、重工業發達的主要原因，乃是由於軍事擴張，而重工業化過程中，國家資本的比重日增，結果在資本主義發展過程中，極度呈現軍國帝國主義傾向。

總而言之，日本產業革命，自 1860 年起至 1880 年止，大多僅為原始形態，到了 1880 年以後，才正式走向產業革命的階段。自明治維新以後，近代工商業多以公益姿態引進日本。尤以明治維新當時，先進各國產業革命多已完成，且多已建立重工業，但日本的產業與歐美各國不同，並非輕重同時並進，而是先以軍事工業為中心的重工業開始，再轉到輕工業，同時機器工業一開始即有了完備的工廠制度，故其進步遠較歐美為速。

由於第一次、第二次產業革命的結果，雖迅速地使生產資本集中、產業集中、銀行集中，因此使日本得以在短短數十年之內，即能實現歐洲各先進資本主義國花費數世紀時間才達成的獨占資本主義。但這種結果，卻使農業在整個國民經濟中因不受重視而降低其地位，且亦降低國民的購買力。由於消費者購買力的低落，國民生活貧困，因此，國內市場的拓展困難，結果生產及投資的擴增，反而導致經濟恐慌及慢性不景氣。因此，在1907～1908 年之間曾發生恐慌，及至 1909 年始漸趨好轉，但至 1913 年，還是處於慢性不安定狀態。

這種經濟恐慌及不景氣，逐漸地使日本的經濟結構發生變化，即促進了獨占資本或經濟、產業的寡頭支配。結果由於生產資本集中，增加了財閥在經濟界的地位及影響力，於是促成了三井、三菱、住友、安田等大財閥控制經濟界的畸形現象。

經過四十多年來的兩次產業革命，日本在亞洲之中成為唯一到達獨占資本主義階段的國家，且其發展的速度極其迅速，固為一大耀眼的特徵，但仍殘留舊時代的結構，同時其不均衡甚至於跛腳式的發展，亦為日本完成獨占資本主義所特有的現象。由於這種種關係，使得日本在發展資本主義之後，不得不依賴歐美先進國家，但對於亞洲諸國，卻又亟欲加以征服，

其帝國主義侵略的本質，逐漸表現在其對亞洲諸國的經濟貿易政策。

四、日本資本主義的特質

日本資本主義在其形成之初，便與軍事發生了密切的結合關係，支配重工業的八幡煉鋼廠或陸海軍工廠固然具有軍事意義，即使民間的造船業及海運業，其著眼點並非僅是為了發展貿易，根據 1896 年的「航海獎勵法」、「造船獎勵法」，作為海軍擴張計劃的擴充，民間所製造的大型汽船應使其在戰時能改裝為巡洋艦，並便於軍事用途，因此獲得政府的特別保護及獎勵，此舉不但開啟了全盤保護大資本家之道，同時向帝國主義的海運保護政策邁向第一步。鐵路的建設亦基於軍事重點，至於紡織業方面，紡織的機械工業化，在此一時期侷限於軍事生產，未與軍事發生直接關係者只有製絲業而已。

自明治維新初即已受到政府保護扶助的三井、三菱、安田、鴻池、澀澤、古河等特權大資本家，於清日甲午戰爭後，繼續獨占日本資本經濟的權益，而壓倒其他小資本家企業，使日本的產業資本沒有自由競爭的階段。在礦業或重工業方面，固然為特權大資本家所獨占，即使在此一時期最急速發達的機械制大工業中，比較具有自由競爭性的紡織業，亦由三井或其他大資本家所獨占。銀行方面，在 1901 年（明治三十四年）年底六大都市的組合銀行一百七十餘行之中，第一、三井、三菱、安田、住友等共八家大銀行的存款，共達全組合銀行存款的 51%，此外，全國存款總金額的三分之二集中於十幾個大銀行，其他二千餘行的存款共計只有三分之一左右而已。因此，自封建的高利貸發跡的三井或安田，除了銀行及其他金融事業之外，另有自營工廠、礦山、鐵路、海運業等，並創立公司，至於三菱、住友等最初未經營金融事業者，後來亦擁有自己的銀行，迨至 1900 年（明治三十三年），形成了可以在金融及其他主要生產部門發揮威力的「財閥」。

人民受苛捐雜稅的壓迫，而徵自國民的稅款卻被浪費於軍事目的而未

投資於再生產事業，此外，財富集中於特權大資本家，以致一般民間的資本累積被壓抑，無法推行由下而上的機械制工業的發展。在大資本大工業的另外一面，尚有龐大的家庭工業、工廠制手工業的存在，其生產額占工業總生產額的 70% 左右。紡織、造船與造紙等製造業，雖多機械制大工業，但此三者在生產額中所占的比例，直至 1910 年，亦只有 16% 而已。至於紡織、製絲等占當時全日本工業生產量四分之一以上的產業，亦多屬工廠制手工業。凡此即可看出日本的第一次產業革命乃是以蒸汽為動力的曼徹斯特 (Manchester) 式的產業革命，輕工業的分量仍然相當大。

　　日本棉紡工業，遠在江戶時代即與生絲構成兩大工業系統，以近畿、東海名古屋一帶為中心，相當發達，唯尚未脫離家庭作坊時代。明治維新以後，或加以改良，或由政府獎勵，全部機器均由英國進口，這種情形非唯棉紡業如此，其他產業亦多有此種現象。

　　在民間工業之中，紡織業的發展最為顯著。甲午戰爭期間，紡織業已完成機械化，戰後，因東方市場的擴大，紡織業急遽地擴充。

　　日本正式進入機器紡織時代，實以 1883 年大阪紡織的開業為嚆矢，其後更有其他各大工廠的出現。日本紡織業之所以發達，印度棉花的輸入與清、朝兩國市場為日本所獨占，為一不可忽視的原因。加以日本棉紡工廠，自初期以來，即發展為獨占形態。由於資本的累積與集中，紡織業遂成為日本大企業的中心，而成為獨占形態的先鋒。例如 1882 年時期，便有紡織業聯合會的成立，其後更改組為大日本紡織同業聯合會，對於勞工方面的罷工運動，都有事先的協定。對政府亦曾提出許多建議，如要求對外棉製品的增加進口稅與減低外棉的進口稅、取消棉紗出口等。

　　在 1895 年以前，棉紗的輸入遠超過輸出，但二年後，情況大有變化，即在協定關稅下，棉紗的輸出大增，成為貿易的主要貨品。輸出地區幾集中於清國（尤其是東北）與朝鮮。促成此一發展的主要條件，是 1896 年棉花輸入關稅的撤銷、政府的保護、甲午戰爭期間的需要，以及低廉的工資。

　　日本生絲生產自開放港口以來，其出口數量亦大見增加。生產方法亦
大為改進，1909 年後，日本生絲產量即已遠超清國和義大利，而躍居世界
第一位，且一直占居日本出口貨品的首位。但製絲業的發展則遠較棉紡業
為遲，且僅以中小工廠為多。至於重工業部門，有官營的鋼鐵、造船等工
業，進展也是極為迅速，反之，機器製造工業的進展則甚為緩慢。直至日
俄戰爭前後，因生活水準之提高，食品工業開始發達，由於帝國主義式的
發展，造船、車輛及其機器製造，電氣、瓦斯以及石油等部門，都有顯著
的進展。

　　此一時期日本資本主義的發展有以下幾項特質：一是在其形成之初，
便與軍事發生了密切的結合關係。二是自明治維新之初即已受到新政府扶
植的三井、三菱、住友、安田與古河等大資本家，一直壟斷日本資本經濟
的特權，壓倒其他小資本企業，使日本的產業沒有自由競爭的階段。三是
一般民眾普受苛捐雜稅的壓迫，而徵自國民的稅卻大都用於軍事目的，並
未投資於再生產事業。

第六章　軍國主義的擴展

第一節　大陸政策的形成

一、大正初期的政治

1.桂園時代的政治

　　日俄戰爭對日本國內的政治給予很大影響。政黨方面，揭示擴充鐵路、港灣建設的政友會，得到地方的支持而伸長其勢力，1906 年，黨總裁西園寺公望組織內閣。但翌年發生經濟恐慌，政策受到阻礙，雖在 1908 年的大選獲得壓倒性的勝利，仍不得不將政權讓給官僚勢力與貴族院為背景的桂太郎（第二次桂內閣）。

　　桂內閣仰賴天皇發布詔書，強調國家利益高於地方利益的重要性。假藉 1910 年發生的大逆事件❶，彈壓社會主義者，但於翌年公布「工廠法」，推行若干社會政策。桂內閣為了對抗政友會，期待政友會以外各黨的支持，卻遭受政友會的反擊，1911 年，政權再拱讓給西園寺。桂與西園寺交替組閣，因此，稱之為桂園時代。

　　1911 年（明治四十四年），清國發生辛亥革命，認定此為日本擴張在滿洲權益良機的陸軍，迫使政府增設駐屯朝鮮的二個師團。翌年 8 月，以第一大黨政友會為執政黨的第二次西園寺內閣，為了整頓財政，否決了陸

---

❶　政府為了整肅激進的無政府主義者幸德秋水等，於 1910 年秋，以企圖暗殺明治天皇的罪名加以逮捕，處死十二人。

軍省增設二個師團的法案，且不更改海軍增建艦隊的計劃。工商界基本上支持天皇制國家的大陸侵略政策，擴充軍備的方針，但對於為此而激增的軍費與重稅，則持批判態度。

政友會與陸軍的對立，明示桂園時代的結束。及至明治天皇去世，大正天皇即位，國民普遍期待政治的全面改革。陸軍對於增設二個師團問題極表不滿，陸相上原雄作提出辭呈，陸軍長老山縣有朋故意不推薦陸相繼任人選，迫使西園寺內閣總辭。一時輿論譁然，紛紛指責軍閥跋扈。其後推舉山縣嫡系的桂太郎組第三次桂內閣。但由於反對聲浪高漲，桂氏動輒奏請詔敕，挾天子以令諸侯，大違立憲政治的原則，刺激人心過甚，因而掀起了第一次護憲運動。輿論界大加撻伐，在政友會、國民黨的領導下，展開了空前的擁護憲法、打破閥族的國民運動。

桂太郎組織第三次內閣，引起全國性標榜「打破閥族、擁護憲政」的憲政擁護運動（第一次護憲運動）。眾議院、政黨與民眾結合，發動大規模的反政府運動。政府則出動軍警彈壓，因而釀成流血事件，終於迫使桂內閣倒臺。桂內閣執政前後不到二個月，為日本政治史上最短命的內閣。史家稱之為「大正政變」。這次護憲運動的一大特徵是中產階級直接推動政治，打倒藩閥政府，即在進步開明的新聞、雜誌等輿論界的倡導下，民眾扮演了主要的角色，實為劃時代的創舉。國民黨的犬養毅與政友會的尾崎行雄，為此一運動的中心，甚至被稱為「憲政之神」。

2.憲政擁護運動的解體

繼長州出身代表陸軍的桂太郎之後，由薩摩出身的海軍大將山本權兵衛，以政友會為執政黨組閣。此一內閣修改文官任命辦法，採取軍部大臣現役武官制，盡力擴大政黨對官僚、軍部的影響力。在整理稅政、改革人事制度頗有建樹，且採取與政黨妥協的態度，作風極為開明，1914 年卻因購買軍艦的弊案（西門斯事件），受到軍方的責難而垮臺。

要求實現增設陸軍二個師團的元老與陸軍，推薦頗得言論界與民眾支

持的大隈重信組閣，以打擊政友會。大隈調整陸海軍與內閣之間的關係，於同年底解散眾議院。翌年（1915 年）的大選，同志會等執政黨大獲全勝，順利的在議會通過二個師團增設問題。

　　大隈內閣適逢第一次世界大戰爆發，日本乘機對德國宣戰，意圖攫奪德國在山東的權益，旋又採取高壓手段迫使袁世凱接受「二十一條要求」，引起國內外的不滿，反對黨及貴族院策劃倒閣。1915 年秋，大隈內閣終於總辭。

　　1916 年，軍人出身的寺內正毅組織超然內閣。同志會等前內閣的執政黨，組織憲政會與之對抗，寺內首相乃於 1917 年解散眾議院。同年的大選結果，政友會取代憲政會，成為眾議院的第一大黨。

　　寺內內閣之後，中間勢力逐漸消滅，政黨勢力遂又興起。蓋第一次世界大戰後民主主義的世界潮流，以及日本資本主義發達後，工商社會的確立，中產階級抬頭，促使日本走向政黨政治之路。這是 1918 年原敬政友會內閣成立的背景。

　　元老亦不得不承認政黨內閣，於 1918 年由眾議院第一大黨的政友會總裁原敬組閣。既非華族，亦非藩閥出身，而在眾議院擁有議席的原首相登場，被認為是順應世界民主潮流，廣受各界歡迎。他首次打破閣揆由擁有爵位者選任的不成文規定，與藩閥毫無關連，除軍部外，所有大臣悉由政友會黨員擔任，完全以一政黨組閣，可說是真正的政黨內閣。原敬本人與歷任首相不同，他沒有華族爵位，故被稱為「平民宰相」。

　　但原內閣對普選與社會福利政策卻極其冷淡，只是修改選舉法，放寬積極納稅資格而已。但要求普選的運動逐漸高昂，1920 年有數萬人遊行。以之為背景，憲政會等在野黨向眾議院提出普選案，政府則以時機尚未成熟，解散眾議院。反對普選的政友會，卻保證該黨的政策重心，乃在鐵路的擴充、高等學校（高中）的增設等積極政策，因而在大選中獲勝。

　　此一時期，國際關係的發展對於日本有利。日俄戰爭由於俄國革命而結束，因美國總統羅斯福 (Theodor Roosevelt) 的斡旋而產生東亞的和平，

卻在歐洲列強之間遽生對立。繼 1907 年成立英俄協商之後，合俄法同盟、英法協商（合稱「三國協商」）形成包圍德國的形勢。

山本之後，由大隈重信繼起組閣。大正初年，民眾運動高昂，給予日本政治思想很大的影響。吉野作造提倡民本主義❷，要求政治民主化的呼聲漸強。

二、日本與辛亥革命

1911 年，中國發生反對清廷專制與異民族統治的辛亥革命，翌年，中華民國成立，清廷崩潰。在絕對主義天皇制下的日本，一方面盡力撲滅國內的民主勢力，一方面推動其大陸政策，積極向中國進行侵略。因此，當辛亥革命發生後，當不願中國出現一個與日本不同政體的民主共和國，更不希望中國樹立一個強有力的統一政府，成為其向中國擴展的阻力，唯期待滿清政府苟延殘喘，以利其宰割，日本政府遂決定採取袒護清廷，反對革命軍的方針。

當辛亥革命爆發時，日本已併吞韓國，並著手伸展其勢力於中國。日本各方對於辛亥革命的態度並不一致，大體而言，民間頗多贊助革命黨；當政的西園寺內閣，則傾向於維護清室。至於陸軍則醉心於所謂「滿蒙獨立運動」❸，藉以瓜分中國，其目的乃在獨占南滿利益，進而攫奪內蒙。雖然日本內部意見紛歧，但此時有一共同的看法，即認定中國的動亂實為日本千載一時的機會，必須善加利用。日本政府原有採取獨斷行動，以武力干涉中國革命的企圖，卻因列強的牽制，不敢妄動。

日本原有乘機與俄國各自出兵，占領中國部分土地，以鞏固其在滿蒙

---

❷ 吉野於 1918 年組織黎明會，作全國性的啟蒙運動。受吉野影響的學生，結成東大新人會，與勞工、農民運動結合。

❸ 日本軍部與「大陸浪人」（志在中國圖謀擴展的日本浪人）等，與清廷王公、蒙古王公，密謀滿洲與蒙古獨立運動。

地區權益的野心，但因顧慮美、英、德等國的干涉，未作進一步的行動。日本以武力干涉的主張不能獲得列強的支持，因而採取兩面外交，一面抵制袁世凱推動的改建共和，一面支持南方革命黨，同時對南北雙方進行借款交涉以及軍火的銷售。

及至袁世凱登場，又思操縱利用，決積極支援袁世凱，干涉中國革命。但因英國占先著，復為袁世凱所愚弄，以致被迫放棄其堅持已久的以君主立憲收拾中國政局的方針，轉而支持革命軍，以與北京袁世凱政權對抗，成為兩面外交的運用。

日本對華政策的骨幹基於「大陸政策」的實現，這種侵略政策又有南進與北進之分。就當時情況而論，政府與軍部最重視滿蒙權益，而民間財閥則志在「南方經營」。但無論其為對北擴張，或向南發展，不外採取出兵與借款兩種方式，而此種舉措，無不遭受列強的牽制而受阻一時，且由當時日本對華政策的演變過程而言，日本外交毋寧是失敗的。

武昌起義後，日本唯恐革命軍阻礙其在華權益，立派軍艦至長江下游，保護大冶鐵礦，並監視革命軍的行動，同時出售武器給清廷❹。日本政府隨即決定「永久維持滿洲現狀」的方針，對滿洲問題暫採觀望態度，對日本在華勢力則致力維護，但以不刺激清廷與革命軍雙方，同時保持與列強的協調關係為原則。

日本在列強反對下無法干涉中國革命，乃轉而乘機要求列強承認其在滿蒙的特殊權益。旋與俄國簽訂第三次密約，劃分兩國在南北滿的勢力範圍。

三、日本的參戰與對華擴張

1.第一次世界大戰與日本

二十世紀初德國在皇帝威廉二世 (Kaesar William II) 統治下，積極擴充

---

❹ 大倉組與清廷陸軍部簽訂一項供應武器給清軍的合同。與此同時（自 1911 年年底至翌年年初），大倉組又密運步槍數萬支、子彈二千發，及機關槍等，出售給革命軍。

軍備，加上奧地利、義大利的三國同盟，與俄法同盟形成對立。但英國投入俄法同盟，形成三國協商，勢力平衡已崩潰。在此情況中，1914 年 6月，奧地利皇太子被親俄的鄰國塞爾維亞人所暗殺，兩國之間即爆發戰爭，立即擴大為德國與俄國之間的戰爭。英、法亦加入俄方參戰，遂發展為第一次世界大戰。戰爭期間達四年餘，為世界史上空前的大戰。

　　日本在第一次世界大戰時期，有大正民主的傾向、搶米騷動等大眾運動，或白樺派等新文化運動。但整體而論，第一次世界大戰對日本而言，乃是資本主義飛躍性發展時期，其對社會的影響，不如其他地區嚴重。

　　當時日本無論在政治、經濟、外交各方面，正遭遇到困難。就政治方面言，明治維新以來所形成藩閥勢力的獨裁政治已無法存在，1913 年展開的第一次護憲運動，導致「大正政變」，迫使桂內閣辭職。中小資本階級與大眾傳播界，形成輿論的領導勢力，所提代表民眾的政治要求，常能決定內閣的命運。就外交方面言，日本處於國際孤立的趨勢日顯。

　　日俄戰爭以後，中國市場的爭奪戰中，日本與英、美，尤其是美國的對立，益形尖銳。因此，日本的國防方針即以美國為假想敵，參與太平洋的增艦競賽。日本在遠東的情勢，一方既須防範對俄戰爭的重啟，一方卻加深其與美國的抗衡，進而與辛亥革命後日益高昂的中國民族主義運動對立，因而陷入孤立狀態。

　　就經濟情況言，亦極窘困。蓋以寄生地主所支配的農村為主體的日本國內市場極為狹隘，日本的資本主義自始即不能脫離國外市場，然而又不能與歐美商品相頡頏，且須面對中國激昂的抵制日貨運動。國外市場既難開展，出口亦無擴展餘地。因此，日俄戰爭後的不景氣無法恢復，貿易的入超卻與日俱增，國家財政陷入困境。加以一面想擴建陸軍以對抗大陸軍國俄國，一面又須建造強大的海軍以與美國對抗，財政負擔不勝負荷，而過重的賦稅當會引起民眾的不滿。

　　在這種內外交困的情勢下，能使日本起死回生的機會者，即為第一次

世界大戰。

2. 日本的參戰與山東問題

　　日本視第一次世界大戰為「大正新時代的天祐」，對參戰頗為積極。在英國尚未對德國宣戰之前，即已向英國表示日本赴援的願望。當英國唯恐其遠東權益的據點香港、威海衛受到德國的攻擊，期待日本支援時，日本即以英日同盟之誼為藉口，毫不遲疑的決定加以接受。其實，依據英日同盟，日本並無參戰的理由，德國亦無與日本啟釁之意。足見日本主動爭取參戰的動機，乃在利用機會，解決中日間的「懸案」，以擴張其在中國的權益，並提高其國際地位。

　　日本於 8 月中旬，在英國勉強首肯之下，向德國提出最後通牒，並在一週屆限後立向德國宣戰。日軍得到英國的協助，一舉攻占德國在遠東的根據地青島及膠濟鐵路沿線地區；海軍則封鎖膠州灣，進而占領德國在赤道以北南洋群島的殖民地。

3. 「二十一條要求」

　　日本占領膠州灣以後，利用列強因大戰無暇東顧之際，一舉解決所謂「山東權益」和「滿蒙懸案」，並於 1915 年 1 月，向中國提出「二十一條要求」❺，日本壓迫中國嚴守秘密，並威脅利誘總統袁世凱接受。

　　5 月 7 日，日使日置益將最後通牒遞交北京政府外交部，限於 5 月 9 日下午二時前答覆。北京政府原盼美國或英國能從中斡旋，美國雖於 5 日發表一項「白萊安聲明」(*Bryan Message*)，抗議日本要求中的數款，但無強制之意。袁世凱因急欲稱帝，在日本威逼下，於 9 日接受日本的要求。美國於中日簽約後，宣布不予承認。漢冶萍公司等的權益深入長江腹地，與英國之利益相抵觸，導致後來日本外交的孤立。

---

❺　「二十一條要求」共分五號，主要要求是：承受德國在山東省的一切權益，要求南滿以及東部內蒙古的特權，旅順、大連的租期與南滿鐵路經營權之展期，中日合辦漢冶萍公司，中國沿海港灣島嶼之不割讓，聘用日本顧問技師等權利。

4.西原借款

　　西原借款的形成，固由於寺內內閣改變其對華政策，擬以投資方式侵華，而日本經濟狀況的空前繁榮，亟須對外投資，亦是主因，於是中國遂成為日本投資的主要對象。當時日本以參戰國卻非直接交戰國（山東一役除外）的有利條件，亟欲擺脫「四國借款團」的羈絆，獨自投資中國，西原借款的方式因此應運而生。西原借款的基本構想乃是先行投資，開發中國的資源，以振興日本的經濟，藉以建立以中日為中心的「東亞經濟自給圈」。

　　西原借款的特色乃是空前有利的條件，既無手續費，又無折扣，抵押條件亦極鬆弛，由此可知西原借款是政治意義重於經濟意義。

　　當段祺瑞成立新內閣時，西原復向曹汝霖遞送「新政私考」一篇，作為中國內政改革的參考。及俄國十月革命發生，乃又從中日兩國為中心的「東亞自給圈」，擴展及於南洋群島與西伯利亞等地，而變成「東亞經濟自給圈」。1918 年 2 月，西原又盛倡「中日軍事的提攜」，為後來中日軍事協定及參戰借款描繪出重要的藍圖。

　　西原借款共有八筆，總額為一億四千五百萬日幣。此外，尚有計劃中的煉鋼廠一億日幣借款（西原與曹汝霖交換草約，但未成立），再加上三筆未完成正約的借款（吉會鐵路五百萬、滿蒙四鐵路一億三千萬、山東二鐵路四千七百萬），則西原借款的總額將達四億二千七百萬之鉅，規模之大，真可謂史無前例。

　　再就西原借款的資金來源而言，第一次交通銀行借款五百萬日幣，係由三銀行融資，第二次交通銀行借款及參戰借款（共四千萬日幣），乃大藏省存款撥充，其餘五筆共一億日幣借款，係由日本政府擔保而發行的興業銀行債券籌措。日後本利均經收回者，僅第一次交通銀行的五百萬圓而已，其餘一億四千萬，不僅本金未能收回，且除最初數筆外，利息亦皆延滯未繳。由此可知，西原借款大半流為本利無著的濫帳。

　　西原借款方式的對華政策至 1918 年 9 月底即告結束，蓋寺內內閣於

簽訂最後三筆借款契約後，即行總辭，改由政友會總裁原敬組閣。而原敬
內閣不以西原借款式的對華政策為然，此時第一次世界大戰已近尾聲，中
國政局因北洋軍閥內鬨與南北對立的加劇而更形混亂。原敬於組閣後一個
月，重新檢討對華政策，決定全面整頓西原借款各項善後事宜，至此，日
本對華政策又為之一變。

四、社會的變動

1.社會騷動與危機

　　第一次世界大戰期間，日本資本主義獲得急速的發展，地主、資本家
大發橫財，勞工與農民卻日益貧困。1917 年罷工頻起（四百多次），佃農
爭議亦達二百多次。

　　1917～1918 年糧食產量銳減，地主和資本家卻囤積居奇，哄抬物價，
通貨膨脹，造成米價昂貴。1918 年 8 月初，由於日本政府指令三井、鈴木
等特權商人收購軍用米，供應西伯利亞出兵，更使米價暴漲。物價指數達
數年前的二至三倍，米價幾漲了二倍。農民為飢餓所迫，遂掀起全國性的
搶米騷動。

　　搶米騷動的直接原因是米價的暴漲，勞工與農民嚴重失衡。富山縣一
漁村的漁民婦女於同年 7 月底，為求降低糧價，阻止稻米外運。旋即結隊
衝向町公所及米店，與警察發生衝突，不少人受傷。經報導後，擴展到整
個富山縣與關西地區，隨即波及於全國。各大都市與農村、礦山，到處掀
起群眾示威和搶米風潮。由於政府的殘酷鎮壓，至 9 月即逐漸平息。這次
「騷動」持續二個月，除了東北三縣與琉球之外，全國都捲入此次騷動，
人數超過一千萬以上，約占當時總人口五千萬人的四分之一。搶米騷動是
日本有史以來規模最大的群眾運動。

　　在搶米騷動平息之後不久的 1919 年 3 月 1 日，日本的殖民地朝鮮，爆
發了朝鮮民族要求獨立的全民運動。不堪日本帝國主義殖民統治壓迫的朝

鮮人民，受到俄國十月革命勝利的鼓舞與美國總統威爾遜 (Woodrow Wilson) 提出「十四點原則」之中標榜「民族自決」的影響，加強其民族獨立的意向。

1923 年 9 月初，發生以東京為中心的關東大地震。使東京、橫濱等大都市遭受空前的破壞，尤其大火蔓延，死傷者達二十餘萬，受害人數超過三百多萬人，給予日本人民重大的災難和損失。財政和經濟無不蒙受重大打擊。日本政府為緩和民眾的不滿情緒，轉移注意力，藉機捏造朝鮮人與社會主義者暴動等謠言，趁機殘殺旅居日本的朝鮮人達六千餘人，並大肆逮捕社會主義者及工會運動分子二萬餘人。

2.民主運動與工農運動的發展

第一次世界大戰後，國際高倡民主主義與和平主義聲中，復經過俄國革命、搶米騷動等的激盪，日本各地掀起了各種社會運動。大戰中的產業急速的發展，因此勞工驟增，勞資糾紛時起。1912 年，以提高勞工階級的地位、組成工會為目的的鈴木文治組織友愛會，於同年改稱日本勞動總同盟，發展為全國性的工會組織。同時佃農與地主之間的爭執頻發，農民於1922 年組織日本農民組合。

在此革新的氣氛中，社會主義者亦重新開始活動。1920 年組成的日本社會主義同盟，在舊的社會主義者與各種社會運動之中，與新的社會主義者大團結，從此，社會運動、社會主義、共產主義的思想乃廣為流行。

婦人運動方面，由新婦人協會推動提高婦人地位的運動，要求婦人參政權、實現男女平等、擁護母權等。全國各地亦有要求普選的青年團體，以青年為中心的政治團體之組成。此外，要求撤銷被歧視部落民的部落解放運動，亦在此一時期正式出發，並於 1922 年，組成全國水平社。這些運動的共同訴求，是在爭取普選的選舉權。普選運動於 1919～1920 年盛行，成為代表革新的大眾運動。

東京各大學亦紛紛集會遊行，要求普選，旋即擴大為學生、商人與勞

工等數萬人的大示威遊行。勞資糾紛遽增，各業界的工會成立後，更掀起廣泛的勞工運動。

1919 年 6 月，「巴黎（凡爾賽）和約」成立，日本因山東問題等，外交上的難題已是千頭萬緒，兼之以思想界受美國總統威爾遜的民主主義以及俄國革命的影響，勞工問題及社會問題接踵而來，尤其農會、工會紛紛成立後，社會主義運動益趨積極，並發展為普選運動。

在此情況下，原內閣雖能壓抑元老、樞密院與軍部的保守勢力，改革殖民地長官武官專任制❻等，卻與資本家、地主階級勾結，並且千方百計擴張黨勢，操縱國會，嚴厲制止普選運動，甚至斷然出兵西伯利亞。原敬的高壓政策引起反對黨的不滿，更為右派所痛恨，因而被一偏激的國家主義青年所暗殺。

五、第一次世界大戰期間的外交

日本政府為了緩和列強對日本在大戰中擴大在華權益的反感，於 1916 年，與俄國締結第四次日俄協約，重新確認兩國在遠東特殊權益的維護。翌年，又與英國交換覺書，互相承認德國權益之繼承。與不滿日本過分進窺中國的美國，亦於同年簽訂「石井‧藍辛協定」(Ishii-Lansing Agreement)，標榜中國的領土保全、門戶開放，確認日本在中國的特殊權益。

第一次世界大戰終了時，日本北自西伯利亞、滿洲、山東半島，南至赤道以北的德屬南洋諸島的廣大地域，配置兵力，厚植勢力。但這只是乘俄國的革命與干涉戰爭、中國軍閥的內戰等國際情勢而擴張，及至大戰結束，國際情勢變化，日本勢力遂逐漸後退。

1917 年，俄國發生無產階級革命（十月革命），產生世界最早的社會主義國家。列寧所率領的蘇維埃政權，發表廢除所有過去沙俄時代所締結

---

❻　臺灣總督改採文武官併任制，同年 10 月，改派首任文官總督，朝鮮則廢止憲兵警察與關東都督府。

的秘密條約。翌年,單獨與德國、奧地利締訂和約。

　　俄國的革命給予日本雙重打擊,一是日本恃為盟友,可取代英日同盟的沙皇崩潰;一是出現了否定沙皇的新政權所構成的威脅。日本對俄國革命,初採觀望態度,但因革命後,沙俄勢力已自西伯利亞及北滿撤出,產生真空狀態,適予日本大陸政策積極擴張的最好機會。陸軍欲乘機擴展其勢力於北滿及俄國的遠東勢力範圍,以加強日本國防。

　　因革命引起的日俄協商失效,寺內內閣乃採取對北滿以及沿海州的擴張政策,於 1918 年,當美國提倡救援捷克軍,共同出兵時,日本立即附和。同年 5 月,日本已與段祺瑞政權簽訂「中日共同軍事協定」,取得派兵北滿的權利,乃於 8 月初出兵,不久即占領伯力 (Khabarovsk) 等東部西伯利亞。但由於各國出兵,反而刺激布爾什維克(Bolsheviki,俄國激進派)內部的團結而日見強大。英、法等國見風轉舵,隨即撤兵,於是主張有限度出兵的美國與堅持全面出兵的日本之間,形成嚴重的對立。1920 年初,美國突然宣布撤兵,只有日本仍留駐西伯利亞。此後日軍受到布爾什維克游擊隊的襲擊,且發生廟街 (Nikolaivsk) 事件❼,日本遂以此慘案為藉口,派遣軍隊往庫頁島增援。隨又增派大軍,占領廟街及北庫頁島,終因龐大的軍費 (超過十億日幣) 與大量的傷亡 (超過二萬三千人),不得不於 1922 年年底撤軍。

六、巴黎和會與日本

　　1918 年 11 月,德國戰敗,國內又發生革命,奧匈帝國投降,帝政崩潰,乃與協約國訂立休戰協定,為時四年的第一次世界大戰於焉終結。翌年 1 月,在巴黎召開和會,並在凡爾賽宮簽訂和約 (「凡爾賽和約」)。結果,德國喪失所有殖民地,本國的一部分亦被割讓,軍備被限制,且背負

---

❼　日軍二中隊約三百人,在廟街保護日僑,受俄軍襲擊,全軍覆沒,日僑亦被屠殺殆盡。日軍派遣部隊赴援,已距第二次屠殺一週。

巨額的賠款。此一會議在倡導國際和平與民族自決的美國總統威爾遜的提倡下，設立維持國際和平的機構國際聯盟。國際聯盟於 1920 年成立，日本成為常任理事國。

日本為了取得山東的既得權益，早在 1915 年 10 月，已著手各種準備，擬訂初步的媾和條件。日本以五大國之一，派西園寺公望等與會，日本的重點是要求德屬南洋群島的割讓以及取代德國在中國山東的權益。

日本在巴黎和會所提三大要求，有關山東及德屬南洋諸島的權益問題，都如願以償，唯第三項禁止人種差別條款列入國聯規約之中，則未成功。其實日本提出此一問題，不僅是為了肆應美、加等國排斥日本人移民運動，主要還是作為與大國交涉時的籌碼。

日本要求合併德屬南洋諸島，紐、澳等國均表反對，美國亦提出異議，但事前已取得英、法、義等國的諒解，旋改由國聯委任統治方式，實質上歸日本統治；塞班 (Saipan)、雅浦 (Yap)、巴勞 (Palao) 三島則成為日本領土。

至於日本媾和條件中最重要的山東權益問題，卻引起波瀾。日本以參戰為由，要求獲得山東權益為補償，中國亦屬戰勝國之一員，當有直接索還的權益，但由於事前日本已經得到英、法等國的秘密承諾，以及 1918 年與中國間山東問題換文（有「欣然同意」句），和會終於決定讓日本繼承德國在山東的一切權利。山東問題的解決，尚需延到華盛頓會議。

第二節　華盛頓會議體制

一、華盛頓會議體制

戰後日本在遠東大肆擴張，與美國形成對峙之勢。美國再度標榜門戶開放政策，壓抑日本向中國擴展，同時大力擴充海軍，以對抗日本。日本亦計劃建設八八艦隊（戰艦、巡洋艦各八艘）。英國在遠東有廣大的殖民

地，且為了保持其優越的強大海軍傳統，加入海軍造艦競爭，但因大戰所受經濟打擊，元氣大傷，勢須仰賴美國。1920 年加州的移民法引起美日的對立，翌年，英國對即將屆限的英日同盟態度消極，美國遂與英國合力遏止日本的過分擴張。

在此情況下，美國於 1921 年召開華盛頓會議，商討裁減海軍軍備與太平洋以及遠東問題的國際會議（華盛頓會議），俾能和平解決太平洋及遠東問題。華盛頓會議共有英、美、法、義、日及中、比、荷、葡等九國代表參加。

美國的目的乃在藉裁軍協定，終止英、美、日的建艦競爭，以減輕其財政負擔，同時抑制日本的擴張。日本初頗消極，唯恐其在華權益受損，或軍備問題於己不利，旋即積極擬訂對策，全力以赴，雖在山東問題及其他方面稍作讓步，但實際權益卻始終堅持不放。

華盛頓會議於 1921 年 11 月中旬揭幕。大會設限制軍備問題全體委員會 (Committee of the Whole of the Limitation of Armament) 與太平洋及遠東問題全體委員會 (Committee of the Whole of Pacific and Far Eastern Question)。前者專商裁軍問題，後者主要是以中國問題為範圍。華府會議自開幕至 1922 年 2 月初閉幕，共歷時約三個月。

會議結果，關於太平洋問題，由英、美、日、法四國締結「四國協約」，約定相互尊重各在太平洋所領有島嶼的權利，決定廢止英日同盟 （1921 年）。接著加上義大利、中國等五國，簽訂「九國公約」，要點是：一、尊重中國的主權獨立，領土及行政完整；二、給予中國樹立一有力鞏固政府的機會；三、各國在華工商業機會均等原則；四、排除特權、特殊利益。

五大國之間，締結「海軍裁軍條約」，規定五國主力艦的比率為英、美各五，日本為三，法、義各一‧七五。此一「海軍裁軍協約」，對於無財力作無限制擴充的日本而言，實為有利，蓋美國僅恃海軍已難防止日本攻擊菲律賓，日本在西太平洋及遠東的軍事仍占優勢，美國不可能單獨介入遠

東問題。

這一連串的國際協定，稱之為華盛頓體制。對此一新國際秩序，日本國內，軍部與在野黨強烈不滿，但原內閣到加藤內閣的歷代內閣，積極承受國際協調。繼海軍裁軍之後，陸軍亦舉行裁軍，志向武器的近代化，以縮小陸軍的規模。

就日本方面而言，其收穫較之預期者為大。日本雖然作了部分的讓步（如山東問題），英日同盟為「四國協約」所替代，「石井‧藍辛協定」亦將廢除，表面上似乎陷於孤立，對華政策已呈後退現象，但日本的國際地位反因而驟升。英美的對日牽制並不徹底，不僅其在滿蒙的既得權益得以維護，且在西太平洋的軍事力量仍保持於不墜，甚至成為對抗俄國革命與中國民族主義運動浪潮的防波堤。

華府會議在基本上是約定帝國主義列強在華既得權利之維持現狀，短暫地緩和了列強在中國市場的激烈衝突，然而忽視被壓迫民族的根本問題，當然無法消弭國際間的緊張局勢。

總之，華盛頓會議是在美國主導下，結成資本主義列強的共同戰線，與「凡爾賽和約」同樣，締造了所謂華盛頓體制，安定太平洋、遠東總體的和平基礎。華盛頓會議實現主力艦英美均等的原則，制約了日本對華政策，廢除英日同盟，可說是美國外交的勝利。

二、獨占資本的形成與金融危機

自明治初期至大正初年，日本經濟陷於不景氣的沉滯狀態。但第一次世界大戰爆發，使日本脫離不景氣，企業界出現空前的興隆。1919 年國民所得為 1915 年的四倍，1923 年的所得稅額較之 1913 年約增加六倍（從三千八百萬驟增到二億三千萬）。

戰爭中歐洲先進資本主義國家，無法向國際市場發展，而日本雖對德宣戰，但幾未受到戰爭的災禍，乃能趁機對華施展其露骨的帝國主義壓迫，

攫奪莫大的權益，並向南洋、印度等地傾銷商品，甚至連歐美諸國對於日本商品的需要量亦劇增。日本在戰爭中發展其資本主義經濟，而進入獨占資本主義的階段。

促使日本企業勃興，經濟獲取鉅利的原因，主要是歐美商品輸入量劇減，日貨作為歐美商品的代用而輸出劇增，且可供應交戰國，同時由於世界船舶不足，促成日本海運及造船業的發達。

此時日本的輸出額大增，1916 年較之 1914 年增加一‧九倍（五億九千餘萬，增加為十一億二千餘萬），1919 年的增加率，更高達三‧八倍。過去一直都是入超，而自 1916 年至 1918 年，每年造成了數億日幣的出超。1915 年至 1918 年四年間的輸出總額，相當於以往十年間的輸出總額。

第一次世界大戰前，農業生產額較之工業生產額為高，但到了 1919 年，工業生產額已凌駕於農業生產額之上。唯就產業及經濟結構而言，輕工業仍占相當的比例，因此，此一時期可說是由半農業國家轉向工業化國家的開始，直至太平洋戰爭時期，日本始步入工業化的國家。

第一次世界大戰前後，日本因未受到戰禍，得以發展其對外貿易，同時產業亦有急速的發展。在工業方面，輕工業的紡織、繰絲業等仍占重要地位，生產方式完全機械化，且其規模日大。化學工業則因外國產品無法輸入，在國家保護之下突飛猛進。重工業亦因大戰期間日本本身的軍備擴充，以及對協約國提供軍需品而達到高峰。鋼鐵業在一貫的軍事統制下，除擴充八幡煉鋼廠，創設「滿鐵」的鞍山煉鋼廠之外，三菱鋼鐵廠與日本鋼管等民營大企業的發展亦極迅速。自 1913 年至 1923 年的十年間，鋼鐵的產量增加了七倍，電力增加了二‧八倍。動力方面，電力已取代了蒸汽。產業的繁興，造成日本經濟的黃金時代。

日本經濟自第一次世界大戰結束後，即陷於慢性的不景氣狀態。這與歐洲各國當時不景氣的經濟情況實有密切的關係。當時的歐洲，不僅戰敗國，連戰勝國也無法維持其龐大的戰爭債務和日益膨脹的生產機構。因此，

只得將其剩餘物品轉向東方市場，並且支持中國排斥日貨運動，使日本的經貿受到很大的影響。自 1919 年起，日本的對外貿易轉為入超，重化學受到輸入品的重大壓力。翌年，股票行情暴落，棉絲、生絲的行情暴跌，發生戰後恐慌。

1920 年代，米價已受到殖民地稻米的壓力，此次經濟恐慌一發生，各種農產品價格暴跌（米價在半年內即跌了一半），尤其是受到生絲對美輸出銳減的影響，繭價大為滑落。不景氣使兼業的機會減少，都市失業者歸農，以東北地方為中心，農家的困窘尤其顯著，屢有缺食兒童與賣身行為。在此情況下，勞資糾紛、農民運動劇增，同時攻擊政黨與財閥之聲四起。

農業方面，戰後的恐慌給予農村很大的影響，米與生絲等農產品價格暴跌，農家經濟日益惡化。受到農業外投資不景氣的影響，脫售土地的地主增多，佃農人數銳減，大戰期間發達的富農經營日趨減少，地價驟降。

自大正末期到昭和初年，農村凋弊，佃農生活困苦，全國各地都有激烈的「佃農爭議」。農民不僅要求減輕地租，且反對土地的收回，情況相當嚴重。由於地價、米價暴跌，佃農爭議頻起，出現「寄生大地主」整理所有地，改變投資對象的事態。面臨農村不景氣，政府遂於 1912 年制定「米穀法」，實行維持米價政策，1924 年又制定「佃農調停法」，同時貸放資金給農村以紓困。

三、政黨政治的動搖

原敬死後，高橋是清、加藤友三郎、第二次山本內閣繼起，均屬官僚內閣，政黨內閣乃告中斷。至 1924 年，樞密院議長清浦奎吾，以貴族院議員組成內閣，被譏為「特權階級內閣」，引起政友會、憲政會與革新俱樂部等三個在野政黨聯合，展開大規模的護憲運動，稱之為第二次護憲運動。

議會解散後舉行大選，結果「護憲三派」大勝，憲政會躍登第一大黨，於是改由憲政會總裁加藤高明出任首相，組成三派聯合內閣，這是政黨政

治的復活。此後直到 1932 年犬養毅內閣時期的「五一五事件」為止，均是憲政會與政友會輪流組閣，即由眾議院占多數席次的政黨組閣的所謂「憲政常道」，被公認為慣例，奠定了政黨內閣制的基礎。這可以說是第二次世界大戰前日本政黨政治的黃金時代。但政黨的存在大都倚恃大財閥的資金支持，且因本身的不健全與腐化，後來政權又轉移到軍閥官僚手中。

護憲三派內閣，因權利之爭，不免互相傾軋。但鑑於大多數群眾對「普選法」的期待甚殷，且有藉此給予多數人參政權，以壓抑激進派傾向的意圖，遂於 1925 年春，使久懸的「普選法」成立。從此，所有男子凡年達二十五歲以上者，皆有選舉權，年滿三十歲者，皆有被選舉權。選民由三百萬一舉增加到一千二百萬，占全國人口總數的 20% 以上，但婦女仍無參政權。無論如何，「普選法」的通過，使日本的民主政治向前推進了一大步，唯當時的社會運動風潮日趨熾烈，為防止勞工與農民過激的政治運動，於是年 5 月制定「治安維持法」，懲處以「變更國體」，否認私有財產制度為目的的一切結社及活動，但日後一些自由主義的言論等和平運動，亦根據此法加以彈壓。該法實與「集會條例」、「集會及結社法」以及「治安警察法」等，都是一脈相承，而且後來竟被軍國主義者所利用，作為鎮壓迫害民主主義者的工具。

四、協調外交的挫折

1.裁減軍備

處於國內外不利形勢之下的日本，採取了裁減軍備和協調外交的政策。

從 1922 年至 1925 年之間，日本一反過去不斷擴張軍備的作法，兩次裁減陸海軍。這是基於德國總體戰的軍事理論，裁減常備師團，以推進軍事現代化、國民軍隊化、軍隊社會化的措施。

1922 年，加藤內閣根據華盛頓會議的「海軍裁軍條約」，廢棄主力艦十四艘，停止建造新主力艦五艘，裁減七千五百名海軍兵員、一萬四千名

海軍工人。陸軍亦裁減五、六萬名官兵，並縮短服役期限四十天。

1924 年 1 月，宇垣一成出任清浦內閣陸軍大臣，醞釀以裁軍之名，實行一系列軍事體制的改革，唯一留任加藤護憲內閣的宇垣，實行裁減軍備，表面上撤銷四個師團的建制，減少官兵三萬六千人，但卻暗中增設了一個戰車隊、兩個高射砲聯隊、兩個航空聯隊。並將精簡的軍官改派到大學、中學，進行軍事訓練，對城鄉軍民亦普遍進行軍訓，退伍軍人則變成監視鎮壓群眾運動的工具。這種假裁軍、真備戰的措施，使軍國主義進一步發展，成為日本走上法西斯，準備大規模侵略的重要步驟。

2.協調外交

1924 年至 1927 年間的外交，因出任護憲三派內閣、憲政會內閣外相幣原之名，稱之為幣原外交。第一次世界大戰之後，日本與英、美關係日趨惡化，在國際上愈感孤立。幣原一方面增進與英、美的協調，一方面與蘇聯恢復邦交，以圖發展通商關係。

幣原要求各國承認日本在華既得利益下，與英、美保持妥協，並揭櫫「不干涉中國內政」的方針。這種「國際協調主義」，乃在對華採取全面經濟擴張的手段，以維護、擴大日本的權益。在此一協調外交下，的確減少了對列強的刺激，避免使日本成為中國民族主義運動集中反對的目標。

其後隨著金融恐慌，經濟危機加深，進向中國大陸，開闢商品市場，並輸出資本，遂成為日本資本主義必須面對的問題。當時正是中國國民革命軍北伐，中國民族主義高漲的時期。幣原對中國標榜不干涉內政政策，甚至對中國收回利權運動表示同情，蓋欲避免過分刺激中國的民族運動，以圖維護日本的在華權益。但對日本在滿蒙的既得利益卻極堅持，雖然他承認滿蒙是中國領土的一部分。

無論採取何種方案，日本為了鞏固其在中國東北的權益，希望中國出現一個更為親日的政權，實屬當然。日本政府於是透過其駐華機關，蒐集直奉間爭執的真相及對日態度，以作為確定對華政策的參考。第一次直奉

戰爭爆發前夕，外務省摒除駐華各軍政機關的主張以及張作霖的乞援，堅持「不干涉內政」政策。

　　此一時期日本對華政策的重點在於鞏固並擴張其在滿蒙的權益，因此，在華府會議中，日本集中全力於此，而不肯退讓。

3.東方會議——滿蒙積極政策

　　由於幣原的軟弱外交與金融恐慌所引起的經濟混亂，若槻內閣於 1927 年初垮臺。幣原外交暫告結束，改由標榜創新對華外交的長州軍閥田中義一內閣繼任。田中自兼外相，採取強硬的對華政策。

　　田中在參謀次長任內即已注意中國問題，且是一個典型的軍國主義者，而外務次長森恪更是大陸政策積極論者，與軍方極端分子相勾結，對滿蒙的侵略尤為積極。田中於組閣後不久，便於 1927 年 5 月，以保護在華日僑的生命財產為藉口，出兵山東。其真正意圖乃是為了阻止進迫徐州的國民革命軍北上，以維護華北軍閥政權及張作霖的東北勢力。時值武漢政府分裂，日本的出兵亦有催化作用，對反革命具有共同利益的英、美兩國則支持日本出兵。因北伐一時順延，且國民政府提出抗議，日本不久亦撤兵（第一次山東出兵）。

　　田中於 1927 年 6 月底召開為期十天的「東方會議」，其目的在溝通駐外使節與本國政府之間的意見，以貫徹新政策，並藉此使外交超然於政爭之外。東方會議擬定「對華政策綱領」（俗稱「田中奏摺」之原本），強調其對滿蒙權益維護之決心，為了對抗中國革命的進展，推動「滿蒙分離政策」，保護在華權益，採取武力干涉政策。

　　國民革命軍雖受日軍的阻撓，卻力避與日軍衝突，迂迴北上。此時張作霖的奉軍敗象畢露，日本遂乘張氏危難之際，誘迫張氏簽訂「滿蒙五路協定」，甚至炸死張作霖於奉天郊外皇姑屯，卻將此事件嫁禍於中國，稱之為「滿洲某大事件」❽。

---

❽　此一事件始終保密，直至戰後東京裁判時始真相大白。

翌年 4 月，由於北伐軍進抵山東，日本又以「保護現地日僑」為名，派兵占據山東鐵路及濟南，企圖阻撓革命軍北上。5 月 3 日，日軍侵入山東交涉公署，搜查槍械，格殺交涉員，造成所謂「五三慘案」。事後，國民政府一面致電美國政府說明慘案情形，請其主持公道，一面致電國際聯盟，請其阻止日軍暴行，均屬無效。

田中威脅利誘張作霖，企圖分離滿蒙的謀略因皇姑屯事件而受到挫折，原擬將陰謀策劃的關東軍參謀河本大作等交付軍法懲辦，卻遭受軍部的反對，且恐一旦公諸於世，有損國家名譽，雖日本天皇亦有意嚴懲禍首，最後卻在陸軍的堅持下，僅以停職處分了事。這也是造成後來昭和軍閥跋扈囂張的氣焰，肆無忌憚積極侵略中國的風氣。

第三節　皇道主義的抬頭

一、金融恐慌

第一次世界大戰前後，日本資本主義積極向中國市場擴展，使日本經濟依賴中國的程度日甚，此由 1920 年日本對華輸出占輸出總額四分之一左右即可明瞭。同時，中國人工資低，工作時間長，可充分利用的資本輸出劇增，與中國有重大利害關係的日本資本主義，卻遭遇中國民族資本成長的壓力，隨著抵制日貨運動的推行，加以英、美兩國資本已恢復舊觀，在中國市場的競爭日趨激烈，迫使日本經濟活動衰退，日本對華貿易劇降。

1919 年起，日本對外貿易轉為入超，重化學產品受到輸入品的重大壓力。翌年，股票行情暴跌，棉絲、生絲等價格跌落谷底，發生戰後恐慌。加之各國將推動產業合理化，採取關稅保護政策，防止外國商品流入，因此日本商品的外銷日漸困難。日本國內的呆帳數額日巨，一連數年的入超，使財政益感拮据。

　　1923 年 9 月發生的關東大地震（東京、橫濱一帶的災情慘重），日本經濟遭受很大的打擊。銀行支票跳票，仰賴日本銀行的特別融資始得解決。1927 年，因震災支票問題，各地銀行相繼發生破綻。

　　日本政府為解救關東大地震所引起的經濟恐慌，實行黃金自由出口的「金出口解禁政策」，結果，外匯繼續提高，物價暴跌，幣值增高。基礎薄弱的事業機構露出破綻，造成失業人數驟增（1930 年，全國失業達三百萬人以上）。

　　自 1917 年禁止黃金輸出以來，日本未能恢復金本位制，因而仍然持續著慢性的不景氣。此時金融界要求整頓財政，恢復金本位制的聲浪甚囂塵上。若槻禮次郎內閣為了打開此一僵局，擬藉黃金輸出的解禁，恢復國際信用，並安定外匯市場，於是提出整頓銀行震災匯票問題，但在處理過程中，發現部分銀行惡性貸款問題，引起擠兌風潮。1927 年春，金融界終於發生了空前的恐慌。東京及其近郊的中小銀行相繼停業，甚至波及地方銀行。尤其是因戰時對外貿易而大事擴張的鈴木商店瀕於破產，不當貸款給該商店的臺灣銀行乃宣告破產。若槻內閣提出救濟臺灣銀行緊急敕令案，卻遭受樞密院否決，結果，內閣總辭。金融界陷入大混亂，四十餘家銀行先後停業。

　　樞密院之所以否決銀行的救濟融資政策，並非由於反對提撥國帑支援特定的資本家，主要原因實係對有關日本帝國主義進展方向的意見發生分歧，而對立的焦點則為中國問題。蓋護憲三派的加藤內閣、若槻內閣的外相幣原喜重郎，卻仍採取對英、美妥協的「協調外交」，力持避免武力解決中國問題的方針，引起軍部、財閥與政黨的不滿，樞密院顧問官伊東巳代治正是此派的巨擘，足見其否定融資案的意圖所在。

　　當時日本執政的民政黨濱口內閣，以緊縮財政、協調外交為二大方針，一方面縮小預算規模，一方面發起節約消費、獎勵儲蓄的國民運動，同時獎勵產業合理化，盡力降低產品價格，實施黃金解禁，安定匯兌行情，促

進產業合理化，以改善日本經濟的體質。緊縮財政具體的是與協調外交、裁軍的促進與對華外交的刷新有連帶關係。為了緊縮財政，贏得黃金解禁不可或缺的英、美兩國的金融協力，有必要實現海軍裁軍。為了一方面能確保向中國的輸出，一方面和平的維持日本權益，有必要推進對華協調外交。黃金的解禁背後實有金融資本的要求。蓋吸收政府所放出的巨額救濟資金的大銀行，正苦於游資過剩，期望解禁黃金，開拓海外投資。又日俄戰爭後發行的第二次英幣公債二千三百四十四萬鎊（二億三千萬圓）的償還期限已迫在眼前，要重新更換借款，有必要實施黃金的解禁。

但這種政策施行的結果，反而造成產業界資本獨占的加強與失業的增加，勞力增多，工資反而下跌，社會矛盾現象反而變本加厲。

1930 年初，解除黃金輸出之禁，但在決定黃金解禁的 1929 年後半，適遇美國經濟恐慌。美國的經濟在第一次世界大戰中，占有世界工業生產力與黃金的一半，成為 1920 年代經濟成長的中心。其獨占資本的龐大投資，促進了產業合理化與生產提升，但反面卻產生生產過剩的矛盾，使國內消費和生產失去平衡。至 1929 年，紐約的交易所出現股票價格暴跌。不久發生全面性的經濟恐慌，且波及全世界。經濟大恐慌始自股票恐慌，旋即影響到工業，造成企業的恐慌。

因財政緊縮導致不景氣的日本經濟，在黃金解禁的同時，因輸出入銳減，日本經濟再度遭遇到解禁的不景氣雙重打擊，陷入極端的恐慌狀態（昭和恐慌）。

1931 年 4 月，日本政府頒布「重要產業統制法」，以國家權力加強保護大財閥對重要產業的統制力，塑造了後來統制經濟的端緒。但卻助長了企業同盟托拉斯的結成，這種企業同盟托拉斯的組成，使大資本對於產業的控制，由工業推展到商業、農業，而三井、三菱、住友等大獨占資本對於產業的控制，擴展至未曾有的強大程度。

日本遭遇世界經濟恐慌的衝擊，在內外不景氣的交迫下，自

1929～1931 年之間，財經界陷入空前未有的大恐慌。因黃金解禁而恢復匯兌行情之後，貿易大受打擊。占輸出首位的生絲，因美國的恐慌與同業競爭，致使輸出銳減，絲價減半。棉製品亦因銀價的暴落以致輸向中國的數量減少，輸向英國亦因關稅的提高而大減。1930 年的貿易，輸出減少 31.6%，輸入減少 30.2%，入超七千六百萬圓。貿易不振導致物價跌落。產業界肆應恐慌，實施生產限制與共同販賣，以維持價格，但很多企業被迫減配，減資、倒閉的公司日增。日本政府乃於 6 月間，設置臨時產業合理局，致力降低成本。

1930 年代的不景氣不僅影響到日本資本主義在滿洲所獲廣泛權益，且對於因運銷滿洲特產而獲暴利的「滿鐵」，造成一大打擊。加以中國要求撤銷不平等條約的呼聲日大，民族運動高昂，國民政府正式表明收回日本在中國東北勢力的決心。中國東北的統治者張學良所推動的收復權益運動，對日本資本構成很大的威脅。「滿蒙權益的危機」、「日本的生命線」更高唱入雲。不僅軍部，連政黨與大眾傳播，亦開始感到恐慌，而積極主張擁護滿蒙的權益。

大恐慌也波及到農業。日本國內生絲價格大幅下降，生絲和米價下跌，且又歲歉，招致空前的農業恐慌，給農民嚴重的影響，甚至產生典賣女兒、兒童缺食等社會問題。農業恐慌長期而嚴重的打擊農村經濟。

另一方面，勞資糾紛及佃農爭議層出不窮，復因米價跌落，加上歲荒，使日本農村經濟陷入蕭條的困境。1930 年的物價跌落 30%，股票跌落 40%。由於不景氣，工廠紛紛倒閉，致使失業人員日增，工廠亦紛紛裁員。

在昭和初年的經濟大恐慌當中，1931 年 9 月發生九一八事變（滿洲事變）。事變發生後不久，英國宣布放棄停止金本位制，此舉使日本商品向國際市場的發展更感困難，而中國又發動排日貨運動，因此更使日貨無法向國外銷售。在此情況下，軍事費用的擴大，國家財政年年短絀，完全依賴公債度日。面對此一財政困境，政府採取「軍事通貨膨脹」之策，即以軍

事費及社會事業費為中心之財政規模的膨脹，禁止黃金出口並實行低匯兌政策，由日本銀行負責發行公債等正規的通貨膨脹政策。

隨著產業的發達，企業的規模日益擴大，資本集中於少數大資本家，形成畸形的獨占資本。各種重要產業的領域，均組成托拉斯，企業的集中與獨占日甚，金融資本更呈現過度集中的趨勢。三井、三菱、住友、安田等財閥，自明治初年即受政府呵護，他們與政府官僚、軍部勾結，經過甲午戰爭、日俄戰爭與第一次世界大戰等三次戰爭，而積成巨富，支配日本大部分的產業。

二、倫敦裁軍會議與統帥權干犯問題

日、英、美三國均為維持華盛頓會議體制而努力，但因裁軍協定，僅限定主力艦的保有比率，而無輔助艦的限制，各國因而競相建造輔助艦。日本海軍對於協定中的對美六成比率極感不滿，而有輔助艦艇的整備與夜間偷襲作戰的研究，以彌補量的不足。但世界恐慌再度掀起裁軍的風潮。

日本同意參加美國總統胡佛 (Herbert C. Hoover) 提倡的倫敦裁軍會議，濱口內閣在陸軍贊成下參加。日本力主輔助艦與大巡洋艦的總額對美七成的比率，保有潛水艇七萬八千噸。但在英、美的反對下，日本基於財政上的理由，考慮與英、美協調，於 1930 年簽訂稍作讓步的妥協案（「倫敦海軍裁軍條約」）。

「倫敦海軍裁軍條約」卻在日本國內引起「干犯統帥權」的論爭❾。軍部對於日益伸張的政黨勢力，求諸於統帥權的擴大解釋，作為攻擊政黨的武器。起初海軍軍令部雖對日本國防兵力之不足不滿，但未提及統帥權。旋在議會、傳播媒體與右翼團體的鼓煽策動之下，「倫敦海軍裁軍條約」的

---

❾　這是「明治憲法」第十一、十二條解釋統帥權問題，即依據第十一條，陸海軍的統帥權屬於國務大臣的權限之外，卻有第十二條軍的編成及常備兵額的決定為國務事項的規定，而引起爭論。

簽訂，被指為政府侵犯了統帥權，擅自決定簽署屈辱的裁軍條約，反對派政友會與樞密院等，均站在海軍軍令部的立場，抨擊政府。

「倫敦海軍裁軍條約」引起日本政黨與軍部之間的對立，此後與軍部大臣武官制同樣成為軍部主張的萬能武器。

在軍備擴張論者與政府爭論不休時，不景氣更為加深，失業者激增。因「倫敦海軍裁軍條約」而節省的經費，本應轉為減稅補助之用，卻因海軍堅持，大半撥充為海軍的補充計劃之用。就在「倫敦海軍裁軍條約」告一段落之後不久，首相濱口在東京被一國粹主義青年襲擊而受重傷。

在經濟恐慌、社會運動轉趨激烈的情況下，進行非法活動的日本共產黨，開始明確的提出打倒日本國家體制——天皇制的目標，具有潛在的影響力。1928 年（昭和）第一次大選時，無產政黨各自提名候選人，在露骨的選舉干涉中，產生八個當選者。選舉後不久，政府以敕令修改「治安維持法」，提高刑期，大舉搜捕共產主義者，禁止勞農黨的結社，鎮壓左翼的活動。

三、革新運動的挫折

九一八事變後中國民族主義高昂，給予日本社會很大的衝擊。無產政黨紛紛「轉向」[10]，漸有國家社會主義的傾向。殘餘的人聯合結成社會大眾黨，但亦逐漸傾向於「右翼」。1933 年，日本共產黨的最高領導者從獄中發表「轉向」聲明，廣泛給社會主義者影響，造成大量的「轉向」。少數堅守社會主義的鈴木茂三郎等日本無產黨，亦於 1937 年受到彈壓而停止活動。

類此動向在文化層面亦可見到。社會彌漫著遵循政府的文化統制方針，軍國主義、反動的色彩濃厚，且對盲目追隨歐美文化發出省思，而掀起重新檢討日本傳統文化的風氣。

其後日本政府加強對思想、言論的取締，除馬克思主義之外，連自由

---

[10]　改變原來的主義、政治主張，無異變節。通常指屈服於當局的高壓，而放棄共產主義信仰的行為。

主義、民主主義的思想、學問亦接二連三的遭受鎮壓。

　　過去不被思想界重視的「日本主義」，逐漸成為社會輿論的主流，自由主義與民主主義思想則遭受右翼勢力的聲討。1933 年 4 月，發生「瀧川事件」⓫。翌年，陸軍省出版了《國防之本義及其強化》的小冊子。大肆宣揚「戰爭是創造之父、文化之母」，標榜建立高度的法西斯極權主義的「國防國家」，要求全面改組國家和社會，全力進行對精神與物質的「一元化」綜合統制，使政治、經濟、教育文化與科技，以至於國民生活，都從屬於戰爭。在軍方的大力宣揚與右翼分子的全面推動下，極權主義思想很快支配了輿論界。

　　1935 年發生「天皇機關說」事件，擁護國體聯合會首先發難，指責美濃部達吉的天皇機關說違反國體，「紊亂國憲」。隨即有右翼議員在貴族院與眾議院攻擊美濃部，譴責其為「慢性謀反」的「學匪」，掀起很大的政治風波。「在鄉軍人會」意圖擴大事態，發行十五萬冊攻擊天皇機關說的小冊子，政友會則趁機倒閣，從中推波助瀾。天皇機關說引起政治整肅，不僅社會主義，連自由主義亦被指為違反國體的思想而被否定。期待軍方革新派的國內改革，並加以推動的言論，逐漸成為新聞輿論的主流。天皇機關說不僅是長期以來憲法學者所公認，且為昭和天皇所贊同，卻一時變成違反國體的嚴重政治問題。政府不得不兩次發表「國體明徵」（明確天皇中心主義的國體觀念）聲明，否認美濃部學說。美濃部本人亦被免除貴族院議員之職。「國體論」遂取代了政黨政治理論支柱的「天皇機關說」，成為不可侵犯的政治、思想的最高準則。

⓫　京都大學法學院教授瀧川幸辰，講授客觀主義法學，反對刑罰作為對犯人的報復，強調重視犯罪的社會原因的教育刑。此一主張卻被指為散布違反國體的赤化思想，當局禁止其著作，並將瀧川停職處分。

第四節　軍國主義的推行

一、九一八事變與「滿洲國」

1.九一八事變的發動

以陸軍少壯軍人為中心的櫻會，於 1931 年發動「三月事件」❶失敗後，遂又改變方向，轉到滿洲問題，於是有九一八事變的發動。

九一八事變的爆發主要由於日本資本主義的特殊結構，以及軍國主義的侵略性，而其直接的動機則是受到世界性不景氣影響所引起日本經濟與政治的危機。由於經濟上受到不景氣的嚴重影響，日本軍國主義勢力三十多年來所抱持對華領土野心乃日益顯露，足為其商品、投資市場，以及各種資源供應地的滿洲，被認為是拯救不景氣危機的關鍵。

同年 6 月，日本參謀本部與陸軍省已擬訂「解決滿洲問題方案大綱」，決定於必要時採取軍事行動。在經濟不景氣與中國民族運動發展的雙重壓力下，煽動「滿蒙的危機」，導向戰爭的宣傳運動。至 7、8 月間，利用「萬寶山事件」❸和「中村事件」❹，進一步鼓煽滿蒙危機的緊張氣氛和排外主義的情緒。

滿洲的局勢為此而倍增緊張。加上中國民族運動高昂，排日風潮甚盛，日本面對此一情勢，乃傾向於在滿洲實行大變革，關東軍遂藉機斷然採取

---

❶ 日本少壯軍人所組櫻會得軍部中央的支持，擬樹立以陸相宇垣一成為首的軍部獨裁內閣，陰謀發動政變。起初，軍部高層均默認，但因宇垣態度躊躇而中止。

❸ 1931 年 7 月，中韓農民為爭水道而發生的衝突，日本利用此一事件作為解決滿洲問題的手段，擴大為韓國境內的反華暴動。

❹ 日本陸軍大尉中村震太郎於 1931 年 8 月密赴東北洮南偵察，為中國駐軍捕殺。日本向中國提出嚴重抗議，並製造輿論，激盪日人情緒，增兵南滿，作發動侵略準備。

武力行動。

九一八事變是第二次世界大戰的序曲，也是日本軍國主義形成的開端。「滿洲國」的建立，實顯示其已超過單純的外交交涉，國際糾紛的領域，而成為中日兩國錯綜複雜的問題。

日本對華侵略政策——大陸政策的形態，已由政治、經濟的侵略轉化為以國防為優先，軍事為主的擴張。九一八事變的爆發及此後日本的對華政策，正是此一軍國主義模式形成的開端。

事實上，引起此一事件的原因很多，必須由日本國內政治、外交、經濟、戰略以及軍事思想等問題與中國的境況、反應、國際環境等方面加以闡明，始能瞭解其真相。以下擬就日本侵略滿洲，形成軍國主義的內外在因素加以分析。

就日本國內的內在因素而言，侵略滿蒙，進而兼併整個亞洲大陸，實為日本大陸政策的目標，所謂大陸政策，實為日本向外擴張政策中的北進政策。大陸政策經兩次對外戰爭——甲午戰爭、日俄戰爭而大為擴展，至九一八事變達到高峰，在偷襲珍珠港事件之前，日本大抵是以北進的大陸政策為主。日本原為中國四鄰小邦之一，其幅員與人口均不足與中國相比擬，但其大陸政策形成之動因，則為明治維新前後，日本民族所表現的特性——「國體」觀與「大和魂」(yamatodamashii) 的優越感以及資本主義發展階段中，對原料、市場與經濟的需求等因素。尤其在戰勝俄國 （1905年）以後，油然而生「大國意識」，同時舉國上下宣傳滿洲對日本的重要性。日本人以為南滿的權益乃是耗費了十億國帑，流了二十萬人的血所換來的代價，因此，「勿失滿洲」的口號甚囂塵上，甚至杜撰所謂「滿洲聖地傳說」，煽惑對外危機意識，作為進窺滿洲的藉口。

日俄戰爭以後，因國際局勢的轉變，日美關係日疏，原為敵對的日俄關係，卻反而更為密切，自 1907 年以後十年間，日俄先後訂立四次密約，共同劃分南北滿勢力範圍。辛亥革命後，日本亦曾多次在東北策動「滿蒙

獨立運動」，均歸失敗，但染指滿洲的野心則未嘗稍戢。

　　日本對外所推行的侵略政策——大陸政策，其根本原因乃是日本民族「國粹主義」（日本主義）的心態，造成對外擴張的熱潮。國粹主義為明治以來的傳統觀念，此一傳統至昭和時期而極盛，蔚為國家主義運動——右翼運動的潮流，而以「國體論」為其思想核心。國體的觀念包含兩個重要的意義：一是政治思想與宗教信仰，一是國家性格方面的價值與倫理觀念。前者具有專制天皇制以及「昭和維新」的復古傾向；後者則表現為忠君愛國的思想與行動。

　　大正年間，由於第一次世界大戰以後，和平氣氛濃厚，民主主義高唱入雲，國體論一時消沉，但「大正民主」卻面臨許多難題，不僅幣原、田中的對華外交失敗，日本國內問題叢生，政黨政治腐化，經濟恐慌，農民騷動日盛，工潮迭起，左派勢力驟興，社會風氣敗壞，且有分崩離析之虞，於是國粹主義思想轉趨盛行，右派運動隨之抬頭。國粹主義者主張推翻議會，反社會主義，反資本主義，擁護天皇，實行天皇制獨裁專制，建設大東亞新秩序，軍國中心主義與專制天皇制思想合而為一，具有濃厚的法西斯主義色彩。

　　北一輝與大川周明即是此一時期具有法西斯傾向的思想家，他們倡導以軍部為中心的國家改造運動。北一輝所著《日本改造法案大綱》成為右派運動的經典，被少壯派軍人及民間右派革新家奉為圭臬。北氏的主張不僅為「國體論」提供理論基礎，且激起少壯派軍人「改造」的狂潮。

　　從戰略上言，九一八事變可說是由於日本外交行動的挫折，轉而確立軍事、國防優先思想的轉機。軍事優先思想乃是以國防為主要國策，其他各項政策均淪為從屬地位的一種想法。值得注意的是，國防的意義，由於受到德國地緣政治學 (geopolitik) 等的影響，常作廣義的解釋。即世界大戰在地形上可分五分、四分、三分，甚至二分。在此一分化過程中，超大國的爭霸戰乃是必然的，因而各超大國必須儲藏更多的資源，實施國家總動

員體制，將其他大國的政治、經濟影響力，排除於本國所支配的區域之外。這種國防觀念形成「滿蒙正是日本發展國運最重要的戰略據點」的滿蒙論，進而使日本侵占滿蒙 「合法化」。 由此可見其侵略滿洲是新國防觀念的產物，同時也是基於戰略上考慮的後果。

從戰略上言，日本有二個假想敵：即美、俄兩國，尤以俄國為最。日俄戰爭以後，日俄雖然已由敵對關係進入「密約」合作，但日本始終恐懼俄勢南下，威脅其侵略中國政策，因此積極擴充軍備，以俄國為首要假想敵。日本所推行的「滿蒙特殊化」、「滿蒙獨立運動」，除經濟因素之外，實為基於抗俄的戰略考慮。

田中義一之所以極度重視滿蒙，除了經濟因素之外，主要乃在以之作為對抗蘇聯共產黨的戰略基地。 這種戰略觀點，在九一八事變前後，尤為盛行，而關東軍參謀板垣征四郎與石原莞爾，可說是持此一觀念的代表人物。

板垣與石原對滿洲軍事擴張評價甚高，因此所擬「滿蒙占有計劃」之積極，可謂無與倫比。關東軍的戰略思想，乃是以蘇俄為目標，其後由於中國民族主義運動的抬頭，排日運動之波及滿洲，1928 年又將中國列入，但基本上仍視為阨阻蘇俄的要塞。及至共產主義浸透中國日甚，赤化的危險日亟，滿洲在對蘇戰略上的價值乃愈重要。關東軍遂認為有占領北滿的必要，蓋不僅可由此解決日本北方的國防問題，同時又能毫無阻礙地向南方發展。

石原繼承了日本傳統的國粹主義思想與「雄飛海外」的擴張主義等文化遺產，充滿創「霸業」、居「盟主」的野心。板垣與石原都在戰略上以蘇聯為敵對目標，卻在理論上仍視美國為阻撓日本大陸政策的最大敵人。石原深信歐戰期間，西洋的文明已移向美國，未來的戰爭當以日本為中心，掀起東西兩大文明的代表——日美——爭霸戰，成為真正的世界大戰，也是人類最後的大戰。

石原既自認日本將為東方的代表，勢必與美國作殊死戰，因此當前的

急務是迅速擴張其勢力範圍。滿蒙為日本戰略上的基地，且為統治朝鮮、支配中國的根據地。占有滿蒙，即可解決日本的人口問題，而其豐富的資源，亦為日本所必需，日本如要「雄飛」世界，必以取得此一良好的戰略位置為要件。日本如能完全控制滿洲，則可阻阻蘇俄的東進，因此，九一八事變的發動，乃是基於這種戰略上的考慮。

　　1930 年代的世界經濟恐慌，的確給予日本資本主義嚴重的打擊，同時由於日本國內經濟的惡化，以及對外（主要為對華）貿易銳減，對於滿洲的需求益甚。

　　先就日本國內的經濟情況來看。1929 年以後，物價慘跌，股票價格與批發價格驟降，各行業利潤大為減退，生產大受限制，對外貿易萎縮，甚至較諸生產之減退為甚，加深了不景氣的嚴重程度。日本輸出入在 1929 年呈減半之勢，尤其日本貿易商品、市場均呈集中傾向，更使其所受打擊加重。

　　滿洲不僅地廣人稀，交通便利（鐵路長度約占全中國之半），礦藏豐富，森林蘊藏與農業資源亦豐，肥沃而廣大的可耕地，更足以容納大量的移民，地狹人稠的日本，對此最為垂涎。

　　1927 年「東方會議」所決定「對支政策綱領」中的「滿蒙計劃」，亦特別強調對滿蒙的特殊考慮，及「有覺悟採取適當措施」的決心。

　　「生命線滿蒙」、「生命線」、「日本的生命線」這類詞句，無非都是日本軍國主義者為了對外擴張所杜撰的口號。「生命線滿蒙」出自松岡洋右之口，其後為陸軍所採用，並擴大成為全國性大眾傳播的口號，在喚起危機意識，侵略意向方面頗富煽動性。這種「生命線」觀念一旦深入日本人心，則軍國主義日本對滿蒙採取強硬舉措，必將廣受人民的支持。

　　就日本而言，中國民族主義的興盛與當時的國際環境，實為其發動九一八事變的外在因素。1920 年代，中國反帝國主義運動日盛。國民黨的影響較弱的東北，到 1927 年以後，民族主義運動驟昂。張作霖、張學良父子，企圖收回過去被列強（尤其蘇俄）支配的權益。張學良奪回中東鐵路

失敗後，矛頭轉向日本，對於過去不明確而無合理根據的日本權益或特權，均徐圖廢除。1930 年，由於抵制日貨運動，加上世界經濟大恐慌，滿鐵的經營由盈轉虧，甚至有大量赤字的記錄。

此時國際環境對日本造成有利因素，一是中國正陷入深刻的國內分裂，無法對此一重大的民族危機表現一致的對應。二是因日本占領滿洲而感受直接軍事威脅的蘇聯，正以國內的建設為優先，專心致志於 1928 年開始的第一次五年計劃，加緊其工業化的推動，盡量採取和平外交，力避與日本直接衝突的政策。滿洲邊境蘇俄軍事力之增強，對日本雖構成一大威脅，但蘇軍之擊退張學良奪取中東鐵路，對於極端恐懼中國反帝國主義運動的日本，毋寧增加了信心，且認為在蘇俄第一次五年計劃尚未完成之前發動軍事行動，確為最好的時機。三是英美等國對日本的綏靖政策，對日本的侵略有利。尤其在世界大恐慌之際，英美均因普受不景氣的影響，埋頭於國內的危機處理，無暇東顧，當亦造成日本自由採取武力行動的有利條件，甚至由於其對蘇聯繼續發展經濟的敵意，而對日本之占領滿洲為對蘇軍事行動之第一步而表歡迎之意。後來國際聯盟對日本的譴責聲明，出之於歐洲多數小國的意見，帝國主義強國並無對日制裁的意圖，因而不具有實效。

其實，日本軍部自 1928 年即已開始擬訂對滿武力計劃，1930 年底至1931 年 7 月間，尚有四種計劃。其間尤以石原莞爾的構想最值重視。1929年 7 月，石原等在其所謂「參謀旅行」北滿途中，已擬有「關東軍滿蒙領有計劃」，此一計劃的目的，乃是由日本直接統治滿蒙地區。《滿洲占領地行政之研究》，亦屬於「滿蒙占有」的原始計劃，其內容不外乎由關東軍占領滿洲，日本人出任總督或由日軍司令官實施軍事統治。其計劃重點乃是如何策劃以一萬餘的關東軍去壓制二十萬的中國軍隊，並避免列強可能的干涉。

1931 年 9 月 18 日，日本駐滿鐵路守備隊炸毀瀋陽附近柳條湖滿鐵鐵軌，誣稱中國軍所為，關東軍大舉出動，攻擊瀋陽北大營，揭開了九一八事變的序幕。

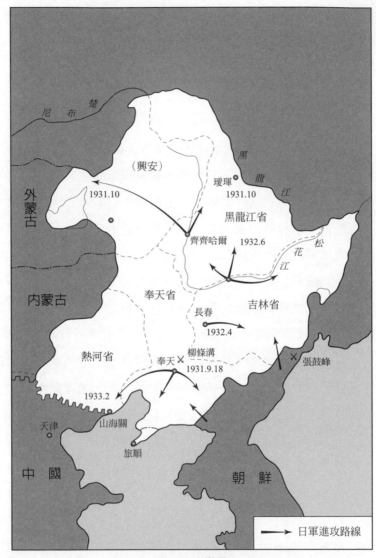

九一八事變圖

　　日方出動的兵力有二：一是獨立守備隊，另一是第二師團，當夜在東
北的日軍幾乎全部出動，兵力總數約有一萬餘。東北邊防軍則共約二十餘
萬人，半數駐關內，但東北邊防司令張學良與黑龍江省主席萬福麟，均在

北平，吉林與遼寧省當局事先皆無警覺，全未作準備。關東軍於短期內即占領瀋陽城，翌日，長春、營口、安東等地先後失陷，朝鮮日軍亦越境進向遼陽、吉林。日軍之所以勢如破竹，以寡擊眾，一因武器良窳有別，一因中國軍隊的不抵抗政策。

當時中國經過八個月的中原大戰，元氣大喪，東北軍入關以後，東北兵力減弱，張學良又長期留駐北京，注意力轉向國內。因此國民政府主席蔣介石與張學良在萬寶山事件後，曾交換過意見，決定避免和日本衝突。事件發生之後，若槻內閣決定不擴大事變的方針，關東軍卻置之不理，一週內即進占長春、吉林省城。日本政府再命撤退至南滿鐵路附近，不得進兵北滿，甚至奏請天皇制止。關東軍雖一時稍為收斂，但與日本政府之間已成對立之勢。

10 月間所發生的關東軍獨立事件❶❺與「十月事件」❶❻，影響到日本的國策與對滿政策的根本方針。前者雖屬流言，但為關東軍權謀術數的一種，而後者則為一項規模不小的政變計劃，其後雖被壓制，但參加的軍官卻只受到輕微的處分。此後少壯派軍人更加跋扈而肆無忌憚。瀋陽失陷後，東北邊防公署及遼寧省政府遷至錦州，關東軍則宣稱否定錦州政權的存在。11 月，關東軍以蘇俄表示無意干預，乃進軍黑龍江，占領齊齊哈爾之後，進兵錦州，旋即於 1932 年 1 月 3 日加以占領，並奪取哈爾濱，整個東北在百日之內全部淪陷。

2.「滿洲國」的成立

九一八事變後，關東軍雖然在軍事方面進展甚速，但本來所倡「滿蒙領有論」，則受到內閣不擴大方針以及「滿洲青年聯盟」主張的影響，且顧

---

❶❺　關東軍積極推動滿洲侵略，受到政府掣肘，因而有脫離中央獨立的企圖。

❶❻　軍部中央的急進派——參謀本部的橋本欣五郎等少壯軍官，擬於 10 月下旬間發動政變，擁戴荒木貞夫為首相，組織軍部內閣，以改造國內政治的陰謀。但因事機不密而失敗。

滿洲國執政溥儀就任儀式

慮到國際的反應，乃改變統治滿洲的方式為樹立傀儡國家的方針，籌劃滿蒙獨立案。

　　中國東北各地在關東軍的策劃、威壓下，著手進行所謂「自治運動」。10 月間，日本「十月事件」的陰謀暴露，又有關東軍獨立的流言，關東軍的阻力愈小，一方面擬定「滿蒙共和國統治大綱案」、「滿蒙自由國設立案大綱」，一方面由土肥原賢二負責進行劫取溥儀的陰謀。外相幣原等對關東軍擁立溥儀計劃表示絕對的反對。當時在天津日本租界的溥儀，亦懷疑關東軍的真意，不願應命。但土肥原賢二則依照原來計劃，以其擅長的陰謀手段，擾亂天津的治安，對溥儀軟硬兼施，於 11 月中旬，成功的誘拐溥儀到旅順。

　　在關東軍的策劃下，於翌年 3 月 1 日，「東北行政委員會」發表建國宣言，建都長春（改稱新京）。9 日，溥儀就任滿洲國執政（1934 年 3 月改稱皇帝），鄭孝胥為總理，定年號為康德，「滿洲國」正式誕生。「建國宣言」中雖高倡「五族共和」，其實所謂「滿洲國」，只是關東軍「內面指導」下的傀儡政權。蓋政府要職全由關東軍軍官或日本人所擔任，而南滿鐵路則操縱「滿洲國」的經濟命脈。

　　關東軍原有占領「滿蒙」的構想與計劃，其後與日本軍部中央及「滿洲青年聯盟」等妥協，改而建立「滿洲國」。經由「本庄‧溥儀換文」、「日滿議定書」，確立由關東軍統攝「滿洲國」大權的特殊統治形態。

3月10日，溥儀與關東軍司令官本庄繁交換「公文書」，關東軍對新國家的支配遂合法化。依據此項換文，「滿洲國」將國防及治安重任委諸日本，並承認關東軍有管理鐵路、港灣、水路權能，以及重要官吏任免大權❶。

「滿洲國」的中央政府組織已完備，地方行政機構亦分別設置，但由上項換文規定，人事權實操在日本人手中。行政中樞的總務廳長官由日本人擔任，其他各部次長、處長，亦俱由日本人充任。因此，「滿洲國」的一切行政，實由日本人統轄、操縱。

8月，日本任命武藤信義為駐滿全權大使，同時以關東廳長官名義，管轄南滿鐵路，又兼駐軍司令之職，集軍政大權於一身。9月15日，由武藤信義與滿洲國國務總理鄭孝胥締訂「日滿議定書」，奠定了日本對「滿洲國」所謂「內面指導」的法理基礎，同時以之為日本對「滿洲國」的正式承認。此一議定書的內容，主要乃是「滿洲國」承認日本在滿蒙所獲得的既得權益，以及日本派兵駐紮的義務，由此可見此一新國家，已淪為日本的殖民地。

傀儡國家的建設不啻意味著滿洲脫離中國而成為日本實質上的殖民地。「滿洲國」的「獨立」，雖是不顧政府與軍部中央的意圖而擅自決定的計劃，但並非日本政府或軍部不能容許的範圍。政府只不過是為了一時對國際的顧慮，而猶豫即時承認「滿洲國」而已，占領滿洲為既成事實，乃其基本的政策。

3.退出國際聯盟

中國於事變之後，按照國際聯盟盟約第十一條規定，向國際聯盟提出控訴，以求制止日本的侵略，對於日本軍事行動係出自自衛權發動的說法加以駁斥，並取得國際聯盟中小國的同情與支持。但英、法、德、義各列強，為了肆應不景氣問題而自顧不暇，實在無法兼顧遠東問題，因此，自始即採取消極態度，結果端視美國的態度而定。美國雖非國際聯盟的一員，但曾是

❶　議定書的內容僅有兩條，一是滿洲國尊重日本從來的權益，二是為了共同防衛，規定日軍駐屯滿洲國境內。

國際聯盟的創始國，且對國際問題頗表關心。唯事變初起時，認為只是地方性的局部衝突，且對幣原外交頗有信心，故亦避免干預，捲入此一漩渦。

12 月，日本民政黨若槻內閣總辭，改由政友會犬養毅組閣。翌年（1932 年）1 月，日軍占領錦州，使美國態度轉趨強硬，國務卿史汀生 (Henry Stimson) 遂於 1 月 7 日發表「史汀生主義」(Stimson Doctrine) 聲明，宣示美國不承認以武力改變現狀。此一聲明雖不能發展為經濟或武力制裁，僅止於道義的譴責，但仍引起全世界的注意，予以日本精神上嚴重的打擊，對於後來國際聯盟處理滿洲問題，發生了很大的作用。唯就當時的局勢而論，「史汀生主義」由於日本軍國主義悍然拒斥，其他列強態度消極，因而不能發揮實質上的遏阻效果，日軍的擴張範圍遂日益擴大。

中國於九一八事變後，向國際聯盟提出控訴，國際聯盟乃於 1932 年 1 月，成立一個調查委員會，並派遣李頓 (Victor A. G. R. Lytton) 調查團從事實地調查。報告書對於日軍在九一八事變的行動，不認為是合法的自衛手段，而是有計劃的侵略，確認滿洲係中國的領土，中國並非無組織的國家；但承認滿洲的特殊性，勸告中日兩國商定新約，以釐清兩國的權利、義務，並在中國主權範圍內，允許東三省高度自治權，以之為基礎，促進中日經濟合作，而斷定所謂「滿洲國」為日本的傀儡組織一事，更不為日本所接受。

日本於 11 月 20 日發表意見書，力加反駁，並聲明反對報告書所提解決方案。日本輿論亦一致擁護日本政府，群起「聲討」國際聯盟。

國際聯盟決議成立調查團以後，日本的軍事行動卻反而日益擴大，於 1932 年 1 月初占領錦州之後，復於 28 日發動上海事變。此役實為日軍的一項陰謀，由關東軍授意駐滬武官田中隆吉少佐所策劃，藉以援護關東軍在黑龍江的掃蕩戰，以轉移歐美各國的視線。

日本海軍陸戰隊進攻上海閘北，卻遭遇中國守軍（第十九路軍）的抗戰，而陷於苦戰，戰火擴大，乃加派三個師團兵力占領上海北方。但上海與滿洲的情形不同，與列強經濟利害攸關，一旦發生戰事，當會招致干涉。

旋在英美等國出面調停，國際聯盟決議日本撤兵的勸告下，於 5 月達成日本撤兵的停戰協定。上海事變雖在軍事上、政治上是日本帝國主義的一大失敗，但就其為了完成占領滿洲，而轉移列強注意力的陰謀而論，卻是成功的。

日本政府唯恐戰局擴大，滿洲問題成為國際聯盟討論的對象而受到列強的壓力。蓋不僅無法控御關東軍，復難排解大多數對採取武力維護日本在滿洲權益的關東軍表示強烈支持的輿論。其後日本為了「滿洲國」的承認問題，與國際聯盟發生激烈的對立。

11 月下旬起，國際聯盟召開理事會討論「李頓調查團報告書」。日本派遣松岡洋右為首席代表赴會。日本政府初無退出國際聯盟的意向，甚至連松岡亦在國際聯盟審議期間，表示反對退盟。但陸軍則一意孤行，展開「熱河作戰」，向國際聯盟挑戰。日本國內軍國主義勢力抬頭，少壯軍人、右翼團體、外務省、政黨中的激進派大力鼓吹，結果陸相荒木貞夫等脫盟論者得勢，逐漸傾向於退出國際聯盟之議。

1933 年 2 月 14 日國際聯盟經過激烈的辯論以後，因日本絕對反對接受「李頓調查團報告書」中的解決方案，及取消「滿洲國」的承認，遂付之表決。結果，除日本反對，暹羅棄權之外，其餘到會會員國四十二票，一致贊成，正式通過「報告書」。

大會通過報告書建議案後，日本代表憤然退席。至 3 月底，正式退出國際聯盟，此後日本軍國主義放棄國際協調主義，一意孤行。至 1936 年，華盛頓、倫敦兩海軍條約失效，日本遂在國際上陷入孤立。

總之，日本侵略滿洲，乃是其大陸政策的一環，也是日俄戰爭以後積極企求的目標。九一八事變則是日本資本主義的危機所產生的軍國主義勢力，處心積慮發動的軍事侵略，同時也是露骨的帝國主義戰爭。

日本在九一八事變決策過程中，最顯著的特色是對現實權威的反抗，蓋最後決定政策的，常是關東軍幕僚，或中央軍部中的少壯軍官。他們甚

至不惜以「辭職」、「獨立」為武器，以遂其左右政策的目的。九一八事變前後，日本政局的紛亂以及幾次政變，顯示日本軍界「下剋上」風氣之盛，九一八事變的發動以及偽滿洲國的建立，正是此一風潮成功的例子。

日本承認「滿洲國」以及退出國際聯盟，表示日本對本身國力評價發生極大的變化。日本的民族主義實建立在中日與西歐三方面實力關係之上。明治時期的國家主義者，由於飽受西歐的衝擊與威脅，對列強懷有畏懼、崇拜的心理，因而一直採取所謂「協調外交」，但到了九一八事變之後，卻發生了根本的變化。此後，日本一改協調外交的根本方針，而採取「自主外交」。軍國主義日本已在國際上孤立，而其侵略擴張則更無止境。

躊躇不敢立即承認「滿洲國」的犬養毅內閣，於 1932 年的五一五事件倒臺，繼起的齋藤實內閣，於 9 月交換「日滿議定書」，承認「滿洲國」。

關東軍遂完全獨占支配了「滿洲國」的政治、軍事，成功地使「滿洲國」成為日本的傀儡國家，此一狀態，繼續維持到 1945 年戰爭結束為止。

二、軍部的抬頭與政黨政治的沒落

十月事件後，右翼少壯派軍官積極推動急進法西斯運動。出任陸相的荒木貞夫等，拉攏陸軍中的法西斯青年軍官，形成「皇道派」，將推進「國家改造」的希望寄託在荒木身上。民間法西斯分子井上日召等人則與海軍青年軍官連結，決定以非法手段實現「國家改造」。

1932 年春，井上日召手下的右翼農村青年暗殺前藏相井上準之助、三井財閥理事長團琢磨。這是以「一人一殺」主義的暗殺團體「血盟團」團員所為，稱之為血盟團事件。因血盟團的逮捕而瞭解其背後關係與軍部急進派政變計劃的一部分，但政府當局卻未採取任何應變措施。至同年 5 月 15 日，發生海軍青年軍官射殺首相犬養毅、攻擊警視廳等的五一五事件。

這是由十名海軍下級軍官所組成的國家主義激進派，企圖結合陸軍士官學校學生以及右翼巨頭頭山滿、大川周明等，陰謀發動政變，組織軍人

內閣，實施軍國主義體制的政變，雖亦告失敗，卻是軍部干預政治的開端，法西斯主義獲得很大的進展。

五一五事件顯示政黨內閣已喪失其控制局勢的權威，如無軍隊的配合與支持，內閣顯然無法控制軍隊，維護政局的安寧。此後政黨在政治上已無舉足輕重之力，反之，軍方與反對政黨、打破現狀、主張革新的右翼勢力抬頭。

青年軍官與右翼分子，以為日本的窘境起因於元老、重臣、財閥與政黨等統治階級的無能與腐敗，因而擬予推翻，以建立軍方為中心的協力內閣，企圖轉變內外政策。這一連串的直接行動，威脅統治階層，在五一五事件之後，軍方明白表示反對政黨內閣，要求成立「舉國一致」內閣。元老西園寺公望乃推薦非政黨總裁的穩健派，海軍大將齋藤實，接著推舉海軍大將岡田啟介為首相。至此，自大正末年以來僅八年的政黨內閣制崩潰，一直到太平洋戰爭結束之前，未嘗恢復。

政黨政治的終結，親軍部的舉國一致內閣的成立，反映國家法西斯主義化的加強。此後軍部的政治地位愈為鞏固。

在此動向之中，當初考慮國際關係而對承認「滿洲國」態度消極的齋藤內閣，在外相內田倡言「焦土外交」下，於8月任命陸軍大將武藤信義為關東軍司令官、特命全權大使、關東廳長官三位一體的地位，於9月中旬與「滿洲國」簽訂「日滿議定書」之後，即加以承認。

國際上，義大利在 1932 年率領法西斯黨的墨索里尼 (Benito Mussolini)，取得政權，實現一黨專制獨裁，於 1935 年侵略衣索匹亞，與國際聯盟激烈對立。德國則由希特勒率領納粹黨（Nazis，國民社會主義德意志勞工黨），於 1933 年取得政權，事實上廢止「威瑪憲法」，建立獨裁體制，並倡導打破凡爾賽體制，退出國際聯盟，於 1935 年宣布重整軍備。

1934 年，「統制派」支配陸軍之後，對陸軍的全面統制尚未確立，統制派與皇道派的鬥爭愈烈，尤以兩派青年軍官之間的鬥爭為甚。統制派反

對武裝政變和恐怖暗殺，要求全軍服從軍部中央的統制，採取軍部介入政治的途徑，推行自上而下的合法改革。此一立場深得財界、政界的支持。皇道派青年軍官則堅持自由行動，傾向於「清君側之奸」的恐怖手段，對上層施加懲戒與壓力，以實現天皇親政下的國家社會主義改革。

至 1935 年 8 月，發生皇道派的相澤三郎中佐殺死統制派永田軍務局長事件，雙方對立益甚。1936 年 1 月，軍法會議公審相澤，皇道派大肆攻擊統制派為軍閥，陰謀發動政變。2 月，陸軍省宣布，調動駐東京的第一師團往滿洲。其中有不少是皇道派軍官，因而加速了政變的步伐。

同年 2 月 26 日，皇道派軍官率領一千四百名士兵，襲擊首相官邸，殺害數名內閣閣員，殺傷侍從長鈴木貫太郎，占領首相官邸、陸軍省、警視廳等處。叛軍高唱「尊王討奸」，要求重用皇道派，懲處統制派，實行維新，充實國防。陸軍當局承認叛軍的行動是出自於「顯現國體之至情」。天皇嚴令立即平定，遂調集二萬多兵力，包圍叛軍，叛軍未作抵抗，俯首投降，僅三天即被敉平（二二六事件）。皇道派被整肅，統制派掌握了軍隊的指揮權。

此一改造國家、樹立軍部內閣的政變雖被鎮壓，其後成立的廣田弘毅內閣，卻接受軍方的閣員人選以及軍備擴大等政策方面的要求而勉強組成，成為此後軍人介入政治的肇端。

廣田內閣恢復了授與軍部強大政治力的陸海軍大臣現役武官制，並編列了一項包含十四億軍事費用總計三十億的超大型預算，大量建造飛機、坦克、航空母艦、大戰艦等近代武器。

退出國際聯盟，陷入國際孤立的日本，於 1936 年以防共為號召，締結「日德防共協定」。翌年，義大利亦參加，形成與凡爾賽、華盛頓體制敵對的三國同盟。

在對國內政治改革不滿的軍方，以及對國際收支惡化等不滿內閣政策的在野黨聯手攻擊下，廣田內閣於 1937 年總辭，改由宇垣一成組閣。軍方

不滿宇垣，不推舉陸相，組閣受阻。此一事件足以明示軍方發言權之大。最後成立林銑十郎內閣，但亦短命而終。6月，在國民期待聲中，由近衛文麿組閣。

三、準戰時體制的財政

犬養內閣開始財政政策的重大轉變。主持財政政策的藏相高橋是清，採取的措施是重新禁止黃金出口，廢除金本位制，大幅擴大政府開支，增發公債，實行低利率，避免增稅。借助於通貨膨脹，降低日幣匯率，並提高進口關稅，藉以擺脫經濟危機。

自 1932 年起，政府財政支出每年增加 30% 以上，但大部分用於增加軍事經費，只有一小部分用於救濟與投資。

五一五事件之後，全國興起了救濟農村請願運動，要求農戶負債延緩三年，補助肥料資金，發放移民滿洲補助費五千圓。鑑於農村困苦動盪，勢必影響局勢的安定，且恐軍心動搖，政府當局亦深感解決農村危機的急迫性。1932 年 8 月的臨時議會，決定提撥巨款發放低利貸款，設法維持米價。嗣又採取救濟農村災害，地方的義務教育經費改由國庫負擔等措施，同時撥款資助造船、汽車工業等企業。

高橋財政所採取擴大軍費和進行政府投資等擴增政府開支，並使日幣貶值以刺激經濟的對策果然奏效。但這種軍事與經濟兼顧的政策，是以促進經濟軍事化，對外傾銷為主，需要擴大機器設備和原料的進口，但因日幣的貶值，提高了進口價格，於是造成龐大的入超，同時對外傾銷，受到各國的抵制，日本的對外貿易每下愈況。

高橋財政採取刺激經濟的作法，使國家在經濟上與壟斷資本密切結合。繼續推動的「重要統制法」、「工業組合法」，更加速了大中小企業的卡特爾化，而進入國家壟斷資本主義階段。

救濟農村措施對於紓解農村危機的作用有限，蓋其主要用於公共事業

的土木工程，普通農民只得到些微的益處，主要獲利者則是土木工程承包人、商人、地主和中農以上的農戶。

由於農村的救濟與農村經濟更生運動和工業危機的克服，使農村緩慢地脫離農業危機。因此從 1935 年起，各種農產品的價格逐步達到危機前的水準。翌年，農村經濟開始好轉。農村經濟更生運動使一向在租佃糾紛中與佃農行動與共的自耕農兼佃農，轉向經濟主義，加上「鄰組」（tonarigumi，有如保甲制度的鄰里組織）互助的宣傳和農村經濟的恢復，租佃糾紛日益減少。政府依靠以中農為主的農村中堅人物，加強農村經營管制系統（政府——產業組合——農事實行組合——農戶），削弱了寄生地主的地位。財閥資本卻加強其對農村經濟的操縱。農村更生運動是實行法西斯控制的重要一環，以中農為主的農村中間階層成為加強農村法西斯控制的社會基礎。

自 1932 年後半期，由於採取積極的財政政策，日本已脫離了經濟恐慌，恢復景氣。這主要是由於軍備的擴充和軍需生產的擴大使然。財閥擴張軍需工業部門，重建重化學工業中心，建立可由戰爭經濟獲得巨大利益的體制。日本的產業結構亦因軍需的膨脹而發生很大的變化，即從以往輕工業為中心，變成以軍需工業為中心。

雖然景氣復甦，農村卻因通貨膨脹，生活必需品價格上漲，與農產品價格差距擴大，生絲的輸出仍然不振，因而面臨更嚴重的不景氣。農村悲慘的實況是戰時體制建設的最大障礙，軍部卻認為這是倡導改造國家的良機。

日本政府雖推行農村救濟政策，展開農村復興運動，但僅使地主和中上層的農民獲利，下層的農民只是受到部落統制的強化而已。其間，揭櫫反戰的共產黨與社會主義者首先遭到嚴厲的鎮壓。政府一面推行軍國主義教育，一面設置町內會與部落會，積極建立戰爭協力體制。在這種法西斯化過程中，軍部與革新派官僚在政府內部的影響力日大，企圖與財閥勾結，強化戰爭體制。

第五節　太平洋戰爭

一、中日戰爭──盧溝橋事變

1.廣田外交與進窺華北

　　九一八事變由於日本撤出國際聯盟，與「塘沽停戰協定」❸而告一段落。國際聯盟雖否認「滿洲國」，美國亦發表不承認政策，但對日本沒有構成任何實質的制裁，國際關係保持小康狀態。但滿洲事變隱含日本擴大侵略的危機。

　　1935 年 6 月，關東軍與支那駐屯軍❹藉口挑釁，迫使中國與之締結「梅津·何應欽協定」❺等，削弱國民政府在華北的支配，以樹立親日自治政權。關東軍亟欲在河北、山東、山西、察哈爾、綏遠五省地區樹立一個自治政權，斷絕國民政府與滿洲的關連，以確保「滿洲國」的獨立，減低國民政府的抗日勢力，並結成日、中、滿與華北的共同經濟圈。蒙古則樹立內蒙古自治政權，支持德王統一內蒙古，以阻止蘇俄所支持的外蒙古勢力擴及華北。但歸根究底，這些自治工作的目的乃是日本軍部企圖完成稱霸東洋之前，加強日本對整個中國支配第一階段的策劃。

　　但「華北特殊化」運動卻受到中國的抵制，日本乃於年底誘迫成立「冀東防共自治政府」，與南京政府完全分離，志在建設第二個滿洲國，以攫奪華北的資源，實現其瓜分中國的陰謀。

---

❸ 在日軍威壓下，1933 年 5 月，中日在塘沽簽訂停戰協定，限制中國軍隊，撤出冀東，日軍撤出長城，使冀東成為不設防區域。

❹ 戰時日本統稱中國為支那，支那駐屯軍係指日本派駐華北的軍隊。

❺ 「梅津·何應欽協定」是同年何應欽與日本駐屯軍司令梅津美治郎所作口頭承諾，停止國民黨部工作，解散抗日人民團體，撤退中國駐軍。

　　1935～1936 年，日本在華北的經濟擴展極為廣泛。日本資本進向任何產業部門，壓倒中國的民族資本。天津的中國紡織工廠幾全破產，或被日本公司所合併。以冀東非武裝地區為據點的日本商人的走私貿易，擾亂了中國市場，使中國的關稅收入大受打擊。軍事侵略加上日本資本與商品大量入侵華北，加深了中國民族中產階級的破滅。日本的經濟侵略加速中國抗日民族統一戰線的結成。

　　1935 年 9 月，廣田就任外相，採取盡可能防止國際孤立化的方策，排斥軍部介入外交。首先標榜以中日關係的安定為最大的目標。中國國民政府一因全力討共，一因面臨嚴重的經濟危機，有必要避免與日本發生衝突，對日本不能採取強硬的態度，使廣田對華政策能呼籲中日合作而容易採取穩健的外交。

　　1936 年 1 月，日本發表「廣田三原則」（停止排日、承認滿洲國、共同防共）。但關東軍為中心的陸軍，卻判斷國民政府的親日姿勢乃是為了脫離經濟不景氣的一時偽裝而已，反對妥協，而力主強硬的態度對付。廣田三原則的交涉，由於陸軍在華北工作的進展而不得不中斷。

　　同年 3 月，廣田組閣。但在組閣之際，閣員人選亦遭勢力日益強大的軍部的干涉。軍部大臣現役武官制度即在此時恢復。廣田內閣決定所謂國策的基準，對外以確保其在東亞大陸的地位，並向南洋方面擴張為根本方針；對內則圖謀軍備與軍需工業的擴張，國家統制經濟的加強。

2.近衛登場與盧溝橋事件

　　七七事變開始的中日不宣而戰的戰爭，其主要原因是日本推動大陸政策，征服中國的野心，近因則是日本國內打破現狀派與維持現狀派的對立，藉對外侵略，以消除國內摩擦，近衛內閣即適應此一內在環境的需要而悍然對華挑釁。

　　對外方面，由於防共協定，德、義牽制英、法、蘇，日本有恃無恐，且英、蘇對日態度軟弱，列強對義大利侵略阿比西尼亞（Abyssinia，後改

為衣索匹亞），並無有效制裁。中國即將邁向統一（西安事變已順利解決），日本以為須早日下手。

1936年5月，日本增派數千軍隊，加強華北駐屯軍，並進駐北京附近的豐臺，盧溝橋遂成為北平對外的唯一門戶。此次增兵顯為中日戰爭的導火線。此後日軍頻頻在盧溝橋演習，故意挑釁，對中國的抗議置若罔聞。

1937年6月，近衛文麿組閣後不久，日本以為「舉國一致」的形勢已形成，乃依照既定的計劃大舉侵華。

7月7日，中日兩軍終於在宛平縣盧溝橋發生武裝衝突。日軍藉口從宛平縣傳來射擊聲，並發現一名日本士兵失蹤，欲強行進入宛平縣搜查，占據城外有利地形。其實失蹤的士兵只短暫離隊，不久即歸隊。中國駁斥了日方的無理要求，拒不退讓。8日清晨，日軍砲轟宛平縣，守軍奮起抵抗，雙方遂發生武裝衝突，掀起了全面戰爭。

日本政府當初採取不擴大方針，但在宣布不擴大方針之後，卻又追認參謀本部的華北增兵案。同日夜，中日雙方達成停火協定，但內閣卻決定除了國內三個師團不動員，關東軍二個師團與朝鮮軍一個師團仍按照規定計劃增兵華北。

關東軍果然以之作為緩兵之計，集中移動其部隊至平津作戰的位置，中國軍隊亦集結各地軍隊到北平、天津。14日，雙方戰火重開。日軍要求守衛的二十九軍即日撤離北平，遭中國拒絕，乃侵犯平津，戰局日趨激烈，從華北波及於華中、華南，成為不宣而戰的全面性戰爭。

盧溝橋事件之所以發展成為大規模的戰爭，一是當地日軍的挑撥，蓋其平常即蔑視中國、中國人，倚恃日軍的威信，擬以行使強硬的軍事力量，迫使中國屈服的態度。二是日本軍方與政府對中國抵抗的決心估算過低，輕易的以為一經威嚇即可使中國屈服。

同年8月底，中國向國際聯盟提出申訴，指斥日本占據平津，企圖奪取華北，為九一八事變侵略東北的延續，擾亂世界和平，違反國聯盟約、

「非戰公約」與「九國公約」。續又再度申訴，促開中日問題諮詢委員會。國聯對日本侵略痛加斥責，美國亦宣布日本為侵略國，破壞「九國公約」與「非戰公約」。旋由比利時召開九國公約會議，邀請日本參與被拒。但因英國等國態度軟化，會議遂無限期延期。

九一八事變後，由於法西斯勢力支配了日本，因此，開始脫離英、美陣營，轉向德、義，遂有 1936 年 11 月的「日德防共協定」的簽訂。東西的法西斯主義國家互為奧援。另一方面，蘇聯為了對抗日、德夾擊的態勢，轉而與歐美接近。日本雖為了打開國際孤立的情勢，與德國勾結，但日德聯盟卻引起國際的反感，不僅促成蘇聯反日，也促進了英、美的團結。日本在外交上既與英、美對立，復與蘇俄對峙，完全放棄其自明治維新以還數十年來所遵循，與英、美親善協調的傳統外交政策，但在軍事上卻加強其對大陸侵略的企圖。

3.戰爭的擴大與長期戰

事變發生後，華北的國民政府軍節節敗退，華北五省的主要城市相繼失守。8 月中旬，上海發生日本海軍陸戰隊與中國軍隊之間的戰鬥。日本政府決定放棄「不擴大方針」，改稱「北支事變」為「支那事變」。首相近衛發表一篇以「膺懲支那軍的暴戾」為目的，採取「斷然措施」幾等於宣戰布告的聲明，並決定派遣大軍赴華。日本政府與軍方深信大軍壓境，必可在短期內使中國屈服。

10 月 1 日，日本決定「支那事變對策處理要綱」，期待早日解決紛爭，但為長期戰爭的準備， 講求必要的措施 。 隨即邀德國駐華大使陶德曼 (Oskar P. Trautmann) 調停，提出五項媾和條件❷。中國表示有意與日本商談，但日本陸軍強硬派卻以戰局有利，拒絕談判。同年年底，日軍攻陷南

---

❷　一、中國政府放棄抗日反滿政策，與日本共同防共。二、若干地區劃為非軍事區，並成立特殊組織。三、中國與日、滿經濟合作。四、賠款。五、內蒙樹立自治政府，但談判時不停戰。

京，造成南京大屠殺。

南京陷落，日本確信勝利在望，而有提出更苛酷要求的強硬論。翌年（1938 年）1 月，大本營政府連絡會議遂決定中止和平交涉。同時首相近衛發表「不與國民政府交涉」的聲明，自行斷絕其結束戰爭之路。

日本不斷地擴大戰爭，派遣大軍到中國戰線，攻陷武漢與廣東等地，迫使國民政府遷都重慶，繼續抗戰。

同年年底，日本發出日滿華東亞新秩序的建設為戰爭目標的聲明，策動國民政府的要人汪精衛逃出重慶，於 1940 年統合過去在各地樹立的傀儡政權，在南京樹立新國民政府。但以日本的軍事力為背景的政權，卻不可能結束戰爭。逃至重慶的國民政府，得到英、美與蘇俄等國的援助，仍繼續抗戰。

二、國家總動員與統制經濟

1.國家總動員

九一八事變後，日本已真正進入所謂「戰時體制」，把小學改稱「國民學校」，加強軍事訓練，灌輸軍國主義及超國家主義思想，強制一般國民參拜神社。另一方面，於 1937 年創設企劃院，作為統制產業，確立戰時體制的中樞機關。

為了籌應戰爭的長期化，近衛內閣在各方面加強實施國家總動員體制。1937 年 9 月，發動國民精神總動員運動，宣傳「八紘一宇」的精神。

隨著國民精神總動員的進展，國民的半強制性統制亦在加強。翌年 9 月，在政府的指導下，組成一個由在鄉（退伍）軍人會等七十四個團體組成的國民精神總動員中央聯盟，並在各地設立地方實行委員會，動員國民支持戰爭。

近衛內閣所發表不以國民政府為對手的聲明，無異自絕於和平解決，而意味著中日戰爭已陷入長期戰。開戰後僅半年，日本已派遣十六個師團

六十萬大軍到戰場，死傷七萬人以上，中國軍民的損失更大。日本一方面為了繼續此一大規模戰爭的長期作戰，一方面又進行其對蘇聯戰備，因此，需要施行國內體制的戰時化，擴充軍需工廠的生產力。在上海激戰之際，砲彈的儲存已跌入谷底，而急需仰賴民間工廠的強制性配額生產。

　　由於中國的全面抗戰，戰爭陷於長期化，有必要採取資本與勞力集中於軍需工業的非常措施，乃於 1938 年 1 月，制定「國家總動員法」，在未經議會通過承認，即得統制經濟與全體國民的權限，藉此動員國內一切人力、物力資源，為戰時體制的支柱，並為軍部獨裁提供法理的基礎。隨又頒布「電力國家管理法案」、「臨時資金調整法」等，推行經濟統制措施。從同年度開始，擬定物資動員計劃，按照計劃，把重要物資分為軍需、官需、輸出需要及民需等，各給予配額，其方針乃在確保軍需優先原則下，增加輸出以購買國外的軍需資材，因此，民需物品全被削減，且於 1938 年 6 月，禁止棉絲、棉織品的製造及販賣，連鋼鐵、銅、橡膠、羊毛等民眾必需品的使用，亦被禁止，形成以軍需品的生產為首要任務的政策走向。

　　軍需產業集中分配於輸入資材與資金，1939 年，實施「國民徵用令」，一般國民亦被動員從事軍需產業。舊財閥積極生產軍需品，財界代表加入內閣，大企業加強其對「國策」的協力。

2.統制經濟

　　軍需產業的物資，在日本、滿洲、中國占領地的「日圓圈」之中仍嫌不足，不能不倚賴從歐美及其勢力圈的輸入。但隨著國際對立，與英、美之間的貿易開始縮小，1939 年的「日美通商航海條約」廢止的通告自翌年生效，物資之取得更為困難。因此日本為求石油、橡膠等資源，假「大東亞共榮圈」之名，企圖進出南方，結果卻招致列強對日本的經濟封鎖。

　　由於「軍需景氣」的刺激，工業生產的發展劇增，其中尤以重化學工業的生產額壓倒了輕工業，改變了明治以來產業結構的比重。此一現象顯示產業機構已逐漸移轉到戰時體制，而國家的加強統制以及以國家資本為

中心的獨占形態乃愈擴大。1936 年頒布「外國匯兌管理法」、「汽車製造事業法」、「重要輸出品取締法」等，以加強戰時體制，及由國家直接培育軍事產業及其基礎產業的重要法令。

勵行戰時體制產業的結果，陸海軍工廠的大量擴張，遂使國營工廠數到了 1936 年增加至五百五十座以上。軍事產業基礎部門的煉鋼業，雖於 1933 年將八幡煉鋼廠移歸民營，且將數廠合併創立日本煉鋼廠，但 80% 的國家資本則為三井、三菱等財閥所統合，而形成巨大的獨占資本。此外，汽車、飛機以及化學工業皆配合軍事需要而急遽地興起。至於輕工業則因準戰時體制的加強以及受到國家強迫性的統制，而全面性縮小其規模。只有紡織業因攸關軍事生產，其比重仍大。棉布的輸出成為輸出品的第一位，1933 年甚至壓倒英國而躍居第一位。

日本政府仍以輸出所得外匯換取羊毛、汽油、鋼鐵等軍需物資，因此，一般國民的生活仍無法改善。在這種獨占統制政策之下，除了舊有財閥之外，又產生了從事化學工業、汽車，以及飛機製造等軍事工業部門的新興的日產及中島等財閥。

與軍部、政府勾結的所謂「死的商人」❷既因戰爭而崛起，勢須重新準備誘導另一場新的戰爭，冀求更大的獲利。蓋當戰爭一結束，則其擴大的軍需工業生產必然陷入停滯而產生新的經濟危機。這種經濟危機，唯有擴大新的戰爭才能避免。基於此，當九一八事變結束後，日本又準備開始另一場侵略戰爭。

當時由於軍費的擴大，國家的預算年年增加。日本政府為了彌補預算赤字，除發行公債外，又增加銀行的貨幣發行額，這種措施當然導致通貨膨脹。另一方面，當時一般物價，無論輸入品或輸出品，皆逐漸高漲，日幣貶值達 50%，兼以勞工工資減低，而農村則發生豐年饑饉，使人民生活愈益困苦。

❷ 不顧一般國民生計的商人。

　　為了進行戰時經濟建設，鋼鐵、煤炭、棉花、羊毛等成為輸入品大宗，汽油需要量的 91% 依賴輸入，鐵礦石的 71% 亦皆仰賴輸入。政府乃加強統制經濟政策，以削減民生必需品，因此與軍需工業無關的中小企業大受打擊。

　　在中日戰爭期間，日本政府為了獎勵軍需器材的增產、緊急物資的補充起見，制定了不少特殊法令，設立各種「國策會社」❷❸。1941 年，太平洋戰爭發生前夕，又頒布「食肉配給統制規則」、「蔬果配給統制規則」，至此，一般國民大眾的生活更加陷入困境。

　　在九一八事變前後，軍部原是排斥財閥的，後來卻鼓勵民間資本參加生產與投資，遂又產生了新興財閥。及至七七事變後，軍部不得不與舊財閥妥協，於是從東三省到華北，都在財閥的獨占統制之下，採取以軍需工業為中心的措施，盡力取得軍需原料的輸入，集中生產輸出品，並加強管理消費性產業和中小企業。但因日本產品向海外傾銷，遭受歐洲各國關稅壁壘的阻撓，軍用物資和機械的輸入激增，日本的國際收支轉趨惡化。於是強迫纖維工業等民用工業轉為軍需工業，藉以加強作戰力。

　　廣田內閣的大軍備計劃實施後，軍事支出愈多，財政支出極端的膨脹，軍需物資的輸入劇增，招致國際收支的危機。中日戰爭開始後，實施「臨時資金調整法」、「輸出入品等臨時措施法」等，施行經濟統制。為了平衡龐大的軍費，不得不增稅，並大量發行公債，日本銀行券的濫發，形成通貨膨脹，國民的生活當益趨困窘。

　　除了加強物資的製造、使用、配給與價格的統制之外，政府於 1937 年發動國民精神總動員運動，倡導消費節約，物資活用，資源愛護與增加儲蓄。

　　1938 年夏季，因民需產業被迫停工，民需產業機構的工人、店員失業離職者達一百三十萬人。翌年，日本政府又頒布「米穀配給統制法」，實施

---

❷❸　如石油、鋼鐵、電力、工作機械、飛機、輕金屬、船舶、礦產、肥料等，均設立「國策會社」。

糧食的配給制度。

　　1939 年 10 月，發布「九一八價格停止令」，將物價、房價、房租等凍結，維持 9 月 18 日的水準，薪水與工資亦然，結果導致黑市價格暴漲。民需工業之轉換為軍需工業，當使國民生活的必需品嚴重不足。

　　另一方面，嚴格限制「不急不需」的民需品生產與輸入，並進行中小企業的強制整頓。在「奢侈是敵人」的口號下，強迫國民推動生活的節儉。禁止國內棉製品的生產與販賣。1940 年，實施砂糖、火柴、木炭等配給制度。翌年，白米成為配給品，接著，衣料亦實施配給制，日用品的統制顯著加強。

　　其中最嚴重的是糧食的匱乏。軍隊的動員、軍需工廠的徵調，使農村勞力益顯不足。另一方面，因軍隊大量的需要，農產品不足，尤其稻米不足最為嚴重。加以 1939 年日本西部與朝鮮的旱災，造成糧食奇缺。因此，於 1939 年頒布「糧食管理法」，實施白米強制收購制度，全面管制主食。

三、第二次世界大戰的爆發與日本的南進

1.第二次世界大戰爆發

　　隨著中日戰爭的長期化，英、美對日本逐漸採取強硬的對策，使日本與英、美之間的對立日益加深。反之，日本與德、義兩國的關係卻更為密切。1937 年，義大利也加入日、德防共協定，法西斯主義三國因此結成政治同盟。

　　1938 年，德國提議擴大防共協定的假想敵及於英、法，加強軍事同盟。翌年，平沼內閣內部產生對立，復因德國與蘇聯簽訂互不侵犯條約，引咎辭職。

　　1939 年 9 月，德、蘇締訂互不侵犯條約之後不久，德國大軍未宣戰即進攻波蘭，與波蘭締結互助條約的英、法，於 9 月 3 日向德國宣戰，第二次世界大戰於焉開始。平沼內閣之後，阿部信行、米內光政兩內閣，對於

與德國訂立軍事同盟態度消極，繼續採取不介入歐洲戰爭的方針，專心處理中日戰爭。

以強大的軍事力量迫使中國屈服既已不可能，唯有賴於「和平工作」，雖有汪精衛南京國民政府的成立，但日本傀儡政權的影響力不足，反而阻斷了和平之路。另一方面，因中日戰爭陷入泥沼，國內經濟的困境愈益嚴重。繼 1939 年糧食危機之後，衣料與日用雜貨亦奇缺，益增國民生活的困難。

1940 年，因德國征服歐洲各地，占領巴黎後，日本陸軍主戰派羨慕德國的輝煌戰果，力主加強與德、義的結盟，遂於 9 月與德、義締訂三國同盟。此舉實際已走向太平洋戰爭之路。

2.進窺南洋

1939 年年初，日本陸海軍占領海南島，隨又占領菲律賓西方海上的南沙群島。其目的乃在封鎖中國沿岸，同時也是為了確保南進的軍事據點，卻對英、美構成威脅。

當德國在歐洲戰場獲得初期勝利之後，日本積極展開南進的準備工作。1940 年 6 月底，外相有田八郎發表大東亞共榮圈建設宣言，表明設立以東亞為中心的日本經濟圈的企圖。

第二次近衛內閣成立（1940 年 7 月），意味著日本進窺南方的開始。近衛內閣揭櫫了建設大東亞新秩序，加強國防國家建設的方針，並通過「時局處理要綱」，決定武力進駐法屬中南半島，確保荷屬印尼資源等南進政策。

同年 9 月，乘法軍降德，進軍法屬中南半島北部，並與以購買石油等軍需資源的荷屬印尼進行「經濟交涉」。日本志在武力侵略，採取強行方針，但交涉卻無進展。

11 月，日本挑撥泰國與中南半島（法屬印度）之間的國境紛爭，作強制性的干涉，壓迫法屬印度割讓鄰接地域給泰國，反映日本大本營在泰國及中南半島南部取得軍事基地的企圖。

日本一連串的南洋擴張政策，當引起英、美等國的不安。美國於同年

3 月間，通過「武器租借法案」大量供應同盟國武器，隨又於 7 月，限制航空石油輸日，並發表廢鐵與鋼鐵輸出禁令，英國亦重開前此應日本要求封鎖的滇緬通路，以牽制日本的南進。

　　另一方面，日本政府雖然聲明尊重列強在華權益，在華日軍卻屢加侵犯，美國遂通告廢止「日美通商航海條約」以為報復，蘇聯則為了牽制日本在滿洲的勢力，與日本發生武力衝突事件——諾門罕事件❷。此後雙方在蘇俄與滿洲國邊境時起紛爭。

3.陷入泥沼的中國大陸戰線

　　日本無法償現其「速戰速決」的企圖，與國民政府之間的談判亦無結果。參謀本部不得不改變戰略方針為消極持久戰。但在華日軍仍不願意放棄速戰速決的妄想。

　　1938 年年底，日軍在華占領區，已有二百平方公里，以六十萬日軍，僅能維持點，而無法控制廣大的面，加以日本的財政和軍需工業難以支持新的大規模作戰和擴軍。近衛內閣有所警悟，宣布放棄「不以國民政府為對手」的聲明，改採鼓吹建立日、滿、華互助合作的東亞新秩序的方向，勸誘國民政府參加新秩序的建設。此後，日本既無法以軍事壓制中國，迫使中國屈服，唯有倚賴積極展開誘降活動。但日本的誘和活動，並沒有獲得反應。

　　1938 年 12 月，在國民政府內處於孤立的汪精衛，逃離重慶至河內，發出和平通電，接受近衛聲明，主張中止抗戰，對日求和。日本軍部卻抱持汪精衛組織新的國民政府，與之締結和約，即可解決戰爭的幻想，但一反日本特務機關或汪精衛陣營的期待，汪精衛的影響力甚小，根本無法動搖中國的抗戰意志。1940 年 3 月，汪精衛在南京成立國民政府，與華北的臨時政府、華中的維新政府合流。但汪精衛政權乃是在日軍的庇護下，於

❷　1939 年 5 月，發生於滿洲國與蒙古人民共和國國境諾門罕的武裝衝突事件。關東軍集中飛機、戰車、砲兵猛攻，但遭受蘇軍壓倒性強大的火力與機動部隊的反擊，有一個師團全滅。

日軍占領地域內成立的傀儡政權，對整個戰局並無影響力，反而增加促成和平的困難。

同年 11 月， 大本營與政府召開御前會議， 通過 「支那事變處理要綱」，決定與重慶政府和談，但到年底之前不成功，即轉為長期戰，恢復軍備的彈性，以備進窺南方。陸軍已自認中國作戰失敗，放棄單獨解決戰爭的方針。翌年 1 月，大本營陸軍部，策劃「大東亞長期戰爭指導要綱」與「對支長期作戰指導計劃」，擬定 1941 年秋為第一期，盡力以軍事解決中日戰爭，其後為第二期，轉到長期持久戰，數年後，減少在中國的陸軍兵力為五十萬人。

大舉侵華，卻不能如預期的達成速戰速決效果，反而愈陷愈深的近衛內閣，於 1939 年 1 月辭職，由平沼騏一郎內閣接替。

4.經濟危機的加深與大政翼贊會的成立

(1)經濟危機的加深

1941 年 12 月，日本偷襲珍珠港，發動太平洋戰爭。此後與經濟力量強大的美國為敵，遂使軍國主義的日本經濟，從此陷入最後崩潰的悲境。日本政府為了彌補經濟上之不均，遂加強戰時經濟的統制，於 1943 年實施「戰力增強企業整備要綱」，頒布「軍需會社法」，對於飛機、鋼鐵、煤炭、輕金屬、船舶等五大產業，大量投入資金、資材、勞力，以圖增加軍需生產，把握戰爭的勝利。

日本南進的主要目的乃在保證資源供應，維持戰時經濟的運作。但實際上，日本雖占有了資源，卻不能取得所需的資源，蓋其運輸能力嚴重不足。尤其自 1943 年 9 月起，美國潛艇在西太平洋加強其對日本商船的襲擊，造成大量的損毀，日本的造船能力有限，不能彌補商船的損失，商船數量逐年遞降，運輸能力銳減。資源乃更為不足，軍需益形缺乏。

戰時通貨膨脹起因於軍費支出的浩大，蓋自太平洋戰爭發生後，日本軍費逐年增加，尤以戰爭後期更為顯著，在戰爭結束前一年（1944 年）的

支出總額為一千六百二十五億圓，較之九一八事變前歲出六十三億八千萬圓，增加二十五倍之鉅。同年的國民所得估計為八百零九億圓，其中軍費支出高達七百三十五億圓，約占百分之九十一。此外預算外的國庫負擔契約、民間賦課獻金、民間金融機關貸與的軍需工業資金等，實際皆為戰爭直接消耗，為數總共約有一千數百億。在軍費日益增加之下，國民的稅額亦由 1932 年的每人十七圓，至 1943 年增加為一百三十二圓。

由此可見財政破綻的情形。當時政府為了應付龐大的軍費支出，曾採用增稅、發行公債，及其他強迫性儲蓄等手段，然而都不能挽救垂死的經濟命運。通貨膨脹不僅無法避免，且逐漸加劇。據 1942 年年底統計，所有發行的戰時公債實際數字，1942 年年底有四百一十七億八千萬圓，至 1945 年 3 月，增至一千五百零七億圓，計增加三·六倍。這些戰時公債的半數以上為一般金融機關所保有。在急劇的通貨膨脹現象下，日本銀行只有濫發紙幣，以應付這種局面。而物資短缺，通貨膨脹的結果，引起了國內物資缺乏，實際公益買賣並未依照公定價格，於是出現黑市價格。

戰時進行對農村的統制與改組的結果，徵兵和工業人口的增加，農村勞力驟減，以致農業物資短缺，糧食生產銳減。對農工統制的強化，形成戰時國家壟斷資本主義。

農業生產亦因農業勞力大量外流，農業物資缺乏，面臨嚴重困難。為了保證糧食供應，政府組織城市居民、學生參加勞動，提倡擴大耕地面積，並設法扶植自耕農，但農業生產仍年年降低。

工業方面，畸形的發展只能短暫促進軍需生產，由於經濟平衡被嚴重破壞，導致工業、軍需生產的衰退。工礦生產至 1944 年以後日益減退。飛機、艦艇及海軍武器的生產，亦日漸萎縮。

自 1943 年起，日本的經濟已發生破綻。其總生產力在 1939 年幾已達最高限度，只有軍需產業繼續擴展。但因資源不足，到了 1944 年，所有武器、戰艦、飛機的生產量已開始下降。開戰後，日本動員纖維等民需工廠

為軍需工廠，極度縮減國民生活的水準，徹底動員勞力，以加強軍需生產。但歐美的輸入中斷，支撐日本生產的南方物資，亦因喪失制海權、制空權，而發生運輸困難，因此，資材極為缺乏，工業生產低落。1944 年年底，美軍轟炸日本本土轉劇，主要都市均受重創，海上交通被封鎖，原料進口斷絕，結果日本工業生產急遽下降，日本經濟與國民生活益形惡化。

在太平洋戰爭期間，日本既與英、美對立，其對外貿易出現逐年萎縮的現象。平時國內工業所需原料，原來大部分依賴英、美等國的供給，現在來源斷絕，遂使國內軍需工業生產減退。

至此日本的經濟生產能力驟降，八十年來以戰爭起家的日本資本主義，至此完全崩潰。

⑵大政翼贊會的成立

盧溝橋事變之後，除了國民精神總動員，又採取思想、文化統制的措施。1937 年 7 月，在文部省設立教育局，負責推動學校教育和在國民教化中灌輸超國家主義思想，對大學教授的著述進行檢閱，對學生實行思想取締。隨又設立內閣情報部，從事宣傳、出版、新聞、廣播的管制和取締。

1939 年時的經濟危機已相當嚴重，非軍需用品的生產設備已呈荒廢狀態。當戰爭受到挫折，經濟危機加深，物質短缺，勞資糾紛擴大，陸軍乃改推海軍大將米內光政組閣（1940 年 1 月）。

1940 年 6 月，隨著歐洲戰局的變動，政界要求建立新政黨的呼聲轉盛，軍部亟欲學習納粹，建立一國一黨的新體制，以加強國內的一元化統治。近衛文麿於是辭樞密院議長之職，發起新體制運動，於同年 10 月組成「大政翼贊會」。在此之前，社會大眾黨與政友會等各政黨已自行解散，參與新體制運動。

但支持新體制運動的各種力量同床異夢，翼贊會並未達成當初一國一黨的政治目標，僅成為官方上意下達的動員機關，加強了自上而下的法西斯統制。其後，收編大日本產業報國會、大日本婦人會、町內會、部落會

（鄰組）等團體，在太平洋戰爭下，發揮動員國民的角色。

大政翼贊會並非政黨，缺乏集結政治力量的能力，因此，於 1942 年初成立大日本翼贊壯年團，作為大政翼贊運動的實踐部隊，成為內閣統制下的一大政治勢力。

為使議會從屬於政府，因而於同年舉行的眾議院選舉，進行所謂「翼贊選舉」，在政府授意下，組成政、軍、財各界的「翼贊政治體制協議會」，推薦候選人，但大多為同額競選。

此外，又有東條英機親自倡導成立的「翼贊政治會」，網羅貴族院與眾議院的大多數議員以及各界名流，成為全國唯一的政治結社，形成一國一黨的局面。

大政翼贊會實質上只是精神運動的機關，但新體制運動卻因而加強政府對官僚的統制與支配。

四、日美對立與太平洋戰爭

1.日、美的對立與日、德、義三國同盟

正當日本進退兩難時，歐洲戰局發生了急劇的變化。德軍在歐洲戰場大敗英、法等國軍隊，希特勒的閃電戰，勢如破竹，所向無敵。

日本朝野一時眩於德國閃電攻擊的勝利，軸心派復盛，繼阿部內閣之後所成立的米內內閣，開始批判不介入歐洲大戰的方針。咸認現在正是與德國提攜合作，取得法國、荷蘭的殖民地千載一時的大好機會。既然為日本提供了有利的時機，乃決定與德國東西呼應，分霸世界。

強硬論者盛倡南進論，大有在印尼發動第二個滿洲事變的氣勢。隨著德國攻擊荷蘭，唯恐英、美占領印尼，截斷印尼的資源（尤其石油與橡膠），於是開始與荷蘭政府交涉，取得對日輸出錫、橡膠、石油等重要物資的保證。

米內內閣雖致力改善對英、美外交，但美國並未改變其強硬的態度。

美國於 1940 年 1 月廢止「日美通商航海條約」，日、美之間進入無條約的時代。美國採取的對日輸出限制，有發展為全面禁運的危機，如此一來，不僅對戰爭的遂行有礙，且將威脅到日本經濟。

軍部期待近衛就任首相，推翻米內內閣。7 月，在軍部的支持下，第二次近衛內閣成立。近衛決定不介入歐洲大戰的方針改變，加強與德國、義大利的合作，積極進出南方。

第二次近衛內閣通過「基本國策綱要」，提出「以皇國為核心，建設以日滿華堅強團結為基礎的大東亞新秩序」。大本營政府聯席會議隨又決定了迅速結束「支那事變」和武力南進的方案，盛唱「大東亞共榮圈」的口號。

1940 年 9 月，近衛內閣締結日、德、義三國軍事同盟，日、德相互承認對方在建立歐洲新秩序和大東亞新秩序中的領導地位，約定締約國與其他尚未加入對日、德戰爭的國家發生戰爭時，相互提供一切援助。此一條約的對象是美國，日本藉此作為南進的準備。

日本為了盡快征服中國，一再對國民黨誘降，但無進展，因此轉而斷絕英、美對華援助，迫使國民政府屈服，於是勸誘法國維奇政府的中南半島當局同意封鎖滇越鐵路，英國同意暫時封鎖滇緬公路，並自 9 月開始進駐中南半島北部。

日本南進的主要目的一方面是對付中國，一方面則是企圖確保戰略物資的來源，即取得印尼的石油、橡膠和錫，以備日後與英、美爭奪太平洋霸權的決戰。

日本之所以甘冒與美國衝突的危險，大膽的南進，原為歐洲戰局所激發，但其後歐洲情勢的進展卻不如日本所期待。日本南進的前提條件是德國在迫降法國之後，展開對英國本土的登陸作戰，英國的屈服為期不遠。但德國卻無發動對英登陸作戰的準備與決心，其對英空襲亦終歸失敗。在英國掌控制空權之下，英國戰敗的可能性愈小。

2.日美會談與日本偷襲珍珠港

1940 年 6 月，已決定推動南進政策的日本統帥部，雖受到德、蘇開戰的影響，卻無意改變其既定政策。日本軍部態度雖極強硬，但亦自知為取得東南亞的資源，尚無以武力與英、美對抗的把握，因而積極支持日、美關係調整方案。

同年 9 月，日軍進駐中南半島北部之後，美國宣布向日本禁運鋼鐵、廢鐵。續又執行圍堵政策，但避免與日本發生直接的衝突。

9 月中旬起，日本與荷屬印尼談判，企圖乘荷蘭戰敗之機，迫使其提供戰略物資。起初雖獲讓步，但日本得寸進尺，進一步要求將資源豐富的地區劃為其勢力範圍，荷屬印尼在英、美的支持下，斷然加以拒絕。

日本加入德、義軸心之後，美國轉而積極支援中國，羅斯福 (Franklin Delano Roosevelt) 總統於 12 月宣言繼續援華、援英。

1941 年初，日、美雙方出現調整兩國緊張關係的動向。日本重新檢討美國對日經濟制裁的打擊所受影響，且對歐洲戰局與中國戰線的情勢，未能如預期的展開，痛感調整當前的日、美關係，以確保物資的輸入，確立戰爭體制的必要。美國亦期望對日關係的安定。

第三次連任的美國總統羅斯福，不僅加強其對英國的武器援助，且宣稱美國將成為「民主主義的兵工廠」，擴展軍需生產，著手美國陸海軍的擴張，積極備戰。同時召開英、美兩國軍事首腦的最高軍事參謀會議 (American-British Conversations)，協商美國一旦參戰時兩國的共同戰略。但在籌劃戰爭準備初期，仍有換取時間的必要，採取打倒德國，歐洲優先方策的羅斯福與美國軍方，當有必要拖延日本武力南進。因此自同年 4 月，日本駐美大使野村吉三郎，與美國國務卿赫爾 (Cordell Hull)，在華盛頓會談改善兩國關係。

先是由兩名日本人士與兩名美國神父，擬訂「日美諒解案」，提出日本自中國撤軍，中國承認滿洲國，蔣、汪政權合併，美國協助日本獲得資源

等，並進一步安排首相近衛與羅斯福總統會談，以謀徹底解決。美方同意以之為談判基礎，同時提出四項原則（保證所有國家的領土完整與主權尊重、不干涉內政、通商機會均等、以和平手段維持太平洋現狀等），但由於雙方的利害衝突已深而難以協調，且遭受甫締「日蘇中立條約」而返國的外相松岡洋右的反對而觸礁。至夏天，談判陷入僵局。

日本在日美談判進行期間（4 月 13 日），已與蘇聯簽訂「日蘇中立條約」㉕，軍方以之為契機，明示其南進的意圖。

同年 6 月，德國開始對蘇聯發動攻擊，德國以空軍殲滅戰，掌握制空權，以破竹之勢擊敗蘇軍。希特勒誇言勝利在望，宣稱於二個月內使蘇聯屈服。德蘇戰爭對日本亦造成一大衝擊。陸軍內部出現兩種不同的策略，一是呼應德蘇之戰，立即攻擊蘇聯的北進論；一主對蘇作戰需要大規模的準備，首先進攻南方，取得重要物資的南進論。日本軍方終於決定南北並進方案，即在德蘇戰爭對日有利展開時，實行對蘇參戰，俟歐洲戰場德國取得決定性的勝利時，決即進攻南方。

7 月初，御前會議裁決軍方主張南北並進的方針，即先武力進駐中南半島南部，不顧與英、美作戰，推動南進政策；至於對北方，則密籌對蘇軍事準備，在德蘇戰爭對日本有利進展時，訴諸武力，以解決北方問題。易言之，即採取對英、美作戰與對蘇作戰兩面作戰的策略。

為此，必須大力增強關東軍，因而佯稱「關東軍特別演習」，籌劃大規模動員，增加關東軍兵力為七十萬（原為三十萬），集結十六師團與陸軍航空之一半，機械化部隊的大部分，彈藥物資的一半於滿洲。

關東軍的增強被視為日本對蘇作戰準備。此時在莫斯科與列寧格勒阻止德軍、陷於苦戰的蘇聯，當不能將其遠東的兵力移到西方，而不能不準備日本的攻擊。「日蘇中立條約」實質上已形同廢紙。

㉕　規定互不侵犯領土，締約國一方遭第三國進攻時，另一方保持中立，雙方相互尊重滿洲國和蒙古人民共和國的領土完整，不可侵犯，期限五年。

7 月中旬，內閣改組，成立第三次近衛內閣。8 月，陸軍突然實施南進政策，進駐法屬中南半島南部，進窺新加坡等地，不啻為對英、美戰爭的準備。英、荷、加拿大、紐西蘭等，宣布廢除與日本的通商航海條約。英、美、荷等國甚至凍結各該國內日本人的資產，並禁止石油輸出日本，形成美英中荷陣線 (ABCD Line)❷，實行對日經濟制裁。8 月，美國總統羅斯福與英國首相邱吉爾 (Winston L. S. Churchill)，在大西洋紐芬蘭布拉森夏灣 (Placentia Bay) 會談，發表「大西洋憲章」(*Atlantic Charter*)，反對擴張領土與武力侵略，譴責軸心國的侵略行為，主張世界人類思想的自由與和平的生活，給予日本一大打擊。

美國實施對日石油禁運，對日本的戰爭體制造成致命的打擊。日本石油的國內生產，不足需要量的十分之一，四分之三仰賴美國，其他則依靠荷屬印尼供應，石油來源斷絕，迫使日本非向外另尋途徑不可。此時日本的石油儲存量九百萬公升，平常用量僅能供應二年，一旦開戰，供應時間更為縮短。尤其無石油即不能動彈的海軍，更傾向於鋌而走險的主戰論。至此，日本的領導者遂走上對英、美戰爭之路。

此外，日本海軍對美國的軍備擴充有急迫的威脅感。美國所發表的「兩洋艦隊法案」，相對於日本艦隊的八十四萬噸，擁有三百萬噸；相對於日本的二千三百架飛機，卻有一萬五千架。日本為了對抗，原擬擴張到九千四百架的配備，但無力實現。

至此，日本乃孤注一擲，於 9 月 6 日召開御前會議，通過「帝國國策要領」，決定至 12 月上旬仍無法與美國達成協議貫徹日本要求的希望時，即決意對美、英、荷開戰。先是，天皇質詢陸海軍統帥部長，對戰爭有無絕對的勝算，但對戰爭的決定卻未表示反對態度。

根據上述決定，陸海軍正式籌備戰爭。陸軍擬定以十個師團的兵力占

---

❷　ABCD Line，係指美國 (America)、英國 (British)、中國 (China)、荷蘭 (Dutch) 四國的聯盟。

領菲律賓、馬來、印尼等南洋各地，開始集中必要兵力的動員，徵調一百二十六萬噸的船舶。海軍則草擬突襲珍珠港作戰與南方作戰計劃。

日本於 9 月初所提對美提案，只是強硬的重複過去的主張，而美國的態度，則未改變赫爾四原則。尤其日本自中國撤兵問題，已成為日、美雙方毫無妥協餘地的對立。9 月下旬，日本外相豐田向美國駐日大使格魯 (Joseph Clark Grew) 提出日本對華談和的基本條件❷，唯為美國所拒絕。

10 月 2 日，赫爾遞交一項要求日本自法屬中南半島、中國撤兵的覺書給予野村吉三郎大使。日本大本營政府連席會議，軍部首腦主張立刻決定和戰，與首相堅持經濟交涉的意見相持不下。

陸軍對美國的國力、美軍反攻的規模與時機等問題，從未加以研究，只關心對華、對蘇戰爭問題，而主對美強硬論。10 月中旬，近衛內閣總辭，改由主戰的陸相東條英機組閣。美國對此反應敏感，認開戰已不可避免，決意備戰。

東條內閣成立之後，於 11 月初重新檢討 9 月初的「帝國國策要領」，確認對美外交交涉的最後期限為 12 月 1 日，此後即發動武力。於是一方面積極備戰，一方面派遣大使來栖三郎前往華盛頓，協助駐美大使野村與美國繼續談判，以鬆懈美國的防備。但美國的態度驟趨強硬，蓋已截取日本的通信密電，對日本的動向瞭如指掌。至 11 月下旬，美國提出「赫爾備忘錄」(Hull Note)，要求日本自中國、中南半島撤軍，恢復到九一八事變之前的狀態，太平洋有關各國間締結互不侵犯條約，廢止「日德義三國軍事同盟」，否認新國民政府（汪精衛政權），締結「日美互惠通商」條約等，當然不為日本所接受，日、美談判破裂。

日本認定此一備忘錄為最後通牒，雖御前會議重臣大多傾向於慎重論，但無法改變首相東條的開戰意願。日本國內充滿對美作戰的氣氛。實際上，日本陸海軍已於 11 月初，發出對美作戰的命令：陸軍方面由南方軍總司令

❷　條件是無土地割讓、無賠款、蔣汪政權合作、經濟合作、日軍撤退、承認滿洲國等。

日軍偷襲珍珠港

官寺內壽一大將率領，突襲馬來半島，於三個月內占領東南亞一帶；海軍以山本五十六為聯合艦隊司令長官，協助陸軍占領南洋，另以航空母艦六艘為主的機動部隊，突襲美國的珍珠港海軍基地。陸軍作戰部隊乘坐運輸船，開往前進基地。

3.初期戰況

(1)偷襲珍珠港

　　日本天皇對海軍實力頗感不安，嗣得海軍大臣與海軍軍令部長的保證，即於 12 月 1 日的御前會議決定對英、美開戰的原則。同時為防止蘇聯自北方來攻，乃與之簽訂互不侵犯條約。至此，日本已無北顧之憂，遂於 12 月 8 日，突襲珍珠港，向英、美宣戰（在攻擊一小時後始送達），太平洋戰爭於焉展開。

　　日本突襲珍珠港的目的乃在確保對南洋方面作戰的行動自由，以阻止

美國太平洋艦隊的擴展，並切斷美國對東亞作戰的根據地及其補給線。此次突襲由於在美國海軍毫無戒備下進行，使美軍損失慘重。

日本的統治者無論是對內或對外，都無法宣示其發動戰爭的「大義名分」，在 11 月初決定戰爭決意的御前會議之前，裕仁天皇就此質問首相東條，東條竟以「目下研究中」回答。研究的結果以「自存自衛」奏報，可見是先作戰爭的決定，然後再找開戰的藉口。

當日美國對日、德、義軸心國宣戰，英國對日宣戰，中國及其他國家亦同時對軸心國宣戰。1942 年元旦，中、美、英、蘇等二十六個國家，在華盛頓簽訂「反侵略共同宣言」，表示對軸心國作戰到底的決心。不久，美國宣布貸款五億美元與中國，英國亦對華貸款五千萬英鎊。6 月，中、美在華盛頓簽署「中美抵抗侵略互助協定」，美國以武器裝備供給中國，並協助訓練中國軍隊。

在攻擊珍珠港之前約二小時，日軍先遣部隊已登陸馬來半島的科達巴爾，同時對馬來、菲律賓發動空中攻擊。

日本宣戰同時，德國、義大利亦根據三國同盟向美國宣戰，戰爭乃擴及全世界。

⑵東南亞戰場

日本對英、美宣戰之後，乘其不備，開始對南洋各地發動攻擊，從泰國進駐到馬來半島作戰，勢如破竹。日本在馬來海岸擊沉英國值得誇耀的二大戰艦 (Prince of Wells & Le Pulse)，成功的掌握東南亞地區的制海權與制空權，在半年內先後占領香港、新加坡、馬來半島、緬甸、荷屬東印度群島、菲律賓群島等廣大地區，甚至進軍南太平洋，占領太平洋上一些島嶼。

日本的國防方針一向著眼於避免兩面作戰，但太平洋戰爭自始即不得不展開兩面作戰，為了打開此一僵局，採用大膽的奇襲攻擊作戰，結果是僥倖成功。但後來軍部超越了原定的計劃，戰線一直擴大，超過航空與補給的能力。實際上開戰前日本陸海軍所立作戰計劃只到此段作戰而已，其

後則是確保占領地域，取得東南亞的資源，隨時打擊敵人的戰力，以等待其屈服。海軍言明其勝算只有二年，軍部對於長期作戰事實上全無把握。但由於初期作戰的成功，使其輕易的推動大作戰計劃。陸軍以為南方作戰已終了，擬調回大部分兵力到北方，期待德國對蘇聯的春季攻勢，作出與之呼應的對蘇作戰計劃。旋即與海軍妥協，改採折衷之策，決定截斷美國與澳洲之間的連繫，並攻擊中途島的作戰。

五、戰局的逆轉與日本軍事帝國主義的崩潰

1.大東亞共榮圈

日本「南進」之成為正式的國策，乃在 1936 年 8 月五相（首相、陸相、海相、外相、藏相）會議確認的「國策的基準」定案。起初是為了「確保帝國在東亞大陸的地步，同時進向南方發展」，而採取經濟方面的和平方式，及至歐洲戰局急劇發展（1940 年 7 月），遂確定提高到行使武力的國策階段，而轉為進駐中南半島。

自七七事變（1937 年）到 1940 年間，主張「皇道」與「協同」主義的右翼團體已高呼對英美作戰，倡議驅逐白色人種出亞洲，建立大東亞新秩序，其目標當亦指向世界新秩序。其後由於戰局的發展，日本陷入中國民族激烈抵抗的泥沼中，復因英、美援華，日本軍部遂興起了要徹底解決中國問題，使國民政府屈服，非先斷絕英、美的支援不可的想法，而切斷英、美的支援，則需先奪取英、美在南洋的殖民地，在此推斷下，其「反國民政府」的政策遂擴延到「反英美」，至此遂有建立亞洲一體的大東亞新秩序的計劃。

1939 年 9 月，德國入侵波蘭，第二次世界大戰爆發，日本對英國確保太平洋的實力表示懷疑，逐漸拋棄其對歐美軍事力的卑屈意識。歐洲的動亂，成為助長日本帝國主義絕佳的機會。當時日本發動七七事變以來已經過二年，逐漸感到收拾殘局的困難，乃欲利用此一機會，推廣新秩序建設的範圍到東南亞，以獲取資源，同時達成其終極的稱霸大東亞之目的。至

12 月底，日本擬定「對外施策方針要綱」，強調日本以「建設東亞新秩序為基本目標」的對外政策。

1940 年 7 月，日本決定加強與德、義合作的方案，明白宣示中南半島（越南、高棉、寮國等）、印尼及其他南洋地方為日本的生存圈，日本擁有政治指導權，同時承認德、義指導下的「歐洲新秩序」。

同年 8 月，首相近衛明白說明「大東亞共榮圈」的名稱。所謂「大東亞」，乃是以中、日、滿為主，加上法屬中南半島、暹羅、緬甸、海峽殖民地（馬來西亞），以及荷屬印尼、新幾內亞等大洋洲，再漸次擴大到澳洲、紐西蘭、印度東部以及東部西伯利亞等地。

日本既決意從「東亞新秩序」擴大其規模到「大東亞共榮圈」的建設，當須全力將英、美、荷等國的勢力逐出亞洲。日、德、義三國同盟的締結，更進一步加強此一構想。三國同盟乃是以歐洲新秩序與大東亞共榮圈之間的相互尊重為前提的軍事同盟，至此，東亞政局明顯的兩分，而編入世界戰爭的一環，日本與反軸心諸國的關係遂處於完全敵對之勢，徹底對立。

1941 年年初，歐戰擴及北歐，波及波蘭，日本唯恐戰亂波及東亞，阻礙日本與南洋的貿易以及維持、增進共存共榮之道，而有占領印尼的計劃。不久，法國投降，德國席捲整個歐洲大陸，日本重申其維持包含南洋在內的東亞地區的使命，流露出地域瓜分的強烈意圖。首相近衛已明確表明「為建設『大東亞共榮圈』，與英、美對決，勢不可免」，以及「從歐美帝國主義者解放大東亞各民族，符合日本的建國理想」的意圖，懷抱「大東亞共榮圈」的初步構想。日本自詡此次戰爭是「從歐美殖民狀態中解放亞洲，並創建一個基於皇道八紘一宇理想的亞洲新秩序」。

日本對於新占領的地區，大多實行軍政，進行直接統治，同時扶植親日派。1942 年 11 月，日本內閣新設大東亞省，除日本本土、庫頁島南部，以及朝鮮、臺灣之外，所有亞洲占領地區的政務，全歸大東亞省管轄。

日本宣稱其亞洲政策是追求「共存共榮」。1943 年後半，導演了緬甸

和菲律賓的「獨立」，並允諾印尼的獨立與馬來西亞的自治。其實，大東亞
共榮圈的真正目的，乃在確保大東亞的戰略據點，操控重要資源地區。

1942 年，首相東條發表「大東亞共榮圈」建設的方針，在「使大東亞
各國及各民族，各得其所，確立以帝國為中心，基於道義的共存共榮的秩
序」。但實際上，卻是為了長期戰，俾便攫取石油、鐵礦等東南亞的豐富資
源。開戰當時日本的石油儲藏量只有一年，鐵礦等亦只有數個月的供給量
而已。戰爭的遂行目的唯有取得占領地的資源。占領地實施軍政，均以「徵
發」為名，濫發紙幣，盡量攫奪，引起占領地的通貨膨脹。當地的資源不
久即涸竭，生產減退，民眾的生活極度困苦。

至於大東亞新秩序的位階，乃是以天皇為中心，對內形成國防國家的
國民自主協同體制，再以日本為中心，形成以日本為盟主的中日滿協同體
制。在八紘一宇的架構之下，大東亞新秩序中的中國與「滿洲國」的地位，
僅次於日本，其他各國又次於中國與「滿洲國」。

日軍席捲了南洋以後，志在攫奪南洋資源而從「無所有的國家」，變成
「有資源的國家」。然而自 1942 年 6 月，日軍在中途島 (Midway Islands) 首
遭敗績之後，敗象畢露，至翌年，新舊秩序之戰發生根本的變化，新秩序
節節敗退，大東亞共榮圈的理念遂逐漸變質。

日本起初仍承認亞洲多數國家的獨立，並強調地域主義的重要，藉以
促使日本和亞洲其他地區「協同」，完成亞洲的解放。這種理念對統一獨立
的中國當不適用，但日本卻一廂情願的認為中國已在日本領導下，脫離歐
美的控制而真正的獨立。但對長期受到歐美殖民的東南亞而言，日本的大
東亞共榮圈理念，卻以亞洲地域主義的一體性為號召，強調亞洲與歐美人
種上的差異，並以解放者的姿態，抨擊歐美列強的壓搾，因而在日軍進占
英、美、荷等國的殖民地時，日本扮演解放者的角色，而激起反歐美殖民
的民族主義運動。但中途島之戰以後，日本卻又從亞洲解放者的角色，逐
漸轉為剝削者的地位，即將大東亞的資源、勞力，視為加強日本國防、國

力的儲藏庫。至此，日本解放者的形象為之一變，亞洲主義的一體感完全消失，日本顯露其新殖民者的真面目。

　　大東亞共榮圈的理念本來具有道德的普遍性及亞洲民族的一體性，但卻紮根於日本土著的皇道思想之上，而內含自我意象的特殊性。因此，當有軍事勝利的支援時，大東亞共榮圈承認圈內各民族的獨立，而表現出日本傳統式的協同意向，但當軍事方面遭遇挫折時，利己自存的特殊性隨即抬頭，而顯露皇道主義侵略的潛在意識，大東亞共榮圈的道義理念，遂一變而為自私自利的帝國主義本色。

　　進入太平洋戰爭時期，日本帝國主義的脆弱性，因船舶輸送能力的減退與日本物資、熟練勞力供給的不足，使流通機構掌握日益困難。軍事占領只限於點與線（主要都市及其鐵路沿線），廣泛的農村地帶，則無法置於軍事支配之下。大東亞共榮圈的構築，除了上述內部的因素之外，占領政策亦發生破綻，頻遭占領地民眾的抵抗，及至太平洋戰爭之後，由於英、美的反擊，而徹底的崩潰。

　　事實上，1942 年 6 月中途島海戰，日本海軍主力已受到毀滅性的打擊，同年 8 月，聯軍登陸加達瓜那島 (Guadalcanal Is.)，更是大東亞共榮圈崩潰的第一步。1943 年後半，德、義已是敗象顯露，英、美聯軍開始轉移主力於東亞戰線。

　　無法補給大東亞共榮圈充分物資的貧窮工業國日本，因無運補物資供應這一綿延數千公里的運輸線，僅能徵用少量的船隻，以致處處遭受慘敗。其後，在聯軍壓倒性的豐富物資之前，節節敗退。即使出動十數個師的滿洲軍團，轉到南方戰線，亦不敵驅使物量豐富與近代武器的美軍。其後不得不縮小防衛圈，但在 1944 年 6 月的馬里亞納海戰與 10 月臺灣海岸的空戰、雷特島的決戰，日本完全喪失海軍的主力。大東亞共榮圈的西方，亦在 1944 年 3 月印普哈（Imphal，印度境內）作戰的結果，因敗退而被逐出緬甸。

在中國戰場方面，為了防止在華美軍轟炸日本，並維持陸上運輸的順暢，實施大陸鐵路網整備計劃，自 1944 年 4 月開始，展開侵攻京漢鐵路、粵漢鐵路、湘桂鐵路沿線地域的 「大陸打通作戰」。雖一時保持華北一華中一華南一中南半島的交通路線，但仍無法阻止美國軍機的活動。雖然主力轉到南方作戰，但為了應付對華及對蘇兩面作戰，直至 1944 年 8 月，華北、華中仍有一百零五萬兵力被釘死。翌年對日作戰的包圍網愈來愈小。年初馬尼拉被攻陷，3 月硫磺島的守軍 「玉碎」，6 月沖繩淪陷，在以塞班、硫磺島等地為基地的美國軍機加緊空襲日本本土聲中，8 月即接受無條件投降。

這種虛幻的大東亞共榮圈的世界新秩序，由於對國際形勢判斷錯誤，對中國民族性的低估，日本帝國主義之脆弱性——國力、資源的匱乏，運輸能力的減退，以及對占領區政治、經濟支配的失敗，終致一敗塗地，卻造成世界的浩劫。

總之，大東亞共榮圈的成立，在理念上是以日本固有的皇道思想克服歐美的近代性，由國內的國防國家擴大而為東亞新秩序，再推廣為大東亞共榮圈。大東亞共榮圈雖含有解放亞洲民族的擬似道義性，卻以其建立在固有的皇道思想上，因而含有相當濃厚的日本中心的自我意象。在此理念上所建立的大東亞共榮圈，充其量只是侵略行為的合理化，而非真正的「共存共榮」。

2.太平洋上的敗退

1942 年春，美國首次轟炸東京、橫濱、名古屋、神戶等地。空襲規模不大，但造成日本人的驚恐心理。不久珊瑚海海戰，日本海軍初嘗敗績。及至 6 月的中途島海戰慘敗 (以航空母艦為中心的機動艦隊全毀)，日本喪失了制海權，此後已無進攻作戰的能力。

美國採取「逐島躍進」(island hopping) 戰略，使日軍的島嶼基地孤立，然後予以占領。從此日軍在太平洋上節節敗退。

　　歐洲戰場方面，戰爭初期獲得輝煌戰果的德軍，到 1941 年夏天，在莫斯科與列寧格勒受阻，翌年乃轉向高加索的油田地帶。蘇聯重新整軍，開始反攻。東部戰線的德軍節節敗退。英、美雖未及時在西歐開闢第二戰場，卻於 1942 年底登陸西西里島。翌年，在聯軍登陸義大利本土之後不久，義大利即投降。

　　日德初期偷襲戰的勝利，在同盟國的戰爭體制確立後，東西同時喪失其主導權。情勢完全逆轉，同盟國已宣布軸心國無條件投降的原則。

　　1943 年以後，與歐洲戰場的情況類似，日軍在太平洋亦是敗象畢露。繼加達瓜那島棄守之後，印普哈作戰遭到慘敗，在緬甸的日軍潰不成軍。尤其作為轟炸日本本土基地的馬里亞納、塞班島為美軍占領（1944 年夏），更為日本的致命傷。不久，由塞班島起飛的空中堡壘（B29 轟炸機）直接對日本本土展開大規模的轟炸。1944 年 7 月，東條內閣因戰敗而下野，改由小磯國昭組閣，仍一面加緊動員，一面封鎖戰況不利的消息，以鼓舞人心。

　　同年 10 月，美軍開始進攻菲律賓。在此次作戰中，日本出動「神風特攻隊」，連人帶飛機去撞擊美國艦艇，雖有戰果，但大多被擊落。在雷特島的海戰中，日軍損失慘重❷，聯合艦隊已潰不成軍。菲律賓的戰事大體在 1945 年初即已結束。

　　日軍雖初戰告捷，但只半年即迅速的敗退，其原因是占領地過廣，戰線太長，且又遠離本土，兵力與運輸能力均不足，海軍拘泥於巨艦大砲主義，疏於發展空軍，以致在海戰中受制於制空權而居於下風，終至喪失制海權。但最主要的，仍是日、美兩國的國力懸殊❷。

3.到投降之路

(1)和平試探

　　1943 年 9 月義大利投降之後，日本與德國均陷入苦戰。日本軍部決定

---

❷　損失了最後四艘航空母艦，武藏號和大和號亦被擊沉。

❷　日本的總生產力僅及美國的十分之一。

本土決戰，但鈴木內閣則進行商請蘇聯調停的和談。

1944 年，德國的敗象已露，德軍在 6 月間幾已敗退至蘇聯國境之外。同時，英、美聯軍在法國北部的諾曼第 (Normandy) 登陸，成功的開闢了第二戰場。繼義大利投降之後，東歐的軸心國亦開始動搖，德國國內甚至發生軍部暗殺希特勒計劃，及至蘇聯發動冬季攻勢，自東西雙方挾擊柏林，德國勢益窘。翌年，蘇軍已殲滅了德軍六十個師團，並自 4 月開始包圍柏林，英、美聯軍亦在渡過萊因河後，與蘇軍會師。5 月，蘇軍占領柏林，希特勒自殺，德國投降。犧牲三千萬人的戰爭，至此結束。

日軍的戰線亦呈現急速的全面瓦解。美軍於 1944 年 10 月，登陸菲律賓，翌年 2 月即已底定。至此，日本本土遂成為美軍攻擊的目標。美軍登陸硫磺島之後不久即登陸沖繩本島。

至於中國戰場的日軍處於四面受敵的窘境，東南亞各國的抗日轉劇，盟軍反攻勢盛，日軍節節敗退。但日本軍部猶作困獸之鬥，高呼「本土作戰」。軍部雖逞強，但部分軍人及重臣對大局已不抱奢望，仍然希望與中國單獨媾和，使其數百萬日軍能脫離中國戰場，俾能集中全力，防守日本本土，俟有利時機談和。

1945 年 2 月，日本天皇對戰局感到憂慮，諮詢重臣的意見，近衛文麿唯恐「敗戰」危及「國體」，明確主張盡快講和。但軍部強硬派（陸軍中央）力主本土決戰，「一億玉碎」（全民捐軀）。小磯內閣亦企盼給予美軍一擊，以造成有利的條件講和。3 月下旬，日本謀求中日和談，未果。隨即在歐洲展開一連串的外交活動，試圖經由瑞典等中立國斡旋，與同盟國和談，但無結果。4 月初，蘇聯通告日本廢除「日蘇中立條約」。5 月，德國無條件投降，日本完全陷於孤立。

(2)本土決戰或及早媾和──「波茨坦宣言」

先是，1943 年 11 月，羅斯福、邱吉爾、蔣介石在埃及首府開羅會談，發表「開羅宣言」❸，決定對日和約方針。至 1945 年 2 月初旬，美、英、

蘇三國的領袖在克利米亞半島的雅爾達 (Yalta) 會談，蘇聯約定在德國投降後二～三個月對日開戰，並簽訂「雅爾達協定」(*Yalta Agreement*)❸。

首相鈴木和外相東鄉支持近衛等人的主張，商請蘇聯調停，派遣廣田弘毅與蘇聯駐日大使連繫，卻無結果。

6月，最高戰爭指導會議通過「義勇兵役法」，決定繼續戰鬥到底，但天皇則傾向於及早結束戰爭，主和派略占上風。因日軍節節敗退，東條英機下臺後，軍部的地位顯已下降。日本的精銳部隊、現代化武裝已被摧毀，艦隊亦蕩然無存，因此所謂「本土決戰」實不可行。

天皇、重臣與內閣都主張盡快結束戰爭，卻期望在較有利的條件下投降，因此仍指望蘇聯出面調停，頻頻與蘇聯接觸，但蘇聯態度冷淡。旋擬派遣近衛文麿赴蘇，被拒。蓋在德黑蘭會議答允對日參戰，並在雅爾達會談重申此意的蘇聯，當無意撮合和談的可能。

同年7月26日，英、美、蘇三國發表「波茨坦宣言」(*Declaration of Potsdam*)，決定對日政策，勸告日本戰後處理方針與日本軍隊的無條件投降❸。

7月底，鈴木內閣公然加以拒絕，仍高唱本土決戰之議。8月6日，美國投擲第一顆原子彈於廣島❸。蘇聯亦見機對日宣戰（8月8日），攻進中國東北境內，精銳的關東軍在短短的一週內土崩瓦解。9日，美國又在長

---

❸ 此一宣言並無人簽字，因而有不具國際法實效之論。

❸ 在克利米亞半島的雅爾達會談，決定蘇聯的參戰，其條件是，維持外蒙古的現狀，恢復俄國在1904年以前的權利，庫頁島南部與千島群島交給蘇聯，中東鐵路與南滿鐵路由中蘇共同經營等。

❸ 確認「開羅宣言」的「對日共同宣言」，號召日本投降，提示投降條件，包括戰犯的懲罰，但避免直接提及天皇制問題，僅提示「依據日本國民自由意志，成立一個傾向和平及負責的政府」。

❸ 廣島居民二十四萬人，遇難者十七萬多人，其中死亡、失蹤者九萬人，重傷九千多人。

長崎上空的原子彈

崎投下第二顆原子彈，造成數萬人的傷亡。

　　由於原子彈的投擲與蘇聯的參戰，給予日本很大的衝擊，日本國內外情勢驟然告急，迫使日本對戰爭不得不作最後決定。元老深懼共產革命，「國體危機」，傾向接受「波茨坦宣言」之議。8月9日深夜的御前會議，外相東鄉茂德的接受案（保障天皇地位條件）與陸相阿南惟幾的有條件投降案（自主的武裝解除，日本自行處罰戰爭犯罪等）對立，形成三比三的僵局，最後由天皇裁決接受。14日，天皇頒布詔敕，並於翌日親自向全國國民廣播，宣布投降。

　　先是，日本政府於10日，託瑞士、瑞典兩國向盟軍轉達投降之意。13日，同盟國覆示日本投降之先決條件是：一、日本政府須聽從盟軍最高統帥的命令，日本天皇必須授權並保證日本政府及大本營能於必須之投降條款簽字，俾「波茨坦宣言」之規定能付諸實施，且須對日本一切陸海空軍及所有部隊，發號施令，交出武器；二、日本政府的形式，將根據日本人民自由表示的意願來確定；三、同盟國部隊將駐紮日本，直到波茨坦宣言所規定的目的完成為止。

8月15日，鈴木內閣辭職，由皇族東久邇宮稔彥親王組閣。自開戰前夕已在醞釀的皇族內閣卻一直未能實現，主要歸因於重臣不願意讓皇族背負政治的戰爭責任。此時反而有必要推出「和平主義」的皇室，以造成「和平」乃出自天皇「聖斷」的印象。

8月下旬起，聯軍部隊進駐日本，正式的投降文書則在9月2日，於東京灣美國軍艦密蘇里號上，由日本政府代表重光葵、大本營代表梅津美治郎，與麥克阿瑟（Douglas McArthur 元帥，簡稱麥帥）等聯軍八國代表簽訂。世界有史以來最大戰禍的第二次世界大戰至此結束。

日本帝國主義發動的侵略戰爭，對東亞以及全世界人民都造成巨大的損害與痛苦，尤以中國所受人命與物質的損失為最鉅，據推估，中國所受損失，人口傷亡超過七百七十六萬人，財產與資源損失共達二百九十億元（國幣一百元＝美金三十元以上）。至於日本本身的損失亦不小❸❹。

---

❸❹ 軍人、軍屬死傷人數一百八十餘萬人，外地死亡的平民三十萬人，內地的戰災死亡者五十萬，總計二百六十萬餘人。飛機損失六萬架，艦艇六百二十八艘，武器損失七百億圓（當時幣值）。船舶破損，沉沒十四萬噸，大破七十六萬噸，開戰時六百五十五萬噸的日本商船隊，於戰時新造三百三十萬噸，皆在戰敗時陷於毀滅狀態，船員戰死三萬餘人。

第七章　近代社會的形成與社會運動

　　明治初期的日本社會主義思想，是一部分自由黨左派的啟蒙嘗試，當時的民眾運動，除了在農村稍有發展外，在民間，尤其是工商業城市方面尚無基礎，遲至甲午戰爭及日俄戰爭以後，由於國家資本主義的發展，近代社會主義的團體及工會團體等社會組織，始相繼誕生。但是日本資本主義的發達是一種變態現象，其成功完全由於日本國家主義的擴展，因此，民主主義和社會主義運動的歷史充滿著曲折的過程和悲壯的事蹟。

　　1925 年（大正十四年），由全日本勞工總同盟及農民組合等團體所組織的農民勞動黨，是日本最初具有社會主義政黨性格的政黨。

第一節　社會主義問題與勞工運動

一、黎明時期的社會主義運動

　　當西方社會思想發達之際，日本亦很快受到影響，因此在明治維新之前，日本已有知識分子從事研究自由主義、民主主義和社會主義諸學說。迨明治維新成功之後，東漸的歐美思潮，對於一向閉關自守的日本朝野人士，掀起了一連串的波浪。

　　當歐美思潮傳入日本後，法國的自由民權思想，對於日本的影響最大。當時反對藩閥政府的在野人士分成兩派，一為標榜英國立憲政治的改進黨，一為崇尚自由民權，實行急進政治行動的自由黨。

　　勞工運動在明治初年已開始發生，如生野地方的礦工與高島煤礦，均

曾發生暴動，但只是一種自然發生的群眾本能運動，其爭議的對象和範圍均不超出其日常生活問題以外。再者，勞工的政治運動，在當時亦逐漸萌芽。1882 年，農民領袖樽井藤吉等自由黨左派分子，發起組織「東洋社會黨」，為最早的標誌。當時由於日本的資產階級既未發達，無產階級尚未成熟，兼之各種社會主義與無產階級政治行動的理論尚未輸入，故東洋社會黨的內容與組織均極幼稚，其發生完全是農民運動發展的結果。該黨在組織上雖無群眾基礎，但其成立，卻亦反映當時勞工運動的程度已有提高。

曾受基督教文化洗禮的德富蘇峰鑑於一般平民階級無知寡聞，乃於 1877 年組織「民友社」，發行雜誌《國民之友》，主張政治自由、經濟平等及基督博愛思想，並介紹歐美各國社會主義及社會黨活動情形，首先在日本主張勞動組合主義（工會主義）。當時形成了一種煥發的社會啟蒙運動，兼之社會貧富差距懸殊，故趨奉社會主義思想者頗眾。1890 年，自由民權派多年竭力要求的國會終於成立，因此，自由黨員的言行漸趨軟化。

二、明治後半期的社會主義運動

明治前半期專制政府的高壓政治雖然觸發了自由民權思想及運動，但尚不致使之產生有根柢的社會主義思想及具有組織的社會運動，其原因在於明治中產階級之資本主義產業的發達，尚未到足以產生社會主義的境地。甲午戰爭為日本帶來了工業革命，舉凡企業的勃興、大工廠的建設、鐵路銀行事業的擴充、金本位的確立等，均卓然可觀，逐漸鞏固了日本資本主義的經濟基礎。1896 年，東京帝大的教授學者網羅了當時的學界、官界及民間的人士組織「社會政策學界」，採取介於資本主義及社會主義思想戰線來研究社會改革問題，並從事工廠法的制定。

在此期間，勞工運動亦日趨複雜而發達，其最可注目者，實為勞工組織的發展。勞動界因受了這些學者和思想界言論的影響和鼓吹，兼以當時日本曾發生經濟不景氣，工人失業，工資下降，勞動爭議頻繁，種種現象

促進了勞工紛紛組織工會。1907 年 7 月，成立「勞動者組合期成會」，成為日本勞工組織的先河。該會的出現意指日本近代勞動組合運動的開幕。「勞動者組合期成會」為了喚起勞工的覺醒，每月在東京及橫濱等地舉行兩次以上的演講會，鼓吹工會主義思想，並發動示威遊行，成為日本勞工運動的領導機關。其後在片山潛等的指導下，組織「鐵工工會」。1907～1908 年，日本國內經濟不景氣，因此，期成會的運動遂逐漸奏效，其中心基礎亦趨鞏固，其會員亦驟增。

雖然「勞動者組合期成會」的宣傳收效甚大，但由於一般工人對工會尚缺乏正確的觀念和瞭解，各工會的組織極為鬆散，甚至有宣布解散者。但在另一方面，當時的藩閥政府鑑於勞工勢力急速抬頭，兼以指導工會的知識分子，並非勞資協調論者，而是崇奉社會主義的片山潛、幸德秋水等人，遂決心起而彈壓掃蕩，由山縣有朋內閣於 1900 年 3 月制定日本自由民權運動史上有名的鎮壓政黨活動及勞工團結勞資糾紛的「治安警察法」。當時實際上已告消沉，而又遭受「治安警察法」嚴格壓迫的勞工運動，至此急劇地衰微。

當勞工運動因「治安警察法」而漸趨沉滯之際，前述的「社會主義協會」會員之中，有一部分人主張依循政黨組織方式來展開社會主義運動，因此，於 1891 年正式成立社會民主黨，這是日本最早的社會主義政黨，為勞工運動與社會主義者互相合作的具體表現。但因行動綱領之中有廢止貴族院、實行普選、撤廢軍備等三項，招致政府的忌諱，在宣布成立之日即遭解散。

1896 年，桂太郎內閣垮臺，政友會總裁西園寺公望繼起組閣。西園寺對於各政黨採取寬容政策。西川光次郎等人乃組織「日本平民黨」，堺利彥等亦隨之組織「日本社會黨」，兩黨隨即合併，創立「日本社會黨」。但不久即被解散。

社會主義者於 1910 年 5 月，發生企圖謀殺明治天皇的所謂「大逆事

件」，此後日本社會主義運動，在政府彈壓之下，銷聲匿跡。

綜觀明治初期的日本社會主義思想，主要是由一部分知識分子的啟蒙，但當時的民眾運動，主要還是在農村發展，至於都市方面，尚無任何根深蒂固的基礎。近代社會主義政黨，及社會團體等組織，迄甲午戰爭以後，由於國家資本主義的發展，始相繼興起。但日本資本主義，乃是一種變態發展，其成功完全是由於軍閥官僚為本位國家主義的卵翼，因而民主主義和社會主義運動，均難看到發展的餘地。反之，軍閥官僚政府則視社會主義運動如同洪水猛獸，絕不容許其發展，因此，日本初期的社會主義運動及勞工運動，在政府高壓政策之下，不久即告夭折。

三、大正時代及昭和初期的大眾勞工運動

日本的社會運動，以 1910 年的大逆事件為分水嶺，完全進入潛伏期。至大正時代，始又抬頭。第一次世界大戰爆發後，日本乘機發展工商業，完成產業革命，資本主義的經濟組織乃更成熟。結果勞工增加，促進勞工集團，且使勞資糾紛畛域益增明顯，階級對抗日益劇烈。由於階級對立，勞資糾紛日漸增加。

1917 年，俄國發生革命，共產主義獲得初步的成功，翌年日本又因米荒發生「搶米騷動」，刺激了日本社會各階層，此實威脅了當時日本的統治階級，卻也帶給被統治階級勇氣和希望。

1919 年，友愛會召開大會，更名為「大日本勞動總同盟友愛會」。當時日本的勞工運動已逐漸傾向無產主義，友愛會影響所及亦急速地開始左傾。在此氣氛影響下，勞工組織激增，勞資糾紛事件不斷發生。政府及資本家對勞工採取壓迫方針，亦一變以往的穩健協調態度，轉向激烈的社會鬥爭主義。

1919 年，東京的大學生千餘人舉行要求普選大會，並遊行示威，而大阪、神戶、名古屋等各地亦以勞工及學生為中心，紛紛展開普選運動。同

時，以關西的友愛會勞工為中心的二十個團體，先組織「普通選舉期成勞動聯盟」，並於同年在東京召開普選期成同盟的全國同志大會。翌年第四十二屆議會，憲政會和國民黨兩派提出的普選案，慘被封殺，議會亦遭解散，同時勞工組合內的政治運動，亦逐漸衰退，代之而起的是工團主義(syndicalism)❶。

第一次世界大戰後的經濟恐慌，因遣散、減薪，迫使勞工運動走下坡。1919～1920 年之間，勞工人數減少，勞工運動中心的造船業、金屬礦業，俱因經濟恐慌而受嚴重打擊。1920 年，勞工爭議銳減，但有長期化的傾向。

在通貨膨脹之中劇增的工會在資本攻勢之下居於消沉，強勢的工會亦受打擊，而有全國性串連的必要，遂於 1920 年的五一勞動節聚集數千勞工，組成勞工組合的總會。

潛伏十餘年的社會主義運動，由於 1920 年「社會主義同盟」的成立而再起。社會主義同盟的成立，實為社會主義者及勞工組合幹部公然大規模的合作，同時也是無政府主義者、社會主義者、共產主義者和社會主義民主主義者的合作。但因構成分子複雜，內部未能團結，雖然促進了日本勞工運動與社會主義的接近，但內部無政府主義及共產主義分子活躍，終於在 1921 年 5 月，被政府解散。

1922 年 6 月，「日本共產黨」以非法政黨姿態出現。另一方面，「日本勞動總同盟」亦以布爾什維克❷主義為其運動方針。翌年，大杉榮因案被處死，工團主義逐漸凋零，日本社會運動的思想卻朝向國際勞工陣線和馬克思主義之途邁進。「日本勞動總同盟」鑑於客觀環境的變化，為適應社會情勢的趨向，乃於 1924 年，發表劃時代的「轉換方向宣言」❸，決定社會

---

❶ 亦稱 anarcho-syndicalism。這是源於法國的一種社會革命運動，旨在以直接行動，如大罷工等，實現產業管理，使工會控制生產及分配的方式，以達成社會改造的一種思潮。

❷ 布爾什維克 (Bolsheviki)，多數派之義，專指列寧所率俄國激進派政黨。

主義的運動方針。

　　當勞工運動的指導精神逐漸「轉向」之際，山本權兵衛組織第二次山本內閣（1923 年），並在其施政綱領中揭櫫實施普選立場，因此，各勞工工會紛紛表示遵循此一路線，以期減少政府的干涉。

　　1928 年，日本實行有史以來的首次普選，結果，政友會與民政黨只相差一席，而無產政黨亦獲得八席。在保守派政黨勢均力敵的情形下，政局前途不甚樂觀。是時正值美國發生經濟恐慌，全世界均受影響。日本的經濟自難倖免。是故連年市場蕭條，農村困苦，失業者逐年增加，勞資糾紛層出不窮。在此情況下，國民期望政府當局救濟，而日本政府卻束手無策，於是國民之中難免因絕望而走險，不滿於現狀者遂走左右兩極端，這種困境遂使日本法西斯運動乘機崛起。政府對於在死亡線上掙扎的失業勞工，雖曾施行職業介紹、失業扶助、失業保險等制度，其後又有所謂工農政策及土木救濟事業，但皆不足以解決當時經濟不景氣的困境。

　　至 1937 年，盧溝橋事變發生，宣示放棄「三反主義」（反共產主義、資本主義、法西斯主義），徹底的轉向法西斯化。1940 年 6 月，為響應近衛文麿的所謂「新體制運動」，社會大眾黨遂正式解散，結束了第二次世界大戰以前日本社會主義政黨的運動。

　　中日戰爭爆發後，日本國內法西斯勢力已達頂點，政府被少壯軍人所挾持，反國體思想、反戰的階級鬥爭及國際主義思想悉被壓抑，全國各階層在政府指導之下，紛紛展開國民精神總動員運動。各勞工組合內部亦經過種種變遷，喪失其往日的社會主義理想。

　　1940 年，政府聲明勞動組合解散方針，「全日本勞動總同盟」乃於是年 7 月解散。其他勞動組織亦自動解散，紛紛投入軍部、右翼、官僚及巨大的軍需產業者所組織的所謂「大日本產業報國會」，積極從事侵略的軍需生產。此會的成立，無異戰前日本勞工運動的死亡宣告。

---

❸　所謂轉換方向，意指對共產主義思想之轉變，亦即對共產主義的背叛。

綜括而言，自 1931 年至 1945 年的十五年間，日本國內已確立了以天皇制為軸心的獨特法西斯主義體制。尤其是自 1936 年的二二六事件以後，國家權力推動的軍國主義得到大躍進，極力加強天皇的神格化，彈壓社會主義及自由主義思想。政黨及勞工組合一律被解散，言論、出版、結社的自由完全被壓制。在此軍國主義狂潮之下，社會主義運動固然無法生存，言論出版的自由亦被扼殺❹。

第二節　農民運動

農村經濟是日本經濟範疇內唯一殘存而且難以解決的問題，農民階級並非明治維新大業的積極參加者，因此，農民除了一部分鄉士豪農外，並未具備參加政治活動必備的經濟實力。多數的佃農，固然是田租的負擔者，同時在經濟上亦隸屬於地主。因此，其生活情況極為悲慘。維新之初，土地制度乃係承江戶時代的遺制，但隨著改革的結果，終在 1871 年（明治四年）9 月准許農民耕作自由，翌年又准許土地的自由買賣。旋又實行「地租改正」，發行「地券」（土地所有權狀），承認地主的土地所有權，准許自由買賣轉讓。這種措施徒然增加農民的地租負擔，且使自耕農急速地淪為佃農，佃農生活愈益困苦。

明治維新初年，日本的農民占全國人口的百分之七十九，這一大群農民在生活煎迫之下，展開了猛烈的反抗運動，尤其是自「地租改訂令」頒布後，農民要求減輕地租的運動，更形擴大。在 1873 年以後的十年間，農民的不安與不平士族，不期而合流，到處發動騷亂。這些農民運動雖被武裝軍警加以鎮壓，但仍不灰心，前仆後繼。尤其是 1877 年西南戰爭時，新政府支出軍費達四千萬之鉅，而政府濫發紙幣，導致通貨膨脹。其後又收

❹　不僅岩波文庫的《社會科學》自動停刊，連自由主義派作家田山花袋、德富蘆花、芥川龍之介、武者小路實篤等的著作亦被查禁。

縮通貨，致金融波動劇烈。農村除大地主外，一般中小農民遭受慘重的打擊，農民生活更陷入窘境。在此情形下，小農民不得不拋棄農地而淪為佃農，因滯納稅金以致土地被充公者，1883 年有三萬三千餘人，翌年超過六萬多人，1885 年更多達一百餘萬人。

此外，由於產業革命的結果，農村經濟亦受影響而大大地變質。地主在佃農繳給他們的佃租和他們繳給政府的地租之間，賺取差額，累積資本，從事工商業的經營，或放高利貸。在地主階層的剝削下，中小自耕農和佃農，當日益貧窮，尤其是佃農，為籌集佃租並讓子女受義務教育，迫使其把子女送往工廠當紡織、製絲、織布女工，兒子則送往工地或礦山，從事土木工程或礦工勞動，戶主本身亦須利用農閒時替人做短工，以維持其子女的義務教育費及一家的生計。事實上，儘管明治維新後，農民的身分、職業皆獲得解放自由，但並無確切的保障。在農村部落裡，沒有土地的農民和佃農仍占絕大多數。

1896 年，政府頒布「勸業銀行法」、「府縣農工銀行法」，運用國家資金設立勸業銀行及府縣農工銀行，實施融資，以肆應農村經濟的危機，但受惠的只是受長期低利優惠貸款的大地主，所貸資金卻又投資於農業以外的企業，或以高利轉貸給農民，因此，振興農村經濟的目的無法達成。

由於政府的救濟方案，未能達成紓解農困的目標，因此自明治後半期後，各地不斷地發生農村暴動。至二十世紀初，農村內部階層對立日益加劇，佃農要求減輕田租，保障工作權，形成地主與佃農之間的對立。

迨至日俄戰爭之後，隨著社會主義運動日趨激烈，佃農為主的農民運動逐漸擴及於日本各地。

第一次世界大戰後，農村不景氣每下愈況，農村的地主與佃農紛爭益繁。但農民運動的發展，亦由消極散漫的狀態，轉入積極統一的時代，蓋當時社會主義、民主主義的思想，對於促進農民運動的積極性，有推波助瀾的作用，由是農民運動與政治社會運動開始結合。

　　1922 年，社會主義者主導組織日本農民組合（農會）。當時在勞工工會方面，因工團思想逐漸衰微，政治運動逐漸消沉，所以熱衷於政治運動的農民組合，乃轉向無產政治運動。日本農民組合數與會員數與日俱增。至 1926 年（昭和元年），支部增加至七百多所，會員亦突破八萬名。

　　鑑於農民組合勢力日漸壯大，地主為對抗佃農組織，乃於 1924 年（大正十三年）年底，組織所謂「大日本地主聯合會」。當時的加藤友三郎內閣，除了制定「佃農調停法」以保護地主的土地及農產品（稻米）所有權之外，並制定「自耕農創設維持補助規則」，以維護半封建的土地制度。

　　日本農民組合成立後，逐漸展開政治運動，終於在 1925 年 7 月，成立單一社會主義政黨農民勞動黨。

　　正當農民組合日趨發展之際，以打破封建的差別待遇，解散部落民為目的的「水平運動」（平等運動），亦於 1920 年在奈良縣成立「燕會」。1922 年，設立「全國水平社」，發表創立宣言，算是日本部落民的人權宣言，這是明治維新後五十年，久受壓迫的部落民以自己的力量謀求團結的呼聲。

　　由「日本農民運動組合」提議推動所組織的「農民勞動黨」成立後，僅過了二、三小時，即以此次新黨的行動綱領中隱含共產主義的色彩，有實行共產主義的企圖，且其規約內承認勞工組合的團體加入，有違「治安警察法」中保護婦女及青年的宗旨為由被解散。

　　農民勞動黨被解散後，日本農民組合分子立即著手重組新黨運動。1926 年 3 月，邀請幾個勞動團體在大阪組織「勞動農民黨」。該黨成立之初，完全採取門戶閉塞主義，拒絕左翼分子入黨。但不久內部激起了嚴重的對立。

　　勞動農民黨自右派分子相繼退出後，逐漸左傾化。當時正值中國國民革命軍進行北伐時期，乃糾合左派團體成立所謂「對華非干涉同盟」，展開全國性運動，並在國際共產嗾使下，支持左派的武漢政府，攻擊南京國民

政府。1928 年，勞動農民黨被迫解散。

　　中日戰爭進入第二年後，農民組合陣營組織了「農村報國聯盟」，在軍事法西斯之下，展開所謂「生產報國」工作，農民運動至此乃宣告死亡。

第三節　婦女運動

　　日本在近代化建設過程中，採取「文明開化」政策，廢除封建的身分制度。1869 年（明治二年）奉還版籍之際，政府廢除公卿、大名的稱號，改為華族，廢除其家臣，而改為士族，以農工商三者為平民，並准許平民稱姓氏，華族與平民可以通婚，允許享有職業、居住、遷徙、擁有財產的自由。但以往的傳統社會，女性並無地位，因此，在明治維新之後，在「全民平等」口號之下，似乎人人皆享有平等地位，實際上卻只限於男性的權利而已。

　　日本的家庭是以丈夫為本位，男女居室，權利有別，妻子的人格並不獨立。日本的婚姻只是男女互相願意並不算合法，必須尊重「父母之命，媒妁之言」。婦女出嫁後，在家如同奴隸，外出亦若隨從。日本女性的美德是和善勤勞而恭順。「三從」是絕對的，「四德」則是個個都要講求的。

　　戰前日本男人可以自由賣掉自己的女兒，甚至將其所得充當尋花問柳之用，亦不受社會的責備，蓋其為父親的權利。丈夫向妻子發威甚至毆打，妻子不能抵抗，只能逆來順受。婦女必須擔負苛重的義務，畢竟婦女只是被男人視為傳宗接代的一種器具而已。但自明治維新以後，隨著歐美文化的輸入，以往加諸於婦女的桎梏束縛，亦逐漸地在歐美文化的衝擊下逐漸鬆懈，逐漸出現了「男女平等」、「男女同權」的呼聲。以往在江戶幕府時代不准婦女進入劇場觀賞的摔角，亦於 1872 年解禁。婚姻方面，1873 年允許婚姻自由，除了本國人之間外，亦允許與外國人之間的通婚，甚至允許女方提出離婚要求。

　　1870 年代，隨著基督教的流傳，「一夫一妻」制的原則已為教徒之間嚴格遵守，影響所及，蓄妾之風漸衰。1872 年頒布學制之後，對於一般女子亦給予受教育的機會，同年有東京女學校的成立，繼之有東京女子師範學校的出現，其後陸續有官公私立女子學校的設置，基督教傳教士所設立的女學校，紛紛成立。此一新生的氣象，促成了一般婦女革新的自覺，而有爭取女權的婦女運動。

　　1880 年代，因極端西化主義盛行結果引起國粹保存論的勃興。甲午戰爭之後，國家至上主義等日本主義大為流行，此一風尚影響到婦女界，於是洋裝束髮又被廢除，茶道、插花等傳統的藝術復甦，使婦女又重返往昔的封建社會生活。在此環境下，青年女作家樋口一葉等乃起而為婦女伸張不平之鳴。

　　當西化高漲時代（1880 年代），福澤諭吉著《日本婦女論》，申論日本婦女本質的改善，力主女性應自家庭解放出來，公開參加社交活動，鼓吹男女平等。甲午戰爭之後，由於「日本主義」盛行，引起了尼采 (Friedrich Wilhelm Nietzsche) 個人本能主義論的興起，此一思潮影響及於婦女問題，於是在 1901 年掀起男女同權論的高潮。日俄戰爭後，由於女子高等教育的普及，以及自然主義、社會主義的洗禮，破壞傳統的新風潮，促進了婦女從牢固的封建家族制度的束縛解放出來的勇氣，與謝野晶子與福田英子等為此運動的先驅者。她們發行《明星》雜誌，主張戀愛與藝術的自由，提倡本能的解放。1910 年代，又有平塚明子等，組織「青鞜社」，發行《青鞜》雜誌，積極從事婦女解放運動。

　　大正年代，提倡「人格主義」的阿部能成等，基於同情心理，協助「青鞜社」的婦女解放工作。以往被視為賤業的女歌手或女伶（女優），至 1918 年以後，出現名女伶，改變了以往的舊觀念。

　　由於受到民主主義思潮盛行的感染，平塚明子等於 1920 年創立「新婦人協會」，從事婦女解放運動。在 1926 年的第四十五屆國會，因「治安警

察法」之修正，婦女得以參加政治集會。

　　至於一般勞動階層的婦女，自第一次世界大戰之後，除了公共汽車的女車掌之外，餘如公司職員、電話小姐、打字小姐、女教師、醫師、洋裁師、理髮師、女性記者等皆相當活躍，對於社會的貢獻亦不亞於男性。她們一方面從事各種勞動工作，一方面要求女性的自覺，以提高女性在社會上的地位。婦女解放運動雖然在傳統觀念的束縛下，未能如願，但較之明治時代的女性顯已好轉，至少可以走出廚房，踏入社會，擔負社會的職務。直至1945年日本戰敗以後，由於日本新憲法及新民法，對於女性設有保障條文，因此，自明治維新以來婦女所要求的女性解放，才算真正獲得了效果。

第八章　近代學術與文化

第一節　近代思想的源流

　　明治維新是日本近代化的開端，不僅動搖了江戶幕府的根基，且亦揭開了新時代的序幕。明治維新以後，日本在文化方面亟欲跳出過去的鎖國孤立狀態，並吸收西洋文明，以推行近代化。明治維新的變革使日本人的世界觀為之一變，而出現學習歐美文化的風潮，取代了古代以來在思想文化上所依據的中國文化。

　　日本自戰國時代末期（十五、十六世紀）已有歐洲文化的輸入，江戶幕府末葉亦有「蘭學」的興盛，但與歐洲文化的接觸範圍既小，影響亦微不足道。及至明治維新之際，門戶開放，歐美近代學術思想，始源源湧入。雖然如此，明治初期，儒家、佛教、神道以及國學等傳統思想，仍然深植於日常生活情感或意識之中。

　　西歐思想之傳來，先以英美的自由主義和功利主義為肇端。自由主義學者與思想家輩出，其中以加藤弘之、福澤諭吉等最為有名。他們曾創立「明六社」，出版《明六雜誌》，批判封建舊思想以及尊皇攘夷的名分論，並介紹歐美的新知識。這些人屬於開國文明論者，大抵為自由民權派思想家及學者。福澤諭吉始終以在野之身，致力鼓吹自由民權思想，並創辦慶應義塾，教育學子。其著作等身，堪稱為日本近代自由民權啟蒙思想的大師。他基於功利主義的立場，批評封建思想，以平易流暢的文字傳播西洋新思想，主張天賦人權論、自由平等論，強調功利主義和實用主義，對於

後來的民選議院設立運動有很大的影響。

　　箕作麟祥、尾崎行雄等，翻譯彌爾 (John Staurt Mill)、史賓塞 (Herbert Spencer) 等人的功利主義思想著作，其思想傳播對日本有貢獻。至於美國思想學術對於日本文明開化之功亦不可沒。

　　人文科學與社會科學方面，起初主要以英美的自由主義傾向為中心。但在「明治憲法」制定後，德國的國家主義學說占優勢。經濟學最初盛行英國自由主義經濟，接著德國的保護貿易論、社會政策學說居於主流地位。法學起初是聘請法國的包索納德編纂各種法典，至民法之編纂，德國法學盛行，哲學亦以德國哲學占居優勢。

　　法國的思想以及典章文物，均在日本的思想界占有重要地位。中江兆民信奉法國自由民權思想，創辦報章雜誌，鼓吹盧梭、孟德斯鳩的共和政體和天賦人權思想，主張議會兩院制以及限制選舉為前提的立憲君主制，促進了民選議院論的勃興。

　　1877 年以降，在法國天賦人權論思想流行不久之後，德國的國家主義思想和政治法律思想亦傳入日本。1887 年以降，德國派的理想主義和觀念論，凌駕於英、美、法等國之上，康德 (Immanuel Kant)、黑格爾 (G. W. F. Hegel) 的哲學、布倫治理 (Johann Kaspar Bluntschli) 的國家主義等在日本大為盛行。

　　學界盛倡德國式的經濟學，民法亦以德國民法為典範，重新修訂取範於法國民法的日本民法，商法亦委由德國學者勞斯勒起草，日本全國上下彌漫德國思想。因此促使日本產生國權思想與國粹論的發達。

　　明治初年文明開化時代盛行西洋思想的引進與吸收，為自由民權運動所繼承，1880 年代發生朝鮮問題為契機，民權論者之中，亦出現倡導國權論者。由於明治維新之初，同時吸收英、美、法、德等國的物質文明、思想文化，以致形成彼此之間壁壘分明，竟至互相排斥，始終無法融和為一體，使日本在吸收歐美文化的過程中，從國家的規模、政治體制、典章制

度，以至教育制度、經濟結構，無不隱含畸形的矛盾。具體而言，憲法中的天皇大權取範於德國式的君權，皇室典範模仿英國，國會則充滿法國自由民主精神，經濟結構以及企業組織卻富有英美色彩。稱霸亞洲甚至世界的「皇軍」，德國式的陸軍與英國式的海軍形成對立，呈現不調和的現象。表現於思想上、政治上的自由民權與國家主義兩種思潮的對峙尤甚。

在歐美思想湧入，歐化主義者醉心模仿西歐文化之際，日本雖吸取英美功利主義和實用主義的自由思想，甚至連教育制度、生活習慣亦以英美為圭臬，但明治政府的建國理念卻自始即崇尚德國式的國家主義、國權主義思想。國權主義與國粹主義合一，提倡尊重日本固有的文化，並在思想界逐漸得勢。

日本在甲午戰爭獲勝，給予思想界很大的變化。德富蘇峰在開戰時，力主日本對外擴張的必要，高山樗牛盛倡日本主義，肯定日本進窺中國大陸的正當性。批判西歐瓜分中國的陸羯南等，亦以庚子事變為分水嶺，肯定日本帝國主義的發展。雖有一部分社會主義者與基督教徒，反對這種思想傾向，但日本對外擴張以及背後支撐力量的國家主義，卻成為日俄戰爭以前思想界的主流。

及至日本因日俄戰爭的勝利而躋進列強之林，日本國民之間，已有普遍認定明治維新以來的國家目標大致已達成的想法，而產生對國家主義的疑問。在農村亦出現重視地方社會的利益優於國家利害的傾向，都市則出現脫離國家或政治，以求現實利益，或對人生意義感到煩悶的青年。

大正初期，經濟的急速發展，個人主義、民本主義與自由主義的風潮鼎盛。大正時代可說是日本近代個人主義的顛峰時期。東京帝大教授吉野作造等，鼓吹「民本主義」，主張普選，改革政府機構，為大正時代的民主主義提供了理論基礎。

第一次世界大戰後，資本主義社會的不安和階級鬥爭加深，訴諸個人主義與自由主義的正常發展。隨著資本主義社會的成熟，因勞資對立，引發勞資糾紛與勞工組織，形成社會問題。

　　大正時代的社會已逐漸走向近代社會，但因第一次世界大戰後資本主義社會的不安和階級對立的加深，阻礙了自由民主主義的發展。勞資糾紛頻起，社會問題叢生，及至 1917 年俄國革命後，社會上充斥無政府主義、共產主義的思想。針對自由主義、社會主義與共產主義的反動運動亦隨之而起，尤其在義大利法西斯主義與德國納粹主義橫行於西歐之際，國粹主義、法西斯軍國主義亦應運而生。迨至九一八事變起，國粹主義、愛國主義運動日益蓬勃，以日本主義、國粹主義、國家主義等為號召的團體（玄洋社、黑龍會、大日本國粹會等）林立。這些法西斯軍國主義團體雖派別不同，行動各異，但皆主張君權神授說，絕對擁護皇室，否定議會政治，反對民主、自由主義和共產主義，對外則積極擴張侵略。

　　總之，日本近代思想的演變，早在明治時代初期，即已萌芽，卻遭受官方的排斥，而未能滋長，大正時代亦曾展現一時，仍受到壓制，及至受到法西斯思想的影響，一息尚存的民主主義遂亦被消滅。

第二節　近代教育的普及與發展

　　日本近代文化的發達，有賴教育事業的普及。明治維新以前，日本的教育已相當普遍，江戶幕府的昌平黌與各藩的藩校，均係武士階級的教育機關，教學內容除了儒家的經典之外，尚有算術、洋學、醫學與天文學等實用主義的科目。

　　明治維新之後，承繼重視教育的傳統，注意學問的獎勵，於 1868 年開辦皇學所與漢學所，並獎勵一般庶民學習文明開化，鼓勵設立小學。翌年已有六十數所小學校。1871 年，在廢藩置縣之後，設立文部省，作為全國文教行政的統轄機關。

　　明治初年努力普及小學教育的結果，義務教育的就學率逐漸提高。1886 年在文部大臣森有禮策劃下，公布「學校令」，規定小學的尋常、高等合併

八年之中的前四年為義務教育。1907 年，延長為六年，國民教育逐漸發達。

但同時，學制時代的自由主義教育政策，逐漸改為重視國家主義的教育政策，1890 年發布的「教育敕語」，強調忠君愛國為教育的基本。自 1903 年起，小學的教科書訂為國定，國家對教育的統制由是而加強。

但在民間，繼慶應義塾、同志社大學等之後，大隈重信所創立的東京專門學校（現在的早稻田大學）等私立大學發達，以不同於官立學校的學風自豪。同時也出現以佛教、神道、基督教等特定宗教教育為目的的私立學校。女子教育則有 1872 年最先在東京成立的女學校，旋即有女子師範學校的設置。

一、日本教育的傳統

1.士族意識與近代教育

幕末維新時期，推動近代教育的主導者是封建社會統治階層的武士。武士中產生被稱之為志士的改革派領導者，隨著新政府的誕生乃搖身一變而為開明派官僚，並成為近代化的推動者。明治維新後，由於奉還版籍、廢藩置縣、「徵兵令」等一連串措施，武士喪失了封建時代的特權。但新政府中的官職主要為薩摩、長州、土佐與肥前等四雄藩的下級武士所獨占❶。可見近代的日本是士族所支配的時代，士族意識對近代日本教育影響深遠。

江戶幕府為了鞏固士農工商的身分秩序，企求統治階層武士的精神統一，多方獎勵儒教，尤以新儒教朱子學為正學。捨棄過去護持的僧侶，而全力保護儒學者。朱子學成為昌平黌及諸藩的藩校教材，且為武士的基礎教養。儒教倫理注重修身與治國，修身著重基於儒教五倫五常道德律的實踐，即保持封建身分社會上下秩序的忠孝道德。治世的武士為治國，須講求經世濟民的實學。江戶時代形成的武士精神特性，經過幕末維新的變革，雖多改變，卻為新時代所繼承。

---

❶　據統計，當時新政府的「百官履歷」，四百九十八名高級官吏之中，皇族八名，華族八十三名，士族三百九十九名，平民三名，其他五名。

　　維新後士族意識的第一項特質是實學意識。明治維新推進者的西南諸藩下級武士之中，甚多以實學人才而嶄露頭角。在「黑船」的外壓下，重要的課題是軍事技術的近代化。為了仿造西洋的堅船利砲，幕府與諸藩立即著手製造蒸汽船與反射爐等，技術人員則大多屬於下級武士。這些武士技術人員，後來一變而為工業官僚，推動日本的工業化。

　　士族意識的第二項特質是官僚意識。具有實學知識的志士，在明治維新後，又搖身一變而為中央政府的官僚。江戶時代已有武士的官僚化現象。明治維新後，士族立身報國之道是任官，隨著官僚機構的組織化，士族乃成為地方官吏、警察、教員等的進階。

2.新式教育的接受

　　鎖國時代的日本，因受中華思想的影響，盛行視外國為夷狄的華夷思想。尤其在鴉片戰爭後，面臨西力東漸，列強侵略的威脅，危機意識強烈，同時盛倡攘夷論。但也有不少人具有新的西洋觀。佐久間象山倡導「東洋道德，西洋技術」，對西洋的學術技術給予一定的評價，與所謂「和魂洋才」或「採長補短」的思想相近。福澤諭吉則倡導捨棄「腐儒之腐說」，徹底的學習西洋「有用的實學」。

　　為了促進日本教育的近代化，首要在移植西洋的教育制度。初有國學者與儒學者的反對，但大勢所趨，已無法改變西化的潮流。新政府紛紛求諸外國教育的模式，聘請外國教師，全力移植。除了文部省極力推動醫學、理學、法學等專科教育之外，工部省引進英國資本與技術，創設西式工科大學，內務省亦在北海道札幌創設農校，司法省則聘請法國教師講授西方的法學。

二、近代教育的普及

　　日本近代文化的發達，歸功於教育的普及，其對教育的重視，實導源於東亞文明的根源──儒教圈對讀書識字的重視。明治維新以後至今，日本的教育經過二次量的擴大。在 1872 年確立初等教育義務制度時，小學的

就學率僅有 28%，較之同年的英國 40% 為低。但英國達到 90% 的 1900 年，日本甚至已超前，及至 1910 年前後，兩國均達到接近 100% 的程度。此時中學的就學率，日本是 12%，而英國則僅有 4%，可見日本的中等教育已凌駕於近代教育先進國英國。

1.學校教育

十九世紀前半的封建時代，日本民間對教育已頗熱心。當時武士階級不僅擔任軍事任務，且為行政人員，因此各藩均設有教育其子弟基本常識、道德、武藝的學校（藩校）。農民或町人（商人）亦應生活的需要，到寺子屋去學讀、寫、算盤等。寺子屋遍及各地，日本全國有二萬多校。這種私塾雖非強制，亦無年限，可說是極為自由的教育形式，但根據估計，大約有 40% 的農民與商人受此教育。幕末時期，西洋實用之學已傳入日本，因此，寺子屋亦採用有關農工商關係知識的教材。

由此推論，幕府末年，日本人的識字率已較之同時代的法國、英國高。明治維新以後，義務教育具有法律的強制性。教育與文化水準的提高，為吸收西方近代科學技術和民主主義思想提供了良好的基礎。

明治維新後不久，為了獎勵一般庶民學習文明開化的學問，在 1869 年便已籌設小學近百校。1871 年，新政府確立了中央集權國家的體制，設立文部省，統轄全國的文教行政。翌年，頒布「學制令」，取範於法國制度，訂定小學教育年限為八年，讓六歲至十四歲兒童接受近代化的義務教育，並將全國分為八大學學區，設立二百五十六所中學、五萬三千七百六十所小學，平均六百名人口即設立一所小學。同年設立師範學校，以培養師資。此一學制否定過去教育學問由武士等統治階級獨占之制，不分士族、平民、農、工、商或男女之別，課賦人民接受教育之義務，實具有劃時代的意義。

「學制令」頒布後僅一年（1873 年），即設立公立小學八千餘校，私立小學四千五百校，學齡兒童就學率已達 28% 以上。但這種學制是模仿法國學制，並不適合日本的國情，乃於 1878 年頒布「教育令」實行改革。翌

年，全國的公私立小學共有二萬八千餘校，兒童的就學率亦達 41% 以上，唯女子的就學率則只有 23.5%。依當時的學制，學費原則上須自行負擔，尤其中學昂貴的學費，非一般農家所能負擔，中、高等教育多為舊士族所占有。

經廢藩置縣、秩祿處分等一連串改革之後，士族已失去社會上的特權及經濟的基礎，因此，甚多轉入教育事業。以 1883 年為例，40% 的小學教師、73% 的中學教師為士族出身。在「學制令」頒布初期，中、高等教育亦多為士族階層所占有。

明治新政府既全力推動文明開化，吸收西洋文明，以為建設近代化國家的礎石，因此，除了學制的改革之外，自始即重視歐美留學。1871 年岩倉具視等一行赴歐美交涉修改條約時，即有包含五名少女的五十九名留學生同行，留學歐美。明治初年，有數百名日本青年留學美國。

1877 年，創立東京大學，以為高等教育機關，專事培養官僚、高級技術人員。為了提高國民教育水準，於 1886 年設立東京高等師範學校，以培養中等教育師資。1872 年的「學制令」，因不適合日本的國情，以致無法全面實行，乃又於 1879 年 9 月頒布新的「教育令」。這是根據明治天皇視察各地的教育狀況後的指示而制定，但反映當時盛行的自由民權思想，其特徵是採用美國的自由主義教育制度，廢除原來的學區制度，由每個町村或數個町村聯合設置一小學，義務教育的年限亦縮短為十六個月。但實行的結

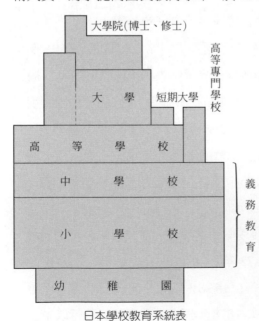

日本學校教育系統表

果，反使就學率銳減，甚至發生燒毀學校事件，遂又於 1880 年頒布「日本教育令」（或稱「改正教育令」），強制設置小學或師範學校，並把義務教育的期限由一年半延長為三年。翌年，頒布「小學校教則大綱」、「小學教員規則」，揭櫫國家主義精神的教育方針，規範小學教員不得妄談政治或宗教，強調鼓舞學生的尊皇愛國精神，灌輸學生的國家至上主義。

1886 年，設立文部省後，廢止過去的教育令，頒布「帝國大學令」、「師範教育令」、「中學令」、「小學校令」等，並訂定各級學校的通則，奠立此後學校制度的基礎。這可說是放棄自由主義教育，確立了日後推行國家主義教育以及軍國主義教育的轉捩點。

依照「學令」的規定，小學年限為六歲至十四歲，並分尋常科四年、高等科二年兩個階段。起初規定尋常科為義務教育，及至日俄戰爭以後，始將義務教育延長為六年，直至第二次世界大戰戰敗為止。

小學畢業後分成兩途，一為進入中學、大學；一為進入師範學校。大學直屬於文部省，為官僚機構的養成所，而師範教育則注重訓育，強令教師學生住校，並施以軍事訓練，寄宿的學寮生活，推行嚴格的軍事管制。足見師範學校的組織、設備與教育等完全模仿軍營教育的模式，直至終戰後，此一制度始被廢止。

至 1890 年，公布「教育敕語」，明白宣示神道的復古思想與儒家的封建道德忠君愛國，為日本教學的基本理念，不啻顯示教育的基本法悉由敕令，而不經帝國議會而定，旨在加強國家對教育的統制。正如「大日本帝國憲法」成為日本政治上的根本大典，「教育敕語」亦成為日本國民教育的最高理想目標。

經過甲午與日俄兩次戰爭之後，日本的教育制度愈益充實。不僅各府縣須設立中學，培養師資的師範學校、高等師範學校、實業學校，以及醫學、法學、語言等專門學校紛紛設立。大學方面，在甲午戰爭以前，全國只有一個帝國大學，即東京開成學校與東京醫學校合併而成的東京帝國大學。

不久，又在京都、東北、九州等地，先後設立帝國大學。官立學校之外，私立高等教育也逐漸發達。最早創立的私立大學是慶應大學、同志社大學與早稻田大學等，均屬自由主義派的私學。此外尚有東京法學社（後來的法政大學）、明治法律學校（後來的明治大學）、英吉利法律學校（後來的中央大學）、關西法律學校（後來的關西大學）等聞名於世的私立大學。

1900 年，制定六歲起接受四年義務教育的制度。當年的就學率已達90%，唯中等學校以上的進學率並不高。

大正時期教育的發達極為迅速，以第一次大戰為轉機，不僅經濟發展，國民所得倍增，人口亦集中於大都市。在社會、經濟結構遽變的背景下，西歐近代文化的個人主義、自由主義思想，亦因大眾傳播的發達，普及於一般民眾，教育水準當亦隨之提升。

初等教育的就學率，已自 1900 年的 90%，提升為 1909 年的 98%。中等以上學校的升學率亦逐年上升。高等教育的發達尤為顯著，明治末年原只有四個帝國大學，到了 1925 年已增為三十四校，高等學校亦驟增至二十五校。

1935 年中學（中學校、高等女學、實業學校）的進學率只有 18.5%，高等教育（高等學校、專門學校、大學）也只有 3% 而已。

昭和時代，隨著資本主義經濟的發達，各方面需才孔殷，尋常小學畢業生的升學率大為提高，大學教育亦極為發展。其中最顯著的是 1943 年，把中學、高等女學校與實業學校統合為「中等學校」，允許第二學年以下的轉校，以及翌年改小學為國民學校，義務教育年限延長為八年。至於師範學校程度的提升，亦為昭和初期日本教育制度上的特徵。

自明治維新以來，日本在教育制度和形式上，均模仿歐美，但精神上卻始終一貫的順應天皇專制政治，以天皇至上主義、國家主義與軍國主義為教育宗旨，尤以軍國民教育影響最大。國民接受教育的目的，專在灌輸其忠君愛國，為天皇犧牲自己的觀念。足見近百年來，日本的教育除了大

正初期受到第一次世界大戰之後，尊重個人權利與解放的自由主義風潮之影響，一度有尊重學童個性的自發自動的自由主義精神教育思想之外，大多被軍部法西斯思想滲透，自由主義思想全被壓制，代之以軍國主義斯巴達式的皇國主義教育。

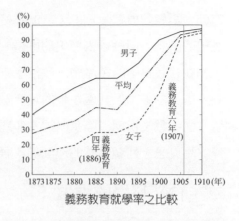

義務教育就學率之比較

2.女子教育

關於女子教育方面，明治政府亦極重視，早在 1871 年岩倉使節團赴歐美時，已有五個女生隨同赴美留學，為日本女子留學之始。其後不久，東京分別設立東京女學校、東京女子師範學校，並在學習院設立女子部，專收貴族女生。

1899 年，公布「高等女學校令」，設立東京女子高等師範學校，並成立日本女子大學，招收一般民間女子就讀。至 1901 年，全國已有二百五十餘所高等女學校。然而女子教育仍然受到歧視，教育內容多注重禮儀、家政，有關社會和科學知識的教學則不受重視。

第三節　近代學術與自然科學的發展

一、學術文化的發展

戰前的人文科學，皇國思想宰制一切，以致在人文科學方面的研究，受制於不得探究天皇制的禁忌之下，無法基於學術的觀點析論日本國家的社會結構。與天皇有關的任何史實，均在禁止之列。此由 1910 年美濃部達吉的「天皇機關說」遭受猛烈批判鬥爭，即可瞭解。

戰後，由於對日本皇室的禁忌已獲解放，歷史學的研究遂展開了新的

方向。學者致力剷除日本天皇的神格化，打破日本歷史傳統，改變國民對歷史的觀念，揭發過去歷史的虛偽。

在社會科學的領域中，政治學方面，由過去的天皇主權論轉向國民主義、民主主義，但共產主義的無產階級專制論亦掀起了研究的熱潮。經濟學方面，戰後初期，除了論述古典經濟學及偶有凱因斯經濟理論的介紹之外，馬克思、列寧主義的理論仍占居主流。

二、自然科學的進展

日本自江戶時代採取鎖國政策以來，僅透過荷蘭接觸西洋科學的皮毛。直至幕末開國以後，決定全盤吸收歐美的科學文明，提高日本文化的水準。在富國強兵、殖產興業的國策下，推動全面西化，促進日本的近代化。對於西洋的各種科學，熱心的學習吸收。

1869 年，恢復江戶幕府末年廢止的各學問所，講授「西洋格物窮理」之學。1871 年，設立東京大學工學部前身的工學寮，以培養技術人才。1874 年以後，更大力推行科學技術教育，陸續設立農、工、理等專門學校。

此後十年，先後成立東京與大阪衛生試驗所、中央氣象臺、農林試驗場、地震學館等機構。至於各種科學學術研究會，亦紛紛成立。

明治初年的科學普及，最重要的是科學人才的培養與外國技師的招聘。同時也大量派遣留學生前往歐美留學。

此外，在學術的領域，亦頗有進展。醫學、數學、物理、化學與動植物等方面，均有可觀的成就。

第四節　宗教與藝文

一、宗教信仰

　　日本的主要宗教有神道 (shintō)、佛教、基督教等。神道是日本民族的生活體驗所孕育，從原始時代即已有的自然宗教，但卻受到佛教、儒教的影響。

　　多數日本人對宗教是寬容的，同時與複數的宗教發生關連也並不感到奇怪。與其說是日本人對宗教寬容，還不如說是多神教的神道對於來自外國的宗教寬容。

　　日本人在宗教上講求實際性，而不為宗教理論所限制，更不為宗教的形式所束縛。日本雖有神道、佛教、基督教等，但自江戶時代迄今，大多數的日本人誕生時依規定到佛寺登記，結婚時依照神道的儀式進行，但葬禮卻是依佛教儀式超渡。

　　依據 1985 年文化廳的統計，各教的信徒人數，神道九千九百七十五萬人，佛教八千五百二十一萬人，基督教徒一百二十萬人。日本的人口約有一億二千萬，可見除了基督教徒之外，信仰神道與佛教的人頗多重疊。至於神社，則有八萬餘所，佛教寺院，亦有七萬餘所。

　　根據統計，對特定的宗教熱心信仰的人數不多，自謂對宗教無關心者不少，其最大的理由是日本人現世的樂天性格。在美麗的大自然中，既無外敵的侵入，亦無極端的天災地變，經過幾個世代悠閒生活的日本人，比較沒有熱衷於宗教的風氣，然而並非一生全無信仰。

　　日本人具有東洋的「沒我」（忘我）愛，原應更有宗教性，因此，並不需要具有特定形式的宗教。所謂東洋的「沒我」愛，不僅只是指人類，且也包含對於奉獻給宇宙一切的愛。

　　日本人的宗教意識，並沒有一如基督教所謂人格上的唯一絕對神。但在日常生活中卻從身旁的所有事或自然現象之中感覺到神秘的生命。

　　依據現行憲法，宗教受到保障，因而沒有所謂國教，國家的行政均與宗教無關。國立、公立學校均禁止宗教教育。

1.神道

　　神道是以日本固有的民間信仰為經，以外來宗教思想（佛教及儒教）為緯，交織而成的多神教。易言之，神道是日本固有的自然宗教，祭祀神道神祇的地方就是神社。神道的神有無數，起初以自然物或自然現象為神，在靜寂的土地，圍植杉木，使自然和人化為一體，就是日本古代的神道信仰。其後逐漸祭祀祖先，但無特定的教祖，亦無聖經或教典，可說是一種沒有布教概念的宗教信仰。

　　神道的起源很早，幾與日本民族的誕生同時。神道是以稻作為中心的農耕社會的成立而形成，其後雖經千餘年的演變，但基本上是對穀靈與祖靈的信仰。

　　日本的神道淵源於有生觀、有靈觀的原則，起始於精靈觀念，而歸結於人神同格觀念的宗教。人神同格思想是在外來宗教傳入後始發達。其內容是尊天事鬼、忠君仁民、上慈下孝、出恭入敬等倫理思想，學自儒家。將處世為人的各種規準醇化於神道教義之中，似乎是神道所自有，實則亦來自儒家。

　　佛教傳入日本時，具有與佛教對立的思想體系之神道尚未成立，但已有各種神祇祭祀的儀式，而這些思想和儀式，正是逐漸發展的民族宗教——神道的骨幹。其後神道受佛教、儒教的影響而理論化。尤其儒教傳入日本之後，古神道受其影響，而提高了道德意識，神話也帶有規範性。除了儒教的影響之外，佛教的因素甚深，在宗教信仰上，可謂「神佛同居」。

　　神道在接受佛教、道教及儒家學說，具備意義深奧哲學之倫理思想與宗教儀式、用語之後，逐漸變形，由咒術的宗教階段進到宗教階段。

原來以各氏族為中心的神話，其後逐漸發展成為以皇室為中心的民族神話，被尊為皇室祖先的天照大神等，乃一變而為民族國家的守護神。日本神話有「八百萬」(yaoyorozu) 的神，神的數目極多。全國亦有不可勝數的神社。

自平安中期（十一世紀前後）起，神道由於「神佛習合思想」❷，產生「本地垂迹說」❸。但同時也出現反對的說法，而產生了伊勢神道❹。

十七世紀初期，神道逐漸脫離佛教而傾向儒教思想，採取「神儒合一」的立場。但到了十七世紀後半，由於「國學」的盛行，與儒佛結合的神道思想受到批評，恢復古神道思想之風甚盛。

日本人的神道信仰，與日本的國民性有密切的關係，「殉死美風」遂成為神道信仰的歸宿❺。

及至十九世紀以後，神道受到有如國教的地位，尤其明治維新以後，獎勵「國家神道」（神道定為國教），崇拜自然的多神教，增添一層官方信仰的色彩，連天皇也被神格化。以前的神道，旨在實現所謂「祭政一致」的古制。在 1867 年頒布王政復古論旨時，曾宣示「諸事基於神武創業之鴻基」，以為施政的準繩。

1868 年（明治元年），設置神祇科、神祇事務局，推動神道國教政策。翌年，改革官制時，設神祇官，其地位顯然高於太政官之上，至是實現了古代制度的復甦。

在「祭政一致」的古制精神下，1868 年頒布「神佛分離令」，以禁止神佛的混合，廢止僧侶管理神社。此令本不在滅絕佛教，但因謠言、誤解，以致神社內的佛教因素全被袪除，甚至發生破壞佛寺、燒毀佛像經典、沒

❷　始於奈良時代，相異教理之折衷、調和。神佛融合，即為神佛習合之顯現。

❸　此說認為佛陀是本質的存在（本地，honji essentiality），神為佛陀的化身（垂迹）。

❹　創始於中世的神道學說。

❺　為主君殉死的風氣最盛的是鎌倉幕府以後倡導武士道的結果。

收寺領等「廢佛毀釋」運動，使一千多年來的佛教遭受空前浩劫。

　　新政府雖未命令廢除佛教，但積極的鼓吹、提倡神道。1869 年（明治二年），設置宣教使，開始教導國民信奉神道。隨又揭示「祭政一致」的精神，明白宣稱基於神道之宗教、政治、道德一致的立國精神。1872 年（明治五年），設置教部省大教院，意在確立神道國教化的思想對策。此外又通令全國，要求所有人民應向氏神 (Ujigami)❻登錄。甚至規定全國國民至少應登記為某一神社的信徒，至是確立了神道國教化的制度。

　　新政府推行國教政策，選任神官、僧侶、儒學者擔任教職，並確立布教方針。依佛教各宗本山（總寺院）連署請願，設立大教院於東京增上寺，並將全國的寺院按地區大小分為中、小教院，禁止其他各教的街上講經，因此，佛教遂從屬於神道。

　　但這種以宗教作為政治工具的神道國教政策，卻歸於失敗。蓋神官與僧侶畢竟無法合一禮拜傳教，奉祀於大教院的神道諸神，與佛教徒全無關係，普遍引起佛教徒的不滿，各宗派乃紛紛脫離大教院。同時由於基督教思想傳入，提倡信仰自由，「明六社」甚且進一步批判封建倫理與儒家道德。新政府不得不於 1875 年 5 月解散大教院，承認神道、佛教各自獨立的傳教自由。

　　但第二次世界大戰後，神道與國家斷絕關係，而成為各地神社各自的信仰。

　　日本人對神道的教義雖不甚關心，但大都與神社有很深的關係，在日常生活中，仍多少受到神道思想的影響。

2.佛教

　　日本的神道是最開放的宗教，以其非排他性，乃能引進外來的宗教佛教。佛教是六世紀經過中國、朝鮮，傳到日本的外來宗教。傳入東亞的佛教屬於「大乘佛教」❼。

---

❻　氏神為出生地的守護神，為祭祀祖先的神祇。

慈悲與柔和是日本人所理解佛教的基本教義。日本人參加的佛教儀式大多是以祖先崇拜為中心的神道儀式的變形。由此可見，在肯定現世的神道信仰之上，加上佛教微妙的影子，給予日本人豐富的精神內涵。

日本人的生活與佛教的關連相當密切，即使不是教徒，亦到廟宇參拜，喪禮以佛教儀禮舉行，死後以佛教上的名稱（戒名）稱呼。日本的美術、文學、建築，甚至思想、道德等文化各方面，都受到佛教強烈的影響。

禪是佛教的一種。禪乃是潔淨身體而得到高層次的宗教的、內在的體驗。如此，為了潔淨心而靜坐，定下心來思考的，就叫做坐禪 (zazen)。

禪宗認為真理是超越人的語言、文字的表現，由坐禪修道始能直接自我體驗得道。後來，禪宗成為武士道或茶道、插花等的骨架，給予日本思想、文化、生活各方面很大的影響。

佛教自明治初年受到排斥以來，已無法恢復以往的勢力，各宗派在各管長（宗派領導人）的統率之下，採取自治形式，各自從事喪葬及傳教。後來由於歐化主義潮流的湧現，為了與基督教對抗，佛教與神道乃攜手講究防禦的策略，往後並與國粹論者合作，協力排斥基督教。及至甲午戰爭前後，標榜國家主義，極力圖謀教勢之擴展。甚至隨著日本帝國主義之向外擴張，佛教徒亦努力向外地宣揚佛道，並從事社會救濟運動。傳道活動遍布中國大陸、西伯利亞、馬來西亞以及北美洲西海岸等地區。

佛教於明治初年受到「廢佛毀釋」運動的影響，而喪失其光彩，但尚有僧侶不惜精力，企圖挽回頹勢的教運。

3.儒教

儒教所強調的是合乎理法的自然秩序，人類被視為其調和的一環，因此尊重嚴格的倫理法則的社會秩序，國家應由學識優良，倫理、智慧高超

---

❼　日本的大乘佛教可以分為以下三大派：一是不僅重視教義，且重視修法與美術的「密教」。二是強調透過信心求得救之道的「新佛教」（淨土宗、真宗、日蓮宗等）。三是依靠自我克制，靜思以求得救的自力之教（如禪宗、曹洞宗等）。

的人來統治。四書五經的文獻受尊崇，但沒有聖職者，宗教的儀禮亦少，而最具特色的，卻是沒有「神」這一觀念。既無禮拜，唯有對統治者的「忠」，對父親的「孝」。

儒教的古典，標榜忠孝智仁愛五原則，以及對歷史的重視。儒教之傳抵日本，乃是六至九世紀之間，這是中國對日本巨大影響的第一波。但儒教卻在佛教的背影之下，直到十七世紀中央集權的江戶幕府登場，認識儒教與政治的關連，因此脫穎而出，一直到十九世紀初期，儒教使日本人成為足與中韓兩國人相匹敵的「孔孟之徒」。

面臨十九世紀的一大變革時期，舊有的儒教道德觀念已在歐美的衝擊之下逐漸衰微，但仍有不少儒教用語或概念用在新的制度上，最顯著的例子是 1890 年頒布的「教育敕語」。雖然現代的日本人已非江戶時代的「孔孟之徒」，但他們的價值觀或倫理觀至今仍殘留濃厚的儒家思想的色彩。在傳統或哲學的宗教之中，沒有像儒教般給予如此大的影響。

4.基督教

最初在日本傳播基督教的，是 1549 年抵達鹿兒島的天主教耶穌會士沙比爾 (Francisco de Xavier)。十七世紀初年最盛時期，信徒多達七十五萬人。其後被認為對封建秩序有害，逐漸被壓抑、迫害。至十八世紀初，外國傳教士幾全被驅逐出境。

一直到十九世紀後半，日本與歐美建立邦交以後，基督教傳教才轉趨興盛。1859 年後，美國派遣新教傳教士到日本，天主教、俄國正教也開始在日本從事傳教活動。這些外國傳教士在日本從事社會事業與教育事業，對歐美文化的引進有很大的貢獻。

日本的近代文化幾乎都是歐美文化的移植，因此，歐美文化中心的基督教思考、生活方式的一部分，以及道德觀等，也被日本所吸收。現在一夫一妻制度，也是其中一例。

明治維新之後，以往江戶末期視基督教為「邪教」的觀念，仍然無法

消除，對於基督教的禁制政策仍未解禁。蓋對於推行神道國教政策的明治政府而言，基督教信仰的自由，並非其所能忍受。當時日本雖採取開國方針，但以往的「外人夷狄觀」、「基督教邪教說」的觀念已牢不可破，因此對於教徒採取殘酷的迫害手段。1865 年發生長崎天主教信徒三千餘人公開宣稱其為耶穌教徒，受幕府及明治新政府逮捕，引起英、美、法等國的嚴重抗議，終於屈服，將之赦免。在各國的譴責聲中，新政府遂於 1873 年，撤除設在各地的禁止基督教牌示。但只是默認其信仰，而非公認基督教地位。明六社雖力倡「信仰自由，政教分離」，但富國強兵主義及教育制度，對於基督教的自由傳道，仍束縛重重。在 1882～1883 年，歐化主義時期，基督教雖盛極一時，但明治二〇年代（1887～1896 年），因國粹主義、國家主義勃興，而再受到迫害。尤其是 1889～1890 年，「明治憲法」及「教育敕語」頒布之後，對基督教的迫害更甚，致使基督教不得不與國家主義的道德觀念妥協。

明治初年以來，基督教的傳播，在日本受到挫折，但對於日本文明開化有很大的貢獻。蓋前來日本傳教的傳教士，其傳教事業與教育事業並重，設置了頗多有名的學校（如青山學院、明治學院、關西學院等）。

5.新興宗教

明治維新以還，佛教與基督教在「神道國教化」政策的排斥下，忍受苦難時，為了迎合維新政府的國家主義精神，有不少「明治宗派」教派的興起。

創始於十九世紀中葉，以貧苦大眾為對象的天理教，到了明治初年，在奈良縣及大阪府一帶逐漸伸展其勢力。1888 年（明治二十一年），獲得公認為正式的宗教，至明治後期，被視為神道教派的一種，目前有四百萬信徒，其教勢甚至伸展到美國及巴西。

除了神道、佛教、基督教三種宗教之外，尚有在農村地帶或教育水準較低的階層，盛行咒術的民俗信仰，以及「新興宗教」的宗教集團。民俗

信仰通常是神道、佛教以及中國土俗咒術的混合；新興宗教的興起則是由
於大量農村人口外流的結果，與出身地宗教團體斷絕連繫而缺乏歸屬感的
人們之孤立傾向所造成。

　　新興宗教大抵都具較高的折衷主義，包含神道、佛教、基督教因素，
甚至受到歐美的哲學影響。大半則是以神道為骨幹，最大的新興宗教創價
學會，乃是以日本佛教宗派日蓮宗及其分派信徒的集團。

二、近代藝文

　　明治維新以後的近代日本，由於與西洋社會的直接接觸，而有不同面
貌的長足發展。江戶時代的日本文化停留於東方文化圈內，至明治以後，
接受與東洋文化不同的異質西洋文化，而有了很大的變化。

　　明治文化可以 1887 年為界，分成前後兩期。前期的文化是以外來的西
方啟蒙思想為主軸而展開，但封建社會的傳統文化卻與之互為表裡，仍然
殘存，此由通俗小說之普受歡迎即可瞭解。

　　大正初期，以明治末期中產階級的發展與自然主義個性自覺為基調，
展開了稱為大正民主的中產階級民主。此一時期的時代特徵是從各種角度
顯現自由與解放的精神，這種市民文化的廣播，在新聞傳播方面最為顯著。
綜合雜誌《中央公論》、《改造》等的創刊，幾乎全在討論自由主義、社會
主義與勞工問題。這種風潮與大正期間因獨占而產生巨大財閥的經濟結構
成反比，民眾呻吟於物質之昂貴，受苦於生活的艱難，卻也展開其在運動、
電影、新劇、大眾雜誌、文化住宅等所代表的小市民文化。

1.文學

　　日語是具有獨特的文章結構，固有的文字，與其他語言類似性甚少。
在系統上屬於朝鮮語、阿爾泰 (Altaic)❽諸語系。現代日本語的特徵有三，

---

❽　阿爾泰語系，又稱烏拉爾‧阿爾泰語系。指的是分布於中國華北到中亞東歐的諸
　　語系。包含通古斯、蒙古、朝鮮、日本諸語系。

一是混用漢字、平假名、片假名、羅馬字等不同的文字；二是使用的文字數甚多❾；三是音韻組織單純，音節的種類少。

文學方面，維新以後的日本社會，在「四民平等」的觀念下，可說是平民的社會。在此平民社會裡，精神生活、思想、倫理道德等，均被規定於都市的、平民的範疇裡。隨著教育的普及，維新後的社會，在本質上是個人完全站在自由平等的立場，用實力來競爭的社會，也是以無限的開發人性和促進發展人類文化、文明的人文主義的方向為其根本。於是直接擔負起促進文藝、文化發展的，主要是知識分子。另一方面，由於鉛版印刷的發明，使各種書籍、雜誌的印刷文化急速發達，不僅使國民文化得以提高、普及，且能使思想和文藝大眾化。

文藝思潮的主流，當然是隨著資本主義的發展而來的個人主義、自由主義思想，並且以尊重個性的尊嚴，以及自我的覺醒作為基礎。近代文藝承認人性的事物，再將其伸張為理念。但因日本社會的後進性和風土的環境，致使日本近代文學的發展，不易祛除封建的性格，而其近代精神的形成也就不充分。

(1)明治時代的文學

明治維新時所建立的新文化，其唯一圭臬乃是歐美文化，因此，促進日本近代文學進步的絕大勢力，也是歐美文化。明治初年的文學作品，大半描寫日本吸收西洋文化的情況，而以自由民權運動為題材的政治小說，甚為流行。歐美各國的文學思潮，給予日本文藝界很強烈的印象。在明治初期的文學界，有崇拜法國思想的中江兆民，浸淫英國文學的坪內逍遙，對於德國文學造詣甚深的森鷗外等，傾心於俄國文學的二葉亭四迷等，因為這些人物，明治維新以後的日本文學遂有迅速的進步。

明治初年，由於亟欲解脫封建體制與思想的不合理羈絆，伸張自由與

---

❾ 一般通用漢字約三千字，其中常用漢字一千九百四十五字，平假名、片假名各四十六字。

合理，同時要脫離後進國的落後狀態，達成平等社會，所以功利實用主義的風潮甚盛，舉國致力於西化運動。鼓吹實學的新知識啟蒙家福澤諭吉，強調功利主義和實利主義，把文學視為悠閒文學而予以排斥，亦有論述稗官小說之有害社會者。

明治初年的文藝，概為江戶末期的延續，通俗的戲劇作家仍未脫離從前勸善懲惡的作風，其作品雖不離「文明開化」的範疇，但其內容只是描述市井百態報導式的文章，屬於阿諛新時代的風潮，缺乏藝術價值。

西南戰爭之後，這種傾向已因產業的發達和物質生活的提高而改變，於是逐漸產生新的文藝風格。然而新文藝的先驅仍以英、法、德、俄等國世界文學名著的翻譯為濫觴。其後隨著自由民權論的勃興，產生了政治小說。

1887 年前後，日本在社會上及思想上進入轉變時期。隨著國內政治的安定，思想界從盲目的西化主義轉變為國粹復古主義，有獨自的新文化，純文藝創造的風氣逐漸形成，近代文學乃應運而生。首開其端的是，坪內逍遙的文學評論《小說神髓》（1885 年），係依據西洋文學理論，批判通俗文學，否定作家卑屈的意識與勸善懲惡的功利式文學觀，主張世態人情的寫實為具體的小說方法。這種著重人物描寫與審理觀察的作風，給予當時文壇革新的氣息。日本文學的舊觀念遂一掃而光，政治小說、翻譯小說的流行驟衰。

自 1897 年開始，一般人追求人性和心情的自由，對於半封建的習俗與傳統妥協的文學，已感厭倦，因此都想在藝術觀念中，試求解脫現實的壓抑，自我解放，於是個人主義、浪漫主義在文壇上大為風行。此派提倡自我解放和人格自由，駁斥多數「明治人」人生觀基準的實用主義、功利主義，而標榜自我擴大，藝術的內在生命，並以近代的思索和趣味為生活內涵。

1890 年代，憧憬理念，尊重歷史與民族，重視情意與審美觀，主張回歸自然，強調自我的自覺與自由的覺醒。於是浪漫主義的思潮與寫實主義並駕齊驅，席捲日本文藝界。

三宅雪嶺等倡導國粹主義，抨擊盲目崇洋心理，鼓吹東洋精神。日本
主義思想的抬頭，在思想界掀起民族主義的風潮。對於啟蒙思想運動時被
忽視的日本傳統文學（國文學）、美術與演藝，重新加以認識。這是對極端
西化主義的反省，也是對民族文學的摸索。尤其受到三國干涉還遼的刺激，
日本國粹主義更盛，文藝評論家高山樗牛，高倡日本主義。高山的思想是
植根於近代強烈的自我意識，處於國際的緊張時期，採取民族主義的形式，
但這種個性的自覺，卻推進文學的近代化，而促成了自然主義文學的隆盛。

十九世紀末年，文學界掀起「言文一致體裁」的語體文運動，二葉亭
四迷的《浮雲》即是提升此一運動的先驅作品。

與浪漫主義齊名的，是德富蘆花等以社會現實問題的題材所寫的小說。
至日俄戰爭前後，法國、俄國的自然主義文學的影響，原原本本描寫人類
社會黑暗現實面的自然主義成為文壇的主流。與自然主義不同的是，出現
夏目漱石從國家、社會的關連性，描繪知識分子內在生活的作品。

在日俄戰爭前後，由於資本主義的發展，社會主義思想慢慢地滋生，
強烈要求解決嚴重的社會現實問題，因此，浪漫主義日漸衰退，法國的自然
主義文藝思潮代之而起。日本自然主義文學，受到法國與俄國文學內在的影
響而成長，不顧善惡美醜，赤裸裸地描寫個人與社會的現實為其特色。

日俄戰爭後，個人主義與國家主義的對立之中，出現注重社會矛盾與
自我問題意識的文學。隨著近代思想的發展，受到歐美文學的影響，日本
文學乃有飛躍性的進展。西洋名作家屠格涅夫 (Ivan S. Turgenev)❿與莎士
比亞 (William Shakespeare) 等先後被介紹，出現自然主義或浪漫主義的近
代寫實主義作家。

到明治、大正之交，又有反自然主義運動的傾向。這一動向形成了唯
美主義、享樂主義的文學。此派摒棄一般的日常生活，厭惡俗氣惡劣的現
代，憧憬過去、異國與古典，讚美女性，創造華麗的作風。著名的作家永

❿　屠格涅夫為俄國小說家，富於人道的心情與詩的感受性，著有《父與子》等。

井荷風、谷崎潤一郎等「唯美派」作家的作品，亦頗受好評。

　　值得一提的是夏目漱石與森鷗外。他們都是具有很高西學涵養的文學家，其文學創作，是當時文壇從浪漫主義過渡到自然主義時出類拔萃的代表。他們對於日本近代具有的表面性、膚淺性，懷有敏銳的戒心，基於此而連續發表其文明批判論。

⑵大正時代的文學

　　明治末期盛行一時的自然主義文學，到了大正時期已漸式微，隨著大正民主風潮的廣被，產生了注重自我 (ego) 與個性發展的新理想主義。

　　占居大正初期文壇主流的是，白樺派的武者小路實篤、志賀直哉與有賀武郎等。他們反對自然主義的卑俗人生觀，高倡理想主義的人道主義，主張思想和感情的基礎應基於愛情之上，尊重自我的確立與個性的全面發展，以挽回人的尊嚴。他們多屬貴族子弟，其主張雖有過分樸實、忽視社會問題之譏，但倡導人道主義，克服已遇到瓶頸的自然主義，給文壇注入新鮮空氣，給予知識分子思想上廣泛的影響。以其刊行機關雜誌《白樺》，而稱之為白樺派。

　　此派領導者武者小路實篤的代表作品有《幸福者》等，深受俄國作家托爾斯泰 (Leo Tolstoy) 樸素而樂天、愛好和平、肯定人生的態度的影響。他的作品充滿思想及人生觀形象化的風趣，筆調樸實而富調和之美。長篇作品《暗夜航路》等，堪稱為近代「心境小說」❶的最高峰。

　　白樺派文學深信個性的自由伸張和自我的發展是「善」，但到大正中期以後，此一信念受到懷疑。尤其第一次世界大戰後，社會問題日趨嚴重，白樺派的樂觀主義亦發生動搖，代之而起的是標榜現實風格的佐藤春夫、芥川龍之介、菊池寬等新理知派（新技巧派）。他們以為正義和人道未必是由美麗的人道主義生活與情感產生，而不忽略利己的、排他的感情，因而力圖從醜惡卑鄙的反面去找尋美麗和偉大。

---

❶　作者託諸於生活記錄，以描寫其心境的小說。

⑶昭和時代的文學

隨著資本主義社會的成熟，勞資對立所形成的社會問題日顯，復因社會主義思想以及無政府主義思想的發達，勞動者（勞工）逐漸參與實際的政治活動，而有無產階級組織。在文藝方面，亦與此傾向相互配合。從大正末期以來，奠基於社會主義思想的評論逐漸抬頭。適逢 1923 年的關東大地震，被社會主義的韓國人放火引起的傳聞所抹黑，引起民眾對社會主義的憎惡，普羅陣線被彈壓，普羅文學一時衰退。旋即成立「日本普羅文藝連盟」，卻因政治理論和藝術理論的對立，內部發生抗爭而分裂成以馬克思主義為文運中心以及採取社會民主主義方向的普羅作家。

普羅文學樹立「個人問題均應以社會觀點觀察」的新文藝理論，但其作品常陷於觀念主義的現實認識，難免以政治的優越性，強調政治的觀點，以致無法深刻的探討人性的問題。自九一八事變以後，軍國主義高漲，少壯派軍人得勢之後被彈壓而潰滅。

三、藝術

1.美術

明治維新時期，由於廢佛毀釋的騷動，排斥所有與佛教有關的古代藝術品，因此，許多藝術作品流出海外。

與民間把新聞、雜誌作為發表之場的文學不同，美術的發達則倚賴政府的獎勵。在復興日本美術以及國粹主義風潮下，日本畫的創作乃又展現活潑的徵象。新政府之所以傾向於提倡傳統美術，起因於當時歐洲對日本畫的高評價。

新政府明示培育傳統美術的態度，關閉專教西洋美術的東京美術學校。傳統美術亦以岡倉天心的日本美術院為中心，先後成立許多美術團體，互相競爭而發達 。 在政府的保護及岡倉天心、費諾羅莎 (Ernest Francisco Fenollosa) 等人的影響下，狩野芳崖、橋本雅邦等，創作了優秀的日本畫。

日本美術院的橫山大觀等，以其新的作風，開拓了日本畫的新境地。

對西畫的研究，實以江戶幕末的「畫學局」為濫觴，經明治初期的西化主義之後，一時又被日本畫的國粹主義所壓倒，西洋畫一時衰退，直到1887年，始由西洋畫家山本芳翠等人組成日本最早的西洋美術團體明治美術會，成為日本西洋畫團體的先鋒。明治美術會的畫家擅長以幽暗的格調，表現出藝術的自然主義。

甲午戰爭後，由具有法國印象派畫風的黑田清輝等歸國，傳入印象畫後，西畫又逐漸盛行，並促進日本人對於西畫的正式研究。1896年東京美術學校新設西畫科，對於法國的新畫風，亦重新給予較高的評價。黑田亦於同年創立白馬會。白馬會的畫家喜愛以光線、紫色構成明亮的畫風，因此被稱之為外光派、紫派或舊派。

1898年，岡倉天心被逐出東京美術學校，另組織日本美術院。其主要課題是吸收西洋繪畫的特色，創造新時代的日本畫。

其後，文部省亦圖傳統美術與西洋美術的共榮，1907年文部省美術展覽會（文展）的開設，兩者遂有共同發表之場。

及至二十世紀，在文部省的倡導下，有帝國美術院的創設與美術展覽會的舉辦，西畫驟興。

明治末期有青木繁浪漫作風的畫家，此後接受印象派、後期印象派，而展開新的畫風。

大正時代，西畫方面，以「文展」的作家代表正統，但1914年成立「二科會」，樹立了清新的畫風。

至昭和時代，新畫風抬頭。日本畫則重建日本美術院，名家輩出，確立了日本畫的地位。1919年，新設帝國美術院，創造日本畫。

2.音樂

最早採用西洋音樂的是軍隊，接著在小學採用模仿西洋歌謠的唱歌。1879年文部省設立音樂調查課，從傳統的音樂中選擇與新時代相應的旋

桂離宮

律，並蒐集西洋曲調之中，日本人耳熟能詳的蘇格蘭與愛爾蘭民謠，附以
新體詩形式的詩詞，編成《小學唱歌集》。至十九世紀初，開始創作童謠，
同時創作軍歌。1887 年，設立東京音樂學校，開始專門的音樂教育，出現
瀧廉太郎等的作曲家。

3.建築

　　日本在明治維新以後，接受異質的西洋文化的洗禮，因此，美術亦是
一方面追求東洋美術的傳統，一方面受到西洋美術的直接影響，而成為新
舊雜陳的複雜形相。日本的傳統建築方式是東洋模式，主要以木材為材料，
採用楣式結構；西洋建築則多用石頭與磚瓦，採用拱門樣式。因此，初期
的西式建築，採用日本建築的材料，模仿西洋建築的模式而建造者較多。

　　日本建築的近代化，始自十九世紀中葉日本開國以後。日本非常寬容
而熱情的吸收與日本傳統建築完全不同的西洋建築文化。建築原有供應材
料的生產與構造方法等技術層面，以及綜合成為現實形狀的造形藝術的層
面。日本的建築則側重技術層面，但並非著重西洋建築長期以來所蘊育的

哥德式或文藝復興等建築式樣，而是建造西洋的磚瓦或石頭的房屋。

西洋建築之傳入日本，始於 1862 年興建的英國公使館，明治維新後逐漸流行。建築亦逐漸採用西式建築，至明治末年，開始建造鋼筋水泥的房舍。

新政府或招聘西洋的建築家，或培養西洋建築的人才，致力引進西洋的建築技術。英國建築家康德爾 (Josiah Condor) 應邀任教於工部大學建築科系，傳授西洋建築技術，奠定了日本西洋建築的基礎。除培養建築人才之外，亦從事一般建築的設計監工，留下有名的建築物。

明治二十年（1887 年）以後，逐漸出現日本建築師建造的西式建築。赤坂離宮以及名財團的大樓等建築為代表性建築。其特色是哥德式或文藝復興等傳統的樣式。至明治後期，開始建造鋼筋水泥的近代建築。這時的建築著重於耐震與建築藝術，注重美觀。

大正、昭和以後，耐震耐火的鋼筋水泥的近代建築更為流行。尤其關東大地震之後，更盛行使用鋼筋水泥與鐵製品、玻璃等建築材料。典型的建築有東京大學的大禮堂與圖書館等。至於中央政府機關大樓，多採近代與文藝復興的混合樣式，國會議事堂可為代表。

大規模的西式建築多屬公共建築，至於寺院或神社，則仍採用江戶時代以來日本建築的傳統樣式。如明治神宮、東本願寺等即是。

庭園方面，日本與中國、朝鮮的庭園主要以自然的景觀美為主，與重視幾何學之美的西洋庭園成為顯著的對照。自然之美並非意味著自然原來的面目，而是運用樹木、石頭等材料，以象徵自然山水的姿勢，或特別強調而形成一個有「歸結」(matomari) 的調和、人工的空間之美。名苑桂離宮的優雅恬靜之美散布在林泉之間，實為典型的日本庭園。

戰後，建築式樣更受歐美的影響，大多採取西式，但裡面卻常闢建一日本式的庭園，使兩種完全不同背景的產物，卻無矛盾的結合在一起，頗能顯示清穆、孤寂的美感。

第九章 占領下的日本

　　近代日本經歷了兩次大變革，一是十九世紀中葉美國海軍提督培里所率領的「黑船」叩關，以武力突破日本的鎖國封建體制，迫使日本「開國」，走向近代化國家之路；一是百年之後，盟軍統帥麥克阿瑟進駐日本，實施占領統治，使軍閥黷武的軍國主義日本蛻變，重建民主和平的國家。兩次的重大變革，均由美國所促成，實為歷史的巧合。

　　1945 年 8 月，日本接受「波茨坦宣言」，無條件投降後，即置於盟軍占領管理之下，實施長達六年餘的占領統治。

　　以日本的非軍事化與民主化為目的的占領統治最大的里程碑，是規定象徵天皇與放棄戰爭的日本國憲法。幣原喜重郎內閣為了迴避同盟國廢棄天皇制，從軍國主義復活的恐懼中挽救天皇，心不甘情不願的接受了放棄戰爭，徹底遵行非軍事化，並制定一部以天皇為象徵性的民主化憲法草案。

　　占領改革的範圍甚廣，及於政治、經濟、社會、文化各領域，政治方面有戰犯的指定、褫奪公職，整肅所有戰前的領導者。各府縣知事改為民選，並廢止內務省。經濟方面，三井、三菱等財閥完全解體，農地改革使地方名家望族的殘餘基礎崩潰。另一方面，釋放政治犯，鼓勵勞工運動。這種民主化改革根本動搖了日本過去的國家體制，卻是戰後政黨政治復活的基本條件。

　　由於美蘇冷戰日趨熾烈，中國大陸的共產化，美國的對日政策乃從改革轉變為復興，使日本承擔反共防波堤的角色。民主化改革的成果，被「逆向」的波浪所襲擊。於是放棄了財閥解體與袪除資本集中的政策，卻加強對共產黨及左翼勢力的排除與壓抑。此一路線因韓戰而更為促進，至「舊

金山和約」而益顯。

終戰後的日本，遭遇嚴重的經濟危機，惡性通貨膨脹，物價暴騰，失業者增加，大都市的糧食缺乏。為拯救財政的困難，1948 年，盟軍總部指令日本政府施行經濟改革。依賴占領地經濟復興援助資金，支援煤炭、鋼鐵等原料及糧食生產的結果，疲弊的日本經濟，因而逐漸復甦。

1950 年，韓戰爆發，發展為東西兩陣營對立的局勢，以美國為主的聯合國軍與中華人民共和國義勇軍在朝鮮半島對峙三年，展開劇烈的軍事對抗。

韓戰對於成為聯合國軍事基地的日本，亦有很大的影響，即大量的軍需物資的籌措（特需），使日本的經濟得到復甦。

由於韓戰結束，日本經濟又陷入不景氣，其後乘世界經濟景氣的恢復，輸出逐漸增加，國際收支亦得以保持平衡，經濟遂有突飛猛進的發展。

另一方面，企業自動化等技術革新亦達世界水準。結果，1967 年，日本總生產額劇增，僅次於美國，成長為世界第二位。

第一節　美國的占領與非武裝化

一、美國的單獨占領

在盟軍實施占領統治期間，統治機構以聯合國遠東委員會為最高決策機關，實際則是由麥帥為首的盟軍總部主政。美國總統杜魯門 (Harry S. Truman) 於 8 月 15 日即任命美國太平洋陸軍總司令官麥帥為盟軍最高司令官（Supreme Commander for the Allied Powers，簡稱 SCAP）。

根據「波茨坦宣言」，戰敗後的日本應由同盟國軍事占領。當時處於內戰的中國國民政府自顧不暇，英國已精疲力竭，無意亦無力占領日本，只有蘇聯提出占領北海道北半部的要求，卻被美國總統以不願重蹈德國的覆轍為由加以拒絕。

日本投降後，由皇族東久邇宮稔彥組成戰後首任內閣。在戰敗後政治、經濟的真空狀態及精神萎靡不振的情況下，皇族內閣的出現，確給予前途茫茫的日本人一安定劑。皇族內閣安撫了狂妄的一部分軍人及右派國粹主義者的譁變，並使皇軍井然有序的解散，國外的數百萬日軍，亦由天皇派遣三親王，分赴各地去宣撫，始得順利的遣返日本。這完全出乎美軍起初所料，以為日本本土尚有三四百萬大軍，不會輕易放棄武器投降。這也是放棄軍政的統治方式，而改採利用現有的政治機構，作間接而有效統治的理由。

東久邇宮內閣以「一億總懺悔」的心情，忠實履行「波茨坦宣言」，維持戰後的社會秩序，同時取消戰時一切管制，放寬言論、出版與結社的自由限制。

同年 8 月底，盟軍統帥麥帥飛抵厚木機場，美軍亦分別由橫須賀、鹿兒島等地登陸❶。麥帥以輕騎踏進尚有二十二個師團未解除武裝的敵陣之中，但未發生任何日軍抵抗或叛亂情事。

9 月初，麥帥和主要交戰國代表即在東京灣美國旗艦密蘇里號上，與日本代表外相重光葵、參謀總長梅津美治郎舉行投降典禮。盟軍總部隨即對日本政府及大本營發出有關投降、解除武裝、資源統制、經濟等方面的指令，但無積極的政策宣示，至 9 月 9 日，麥帥始正式發表聲明，日本的占領方式為間接統治。

美國總統賦與麥帥「對一切有關盟國為執行日本投降條款而派出的陸海空部隊有最高統帥權」，並將「天皇和日本政府統治國家的權限」隸屬於盟軍最高司令官，無異表示盟軍允許日本天皇與日本政府繼續存在，統治方針則已改為利用天皇與日本政府統治機能的間接統治方針。在美國自行立案的占領管理體制下，其他盟國（蘇聯、英國等）不能直接參與，而各國瓜分占領又被排除的情況下，變成美國的單獨占領。從此開始了六年多

---

❶　聯合國占領軍共約十九萬人，其中美軍十五萬人占最多，英國次之，約有四萬人。

美國軍事占領間接統治日本的時代。

盟軍統治日本的機構是麥帥指揮下的盟軍最高總司令部 （General Headquarter of the Supreme Commander for the Allied Powers，簡稱 GHQ「盟軍總部」） 和設在東京的 「盟國對日理事會」（Allied Council for Japan，由美、蘇、中三國代表各一名及英、澳、紐、印度的大英國協共同推出一名代表組成），以及設在華盛頓的 「遠東委員會」（Far Eastern Commission，由中、美、英、法、蘇、加、荷、澳、紐、印度和菲律賓十一國代表所組成）。這些統治機構，形式上雖有英、蘇、中、法、荷等國代表，然而實際上幾由美國和盟軍總部單獨占領統治。

遠東委員會雖是占領日本的最高決策機構，但成員多而雜，其決議方針尚須經由美國政府以指令 (directive) 方式交付盟軍總部最高司令官執行。因此，美國政府乃成為實際統治日本的最高權責機構。麥帥遂亦成為八千萬日本國民的統治者。

盟軍總部為占領管理日本的執行機構，權力大，組織亦極龐雜（參閱下圖），儼然為日本太上政府。

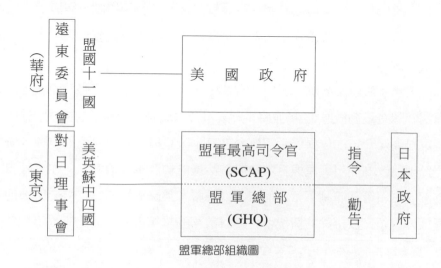

盟軍總部組織圖

盟軍受降圖

盟軍間接統治日本漫畫

二、嚴厲的非武裝化政策

盟軍占領初期的對日政策，主要在於達成兩項目標：一為保障今後日本不再構成美國以及世界安全與和平的威脅；二為依據聯合國憲章的理想與原則，建立一個愛好和平而負責的民主政府。

盟軍總部對日本採取非軍事化政策，解除對思想、宗教、教育的統制，經濟體制的改革，促進民主化。盟軍總部的占領政策主要有四：一是非軍事化（解除武裝、解散軍事機構）；二是解除對思想、宗教、教育的統制，廢除各種侵犯基本人權的法律，釋放政治犯，保障新聞、出版、言論自由，廢除封建制度，否定天皇神格等；三是經濟體制的改革，解散支持軍國主義的財閥，實施農地改革，凍結皇室財產，加強工會組織與勞工保護政策；四是促進政治民主化，保障參政權，加強地方政府的權限，避免中央集權，協助各政黨重編，建立健全的政黨政治。

盟軍總部第一步行動是徹底解除日本的武裝。在短短兩個月內，順利完成解除日本國內三百餘萬軍隊的武裝。至翌年底，留成海外的三百七十餘萬大軍，也都解除武裝遣返日本。至於所有武器與軍事設備，大都交給盟軍，或予銷毀。同時解散大本營、陸海軍省、陸軍參謀本部、海軍軍令部等，並廢除「兵役法」、「國防保安法」、「國家總動員法」等有關法令，禁止軍事科學的研究與軍需生產。至此，日本的武裝完全消滅。

二次世界大戰結束以後，美國對遠東的關心已轉移到中國。原為遠東最大勢力的日本沒落之後，美國政府內部扶植中國成為美國在遠東友好國，作為遠東安定勢力的「中國派」得勢。因此，傾向於使日本將來不再恢復成為威脅中國的大國，力主嚴苛的對日政策。

盟軍總部致力剷除過去日本的法西斯主義軍國體制，於 1945 年 10 月初，頒布民權自由令，指令撤銷「治安維持法」、「軍機保護法」等，對於政治、宗教、思想、言論自由等限制自由的法令制度，旋又頒發五大改革

指令，旨在確立婦女參政權，解放勞工，確立教育自由化，廢除專制政治制度，並改善壟斷式的資本支配，促進經濟民主化。

繼五大改革之後，又發出褫奪軍國主義倡導者的職務，解散右翼集團，並在經濟方面，廢除軍需產業，解散財閥，實行農地改革。

為了徹底消滅國家主義思想，盟軍總部於同年年底頒發「國家與神道之分離指令」，取消國家對於神道的支持，消除天皇神格化的傳統。隨又禁止使用戰前國定的歷史、地理、修身等教科書，禁止宣傳國家主義的教條、大和民族優越的理論。

盟軍總部的統制政策，原是以「懲罰」與「改革」為重心，但自 1947 年春，美蘇之間的對立與冷戰轉劇以後，美國的對日政策開始轉變，即轉為扶持日本的經濟復興，使日本獨立，成為足以抵禦共產極權的東亞安定勢力。因此，至 1948 年初，改採經濟自立化政策為中心。旋因中國大陸淪陷，乃又推行經濟安定計劃，加強日本國力的方針。及至韓戰爆發，日本在政治、經濟與軍事上獨立自主地位的確立更為迫切，美國的統治政策，益形積極，除了厲行赤色整肅，加強反共政策的推行外，協助日本創設警察預備隊，甚至貸與飛機、艦艇、武器等，俾便建立日本的自衛力量。為了恢復日本獨立自主的主權，擔負亞洲和平的使命，積極推進對日講和。終於在 1951 年 9 月，簽訂「舊金山和約」，日本恢復獨立，美國對日占領統治的工作乃告結束。

三、東京審判

1945 年 8 月初旬，日本當局對於接受「波茨坦宣言」雖有爭執，但一致堅持保留日本國體，不變更天皇地位，對於戰爭責任者則要求由日本自行懲處，但未為盟國所接受。盟軍進駐日本以後，於 9 月開始逮捕戰犯，日本處於風聲鶴唳之中。至於天皇的戰爭責任，為中外所關心。美國國內頗多主張天皇應以戰犯處罰，蘇聯則公然主張起訴天皇，中國亦有此一趨

麥帥與天皇合影

向，各國檢察官亦多主張追究，但美國基於統治日本的特殊考慮下，決定
不審判天皇，終使天皇免除被追究戰爭責任。昭和天皇曾於 9 月下旬往訪
麥帥，向其表示願意承擔戰爭的一切責任，任憑麥帥處置。這種「萬邦有
罪，罪在朕躬」的表示，深使麥帥感動。美國當局後來不追究日本天皇的
戰爭責任，麥帥的態度實為關鍵。

　　1945 年 9 月初，盟軍總部頒布「整肅戰犯令」，不顧日本政府「自行
處罰」的要求，逮捕東條英機等三十八名戰犯，續又逮捕梨本宮守正等皇
族以及政界、財界、右翼分子的戰爭領導人物五十九名。

　　盟國依據「波茨坦宣言」的原則，在東京組織遠東軍事法庭審判戰犯
（東京審判）。東京審判乃是盟國對日本重大戰犯的軍事審判，稱之為「遠
東國際軍事審判」(International Military Tribunal for the Far East)，自 1946
年 5 月開設法庭，直至 1948 年 11 月判決，為時三年。

　　盟軍總司令官卻有任命審判官、法庭庭長、首席檢察官，審查法庭判
決之權。盟軍總部發表「遠東國際軍事法庭設置條例」（1946 年 4 月），由
英、美、蘇、法、澳洲等十一盟國所指定的十一名法官構成法庭審判，並
推選澳洲法官韋布 (William F. Webb) 為庭長，由美國的季南 (Joseph B.

東京戰犯審判

Keenan) 擔任首席檢察官，並召集盟國各國的檢察官組織國際檢察團。

　　依據盟軍總部的「遠東國際軍事法庭設置條例」，法庭的追訴項目包括：一、發動戰爭，對和平之犯罪；二、通常的戰爭犯罪；三、對人道（屠殺、奴化等）之罪。時間則追溯到 1931 年的九一八事變。

　　被告的辯護律師除了日本人辯護團之外，法庭亦允許其聘請美籍律師為其辯護。日方的辯護以極力防止天皇成為被告或以證人身分出庭，以及以辯護國家為重點；而美籍律師則以日本「自衛戰爭」論作為辯論重點，影響到東京審判成為只是戰勝國對戰敗國的復仇或懲罰的論調。

　　東京審判的結果，被告二十八人以 A（甲）級戰犯嫌疑在東京的市谷「遠東國際軍事法庭」受審。經過兩年多的審理，傳訊包括偽滿洲國皇帝溥儀在內的四百多個證人，數千證據文件，以破壞和平、殺人、戰爭犯罪及違背人道罪起訴。其中，松岡洋右與永野修身二人在審理中病歿，右翼運動指導者大川周明因發狂，未續審理，其餘二十五人判決結果，東條英機等七人處以絞首刑，荒木貞夫（陸軍大將、陸相）、小磯國昭（陸軍大將、首相）、木戶幸一（內大臣）等十六人被處終身監禁，東鄉茂德（外相）與重光葵（駐外使節、外相）各處二十年與七年徒刑。其中除了松井石根負南京屠殺之罪以外，其餘二十四人，均以戰爭的共犯或對華侵略戰

爭的發動論處。

　　但在東條等執行絞首刑（1948 年 12 月 23 日）翌日，所有 A 級戰犯悉被釋放，其餘的第二次東京裁判亦不再舉行。其中列名戰犯名單的岸信介等，在「舊金山和約」之後，膺任自民黨總裁、首相，亦有不少當選國會議員。兒玉譽士夫等則仍居右翼巨頭，成為政界、財界的「幕後操縱人」。

　　至於日本天皇與皇族等，則在美國的袒護下，得以逃避戰犯的追訴。

　　此外，在中國、新加坡、馬尼拉、香港等地的軍事審判，分 A、B、C 等三級戰犯，被判決死刑者一千餘人，無期徒刑者四百多人，有期徒刑者二千多人❷。

　　最使日本國民震驚的是，蘇聯揭露關東軍細菌戰部隊犯罪事實與九州大學醫學院醫師對空襲日本本土而成為俘虜的美國軍人施行人體解剖事件。前者是以多數中國人取代動物實驗，施以殘酷的人體實驗，剝奪了多數寶貴的生命，以開發細菌戰。兩者都是以尊重人命為使命的醫師，玩弄寶貴生命的事件。但東京的軍事裁判，對於「關東軍細菌戰部隊」，則因部隊長石井四郎等人，提供全部資料給予盟軍總部作為交易條件，而免除戰犯的追究。

第二節　戰後改革

一、戰債賠償問題

　　日本戰敗理當賠償，美國於 1945 年 8 月擬訂「美國對日投降後的初步政策」，對賠償有原則性的規定，日本的國外資產完全移充賠償，國內的資產，除日本國民或是供應占領軍之用以外，悉數移作賠償之用。賠償的目

❷　在 B、C 級戰犯的審判之中，有部分是當地人因戰時協助日本而自謀本身的安全，捏造戰爭犯罪的證據而誣告者，或因認錯人，或翻譯之錯誤而成為有罪者。

的原在防止日本軍國主義的復活。

　　盟國賠償委員會美國代表保萊 (Edwin W. Pauley)，擬訂日本對盟國的賠償計劃採取實物賠償方式，將日本工業分為三類，一是戰爭器材工業，全部拆除；二是重工業，部分作為賠償物資，其餘均予以拆除；三是基本工業，准予保留。即以各種既有的資本財作為賠償對象，迫使日本非軍事化的戰爭賠償計劃，主要目的乃在徹底毀滅日本擁有戰爭能力的經濟社會結構。當時有一千多家工廠指定供作賠償。如此苛刻的賠償，日本國民只能維持 1930 年代的生活水準。至於聯合國賠償委員會所提出的賠償計劃案，則是預定將日本的生產力限制在戰前九一八事變之前的水準，以使其生活不得高於被其侵略的國家。

　　盟國對於日本賠償問題看法分歧，尤其遭受日本侵略最久、受害最烈的中國，要求除了工業生產設備的實物賠償之外，應有物資及勞力，甚至是現金的賠償。由十一國代表所組成的遠東委員會，於 1946 年 5 月決定對日「臨時賠償品拆遷方案」，指定協助過日本侵略政策的三井、三菱、住友等十一家為應提供賠償的公司，並指定造船業、硫酸工業、工具機等為賠償的對象，日本政府亦充分配合。

　　但美國軍方與企業界，卻唯恐拆除日本的產業設施或工廠，阻礙日本產業的恢復，將延長美國對日本的援助，加重美國人民的負擔，而表反對。其後遠東委員會雖決定授權盟軍總部將日本的工業設備立刻移轉給中、菲、荷、英等國，作為賠償之用，但因各國賠償分配比率發生爭議❸而延宕。有鑑於蘇聯搬遷日本、德國的工廠設備，最後卻只能充當廢鐵，因此有不拆遷工廠設備，而改取生產品之議，至此賠償政策又發生波折。直至 1949 年，為了日本經濟的安定，促進其自立的考量下，美國政府終於決定停止對日索賠的拆除工作。

　　美國所採取的是在經濟合理性範圍內，施以實物賠償方式，但蘇俄等

---

❸　蘇聯已從中國東北拆遷日本的工業設備；法國亦在越南等地取得日本的國外資產。

國卻亟欲利用賠償復興本國的經濟,因此盟國之間對日本賠償的意見不一,無法共商一個合理的賠償政策,而美國則基於日本的現實環境與國際情勢,對日索賠日益放寬,其後隨著美蘇冷戰的發生、韓戰的爆發,賠償問題遂亦不了了之。

二、五大改革

　　1945 年 10 月,盟軍總司令麥帥向幣原喜重郎首相下達五項改革指令:一、賦與婦女參政權,解放婦女,達成男女平等;二、保障勞工結會社權;三、教育制度的自由主義化;四、廢除專制政治制度;五、改善壟斷式的資本支配,促進經濟民主化。

　　根據五大改革的精神,由工人、資本家、學者、國會議員和政府官員五方面人士組成的勞動法制審議委員會,於 1945 年年底公布「勞動組合法」,堪稱日本史上第一次由政府承認工人有權建立工會的自由和團結運動的權利。

　　民主化運動的推進,係遵照「波茨坦宣言」及盟軍總部的指令與督促,國民獲得政治與言論的自由,而大受歡迎。

　　同時,盟軍總部發布「關於日本教育制度的政策」,明令禁止普及軍國主義和極端的國家主義思想,廢除軍事教育學校和軍事訓練。隨又發布「關於教員和教育行政官的調整、解職、任命問題」的指令,要求立即罷免具有軍國主義思想和激進的國家主義思想以及反對占領政策的教職員工。此外下令停授充滿神道和軍國主義精神的「修身」、「日本歷史」和「日本地理」課程。

　　在「學校教育法」中規定「六、三、三、四」制,小學、中學的九年為義務教育。教育改革剷除了法西斯軍國主義對青少年的毒害,為日本經濟的高速發展提供了高質量的科技人才。

　　繼「五大改革」之後,盟軍總部又發出褫奪軍國主義倡導者的職務,

解散右翼集團，神道非國教化等指令，並釋放政治犯，廢除思想警察，撤銷「治安維持法」等鎮壓人民的法規。

三、財閥的解體與土地改革

1.財閥的解散

戰前日本的財閥是日本資本主義經濟制度的最大特徵，它與歐美各國的壟斷資本不同，帶有濃厚的封建色彩，實為支撐日本軍國主義法西斯的經濟基礎。財閥是少數具有特權商人與政權結合所支配的大公司組成的大企業。它不僅掌握了日本國內的一切工商、金融、航業等經濟命脈，且操縱政府的政策方向。

三井、三菱、住友與安田等十大財閥，合計占有金融資本總額的53%，重工業資本的49%。三菱重工業公司所生產的飛機達一萬八千餘架，占軍機總量的四分之一，生產的軍艦占總噸數的40%。全日本幾為財閥經濟支配網所操控。以財閥為中心的獨占資本，因應戰時的軍需，轉化為財閥資本主義與國家資本結合的戰時國家獨占資本主義。對亞洲各國的資源掠奪，大都在財閥的支持下進行，因此，盟軍總部要「從心理、制度上破壞日本的軍事力量」，必須解散財閥。但基於對蘇戰略的考量，亦有反對削弱日本經濟力量的主張。只是傳統上反獨占輿論較強的美國以及為日本帝國主義經濟挑戰所苦的英國，則強烈主張解散財閥。

戰後所發表「美國初期對日方針」中，即有解散財閥之議。盟軍總部起初聲明財閥的解體由日本政府自行執行，但當時日本的首相、閣員均與三菱與安田等財閥有關❹而態度消極。盟軍總部終於依據美國國務院於1945年9月間「解散過去壟斷日本貿易及工業的龐大企業，以及金融托拉斯組織」的指示，進行解散財閥的工作，並於同年11月，對三井、三菱、

---

❹　首相幣原為三菱岩崎的女婿，藏相澀澤敬三本身即是財閥，國務相松本蒸治為三菱與安田的顧問、理事。

住友、安田等四大財閥及其餘十一個財閥，採取凍結資產措施，同時禁止八十三家股票公司、五十六個財閥家族購買股票，兼任公司董事，革除經濟戰犯職務等辦法，以防止資本的壟斷。

然而一方面由於日本政府極力延緩這項指令的實行，一方面由於資本主義已達到獨占階段，財閥的解散自有其限度。此後由於國內外情勢的變化，舊財閥一面採取化整為零的方法，逃避盟軍總部的監察，一面與各政黨政客相勾結，得到政治的庇護，於是又以另一種形態繼續控制戰後的經濟及企業。因此，財閥的解散措施只是獨占資本的重組與變型而已，而其支配形態則由財閥本公司為中心轉移到財閥銀行為中心。

日本在「舊金山和約」生效後，舊日的財閥紛紛恢復其本來面目，在戰後的經濟界依然活躍，但在盟軍占領期間，由於解散財閥，使其資本分散於各小規模的獨立經營組織。

總之，財閥的解體雖因時局的變化而稍有曲折，但畢竟打破了財閥壟斷獨占的封閉形態。解散財閥的結果，並未解散壟斷資本，反而為壟斷資本創造了自由發展的條件。經濟領域裡良性平等的競爭，使企業經常處於危機狀態而自強不息，對國民經濟的發展，卻有推波助瀾的作用。

2.土地改革與農村經濟

戰前日本的土地制度，可說是畸形資本主義發展的產物，農地有一半以上為地主所有，一般農民生活困苦。支撐天皇制日本經濟基礎之一的寄生地主制，在戰時糧食政策之下，已瀕臨崩潰。農村勞力因軍事動員，流向軍需工業，而導致農業勞力之極端不足，地主為了確保佃農，而不得不降低地租。戰時為了確保糧食，施行糧食的管制，生產者和地主須依政府所定的價格、數量，出售給政府。地主不能徵收稻米，且因現金繳納制的普遍，遇到通貨膨脹時更使地租銳減。

戰後的農民運動，給予已顯露崩潰跡象的地主制最後一擊。在國際上，英國對於戰前可怕的競爭國支撐日本資本主義的低米價、低工資的寄生地

主制亦提出廢止的要求，蘇聯亦認定支持日本軍國主義主要支柱之一的寄生地主制應予廢止。

　　戰爭對農業的破壞甚巨，加上 1945 年的自然災害，糧食生產大減，政府無法提供足夠的糧食，因而餓死者與日俱增。翌年，二十五萬佃農聚集東京，反對地主廢佃的爭議日烈。解決土地問題遂成為占領當局與日本朝野的共同要求。

　　戰後，日本政府為了壓抑農民運動，確保糧食的供應，提出農地改革方案，但國會卻不積極，盟軍總部遂於 1945 年年底，發出「農地改革備忘錄」，指出日本農業的弊端在於四分之三以上的佃農，繳納收穫量二分之一以上田租的情況，責成日本政府推行土地改革，徹底改善。日本政府雖於 1946 年 2 月擬定「農地調整法修正案」，從事第一次土地改革，但不徹底，反而造成地主收回田地的結果，加劇農民的爭地運動。

　　同年 10 月，日本政府公布「第二次農地改革方案」，並自翌年 3 月開始實施（第二次土地改革）。方案規定：限制自耕地保留三町步❺，超過地主自耕地保有地一町步的農地，由國家強制收購，轉售給佃農。結果解放農地一百九十七萬町步，地主一戶平均的佃作面積減為五反❻以下。地主、佃農關係已失去其支配農業和農村的土地所有關係的意義。

　　在土地改革過程中，雖有地主的抵制，但在盟軍總部的監督以及各級地方政府的主持下，強行實施，可說是一次不流血的土地革命，蓋在未導致階級之間的分裂下，解決了土地的轉讓問題，對戰後日本政局的安定大有裨益。

　　土地改革消除了寄生地主制，使農民成為零細自耕農，使佃農化為小農地所有者而保守化。即透過農業金融、肥料與農業機械之購買、農業產品的販賣，而置於獨占資本的直接支配之下。尤其糧食管制制度下國家獨

❺　計算田地、山林的面積單位。北海道則是十二町步。一町步等於九十九・一五公畝。

❻　反 (tan) 為町的十分之一；每反約等於一千平方公尺。

占米麥，雖緩和了當前的糧食危機，但卻被利用為壓制農工運動的工具，即以米價的決定，作為操縱農民動向的籌碼。

日本政府鑑於土地改革完成後，戰後經濟迅速復興的過程中，農業受到自然與社會因素的限制，未能高度發展，形成農工不平衡發展的雙重結構，以及農業人口大量轉移到其他產業部門的現象日益顯著，因此為了提高農業生產，擴大農業規模，獎勵畜牧，種植果樹等有利經濟作物，於 1961 年，頒布「農業基本法」，作為今後農業發展的方針。

第三節 民主化國家體制的確立

一、新憲法的制定與實施

盟軍總部在東久邇宮內閣時代，即已指示日本政府草擬新憲法。幣原內閣成立後，再向日本政府提出五項修憲主張。當時由於滿目瘡痍，百廢待舉，而立國根本大法的改變，純由於戰敗投降的結果，而非由於內在的原因，自不願遽而修改。但由於盟軍總部的一再催促，幣原內閣不得不著手籌劃修憲工作。

依據「波茨坦宣言」，日本須實行民主政治，保障基本人權，建立法治國家。但「明治憲法」的內容與精神，卻與民主理念格格不入，遂迫使日本必須制定一部新的憲法，以符合「波茨坦宣言」的要求，建立一個民主制度的政府。

起初，日本一味的敷衍，只擬將「明治憲法」略加修正，其後雖成立「憲法問題調查委員會」，草擬「松本草案」❼，但其內容卻是保留了「明治憲法」天皇的大權，充分表示日本政府態度消極，顯現其保留天皇制統治的封建心態。「松本草案」不但引起民間的反彈，盟軍總部也大為不滿。

❼ 國務大臣松本蒸治所主宰草擬的憲法草案。

麥帥乃派遣艾契遜 (George Acheson) 與懷特尼 (General Whitney) 等人，與日本政府共商修憲，並提示三項原則：一是維持天皇制的象徵性；二是放棄戰爭，不准建軍，不能擁有交戰權；三是廢除封建制度（稱之為「麥帥草案」）。

其後經過盟軍總部與日本政府協商的結果，完成「憲法修正草案綱要」，經第一次吉田茂內閣重整，並得樞密院諮詢通過，於 1946 年 6 月，送交眾議院審議，經部分修正後，再由樞密院審議通過，於同年 11 月 3 日公布，並於六個月後（1947 年 5 月 3 日）生效。

在制定憲法過程中爭議最多的是，究竟在占領情況下，並非出自日本人之手，而指其為「麥帥欽定的產物」，是否有效的問題。但這種說法未免過甚其詞，如與專政絕對主義的「明治憲法」相比，則新憲法的修正，實具有重大的意義，蓋其基本精神完全採取英美民主政治典範的精義。戰後日本在短短的十數年之間，即能從戰敗的廢墟中迅速的復興，並步入自由和平繁榮而安定的大道，除了日本人勤勉的民族性，國內外局勢之有利條件等之外，新憲法保障社會的正義與秩序，亦發揮了正面的作用。

新憲法除了前言外，計有十一章，分一百零三條。新憲法有以下幾項特徵：

一、國民主權的原理。規定主權在民，天皇為國家的象徵，保有形式上的地位，卻不能享有政治上的實權。象徵的天皇之地位，並非由於神敕，而是基於國民的總意。

二、基本人權的保障原理。立憲國家對於基本人權（言論、集會、出版、居住、職業、信教的自由）的保障。

三、權力分立的原理。行政、立法、司法三權明確的劃分。司法審判脫離行政的干預，行使完全獨立的審判。國會為最高國政機關，較之司法與行政占優越地位，且為唯一的立法機關，兼有調查一般國政的權能。

四、和平主義的原理。這是新憲法的一大特點。它明白宣告永久放棄

戰爭的權利，禁止保有陸海空軍及其他戰鬥力，不承認國家之交戰權。在世界各國憲法中，宣誓不以武力解決紛爭者，實以日本新憲法為濫觴。

其中除了和平主義原理為日本特有的部分之外，其他都是近代立憲主義憲法共有的基本原理。

日本憲法基於主權在民的原則，天皇地位僅止於象徵性，宣示放棄戰爭，保障國民的自由與權利，具有進步性與合理性。

新憲法公布以後，確立了日本政治民主的根本大法。過去各種限制人民自由的法律，悉行廢除。

二、三權分立的政府機構

1.日本政治的傳統

日本政治的傳統，首先是古代政治的典章制度，模仿中國封建制度。如 655 年的「近江令」、701 年的「大寶律令」、718 年的「養老律令」等均是。江戶時代的政治制度亦受明、清時代法令制度的影響。

第二時期是模仿歐洲各國的近代法制，尤以大陸法系的德國（普魯士）與法國為最。此一時期的國策是富國強兵，因此只限於如何集中國家權力，加強統治效率而已。

第三時期是戰後接受英、美、法的影響。但不同於前兩期的是，並不主動的模仿，而是在盟軍總部外來統治者的影響下進行。甚至從憲法到一般法律制度，亦深受影響。但此一時期，卻徹底而完全的廢除封建、專制的制度，實行民主制度，完成由下而上整個社會結構的近代化，建立一個擁有個人尊嚴，維護社會公平、正義與和諧的社會。

2.現行政治體制

日本戰後主要是依據「波茨坦宣言」、「雅爾達協定」的規定，重新建立國家的政治制度。

「雅爾達協定」是 1945 年 2 月，由英、美、蘇三國在雅爾達協商，確

定戰後處置日本的領土，建立亞洲新秩序，並以之作為交換蘇俄對日作戰的條件。

至於「波茨坦宣言」則是 1945 年 7 月底，英、美、蘇三國在波茨坦協商對日媾和條件，要求日本結束戰爭，因而稱為 PY 體制 (Potsdam Yalta System)。

日本接受「波茨坦宣言」而投降，意指天皇主權的喪失，並由盟軍占領統治。日本領土亦縮小為僅剩本州、四國、九州與北海道。至於政治，則須實行民主制度，保障人權，因此，須廢除「明治憲法」，制定新的憲法。

麥帥所率領的美軍占領日本，設立盟軍總部，成為統治日本的最高權力機構，並實施非軍事化政策，解除日軍武裝，解散軍事機構，褫奪軍國主義者的公職，解散國粹右翼政治團體，使日本邁向民主。在思想文化方面，解除國家對思想、宗教與教育的統制，保障基本人權，廢除封建制度，否定天皇的神格，推動教育民主化與自由化。經濟的改革，則是解散支持軍國主義的財閥，實施土地改革，加強工會組織，推動勞工保護政策。同時保障參政權平等，擴大國民參與政治，加強地方政府的權限，避免中央集權，並協助政黨的重編，促進政黨政治。

盟軍總部所實行的政策，一方面瓦解了舊有的專制封建體制，一方面奠定日本實現民主政治的初基，可說是戰後日本政治體制形成的重要因素。

3.國會制度

日本是實行議會內閣制的國家，國會的地位非常重要。國會是國民的代表所組成的機構。它是統治機構的核心，也是國家唯一的立法機構。

日本的國會是國權的最高機關，主要行使法律的議決、預算的議決、總理大臣的任命、條約的承認等。此外，尚有國政調查與皇室費用的決定等。

國會屬於眾議院與參議院兩院制，但眾議院擁有優先權，在法律案、預算案、條約的批准等方面，當兩院的議決有歧異時，得由眾議院單獨決定。

國會議員享有歲費權、在國會開會期間不受逮捕權、言論免責權等。

但政黨及選民將追究其政治責任，社會亦將追究其道義與倫理責任，議會內部亦將追究其院內的責任。

4.內閣

新憲法卻以憲法保障議會內閣制 (Parliamentary Government)，規定內閣總理大臣由國會議員之中選任。內閣總理大臣得以任命國務大臣，但一半以上須由國會議員中選任。

日本原則上是屬於英國式的議會內閣制，主要特徵是內閣須基於國會的信任始能成立、存續，大多數內閣閣員由國會議員兼任，內閣對議會負責。

在「明治憲法」中，無所謂三權分立制，一切大權屬於天皇，內閣只是天皇的輔弼機關，內閣的存在不以國會的意見為取捨。迨至新憲法誕生之後，才確定了三權分立的原則，即把立法、行政、司法三權加以明確的劃分。行政部門在內閣總理大臣之下，成為一個獨立的統一體，擔任行政。司法審判脫離過去司法大臣的管轄，改為由國民直接審查，在保障其身分的最高裁判所長官（最高法院院長）以及審判官管轄之下，行使完全獨立的裁判。國會制定的法律和內閣所發布的命令，有違反憲法者，一律有宣告其無效的權能。最高法院院長與內閣總理大臣，居於對等的地位。

內閣有外務、大藏、法務、厚生、文部等十二省，省之下設有廳或各種委員會。此外尚有總理大臣直接監督的總理府，其下設有國家公安委員會、宮內廳、防衛廳、環境廳、經濟企劃廳等，任命國務大臣擔當。

本來一個政黨應以黨的政策為中心，團結在一起，但日本的政黨卻是在政黨內又形成幾個派閥（派系）。自民黨內的派系為其典型的例子。

5.新憲法下的司法制度

明治時代的司法制度為德、法大陸法系的模仿，而戰後依據新憲法的司法制度，則是取法於英、美。與舊憲法不同的是，司法權屬於裁判所（法院），為國民的法院，而非天皇的裁判所。戰前乃參考德國法的裁判，戰後雖則參考英、美法，但未採用陪審制度。

　　新憲法對於「明治憲法」的主要改革，為國民主權主義，尊重基本人權的保障，實行議院內閣制的民主政治，加強三權分立的精神，賦與司法部門強大的權力。

　　民主法治國家的司法制度，具有以下幾項共通原則，即國民主權的原則、司法獨立的原則、審判公開的原則與法治原則，新憲法下的日本司法制度大體具備這些原則。一般而言，民主法治國家司法體系的獨立，係奠基於法官獨立與司法機構的自主。

　　「明治憲法」基於君主主權制精神，國家一切統治權，全歸諸天皇一人獨攬。憲法上雖設有國務大臣、帝國議會與裁判所，分掌行政、立法與司法的機關，但在法理上，一切最後裁決權，均操在天皇之手。其中司法權雖非天皇親自行使，但裁判所以天皇的名義執行，裁判官的任命又與一般的官吏同屬天皇的大權，憲法上亦無任何保障司法權獨立的規定，因此在舊憲法下，日本的司法機關毫無獨立自主的權能。

　　新憲法則明確的規定「司法權，均屬於最高裁判所以及依據法律規定所設置的下級裁判所法官，依其良心，獨立行使其職權」，對於法官的獨立與司法機構的自主，給予憲法上的保障，充分顯示司法獨立的精神。

　　為了確保審判的公平公正，必須使法官不受外界的干擾，獨立審判。依據日本憲法規定，法官行使職權時，只須依從良心，遵守憲法以及法律的規定，此外不受任何外界的拘束及影響。至於司法機構的自主性，則是基於權力分立原理，原則上不受其他任何機構的指揮監督或壓抑。

　　民主法治國家的司法制度，雖形態不同，但有幾項共同的原則，即依照法律進行司法審判的法治原則，不受任何外力干涉的司法獨立原則，在不妨害法庭秩序以及尊嚴之下的審判公開原則。

　　法院的種類，則有最高裁判所、高等裁判所、地方裁判所、家庭裁判所與簡易裁判所等。其中只有最高裁判所有違憲立法審查權。

三、天皇制的存廢

　　日本天皇與天皇制乃是日本歷史上特異的政治現象，自古至今，給予日本國家制度與社會各領域很大的影響。人們對此一政治現象的認識與評價，頗為分歧，迄今仍無定論。

　　日本的歷史無異是一部天皇的歷史，自古以來綿綿賡續。有一段時期，天皇擁有絕對的權力，藉由與神一體化而享有政治權威之外，具有神的權威。

　　有時當權者利用天皇的名義，伸張勢力，有時在天皇名義下，以和平手段擁有武力，因此，談到日本歷史，不能不涉及天皇的存在。

　　日本人常謂日本民族的微妙性 (unique)，乃出自其先史時代即有萬世一系的皇室。但自九世紀以降，天皇已喪失實際統治的能力，且自 1333 年後醍醐天皇企圖恢復天皇統治權失敗之後，已不再有顯著的復權運動。雖然如此，日本人對皇室尊崇之念卻絲毫未衰。及至戰前，對所有正當的政治權力來自皇室的想法，從未有人提出異議。

　　九世紀以來，將軍掌握政治大權，至明治維新始行「大政奉還」。1890年，公布「大日本帝國憲法」（舊憲法，亦稱「明治憲法」），規定主權在天皇手裡，政治權力及於軍事權力。此一憲法成為其後五十多年，左右日本歷史的基本法。

　　十九世紀日本近代化的第一步，是在「王政復古」（天皇恢復親政）的名義下進行。此後約有一世紀半，對皇室的關心與尊敬日增，策劃倒幕的志士，標榜尊皇攘夷。王政復古使天皇再度回歸政治舞臺，凡百政事，均在天皇名義之下進行。但明治維新的領導者，亦未懷抱天皇實際統治的想法，蓋一千多年來，天皇雖有君臨之名，而無統治之實。1868 年登基的明治天皇，只是沖年十五歲的少年。及長，雖亦發揮其影響力，但重臣自以為是代「聖意」執政乃是天經地義的事。

　　繼明治天皇之後的大正天皇（1912～1926年），身心虛耗，無法依其意

志行事。昭和天皇則是統而不治。但直到第二次世界大戰為止，日本的領導階層，一方面對天皇抱持敬意，一方面卻忽視天皇本身的意願，擅作集體領導。

　　明治、大正、昭和三個天皇，從無違逆輔弼之任的閣僚的決定，而依據自我意志強制執行的例子。

　　日本天皇並非傀儡，近代天皇制，依據「大日本帝國憲法」，天皇掌握「國家統治大權」，由直屬的龐大機關（包含軍事、行政、警察等官僚制），專制性的行使其權力，實為日本國家政治形態的最大特徵。

　　平民被教導不得直視天皇，全國各地的學校均頒賜天皇的肖像，作為神聖的「御真影」，安置在特別的建築物中。其後為了防備不時的災害，建造了鋼筋水泥的奉安殿供奉。

　　美濃部達吉教授的天皇機關說，在 1920 年代，幾乎為所有知識分子所接受，但在 1935 年，卻受到不敬罪的宣告。

　　天皇的權位，就新、舊憲法加以比較，實有顯著的差異。在舊憲法之下，所有權力都集中操縱在天皇手中，天皇擁有絕大的主權──掌握統治日本國臣民的權力，因此，重臣或軍人、政治家等，為了擅權，易於利用天皇。易言之，政治的運作非為國民，而以特權階級為中心。1947 年開始實施的新憲法，為了袪除這些弊害，乃將權力分成立法、行政、司法三權，成立國會、內閣、法院（裁判所），各自獨立行使。新憲法規定主權在民，即以國民主權取代了天皇主權。天皇僅成為日本國的象徵。現在天皇的責任，僅限定於外交儀禮與形式的行事而已。

　　因此，須瞭解天皇本人的思想與意志，始能確實的研究天皇制的本質。實際上，天皇，尤其明治天皇與昭和天皇，均曾有其獨立而優異的自我意志主張。他們對日本近代史，無論在政治上、道義上，均負有重大的責任，當然包含法律上的責任。他們在歷史重要的轉捩點，具有對政治決定的構想，並加以表明出來。以明治天皇為例，即曾親自主持明治維新重要的政

策決定，發動改變日本歷史命運的宮廷政變，發布「五條誓約」，平定西鄉隆盛的叛亂，並發布「大日本帝國憲法」，發動對外戰爭（甲午戰爭、日俄戰爭）。昭和天皇年輕時，雖曾對軍部的所作所為感到不滿，在戰爭前夕，亦曾要求慎重考慮，但他個人所作唯一的政治決定，只有在 1945 年 8 月，當內閣會議為了是否接受同盟國的最後通牒投降而正反意見旗鼓相當時，作出投降的決定而已❽。

　　第二次世界大戰的終戰處理，天皇的存亡成為一大問題，聯合國經過檢討之後，決定削減舊憲法規定的天皇權力，保留象徵性天皇制而定案。

　　昭和天皇在有名的「人間宣言」中，宣稱「視天皇為現人神，且視日本國民優越於其他民族，甚至具有支配世界命運的觀念」乃是杜撰而錯誤。此一宣言的確意味著天皇制度本身的經驗所得反省。

　　1989 年，昭和逝世，明仁繼位，稱為平成天皇，他是依照新憲法規定即位的天皇。根據日本憲法第二條規定，皇位的繼承以世襲為原則，因此，皇位繼承的資格必須來自血統關係，且限定於嫡系。日本過去雖曾有過女帝，憲法亦無明文規定排除女系繼承，但依照「皇室典範」，卻只有男系始有繼承資格。

　　事實上，終戰後至新憲法公布之前，天皇的地位並不穩定。即不僅在國內發生社會主義者以及中下階層要求廢除天皇制的壓力，國際上亦面臨蘇俄、澳洲、紐西蘭等國要求將天皇列入戰犯審判以追究戰爭的責任問題。

　　因此，昭和天皇一方面以其影響力，集結保守勢力，協助盟軍總部的占領體制，另一方面，改變戰前神聖不可侵犯的姿態，主動到全國各地巡視，採取低姿態接近國民。結果，在盟軍總部的策劃下，確立新憲法中象徵天皇制。雖剝奪了天皇的所有權力，卻使天皇制得以保留，同時避免了戰爭責任的追究。新憲法第四條明確規定天皇不得擁有任何有關國政的權能，所能做的，只是經由國家機關實質決定後的事項，作形式上、禮儀上

---

❽　其實這也是受到近臣的慫恿。

的表示，純屬手續上的參與（如宣布國會的召開，大臣、大使的任命，法令的公布，國家重要慶典儀式的主持等）。

此後到「舊金山和約」生效為止的時期，以蘇俄為首的社會主義國家，雖仍不斷地主張追究天皇的戰爭責任，但以美國為中心的西方國家則因體認到不追究將更有助於占領政策之遂行，符合民主國家陣營的整體利益。

自「舊金山和約」生效至 1960 年安保鬥爭時期，天皇的地位進入安定狀態，符合憲法所規定象徵天皇制的內涵。此時日本已恢復其完整的國家主權，天皇的地位獲得保障，不再受到戰勝國的威脅。天皇已逐漸適應憲法中象徵天皇制的規定，此後不再介入政治性活動。

1960 年代的安保鬥爭，引起日本社會的混亂狀態，因此，以自民黨為主的保守勢力有意藉天皇的權威，重建社會的安定，於是，昭和天皇逐漸被塑造成威嚴的形象，並再度與民間隔離。舉行天皇在位五十週年慶祝儀式，促使國民重新認識天皇存在的功能，同時加強靖國神社的地位，以恢復天皇的神聖性。此舉的目的乃在藉此加強國民的國家、民族意識，對內壓制社會主義、階級對立的意識，對外形成國民的愛國心及對政府的向心力。

四、民主化的再生

戰後日本的社會與經濟異常混亂，尤以糧食危機最為嚴重。通貨膨脹，消費物資不足，物價高漲，以致國民生活極端貧乏。日本民眾長期以來一直是被迫去順從國家權力，如今卻眼見舊體制崩潰了，因此而有激進化的傾向。

勞工政策的確立與財閥解散、土地改革，同為盟軍總部統治日本，促進其經濟民主化的三大措施之一。由於占領當局的扶植、鼓勵，勞工運動大放異彩。盟軍總部根據民主化原則，撤銷一切束縛政治、民權、信教等法令，於是社會運動、勞工運動乃獲得發展的機會。這時期的工會運動中，日本工會總同盟和全日本產業別勞動組合會議，分裂成為左右二派，互爭

領導權。但由於激烈的變革和經濟危機的加深，工運領導權大多為共產黨等所掌握。

另一方面，部分左派分子因盟軍總部指令日本政府修改「國家公務員法」及公營事業關係的勞工法案，限制公務員的罷工權利，其後又整肅日共，乃見風轉舵，於 1950 年組織「日本工會總評議會」（簡稱「總評」），揭示反共民主化同盟的旗幟，以逃避盟軍總部的耳目。

戰後上任的東久邇宮內閣，以維護天皇制國家為己任。就任不久，即制定「整頓和擴充警察綱要」，擴充警察名額一倍。旋又擬訂「關於處理言論、集會、結社的方針」，堅持沿用「治安警察法」（1900 年公布），聲言特高（秘密）警察仍繼續活動，以嚴懲主張政治形態的改變或主張廢除天皇制者。同年（1950 年）10 月初，盟軍總部指令日本政府立即釋放包括共產黨員在內的政治犯，廢除「治安警察法」等法令，解除對政治、民權以及信仰自由的限制，罷免內務大臣以及警察關係首腦，以及其他日本全國的思想警察或與彈壓活動有關的官吏。東久邇宮內閣卻拒絕接受而辭職，改由親美且與戰爭無瓜葛而通曉外交的幣原喜重郎組閣。

戰後的日本政黨，雖然多少和以往的政黨有關連，組黨者亦多戰前的政黨人物，但並未繼承過去政黨的傳統，亦未沿襲過去的政策。

1945 年 10 月 10 日，由於「治安維持法」（1925 年公布）的廢止，共產黨首次以合法政黨的姿態開始活動。承戰前無產政黨餘緒的各派，則聯合組成日本社會黨。以舊政友會的鳩山一郎為中心，則組成日本自由黨。戰前由翼贊選舉選出，專門支持政府戰爭相關法條的議員們，亦佯裝民主主義的外表，組成日本進步黨。

戰後長期的占領統治時期，戰前保守黨留下的遺產幾乎得到全面的復活，且以直線繼承戰前發展方向的形式而成長。鳩山一郎為總裁的日本自由黨，完全繼承了戰前兩大保守政黨的遺產，而其政治資金則是右派的兒玉譽士夫所提供。

　　1946 年舉行首次選舉，婦女亦參加投票，結果，自由黨得一百三十九席，進步黨得九十三席，社會黨九十二席，共產黨五席，無黨派七十五席。原屬保守黨地盤的農村並無動搖，但令人注目的是大都市革新勢力的快速發展。選舉後，以進步黨為執政黨的幣原內閣仍圖戀棧，於是其他各黨組織倒閣共同委員會，民眾亦舉辦打倒內閣實行委員會，於 4 月在東京舉行萬人倒閣大會，會後示威遊行，包圍首相官邸，終於迫使幣原內閣辭職。旋又有超過一百名以上的革新派人士進入議會，以及議會外民眾要求建立民主政府的呼聲，使保守黨喪失了繼續執政以維持舊體制的信心，直到 5 月下旬，始由自由、進步兩黨聯合組成吉田內閣。吉田內閣雖亦從事穩定政局的工作，但民主和社會主義運動卻仍極高漲，1947 年的大罷工雖遭逢盟軍總部的干預而流產，但吉田內閣亦不保，而在新憲法生效後舉行的第一次兩院議員選舉，社會黨以些微之差，領先民主黨和自由黨，成立了以社會黨黨魁片山哲為首的新內閣。

　　片山的社會黨內閣執政僅九個月，但在此短暫的期間內，卻在盟軍總部的支持下，採取「傾斜生產方式」❾的經濟復甦政策，使日本走上擴大再生產復興重建之路，出人意料的，在恢復生產和壓抑通貨膨脹方面獲取成效。

　　戰後日本在盟軍占領下恢復政治結社的自由，於是各種政黨紛紛成立，其中最主要的有日本社會黨、日本共產黨，以及保守勢力的自由黨、民主黨、進步黨等。其中，保守政黨，經由幾次的重組之後，統合成為後來的自由民主黨（自民黨），加上 1960 年代成立的民社黨、公明黨，成為日本的主要政黨。

　　自由民主黨是 1955 年，由當時的自由黨與民主黨合併而成的。其後一直執政，直到 1990 年代以後，始有變動。其所以能長期維持政權的主要原

----

❾　傾斜生產方式 (priority production system)，乃以有限的資源全力發展幾項重點產業（煤炭與鋼鐵等）的一種振興經濟的政策。

因是，結合官僚體系與財界，倚賴農村地區選民的支持❿。由於各派閣輪流組閣，不必由政黨承擔全部的政治責任，且因在野黨不具備競爭實力，而自民黨又能吸收在野黨的優良政見，同時，大量發行公債，得以在不增稅的前提下，從事各項公共建設，推動年金、健保等全民的福利政策，爭取選民的支持。

社會黨是戰前的社會主義各派組成，終戰初期，曾在國民政治革新的期待下一度組閣，卻因內部左右兩派爭奪主導權而垮臺。其後社會黨與自民黨均曾再度團結一致，出現兩黨抗衡的局面（1958年），有可能形成兩黨政治的形態，但因右派於1960年脫黨，另組民社黨，使社會黨的實力大受打擊，終於淪為長年的在野黨。

公明黨是以日蓮宗的信徒為主體的創價學會所組成的政黨。1964年開始成立政黨，並參與選舉，屬於中型的政黨。到1990年代，由於自民黨的派系紛爭與金權政治，弊案層出不窮，因而有脫黨另組織新黨的傾向。

日本共產黨戰前屬於地下非法組織，戰前及戰後初期，一直企圖以暴力革命手段推翻政府，建立赤色共產獨裁政權，卻為多數人民所唾棄。至1954年，因與中共決裂，改採獨立自主路線後，並放棄武力鬥爭路線，始於1969年獲得相當的席次。卻因再度顯露其共產本質，主張「廢止天皇制度，樹立人民共和政府」，政策激進，以致在1976年大選中遭受嚴重挫折。其後仍居少數黨。唯其反體制色彩極為濃厚，絕不與自民黨政權妥協，且是唯一主張廢除天皇制的政黨。

---

❿　自民黨一向得農村地區選民的支持，都市選民則較偏向於在野黨。但在人口大量流向都市，而選舉區域的定額卻一直未調整改變的狀況下，自民黨遂得以農村較少的選票，取得與都市相同的當選名額。

第四節　經濟復甦

一、傾斜生產方式

戰爭的結果，全國有一百一十九個城市變成廢墟，都市及其周圍的工廠、道路、橋樑等悉遭破壞。國土荒蕪，經濟衰竭，民不聊生。重建經濟需時十年以上。經濟方面，各業的生產銳減，船舶從戰前的六百三十萬噸銳減至一百五十三、四萬噸，鋼鐵產量減至八十萬噸，不及 1941 年的七分之一，石油、煤炭等的供應量只有 1941 年的 10%～21%。發電量亦銳減，日本經濟已倒退，僅及 1919 年的水準。

日本經濟惡化，似難以普通的辦法重振，而須採取異常的對策始能奏效，這就是經濟學家建議採行的「傾斜生產方式」。此即針對工礦業生產因戰時儲備日漸枯竭，為了清除物資短缺所造成的物價上漲，將經濟納入擴大再生產的軌道所採取的具體措施。此一方式乃在犧牲其他產業生存的前提下推動。

日本政府於 1946 年 8 月成立「經濟安定本部」，負責推動。年底，內閣決定以煤炭和鋼鐵列為超重點的傾斜生產方式，納入季節物資供應計劃，為了落實，在資金方面實行區別輕重緩急，照顧重點的「傾斜金融方式」。具體而言，一切經濟政策的重點集中於煤炭的增產，並將煤炭，重點用之於增產鋼鐵，而增產的鋼鐵和鋼材再轉向煤炭的增產。藉此促進煤炭和鋼鐵生產的良性循環，然後再將其成果分階段投入其他產業（如鐵路、電力等）部門，以促成整個國民經濟的恢復。

這種生產方式果然奏效，1947、1948 年的煤炭產量均較前年度增產近20%，普通鋼材的產量亦比上年增長了 116%。機械工業亦因而轉危為安，而迅速恢復。戰後初期日本經濟之能從混亂局面中掙脫，實應歸功於此。

二、美國的支援與經濟復甦

戰敗後的日本處境實很悲慘，第二次世界大戰期間，軍人、軍屬的死亡人數約一百五十五萬人，損害均極嚴重。看到滿目瘡痍的日本，有人斷言「日本永遠不會成為近代化的工業國家」。但疲弊的日本經濟，因美國的援助而逐漸恢復。戰後數十年來，日本的工業在美國的扶植下，迅速地復甦，且成為世界第二位的工商業國家。其在復興經濟上的成就，足與西德的經濟奇蹟東西輝映。

自十九世紀末年以來，日本的現代工業無不受政府的扶植指導，戰前固如此，戰後亦不例外。戰後的日本由於失去了海外殖民地，領土縮小。從經濟觀點而言，其人口眾多，土地面積狹小，國內市場有限，因此必須積極開拓國外市場，且因天然資源不足，必須仰賴海外生產原料及資產設備的輸入，以維持經濟的成長。

戰前，日本採取經濟和軍事相互支援的手段，以工業化作為發展軍事的基礎，並倚恃武力掠奪海外的資源。但戰後卻改採「經濟立國」的方針，傾其全力於經濟的發展。

戰後的日本，適逢未曾有的大荒年，惡性通貨膨脹（黑市的白米價格高達公定價格的一百五十倍），物價騰貴，失業續增，大都市缺乏糧食，整個經濟陷入空前的危機，幸賴美國巨額的經援，始得挽救。

占領初期，盟軍總部的對日政策原是以抑制為主，盟國且提出賠償計劃，預定將日本的生產力限制在九一八事變之前的水準，並迫使其生活水準不高於被其侵略的國家為原則。其後，由於國際局勢的變化，美蘇冷戰的開始，逐漸改變其對日政策。1947 年 3 月，盟軍總部指令日本政府致力於經濟的復興。經濟學家紛紛提出經濟對策意見書，稻葉秀三的經濟復興計劃演化成盟軍總部的「日本經濟自立五年計劃」。美國開始改變對日經濟政策，不僅放寬賠償條件，且撤銷了解散日本大企業的指令，甚至提供經

濟復興援助。

　　美國為了解決日本日益惡化的通貨膨脹等經濟的困境，減輕對日經援的負擔，確立日本經濟的安定與自立的目標，使其保持對抗共產陣營的勢力，於 1948 年底，指令日本施行「安定經濟九原則」。其內容主要是確立均衡預算，加強徵稅，限制融資，統制物價，管理外匯與貿易，增加生產，穩定糧食供應等。

　　翌年 2 月，美國派遣底特律銀行總裁道奇 (Joseph Morrell Dodge) 為特命公使赴日，任盟軍總部的最高經濟顧問，制定道奇計劃 (Dodge Line)，並提出九項原則的具體方案，作為安定經濟的政策。道奇計劃的內容，乃由美國援助資金，抑制日本的通貨膨脹和財政赤字問題，因此廢止金融機構的放款，減少銀行貨幣發行額的膨脹，同時停止公債發行，減縮政府的預算赤字。其中最重要的是廢止原來的多元匯率，設定美金一元對日幣匯率三百六十圓的價位，藉以抑制外匯的投機，且將日幣高估而達到促進進口的目的，以進行自主性的國際貿易。同時使日本的產業界，由戰時的軍需工業中心轉到以纖維工業以及其他民生必需品工業為中心的和平產業結構。

　　此一計劃屬於通貨緊縮改革，雖抑制了通貨膨脹，使日本的經濟漸趨安定，卻給中小企業帶來危機，普遍呈現不景氣現象，同時由於生產與貿易停滯，投資減退，導致失業率增加，勞工生活困苦。

　　為了克服此一困難，盟軍總部又邀請蕭普 (Carl Summer Shoup) 使節團赴日，整頓日本的稅制。蕭普著重現行稅制的改革以及地方財政的整頓，以強化地方自治。日本政府接受其勸告，對稅制大加改革。

第十章 戰後的復興

第一節 從戰爭廢墟中崛起

第二次世界大戰中，為了對抗德國而合作的自由主義國與蘇聯之間的合作關係，已因同盟國的勝利而斷絕。1946 年 3 月，前英國首相邱吉爾，首先指出蘇聯共產圈鐵幕的形成與東西冷戰的情況。美國總統杜魯門發表宣言，決定援助土耳其。東西兩陣營完全處於對立。

經過東西分裂，戰後美國以馬歇爾計劃 (Marshal Plan) 援助英法等國，並在蘇聯周圍的戰略地點設置軍事基地網，加以圍堵 (continment)。蘇聯則於 1947 年 9 月，招集東歐國家及英法的共產黨代表在波蘭會議，成立共產黨勞工黨情報局 (Cominform)，以對抗美國的新政策。其後由於中國內戰、朝鮮分裂，形成東西的冷戰局面，給予美國對日政策極大的影響。從勞工運動的保護轉變為牽制、彈壓，即為其中之一。

有關日本賠償問題，亦從初期的嚴苛逐漸修正為寬鬆。杜雷伯 (William Draper) 使節團於 1948 年赴日，提出有關賠償的報告，所列賠償額顯已較前寬鬆。以 1939 年的日幣價格計算，為六億六千多萬圓，僅為原案的四分之一。最後基於扶植日本經濟自立的考量，一變而改採放棄賠償的方針，至於堅持賠償的菲律賓等國，則列入和約之中的賠償條款，變成個別的雙邊協商的支付方式。

此外，「過度經濟力集中排除法」亦予放寬，原來適用的三百二十五社，到最後真正適用的僅有三菱重工、王子製紙等十八社而已。因冷戰而

轉變政策，賠償方案遂成為龍頭蛇尾。

　　1948 年 10 月，美國的國家安全保障會議 (National Security Council) 決定「美國對日政策的勸告」，表示美國對日政策的改變。主要是簽訂「簡單、普遍性而非懲罰的條約」，至於褫奪公職，則可不再擴大，應依緩和的方向修正。經濟復興則祛除外國貿易的障礙，培植交易、產業發展的民間企業，並促進其勞動生產的提升，高水準的輸出，通貨膨脹的克服等，早期達成預算平衡的目標。

　　戰後日本經濟復興十分迅速，不到五年，其工業生產平均年產量，已趕上戰前的水準，至 1960 年，生產量更一躍而為戰前水準的三．五倍。1951 年以後，國民總生產量增加率，與歐美工業先進國家比擬，亦無遜色。

第二節　韓戰與日本經濟的起飛

　　遠東方面，中國大陸因中共逐步進逼，國民政府於 1949 年撤往臺灣，朝鮮半島於戰後脫離日本的統治，以北緯三十八度為界，南部歸美國管理，北部歸蘇聯統制。美、蘇兩軍撤退以後，南韓建立大韓民國，北韓則樹立了共產政權朝鮮人民共和國，從此成為南北韓的分裂局面。遠東情勢的改變，給予美國很大的衝擊。因此，盟國對日本的占領政策自亦隨之轉變。初期占領政策是以日本政治的民主化與剷除軍國主義設施為重點，至此卻又一變而決意扶持日本成為亞洲反共陣營的一大支柱，遂採取了積極扶植日本的政策。

　　冷戰愈益加深的 1950 年 6 月，南北韓發生武裝衝突，北韓軍於一夜之間，越過北緯三十八度線，攻入南韓，不數日即占領漢城。當時美軍已完全撤退，而韓國兵力既少，防禦力極為薄弱，在北韓迅雷不及掩耳的進攻之下，節節敗退。未及旬日，南韓全境幾被占據。美國立即在聯合國安理會提議，譴責北韓為侵略者，並決定由聯合國派軍赴韓，設置聯合國軍總

司令部，同時大力軍援南韓。美國總統杜魯門任命麥帥為聯合國軍最高司令官。派兵國家共達十六個，但大部分是美軍。同年年底，中共亦派義勇軍支援北韓。戰爭原屬局部，卻呈現資本主義陣營與社會主義陣營的激烈衝突。

韓戰的爆發對日本產生極大的影響。蓋聯合國軍總司令部設在東京，日本成為聯合國軍的軍事基地，日本的產業與美國的「特需」成為聯軍的兵工廠，給予日本擴張軍需市場的大好機會，出口大量增加，且帶動國內的投資熱潮。當時日本正面臨緊縮經濟，處於經濟恐慌的階段，卻由於產業接受戰爭軍需物資的大量訂單，輸出驟增三倍，日本經濟遂一舉擺脫了道奇計劃以來的不景氣。

當初的「特需」僅限於有刺鐵線等緊急物資與車輛的修理，及至 8 月中旬，聯合國軍開始反攻以後，即有卡車、機車等的訂貨。第一年有三億二千萬美元，結果，1950 年下期出現「特需景氣」的盛況，國際收支亦轉為出超。生產力亦穩定增長，韓戰對日本而言，無異是「久旱逢甘霖」。

美軍的「特需」總額，自 1950 年至 1953 年之間，高達三十三億七千餘萬美元，對日本經濟復興，起了極大的作用。日本資本主義拜朝鮮戰亂之賜，無異得「天祐神助」而復興。

韓戰結束後，雖曾短暫發生輸入激增和出口的衰退，而陷入對外貿易惡化的危機，甚至出現企業破產和失業的窘境，而不得不改採緊縮政策，但就整體而言，實已確立其在設備擴張上所進行的現代化、合理化投資，而奠定了邁向高度經濟發展的基礎。

第三節　「舊金山和約」體制與
「日美安保條約」

一、「舊金山和約」的簽訂

日本自無條件投降之後，經過六年，即與盟國締訂和約。喘息未定的戰敗國日本，處於國際情勢日趨複雜的環境之中，仰賴盟軍總部強力的引導與援助，得於短期內，使紛亂的政治秩序與殘破的經濟獲得安定，逐漸走向復興的途徑，實為奇蹟。

日本投降後一兩年，美國已關心對日和約問題。1947 年 7 月，麥帥聲稱占領目的已達到，提倡早日結束軍事占領，促進媾和，國務院亦提議由遠東委員會共同草擬對日和約草案，但蘇聯主張應由美、英、蘇、中四國外長會商。由於美、蘇之間意見分歧，對日和約問題遂被擱置。

美國的對日和約計劃受阻之後，乃積極致力實現日本經濟的自立，以減輕美國對日經援的負擔。隨著美蘇間冷戰的尖銳化，美國對日本的援助逐漸傾向於政治性，以期促成實質上的媾和。及至中國大陸淪陷（1949 年），遠東局勢動盪不安，日本的地位益形重要，於是更感早日締結對日和約，建立太平洋互助體制，完成遠東地區抵禦蘇聯侵略體系的必要。美、英、法均認定為了阻止共產主義，有早期媾和的必要，而決意即使不得蘇聯的協力，亦擬召開和會，於是對蘇戰略為基本的對日媾和構想，乃日益成熟。1950 年 4 月，美國任命杜勒斯 (John Foster Dulles) 為對日媾和的國務院顧問。

及至 1950 年 6 月，韓戰爆發，日本的安全保障愈趨重要，對日媾和尤為刻不容緩。美國深知蘇聯等國不贊同，乃決心早日促成對日媾和，因此，派遣國務卿杜勒斯起草對日和約草案，並以「對日媾和七項原則」❶，與

---

❶　一、對日和約參加國，遵從會議手續的一般原則者，賦與參加資格；二、媾和條

日本朝野舉行多次磋商。結果，於翌年 2 月，達成協議。

　　有關媾和問題，除了國際上有歧見之外，日本國內亦發生爭論。一派主張全面媾和，一派主張多數媾和，此實美、蘇對立的反映。蓋日共、社會黨及理想主義者均主張全面媾和論，而執政的自由黨及反共人士則多主多數媾和論❷，雙方相持不下。實際上，當時因韓戰的關係，全面媾和已不可能。

　　1951 年 7 月，經由英、美兩國協議，決邀請有關參加太平洋戰爭國家，商討對日和約會議。不久，英、美正式公布「對日和約草案」，並決定在美國舊金山舉行對日和約會議。參加的國家共五十二國（英美妥協結果，不邀請中共，印度、緬甸、南斯拉夫則受邀請而拒絕參加）。會議席上，蘇聯代表會同波蘭、捷克等國代表，提出邀請中共參加及修正條約等議案，但被美國及其他國家拒絕，最後依照原案與日本代表吉田茂締訂「舊金山對日媾和條約」❸（簡稱「舊金山和約」）。蘇、波、捷三國則拒絕簽字，中華民國則未被邀請。

　　至於未參加和會的國家中，印度於同年 8 月，與日本訂立雙邊條約，緬甸則於 1954 年 11 月，與日締約。1956 年 10 月，蘇聯與日本簽訂恢復

　　約後立即使日加入聯合國；三、日本承認朝鮮的獨立，同意琉球、小笠原諸島委任統治，臺灣、澎湖群島、南樺太（庫頁島南部）、千島的將來，委由英、美、蘇、中、決定；四、媾和後，在日本擁有軍隊之前，日本地區的國際和平與安全的維持，應為日本與美國以及其他諸國雙方的任務；五、遵守毒品、漁業的國際協定，參加通商交涉，享受關稅最惠國待遇；六、撤銷對日的賠償要求；七、恢復原狀要求的紛爭，由國際司法法院院長所任命的特別中立法庭解決。

❷　全面媾和乃包括社會主義國家蘇聯與中國；多數媾和意指排除蘇聯與中國，以多數決締結條約的「單獨媾和」。

❸　「舊金山和約」的主要內容如下：一、日本恢復主權，承認朝鮮獨立，放棄臺灣、澎湖群島、千島列島、南庫頁島的主權，以及南洋諸島的委任統治權；二、日本的賠償原則上以勞力方式行之；三、占領軍自和約生效後九十天撤退；四、日本同意把琉球群島、小笠原群島委任美國統治。

簽訂「舊金山和約」

邦交的共同宣言，但未正式訂定和約。

　　「舊金山和約」簽訂後，經日本國會批准，並自 1952 年 4 月 28 日生
效。為時六年多的占領統治告終，日本重新獲得國家主權的獨立。1956 年
12 月，日本加入聯合國，翌年，當選安理會的非常任理事國。

　　和約簽訂後不久，美日雙方又簽訂「美日安全保障條約」（簡稱「安保
條約」）❹。

---

❹　「安保條約」的內容如下：一、日本為了本國家的防衛，邀請美軍駐紮日本，承
　　認美軍單獨駐軍及使用或設置軍事基地之權；二、美軍於日本受外敵的攻略，或
　　發生大規模叛亂時，可出動壓制；三、美國期待日本逐漸增加其對本國家防衛的
　　責任，以遏止直接、間接的侵略。

二、「舊金山和約」體制

「舊金山和約」使日本重新獲得了政治主權和外交自主。舊金山體制的建立的確是日本經濟復興的一個起點。

1952 年（昭和二十七年）4 月，對日和約生效後，結束盟軍占領的狀態，成為有史以來首次獨立的主權在民國家。於是長達六年八個月的盟軍占領結束，而「波茨坦宣言」亦失去效力，從而外交關係重開（美國駐日大使於和約生效之日就任）。

但一般國民對於獨立的感受並非盡如政府的「慶賀」而已，根據「安保條約」而來的逐漸加強「防衛力」計劃，或根據「行政協定」將軍事基地提供美軍使用，並給予種種方便，都與憲法第九條非武裝的規定抵觸，而引起不安。更有進者，這些與國民發生直接關係的重大決定，在未經國民充分的討論即逕付實施也受到批判。

日本國民歡迎簽署和約，但將此一事實判斷為獲得實質上的獨立，並恢復主權，卻仍有所猶豫。因為在形式上雖已無占領軍，事實上卻有外國軍隊以「駐軍」名義在國內擁有基地，所以與占領期間並無兩樣。職是之故，因和約與「安全保障條約」所獲日本的獨立雖未能與被占領時期完全斷絕關係，但由於在形式上已獲獨立，卻能根據日本人的意願來決定，其範圍較之被占領時代更為擴大。

1953 年 2 月簽訂的「日美行政協定」，保證了「安保條約」的實行以及駐日美軍「治外法權」的待遇。「舊金山和約」、「安保條約」與「日美行政協定」，形成所謂舊金山體制，使日本在美軍軍事力量（核子傘）的保護下，獲得國防安全保障，得以專心一意的發展經濟。

美軍在日本的軍事基地雖對日本構成民族尊嚴的一種傷痕，但其存在不僅在日本的防衛上，甚至對日本的政局穩定亦是一項重要的因素。

對外關係上，首先是在美國的授意下，於 1952 年，與臺灣的國民政府

簽訂「日華和約」。戰後日本與東南亞幾無任何接觸，而「舊金山和約」規定日本必須償付戰爭損失。印尼要求一百八十億美元的賠償，菲律賓則提出八十億美元的現金賠償，日本願意提供勞力，而無力償還，因此，談判毫無進展。1954年起，日本積極推動與東南亞的經濟合作。此後，隨著日本與蘇聯邦交的正常化，並進入聯合國，而重返國際舞臺。

三、「五五年體制」

從韓戰結束（1953年）後到「五五年體制」（1955年）之間的日本政治，實以保守（指執政黨）與革新（泛指在野黨）兩大陣營，為了政權的爭奪而各自在內部進行合縱連橫的時期。1955年10月，日本社會黨左右兩派完成統一，隨即保守派的自由黨和民主黨亦合併成自由民主黨（自民黨）。戰後各自處於分裂狀態的保守與革新兩大陣營自此各自合併，而形成主張修改憲法與擁護安保體制的保守派，和主張擁護憲法與反安保體制的在野革新勢力長期對峙的局面，此一政治稱之為「五五年體制」。此後，保守黨政權長期穩定的執政，對經濟的高速發展有相當積極的作用。

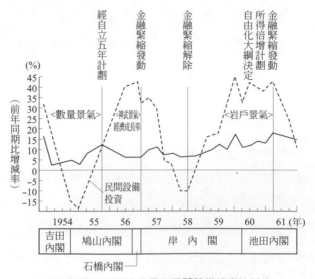

1950年代後半經濟成長與民間設備投資比較表

「五五年體制」成立後，日本政治情勢由戰後的多黨競爭轉變為以自民黨為代表的保守陣營以及以社會黨為代表的革新陣營間的對抗。

隨著 1955 年後日本展開第一次高度成長，財界不僅積極地對政局提出意見，更藉由「政治獻金」實際介入政治過程。

此後保守權力得到安定，乃陸續提出反民主法案，如修改教育委員會選舉制為任命制的「新教育委員會法」，加強中小學教科書檢定制的教科書法案，無非都是加強對教育行政的統制。1956 年 3 月，鳩山向國會提出小選舉區制法案，主要目的乃在企圖透過選區的劃分以分割革新勢力。此舉引起朝野政黨之間激烈的對立，在野黨採取拖延戰術，即在會議中進行強力的議事杯葛。

鳩山內閣在內政上採取高姿態，外交上亦積極確立所謂自主外交。為了達到加入聯合國的願望，鳩山於 1956 年秋，飛往莫斯科，與蘇聯簽訂「日蘇共同宣言」，恢復兩國的邦交。

同年年底，自民黨舉行總裁選舉，石橋湛山擊敗岸信介，當選新總裁。選舉中，收買橫行，成為「派閥政治」、「金權政治」的濫觴。1957 年，由岸信介組閣，姿態更高，採取保守與統制兼施的政策，因而引發在野黨和社會團體的抗爭。

1960 年代以後，高度成長所累積的成果開始發揮再分配的效果，保守派政治家和財界的關係則更為緊密，社會黨卻仍未能取得政治的主導權，形成自民黨一黨獨大的局面。

四、經濟起飛

政治上的「五五年體制」，在經濟上亦具劃時代的意義。其間雖亦經過幾次的不景氣，卻是成為直到 1973 年的石油危機之前，約有二十年高度經濟成長的起點。

1955 年，因不景氣導致的物價下跌與前年以來美國景氣恢復為背景，

輸出驟增，國際收支改善，景氣有好轉現象。農業生產因稻米等未曾有的大豐收，對物價安定有貢獻。景氣上升，物價安定，金融緩和的狀況，稱為「數量景氣」，這種狀況一直持續到 1956 年前半。至此，日本經濟已脫離了倚恃「特需」，走上安定成長軌道，而結束了「戰後」的時代。

數量景氣轉化為「價格景氣」，金融市場亦因設備投資資金需要而轉趨活潑。這種大型景氣，以其為有史以來罕有的好景氣，而稱之為「神武景氣」。

神武景氣由於 1956 年年底爆發的第二次中東戰爭而加速其熱潮。蘇伊士運河的封鎖，引起國際商品市況以及海上運費暴漲，日本亦受波及，促成物價上漲的景氣過熱。而政府編列的 1957 年標榜「一千億減稅、一千億施策」的積極財政，卻有加速經濟成長的作用。「神武景氣」是擴大投資、更新設備所帶來日本經濟的繁榮景象。

1957 年，內閣制定「新長期經濟計劃」，放棄過去行之有年的經濟政策，而積極從事經濟發展，經濟起飛首先從民間企業對現代化的大規模投資開始。這種投資熱終於成為促使日本經濟飛躍發展的動力。

兩次鋼鐵產業合理化計劃的推動，大型高爐的興建，煉鋼技術的引進，促使鋼材質量的增進及多樣化，而結束了汽車用鋼倚賴美國進口的時代。第一期石油化學計劃使高分子化學工業興起，合成纖維、合成樹脂、化學肥料等工業驟興。造船工業集中於油輪的製造，使其出口船隻躍居世界之首。汽車工業亦突飛猛進，固體燃料轉化為液體燃料的開發、原子能的研發等，顯示日本經濟起飛的盛況。

「神武景氣」和「岩戶景氣」❺，更展現日本經濟高速發展的繁榮景象。這種以民間設備投資為主導的神武景氣，卻暴露出運輸、電力和鋼鐵的不足，旋即出現戰後第二次外匯危機，帶來經濟蕭條。但不久，由於美國經濟的影響，而得以回升。此後由於大眾消費之熱潮，現代化投資重新

❺ 岩戶源自「天之岩戶」(amenoiwato) 傳說而來。天之岩戶，係指天照大神隱匿的地方，以最古最早來表示前所未有的規模。

活絡，終於 1959 年出現較之神武景氣持續時間更長、規模更大且更為繁榮的「岩戶景氣」。值得注意的是，1960 年正值「安保條約」改訂問題而發生激烈的「安保鬥爭」，政治上屬多事之秋，但日本經濟卻展現驚異的成長。這種高度成長的主要內容是產業結構的高度化和現代化，亦即重化學工業化。

神武景氣與岩戶景氣的投資熱潮，促使歐美在戰前時期確立的鋼鐵、火車、電機等，與新產業的石油化學、合纖、電子產業等，在日本得以同時並進。歐美費了半世紀之久，經過幾次的高峰始得實現的重化學工業化的發展，日本僅在五、六年之內即一舉達成。這種出人意料的發展，主要應歸諸於重化學工業化的外在強制力、引進技術的革新、能源革命等因素。

在政局穩定的保守政權統治下，長達四十二個月 （1958 年 6 月至 1961 年 12 月）之久的岩戶景氣期間，國民生產總值每年以 10% 以上的比率遞增，這是歷史上罕見的長期經濟繁榮。岩戶景氣時期的設備投資，不像神武景氣時期那樣只有刺激需求的效果，而且提高了生產。尤其是技術革命和消費革命以及投資喚起投資和聯合企業的蓬勃興起。至 1961 年初，岩戶景氣達到極為繁榮的程度。

戰後不到二十年，日本的經濟成長，不僅超過了戰前的水準，且亦超過世界各先進國家。其主要原因可以歸納為以下數點：一是軍事費負擔減輕，二是勞農等中產階級購買力提高，三是技術的革新，四是勞力資源的增加與外匯的穩定，五是日本政府提供資金接濟與美援的支援。茲分述之：

1.軍費減輕

盟軍統制日本重要的目標是非軍事化。戰後的新憲法亦規定不允許建軍。至於後來日益強大的自衛隊預算，仍壓制在 GNP 的 1% 左右而已，此與戰前龐大的軍費相比，有如天壤之別❻。

---

❻　1930 年代的國防預算，占國民所得的 10%，至 1940 年，軍費支出高達總預算的 63.8%。

2.中產階級購買力提高

　　戰後由於土地改革，打破過去的農村封建制，結果，坐享其成的地主已不存在，大部分土地轉入自耕農之手，原屬地主的土地亦大部分歸諸於佃農。佃農收入大增，購買力提高，至於勞工的生活亦因勞工法規的改訂，工會組織的勃興，勞工所得分配率較前提高，不復有戰前以低工資壓抑國內市場的情況。工農的收入既增加，購買力當亦提升，個人消費的增加促使國內市場的快速擴展，構成促進戰後日本經濟復興的一大要因。

3.技術革新

　　1950 年代後半起，日本進入史無前例的技術革新時期。在煉鋼採用高效能的設備以後，機器工業大為擴充，在合成纖維、樹脂、電子工業及石油化學方面，均因大量吸收新的技術而突飛猛進，尤其以重工業和化學方面的進展為最。由於技術的革新，帶動設備的投資，可見技術革新對經濟迅速發展的功用。

4.勞力資源充沛與外匯穩定

　　盟軍總部對於日本的外匯及國際貿易，採取統制措施，旨在保護日本國內產業的發展。日圓對美元匯率，長期維持三百六十圓對一美元，對於戰後日本經濟的發展與市場的穩定，發揮了積極的作用。至於勞力資源的充沛，對經濟的迅速發展亦是莫大的助力。戰後日本經濟發展迅速，較之戰前為高。通常擴展生產工業和服務工業所需的勞力資源，都由農村供應。其供應程度，戰後高於戰前。自 1950 年以後，農村人口遞減，而城市人口則與年俱增。至 1965 年，城市人口已增到六千六百九十多萬，占全國人口68％。1985 年，增加至九千二百多萬，占全國人口的 79％，這種人口的集中於都市，可見其投入工業生產行列的趨勢，當是促使以生產工業為中心的日本經濟飛躍性發展的因素。

5.政府提供資金與美援

　　戰後有鑑於物資缺乏，經濟衰微，政府乃採取超重點投資傾斜生產方

式，優先發展煤炭與鋼鐵的生產，奠定了經濟發展的基礎。日本政府的「復興金融銀行」與美援對於產業設備資金的提供，功不可沒。戰後產業設備的資金有 30% 以上是仰賴政府的接濟。至於美援對於戰後經濟復甦助力尤大。截至 1951 年為止，總額已達二十一億美元之鉅。

戰後日本的經濟發展，亦曾有數度呈現蕭條而陷入停滯狀態，但政府與企業界，皆能積極設法補救，而得以依循一種均勻和諧的節奏進展。鑑於過去數次的經濟蕭條，繫於經濟的過度發展，因此注重穩健的成長，其具體措施為採取抑止消費物價，充分供應資金，革新農業技術，改善中小企業，促進人力資源的有效利用。

五、「安保條約」

1.安保體制的爭論

安保體制的完成──1954 年 3 月，簽署 MSA❼關係四項協定，同年 5 月「安保條約」生效，旋即公布設立防衛廳及自衛隊的「防衛法」和「秘密保護法」，完成了安保體制。

日本國內對安保體制有兩種批判，一是革新勢力（社會黨和共產黨等）方面，指斥安保體制涵蓋的軍事同盟，違反和平憲法中日本放棄戰爭，不得保持戰力的規定，主張廢除條約，而保持中立態勢；一是鳩山內閣自民黨主流派所持重整軍備論，承認條約的必要性，但批判其片面性與不平等性，主張修改為雙方平等。

執政的吉田內閣，基於民間的反戰氣氛及財政上的考量，無法立即進行擴張軍備，而以增強自衛力，敷衍美國對日重整軍備的勸告。

就當時的國際情勢言，由於美蘇的對立日熾，自由陣營對日本的期待甚殷，且因韓戰後日本財界力量驟興，要求政治的自主。1954 年，主張自主外交的鳩山一郎組成第一次鳩山內閣。

❼ MSA (Mutual Security Act) 是成立於 1951 年 10 月的美國相互安全保障法。

　　1955 年 8 月，鳩山內閣與美國進行修改「安保條約」的交涉，藉以增強日本防衛力，歸還琉球和小笠原諸島等。美國則以日本修憲為前提，否定了日本的要求。

　　此時蘇聯氫彈試爆成功，復因韓戰的教訓，而有「報復性戰略」的政策，國際輿論出現要求避免殺戮人類戰爭的呼籲。同時又有中南半島停戰協定的簽署、萬隆和平五原則的聲明，及蘇聯和平共存的宣示。日本國內亦掀起反對美軍基地的運動。

2.「安保條約」的改訂

　　1957 年年初，岸信介組閣，對於修改「安保條約」有不同的作法。岸信介首先訪問東南亞，提出開發東南亞基金的構想，企圖藉此拓展日本在東南亞的貿易，改善日本國際收支的失衡，同時提高其地位，以增強其與美國談判的籌碼。其後與美國之間的修約交涉雖無大進展，但已有眉目。

　　1958 年 5 月，舉行五五年體制成立後的第一次大選，保守勢力取得多數，岸信介遂採取高姿態，積極進行修約，頻頻派員與美國接觸。日、美雙方對於增強日本的防衛力以及遠東地區的責任有共識，因而於 10 月開始在東京談判。

　　對於日、美的安保改訂交涉，革新（共產）陣營紛紛加以抨擊，指斥其為美國單方支配日本的不平等條約。

　　其實，構成岸信介修約阻礙的是來自國內的輿論壓力與政治情勢的變化。岸氏以為日本為了充分達成其對自由世界防衛的任務，必須加強安保體制，力主刪除憲法中放棄戰爭的條款。這種修憲論，引起國內各界的抨擊而掀起廣泛的護憲運動。

　　國會因「警察官職務執行法」的修改問題，引起抗爭，終於中止審議。內閣本身則引發了主流和非主流之爭。

　　經過長期的交涉之後，日、美於 1960 年 1 月，在華盛頓簽訂新安保條約與協定。主要內容是期限十年，承認美軍為維持遠東的國際和平與安全，

有使用基地的權利，明確規定美軍對日本防衛的義務，唯日本須負起防衛美軍基地之責，同時必須維持得以對抗武力攻擊的能力。駐日美軍的布署與裝備等重要的變更事項，則需和日本進行「事前協議」。此外又有雙方經濟協力的條款。新條約雖較強調雙方的平等性，同時卻具有日本對美軍事協力、經濟協力積極化的傾向，事實上意味著日本編入美國遠東軍事體制之中。

3.安保鬥爭

1959 年起，民間眾多團體已廣泛展開有力的反對運動，同年 3 月，組成了一個包含社會黨與共產黨在內的「安保改訂阻止國民會議」。雖其中包括各種意識形態的團體，且其內部亦有對立與分裂，但可視為戰後革新勢力的一次大結合。

1960 年 1 月中旬，七百名左派學生在羽田機場舉行靜坐示威，阻止新約的簽署，警視廳則出動二千名警察驅散，因而發生激烈的衝突。

5 月，岸內閣採取強行表決，朝野議員發生激烈的衝突，國會陷入混亂的狀態。散會後議長調派五百名警察進入國會強制驅散靜坐的反對黨議員，並在反對黨與一部分反主流派議員缺席的情況下，決議延長會期五十天，旋即逕行表決通過「新安保條約」及相關法案。

6 月下旬，在野的各反對黨和反主流派、輿論界群起聲討岸內閣，反對安保的矛頭轉向岸內閣。「國民會議」發動一次規模龐大的全國性反對批准新條約的民眾運動。

在國會區域內的大規模示威遊行，發生警民衝突，數十人受傷，東京大學的一名女學生死亡。但在三十萬人以上的群眾包圍國會聲中，「新安保條約」於 19 日自然生效。此次「安保鬥爭」，包含集會、示威遊行五千多處，參加人數共達六百多萬人。

第四節　重整軍備

　　1945 年 8 月，第二次世界大戰結束，日本被迫簽訂城下之盟，在飽受慘痛教訓之餘，遂從好戰黷武的軍國主義一變而為愛好和平的厭戰國家。根據 1946 年 1 月頒布的憲法（第九條）中，有永不再建軍，亦不參戰的規定。因此，在投降後，所有武力與軍備，已摧毀殆盡，僅有數萬警察維持國內的治安。其後五年，日本處於無武裝狀態。其對外的國防甚至內部的安全，全賴占領日本的盟軍維持，其中大部分為美軍。

　　美軍在日本的空軍基地有四十四處，港灣設施三十處，美國駐軍所使用的面積共十四萬公頃，占日本全國總面積的百分之〇·三八八。基地周圍享有治外法權，而對農、漁民的影響，以及噪音、風紀、教育等，在在衍生各種問題。

　　1950 年韓戰爆發，導致遠東新局面的產生。韓戰以後，美國對日政策轉趨積極。原來駐紮日本的美軍抽調馳援韓國，造成日本一個嚴重的安全真空狀態。美國鑑於國際共產勢力擴展的危險，咸認局勢已不容許日本袖手旁觀，而有重整軍備，自我保衛的必要。

　　無論就國際法規（「波茨坦宣言」或投降文書，均有解除武裝，禁止其重整軍備的規定），或新憲法禁止保持軍力，放棄戰爭的條文，日本均不能擅自破壞這些約束而重整軍備。但為了國防上的需要，只能擴大解釋新憲法第二章第九條的規約，捨名求實，首先成立警察預備隊。旋即改為保安隊，最後改稱自衛隊，其實力則隨其名稱之更改而增強。

　　韓戰爆發後，盟軍總部為了填補日本國內治安的空隙，於 1950 年 7 月，令日本政府設立警察預備隊七萬五千名，海上保安隊增加為八千人，這是日本重整軍備的嚆矢。名義上是警察，實際則是在美國軍事顧問團指導下，接受武器借貸、美式訓練與裝備的軍隊。

另一方面，盟軍總部加強對共產黨及左派勞工運動的鎮壓。韓戰爆發後不久，麥帥認定共產主義者已危及日本的民主制度，乃下令整肅全體共產黨中央委員會，接著又查封共產黨機關報《赤旗》。1950 年 8 月，解散全國工會聯絡協議會。旋又大舉整肅，將政府機關、新聞廣播界及重要產業部門的共產黨員及其同路人一萬二千人加以「追放」（放逐）。

因應共產勢力的猖獗，盟軍總部對於過去曾經下令放逐的領導人，於同年秋，解除一萬九千人。甲級戰犯中判七年徒刑的重光葵亦被釋放。此外，尚有三千二百餘名被褫奪公職的軍人，亦得恢復自由而任公職。翌年夏，盟軍總部下令取消「公職放逐」，因此，鳩山一郎、河野一郎等政界首腦，得以重獲參政的機會。不久，所有過去被褫奪公職者，幾全被解除禁令。此一措施乃在加強對日共的彈壓，並藉此加強日本的反共力量。

1952 年「舊金山和約」簽訂以後，日本成為亞洲反共陣營的一員。吉田內閣承襲占領時期的政策，對革新運動採取壓制手段，並著手進行軍備的重整。和約成立後，成為彈壓體制的主要法規便是「破壞活動防止法」（簡稱「破防法」）。這是自 1951 年即已籌劃的一項立法，確立可由當局認定破壞活動、教唆、煽動，即可彈壓民眾運動，壓制言論、集會、結社自由的權限。針對這一企圖，勞工、知識分子、學生與民眾，皆群起而抗議。翌年的勞動節，群眾在東京明治神宮外苑舉行空前的大規模示威遊行，反對軍事基地化、殖民地化。群眾隊伍遊行至皇宮前廣場，與警察發生衝突，結果造成數百人輕重傷事件。事件後，反對運動廣泛而持續的進行，隨後工運團體「總評」又動員五十萬民眾，二度發動罷工。經由這一「鬥爭」，社會黨取得了革新運動的領導地位，反之，共產黨卻走上縱火事件等極左冒險主義路線，逐漸失去民眾的支持。由於民眾的反對運動，「破防法」的審議引起爭論，但仍然獲得通過。在這種彈壓體制日緊聲中，軍備的重整亦隨之進行。

締結和約以後所面臨的就是重整軍備問題。首相吉田以與美國之間的

共同防衛為基礎，而無意重整軍備，以為保安隊乃「未具備戰鬥力的部隊」，但以重光葵為首的改進黨，及因解除放逐而重返政壇的自由黨鳩山一郎派，則對重整軍備問題表示積極的態度，社會黨的左右兩派卻持反對意見。在此情形下，吉田為封鎖鳩山派的活動，於同年 8 月底，突然解散眾議院。改選結果，自由黨雖獲超過半數的二百四十席，但吉田、鳩山兩派的對立並未終止。眾議院解散前的社會黨左右兩派共有四十八席，改選後則右派獲得五十七席，左派五十四席，較前倍增。在上屆議會中擁有三十六席的共產黨，則全軍覆沒。

　　為了維護日本的和平與秩序，抵抗外侮，日本於 1952 年 8 月，設置保安廳，把警察預備隊改為保安隊，而海上警察隊則改為警備隊。經過幾次「憲法的擴大解釋」，與數次日美會談結果，陸上兵力增為十一萬人（增加三萬五千名），並擁有艦艇六十八艘的海上警備隊及飛機一百二十架的航空隊。大多數軍備都是由美國援助供給❽，旋又於橫濱設立相當於舊士官學校、海軍兵學校的保安大學校。

　　後來由於盟國駐軍逐漸減少，為了加強日本本身的自衛力，依據國家財經力量，擬定長期的防衛計劃，於 1953 年 9 月，修改保安廳法，將保安隊改為自衛隊，以防衛外來的直接侵略為任務。

　　美國鑑於國際共產勢力的猖獗，亟須建立集體安全保障，經過雙方多次的磋商，終於在 1954 年 3 月，與日本簽訂了「聯合軍事協定」與「MSA協定」。協定內容包括接受武器等軍事援助、剩餘農產品、經濟措施、投資保證、促進防衛生產等條款。根據此一協定，日本計劃於三年內將陸軍兵力增加到十八萬，並於翌年 1 月，通過陸海空軍四萬餘人的增兵計劃，設置防衛廳、保安隊擴展為自衛隊的法案。

　　美國的對日援助依序有下列三個階段：一、救濟援助，二、經濟復興

---

❽　美國於 1952 年，貸給日本一千五百噸級的海防艦 Frigate 十八艘、二百五十噸級大型登陸護航艇五十艘。

援助，三、經濟、軍事援助。但在韓戰之後，卻轉而施行以軍事為優先的相互安全保障協定。此一協定負有對本國與自由陣營防衛力量的增進，以及執行「相互防衛援助法」，禁止對共產國家輸出戰略物資的義務。這是重整軍備的公開化，成為日、蘇邦交的障礙，但壟斷性資本大企業家卻希望防衛軍事產業之擴大，以取代因韓戰停戰而終止的「特需」，因而對MSA協定的締結寄予厚望。

在野黨雖指斥此為步上重整軍備之路，顯屬違憲❾，但財經界卻以韓戰已經結束，而有接受此一援助，以取代美國「特需」的意願。此外，日本參議院又通過「秘密保護法」、「防衛廳設置法」及「自衛隊法」等。旋又將保安廳改為防衛廳，保安隊改為自衛隊，並新設航空自衛隊，至此遂建立了擁有陸海空三個自衛隊的一支名實相符的自衛軍。

實施MSA體制的政治前提，乃是促使保守勢力的安定，為此，財經各界乃施壓於分裂的鳩山自由黨，使其回歸自由黨。自由黨遂設立憲法調查會，從事修改憲法的籌備工作。1956年5月，通過了撤銷過去的和平教育法案，以及限制教員政治活動的兩項教育法案。同時成立警察法案，建立警察廳為最高警察機關的強力中央集權制，並加強「警備公安警察」，以代替舊式的「特務高等警察」，確立了思想警察的機能。

其間（1954～1955年），日本各地展開反對美軍軍事基地運動。此一問題顯示日本成為美軍基地化的苦惱。

其後，隨著國際情勢的轉變以及本身經濟力量的增加，自衛武力亦隨之擴充。自1957年起，推行三次防衛力整備計劃，迄1965年，日本自衛隊的綜合兵力，有二十五萬人，其中陸軍十三師，十八萬人；海軍有戰艦五百艘，三萬四千人；空軍有飛機一百二十架，約四萬人。

❾　憲法第九條規定：日本國民誠實的希求以正義與秩序為基調的國際和平，永久放棄國權發動的戰爭與訴諸武力的威嚇或行使武力作為解決紛爭的手段。為了達成前項的目的，不保持陸海空軍及其他戰力。不承認國家的交戰權。

1957 年的「第一次防衛力整備三年計劃」（1958～1960 年，簡稱「一次防」），目標是增加陸上自衛隊十八萬人，海上自衛隊三萬四千人，艦艇共計一百九十艘，十二萬四千噸艦艇，飛機二百架。航空自衛隊增加四萬一千人，飛機一千三百架。人員增加未遂，但配置核子誘導飛彈，裝備 F86F 戰鬥機，並開始製造新機種 F–X 飛機。

1962 年開始的第二次防衛力擴充計劃（簡稱「二次防」），主要著重裝備的現代化，即更新美國供應的舊型武器與艦艇，而促成火箭、飛彈以及槍砲、戰車等的國產化。尤其在火箭與飛彈方面的研發均有相當的進展，已有自製的地對空飛彈。此外，警備艦與帶有火箭的直升機、地對空火箭的戰鬥機、射程遠的空對空飛彈，均已量產。

在越南戰爭正酣的 1967 年，佐藤內閣決定第三次防衛力擴充計劃（1967～1971 年，稱之為三次防）。這是總額高達二兆三千四百億圓的防衛力擴充計劃，部分是為了替深陷越戰的美國負擔一部分軍事、財政的軍備增強計劃。三次防的目標乃在「肆應傳統武器的侵略事態，提高軍事機動力」，加強防空力量，陸上兵力仍以十八萬人為限，但在戰鬥能力方面則大為提高。

1972 年，日本發表「第四次防衛力整備計劃」，總預算達四兆六千萬日圓以上。這一計劃的重點乃在增強陸上及海上自衛隊的軍備，並實施航空隊飛機的汰舊換新，以求軍事現代化。

1980 年代日本自衛隊的綜合兵力，陸海空軍共有二十七萬多人❿，雖人員裝備數量遠遜於戰前的皇軍，但論品質、作戰潛力，則自衛隊的戰力實遠勝於當年的皇軍。

日本自創設預備隊（自衛隊的前身）以來，所有裝備均仰賴美國供給，自 1952 年至 1965 年十五年間，美國所提供的軍援高達五千六百億元以

❿ 陸軍自衛隊共有十四師，十八萬人；海軍自衛隊四萬五千人，擁有戰艦五百艘，飛機三百架；空軍自衛隊四萬六千餘人，擁有飛機一千二百架。

上。其後隨著自衛隊主要裝備逐漸完成而漸減。直至 1963 年年底，美國停止對先進國的軍援後，對日軍援亦告終止。此後，大多由日本本國軍需工業自給。日本的軍事工業在終戰之後原已完全停頓，其後卻拜韓戰之賜，得以重新恢復軍火的生產以應美國之急需。迄今日本已能製造精密的新武器。軍火工業在日本工業生產之中所占比例不大（僅占 1.1% 左右），但如將來修憲成功，或一旦有事，建立正式的國防軍時，實有大力發展的潛力。

就日本軍需工業的復興情況而言，實已超過戰前的水準。當韓戰爆發後，在美國的基本構想下，日本成為反共陣營的軍需工廠。占領日本的政策已從嚴屬的非軍事化，轉為「日美經濟協力」及「日本的軍事基地化」。在「日美經濟協力」的口號下，美國提供日本數以千萬計的資金給日本重工業大公司，製造汽車等。

日本經濟界「防衛生產」的比重遽增。其成品自迫擊砲、照明彈等軍火器，擴展到汽車、飛機及船艦等。至是，因戰敗而停工的日本軍需產業又逐漸復甦。

日本企業界，為了加強「日美經濟協力」構想下的國防企業，成立「日美經濟協力懇談會」，組成「防衛生產委員會」，積極推動防衛武器的生產工作。

第十一章 經濟的高度發展

第一節 經濟的穩定成長

　　戰後日本的經濟成長，不僅超過戰前的經濟成長率，且亦超過世界各國，其原因可歸納成以下數項：軍費的大幅減輕、技術的革新、勞力資源的增加、日本政府的融資與美援的支援、韓戰與越戰「特需」的景氣、日本國民儲蓄的增加。此外，教育水準的提高、科技的進步、經營技術的改進等，也是促進戰後日本經濟高度發展不可或缺的因素。

一、保守政權與經濟高速發展

1.所得倍增計劃

　　日本一批年輕的官吏和學有專長的經濟專家，已在 1946 年提出「重建日本經濟的基本問題」，以為殖民地的喪失和軍費的取消有利於經濟發展，民主主義的抬頭必將促進生產力的提高，並以「經濟安定本部」為中心，推動「傾斜生產方式」理論。

　　1950 年，日本的工礦業生產和農業生產已恢復到戰前的水準，1951 年至 1955 年國民生產總值依 10.3％ 的年平均增長率增長 。 當時有一派經濟學者認為日本的經濟只能穩定的增長。另有一派經濟學者則力倡高速增長論，以為日本經濟處在「歷史勃興期」，必將進入更高的發展階段，給日本帶來革命性的變革，判斷日本經濟今後十年內，不是增加一倍，而是增加到二·五倍乃至三倍。首相池田即依後者理論，於 1960 年 9 月，提出「國

民所得倍增計劃」（1961～1970 年度）。

池田內閣擬定一項促進經濟的急速成長，消除國民的不滿，以圖政治安定的方案。此即在軍備方面依賴美國，力避國際政治的影響，專注於貿易自由化與經濟成長，以圖國民的統合。在安保鬥爭前後激烈的政治對立時期，此一計劃之提出的確是一項新鮮的提案，結果不僅達成了政治的安定，且在經濟的高度成長政策，成為後來日本的基本政策路線。

此一計劃的目標乃在促成十年後（1970 年度）的國民總生產，達到 1960 年度十三兆圓的二倍二十六兆圓，並將 1960 年度每人國民所得二十萬八千六百圓（五百七十九美元），於十年後提高到 1957 年西德、法國國民所得每人七百四十二美元的水準。計劃的主要課題是社會資本的充實，促進貿易和國際經濟的合作，培養人才，振興科學技術，而其最終目的乃在「提高國民生活水準，達到充分就業」，謀求經濟的穩定增長。

該計劃於 1961 年付諸實施，大大地刺激了民間企業擴大設備的投資。付諸實行的第一年度，就完成了設備投資十年的目標，不到四年即達成國民生產總值十年增加一倍的總目標。至 1970 年，國民生產總值超過「倍增計劃」目標的 41%（從 1958 年的九‧七兆圓增加到二十六兆圓），原鋼達到九千三百三十二萬噸，超過原計劃（四千五百萬噸）的一倍。工資逐年按 10% 的比例遞增，遞增率高達 15%。收入的增加必然掀起「消費革命」（旅遊、體育、娛樂方面的消費增加）。

經濟的高度發展使完全就業變成現實，終於使日本的社會秩序趨於穩定。政局的安定又為經濟的高速發展提供了良好的生態環境，保持政局的安定，得以擴大社會的民主，充實國民的參政權。這是學術自由、學術民主給予日本民族的經濟發展貢獻的豐碩成果。

2. 保守政權與經濟高速發展

通常把自由民主黨政權稱為「保守政權」，在野各黨稱之為「革新」勢力。戰後日本經濟從恢復到發展、高速發展、超高速發展，除極短暫的時

期之外，幾乎全是在保守政權秉政時期完成的。但日本政局始終存在著一股強大的在野勢力，對保守政權發揮監督和制衡的作用。不僅以輿論力量表現，且在議會中展現出來，甚至自民黨內各派系的存在，對主流派亦起相當的作用，因而迫使當權派在制定、推行政策時，更為嚴密而謹慎。

　　戰後日本經濟復興極其迅速。戰後初期的工業衰落，其生產總額僅及1934～1936年間平均每年產量的27.6%，但是五年後（1951年），已趕上了戰前的水準，在五年內，已增加到153.6%。到了1960年，更一躍而為戰前水準的349.6%。日本在1951年以後，國民總生產量增加率之高，極為驚人，足與先進資本主義工業國家相比擬。其在1960年代的經濟成長率平均每年達到13%，國民所得平均每年均有增加。1965年國民生產總值達到八百八十三億美元，僅次於美國、西德、英國、法國。1968年度，更高達一千四百一十九億美元，不但為亞洲各國之冠，且躍居自由世界第四位。至1970年，驟增為一千九百七十五億美元，一舉超過英、法和西德。1973年，更遽增為三千二百一十一億美元，較之1950年的一百零九億美元，增長二十九倍之多。

　　自1950年代以降，日本的國民生產總值年平均增長率，均高居世界列強之冠，其生產實績，1970年代，在造船、電視、半導體等方面，均超過了美國、蘇聯與西德，居世界首位。合成纖維、合成樹脂、合成橡膠等，亦居世界第二位。尤其在鋼鐵業方面，日本擁有世界最尖端的生產技術和設備，居於壓倒性的國際競爭優勢。小汽車的生產亦有躍居世界首位之勢，但因大量銷售美國，引起日、美兩國的貿易摩擦。

二、自由化與第二次高度成長

　　戰後初期，由於資源短缺，生產設施遭到破壞，運輸能力喪失，國內需給上升，甚少對外貿易。唯一的例外是特殊的日、美關係，美國允許日本商品輸入，成為日本非常重要的市場。

1955 年，日本加入關稅暨貿易總協定 (GATT)，但進口自由化比例只占 16%，1959 年才增為 26%。而日本對美貿易收支，卻首次出現盈餘。日本企圖向歐美及世界其他國家傾銷其產品，躋進先進國家的行列，卻又限制其他國家商品進入日本市場以保護國內的產業，因此引起各國的抵制。日本由於國際貿易的收入基礎薄弱，唯恐擴大進口將導致國際收支不平衡而出現赤字，但國際壓力，尤其來自美元地區的壓力不斷地擴大，終於迫使日本政府於 1960 年頒布「貿易外匯自由化大綱」，使日本脫離以國內為中心的保護主義階段，解除其對引進外資和技術的限制，進一步提升了本國的產業水準與競爭力，且利用日圓升值的優勢，加強資本及商品的輸出。足見貿易競爭的肇端始於 1960 年代的貿易與資本的自由化。當時輸入品之中，自由化率僅占 40%。「大綱」的主要目標乃在三年後達到 90%。1959 年，日本達成其戰後目標之一的對美收支的黑字。對此，美國要求日本撤銷輸入限制，關稅暨貿易總協定亦加強其對日自由化的要求。

日本之走向經濟大國，主要在貿易競爭之致勝，而貿易競爭則始自 1960 年代對外貿易的擴展與資本的自由化。

1960 年代，「歐洲經濟共同體」與「歐洲自由貿易聯盟」先後成立，西歐經濟東山再起，對日本貿易形成壓力。1963 年，日本成為符合 GATT 規章的國家，不能以國際收支的理由限制輸入。翌年又成為符合國際貨幣基金會 (IMF) 規約的國家，更無法以國際收支的理由限制外匯。因此廢止了外匯預算制度，取消外匯資金分配制度，日幣成為國際交換的貨幣，支撐國際金融的一環。同年，加入「經濟協力開發機構」(OECD)，被視為先進國之一員，加緊其貿易與資本的自由化。

在匯率方面，日本面臨很大的國際壓力。1970 年代，美國實施「美元防衛政策」，甚至停止美元交換黃金等措施，以解決美國困擾已久的預算赤字問題，造成日本的「震撼」。日本為了防止日幣升值，採取買進美元的措施，卻引發了通貨供給過剩的危機。旋因改採浮動匯率制，始化解了結構

性的貿易出超現象。

　　日本的經濟在東京奧運之後的 1965 年，一轉而為不景氣。首先是戰後最高負債（五百億圓）的山陽特殊鋼鐵公司倒閉。因政府的救濟，日本銀行無息融資，解除了不少證券公司的金融危機。同年的 GNP 5.1%，尚不及 1960 年前期平均 11.7% 之半。為此，日本政府於同年 7 月，特立財政法，決定發行只限當年的赤字國債。這是破壞道奇方案以來的均衡財政，此後，建設國債的發行遂成為經常性。

　　在財政政策之下解決不景氣之後，出現好景氣，而其牽引力則是輸出的順暢。在一美元對三百六十圓的匯率下，輸出激增，從 1967 年的一百零二億圓增到 1971 年的二百三十五億圓，有每年 20% 以上的成長率。重工業產品擴伸甚速，尤其汽車從 1965 年的十九萬輛增加到了 1970 年的一百零八萬輛。這種輸出的擴大都是輸向與越戰有關的美國或東南亞地區（間接特需）。

　　日本如此渡過 1965 年的不景氣，並藉財政投資與輸出而實現第二次高度成長。1966～1970 年的 GNP 實質成長率，維持年平均 11.5% 的高水準。國內新 3C (Car, Color Television, Cooler) 的耐久消費財的普及，亦是支撐高度成長的主要原因。1968 年日本的 GNP 已超過西德，僅次於美國，而居世界第二位。但每人國民所得卻停留在世界二十位前後，國民的生活水準和社會保障仍相當落後，與經濟大國應有的實力並不相稱。

　　佐藤內閣並未修正池田內閣的高度成長政策，而更進一步的推行，擴大其間的縫隙。輸出的劇增則引起與美國、東南亞各國之間的貿易摩擦。

三、技術革新與經濟發展

　　經濟高度成長的原因之一，應是引進外國開發的技術，積極加以應用和企業化。外國技術的引進，1950 年代只有一千零二十三件，而 1960 年代則高達五千九百六十五件，為前期的五・八倍。1950～1972 年之間，產

業別的外國技術引進件數，達一萬一千七百八十六件，最多的是一般機械的 27.4%，其次是電機機械的 17.5%，化學製品的 15.1%，可見戰後的主要產業，大多仰賴外國技術。

戰後的技術革新可分以下三類，一是戰前已具有規模的產業，因戰後的技術革新而面目一新者，如鋼鐵業、造船業和硫安工業等一部分化學工業，其中尤以鋼鐵業連續鑄造工廠的開發，大型造船的技術為最著。第二是戰前在歐美已確立具有相當規模的產業，在戰後和平經濟的高度成長過程中，擴大國內市場，引進其技術而開發者，如耐久消費財，尤其家庭電器用品和自用汽車等。第三是引進歐美自戰時到戰後期間所開發而企業化的新技術，屬於電子工業與高分子化學的領域，包含電腦、合成纖維、塑膠與新金屬等材料革命的尖端技術以及核能。

其中進步最快的是電子，尤其是電腦的情報處理，產業機器人所象徵的自動化，以及高分子化學或生命科學等材料的變化。

絕大多數是從外國引進技術開始，但不到十年，日本即已趕上歐美的水準，甚至超過歐美。

快速的引進外國技術革新的成果，主要是因為在戰災與高度成長的過程之中，得以輕易的淘汰舊有的設備，引進新的設備。1960 年代的歐美，尚多老朽化的工廠固執於本國的技術而運作的例子，但日本的大部分工廠則毫不猶豫的採用各國所開發的最尖端技術。其所以能實行解體與建設，一因作了世界最高的設備投資，一因政府的地域開發政策，有計劃的推動擴大規模，生產過程的連續化和產業的連貫。同時在人才方面，亦因戰後的學制改革，創設了新制大學，以國立大學為中心，大量增設工學院，陸續新設與技術開發相關的學科。技術大學的擴充，培養了多數精於新技術，開發新技術的技術人員。

1960 年代後半，企業本身感到有必要自行創造自主技術，而增加其研究開發投資。1970 年代，貿易戰爭開始之後，倚賴外國技術的引進已感困

難，更有研究開發基礎科學研究的要求。但短時間仍無法脫離「英國創造，美國應用，日本企業化」的日本技術非創造性的範疇。

日本技術的特性倚賴高度成長和優秀的人才，而引進尖端技術，加以企業化。尤其乘美、蘇熱衷於擴軍、開發宇宙的激烈競爭而浪費其技術成果的空隙，將之應用到和平產業上，實為其經濟發展的一大要素。

戰後日本尖端技術的特徵，乃是捨棄戰前直接與軍事結合的弊病，而具有健全性。但由於大量生產與降低成本，追求效率的結果，對於與企業成長關係淡薄的環保技術開發，則極落後。因而引起自然公害、勞動災害、食品公害、藥害等的危險。

1960 年後半已出現經濟高度成長的後遺症，對明治以來日本人技術或科學萬能的思想起了很大的變化，開始對科學尤其技術的進步本身有重新評價的趨向。核子戰爭所象徵的軍事技術與環境破壞，或公害所象徵漫無計劃的大量生產技術，有可能導致人類急性或慢性的死亡之路。

第二節　從經濟大國邁向政治大國

一、美元體制的動搖與石油危機

第二次世界大戰後的世界經濟，是以美元為基本通貨的國際貨幣基金 (IMF) 體制運作。美元與黃金有兌換性，各國的通貨與美元的比率固定，而定其價值。美國擁有豐富的黃金準備與國際收支的黑字，而繼續支配世界經濟。

但到了 1960 年代，美國對世界經濟的支配開始動搖。尤其在越南戰爭擴大的 1960 年代後半，美國的國際收支出現赤字，美元繼續流出海外。美國本身因軍費增加，財政赤字增大，通貨膨脹急速的進行。軍事費負擔較少的日本與西德，則繼續經濟成長，乘美元的實質價值降低，匯兌行情固

定，而擴展其輸出，增加國際收支。1971 年，美國的國際收支愈增，美元流出超過美國國內的黃金準備額，引起美元甚至國際通貨的危機。

美國總統尼克遜發表「美元防衛方案」：暫停美元與黃金的兌換，實施課徵輸入 10% 的稅，開始與各國協商通貨與匯率的變更等問題，造成美元震盪 (dollar shock)。對美依賴度高的日本所受震盪尤其深刻。日本亟欲堅守一美元比三百六十圓的匯率，由日本銀行買入四十億美元加以操控，但無法支撐，而於 9 月間改為變動匯率。

1973 年，發生石油危機。當石油漲價侵襲日本時，日本舉國上下驚恐萬分。一般以為日本無法承受石油的衝擊，而有經濟衰退的預測，卻低估日本民族的適應能力，蓋日本仍能夠渡過難關，穩定前進。

在 1950 年代，廉價的中東石油取代了煤炭，掀起了世界的「能源革命」，造成第二次世界工業的「石油文明」，而日本經濟即是拜此石油文明之賜的結晶。但依循高度成長發展起來的日本經濟，卻已面臨一個重要的轉振點，蓋以重工業、化學工業為中心所形成的產業結構以及仰賴石油進口為能源的需求結構，實已無法適應 1973 年石油危機的嚴酷考驗，而必須適時的調整、因應。遂於產業結構審議會商定經濟戰略方向，決定發展研究開發型產業（如計算機、飛機、原子能、精密化學、集成電路等）、高級裝配產業（如數控機床、通訊機械、防止公害機器、自動倉庫、高級成套設備等）與知識產業（如資訊處理服務、系統工程、諮詢服務等）。石油危機使日本政府把這種構想付諸實施，加速了產業結構的調整。

日本政府確定新的經濟戰略方向後，在節約能源和開發能源上，積極因應。運用原子能和煤炭代替石油（大量增設核能發電廠），並大力推動太陽能、地熱能、風能、海洋能與生物能等的開發。因此，在 1980 年的第二次石油危機來襲時，日本所受衝擊已不如其他國家之大。

因應石油危機之後的新形勢，日本決以自主開發技術取代技術引進政策，「科學技術立國」成為日本的基本國策。其後的開發著重微電、光導、

新材料、生物工程、能源、宇宙等知識密集型產業。不僅在對外投資方面
驟增，投資對象亦從發展中國家轉向發達國家，投資部門亦從勞力和資源
密集型產業逐漸擴大到精密的電子業等。

自 1960 年代起，日本一直保持資本主義世界最高的經濟成長率。至
1968 年明治維新一百週年時，日本超越了西德、英國、法國、義大利，而
成為僅次於美國的第二經濟大國。

1950 年代，石油在日本的能源中只占 18%，到 1973 年，其所占比率
已高達 77.6%，其中有 78.1% 是來自中東國家。因此 1973 年以第四次中東
戰爭為契機爆發的石油危機，對日本經濟不啻為晴天霹靂。在中東戰爭之
前，日本已處於通貨膨脹的困境，而國內儲油量僅有五十天的用量。石油
價格的提升立刻使日本陷入狂亂物價的漩渦，因而引起搶購風潮，消費品
價格上漲了 20%，連銀行亦發生擠兌現象，全國一片恐慌。

油價上漲所掀起的浪潮很快從消費品市場波及到生產領域與股票市
場。工礦生產一直下降，汽車工業與纖維工業亦逐年減產，因此，1974 年
的國民生產總值比上年度減低 1.7%，出現戰後國民生產總值的首次倒退。
股票價格亦隨之大跌，受此衝擊，企業倒閉高達一萬二千餘家，失業人數
亦達七十四萬人。

田中內閣採取壓縮財政支出、減少投資貸款、縮減家庭消費，以抑制
總需求，對付因石油上漲所帶來的通貨膨脹和國際收支赤字，並通過「石
油供需合理化法」、「穩定國民生活緊急阻止法」，但未奏效。為平息物價上
漲，1974 年度的公共事業費增長率縮減為零，同時將煤油、液化石油、衛
生紙等指定為「國民生活緊急措施法」規定的固定價格。對鋼材等數十種
商品價格，實行事前批准制，不得隨意提高價格。經過強有力的措施，直
至 1975 年，始得以控制消費物價指數。至此，日本經濟高度成長的時代已
成過去。

日本的工礦業生產直到 1978 年始恢復 1973 年以前的水準，從此，日

本經濟發展進入穩定成長的時期。直到三木內閣時，隨美國經濟的復甦，日本的出口外貿始有好轉。

二、1970年代的經濟問題

1.經濟實力

國民生產總值和國民平均所得是衡量一個國家經濟發展的標準。日本的國民平均所得，1946年是三十四美元，1950年是一百二十三美元，1952年是三百四十二美元，二十年後的1972年則躍升為一千七百零九美元，至1980年又激增為七千八百六十八美元。1988年已接近二萬美元。僅次於瑞士，居世界第二位。國民生產總值，亦從1950年的一百十億美元，驟增到1970年的二千億美元，1979年甚至達到一兆零八十五億美元，首先超過一兆美元大關。1987年達到二兆三百九十五億美元。

日本的國民生產總值在世界所占比重，1950年只占1.5%，至1975年已上升為8.3%，1982年竟占13.6%，以日本國土面積僅占世界土地面積的2.5%，人口只占世界人口總數的2.7%而論，日本的經濟發展速度的確令人驚異。

再就其經濟發展的年平均增長率（從1956～1973年之間是9.7%）來看，亦高於英、美、法、德等先進國家，而躍居世界第一位。日本經濟實力的增強充分顯示在出口外貿與外匯儲備方面。日本對外出口總額在資本主義國家之中，1955年只占2.1%，但到1978年上升到7.5%，出口總額亦由二十億美元驟增到九百七十五億美元。即使在石油危機之後，仍有大幅度的擴展。截至1987年為止，日本的外匯存底已達六百八十億美元以上，超過西德，居世界之冠，1990年代後更超過一千億美元。

擁有如此經濟實力的日本，亟欲在國際舞臺上扮演更重要的角色，不僅參加「和平部隊」(PKO)，且企求擔任聯合國安理會常任理事國。

2.1970 年代的經濟問題

　　日本經濟很快從第一次石油危機恢復，適應第二次石油危機，而繼續安定成長，引起世界的注目。克服石油危機的技術革新與原料經營的因素是，日本企業安定的勞資關係。依企業別組織的民間大企業工會，透過高度成長期間，保持現實的勞資協調路線。另一方面，經營者亦認識勞資關係安定的重要性，對左翼的勞工運動，雖用盡方法加以粉碎，但仍維繫、養成協調原則的共識。其中大企業的勞工，養成一種意識，以為加強企業的競爭力，實為企業生存、自己的生活安定所繫。

　　1960 年代初期，依賴私人生產投資為主體的日本經濟，發生結構性的破綻，當其致力於轉向開放經濟之際，勞工的缺乏頓成一項嚴重的問題，且有日益嚴重的趨向。

3.日本列島改造論

　　這是 1972 年田中首相上臺前的論述，旋又成立了「日本列島改造問題懇談會」，並成立了以田中為首長的國土綜合開發推進本部。其構想是視日本列島為一個家庭，加以分工，在各地透過巨大的交通通信網的結合，促進有效率的國土利用，分散資本與人口，以解除過密過疏之弊。其內容是工業的重新布局、交通運輸的整頓與稅制改革❶。

　　1970 年代，以美國為中心的世界經濟秩序面臨崩潰，日本經濟受到衝擊而陷於蕭條。以重化學為主的日本經濟面臨一轉換期，「改造論」正是適應此一形勢而提出。但改造論的推行，引起了地價暴漲，進而波及股票、

---

❶　一、工業的重新布局，將集中在太平洋沿岸的京濱、阪神、名古屋工業區遷移到日本海沿岸，以解決「城市過密」和「農村過疏」，地價暴漲，物價昂貴，住宅困難等問題。二、重新整頓建設交通運輸網。計劃在十年後興建一萬公里的高速公路，九千公里的新幹線，七千五百公里的石油鋼管。開通青函（青森到函館）隧道，興建二至五處巨型港灣（可容納五十萬噸油輪）、機場，以適應新的工業。促使日本經濟保持 10% 的年成長率，國民生產總值達三百零四億日幣的目標。

消費產品的漲價。1974 年度國民生產總值出現負成長（0.6%），物價亦隨之上漲，而石油危機更是推波助瀾，產生「狂亂物價」。物價上漲引起工資勞工的不滿，紛紛聯合罷工，交通癱瘓。田中內閣雖改組，並實施社會福利政策，但支持率大降，田中個人的金權問題（洛克希德事件❷）被揭露，輿情大譁，終於迫使田中內閣提出總辭。田中內閣的垮臺，「列島改造論」破滅，日本的經濟高速增長亦告停止。

4. 世界不景氣與日本經濟

1975 年 4 月，美軍自越南撤退，越戰結束。此不啻成為改變世界情勢的主因。此後美國在軍事、經濟上的世界支配力已發生動搖。亞洲與非洲的開發中國家、新興國崛起，第三世界的發言力漸強。1973 年石油戰略的發動亦為此中之一環。

在此世界情勢的變化之中，西方先進國同時遭受長期的不景氣。始自 1974 年的美國不景氣，由於輸入的減少產生「不景氣的輸出」現象，據經濟協力開發機構發表的各國 GNP，在 1975 年已成 −2%，世界貿易亦減少為 10%。這是戰後最長時間的景氣後退，且是西方各國同時發生的世界最大規模的不景氣。

這種不景氣與 1973 年石油危機以來異常的通貨膨脹同時平行。就整個先進國來看，1974～1975 年，均超過 10% 以上。形成通貨膨脹與不景氣並行的景氣停滯 (stagflation)。

石油價格的暴漲，使產油國家所得貿易黑字，與先進國以及非產油國同樣轉為龐大的赤字。先進國的國際收支赤字日益嚴重，產生不景氣、通

---

❷ 洛克希德事件，發生於 1976 年 2 月，美國參議院暴露洛克希德公司支付一千萬美金作為出售飛機給日本的佣金，並透過日本的公司（丸紅）交付日本政府高官。三木首相表明徹底追究的決心。結果接受賄賂的公司職員與前首相田中角榮被捕。但唯恐此一事件根本破壞保守政治結構的危險，以及對三木首相的反感，而引起政治抗爭。

貨膨脹與國際收支的惡化三重弊害。結果先進國的失業者大增而成為很大
的社會問題，陷入戰後最大的經濟危機。

第三節　全方位的外交政策

一、日美關係的摩合

　　1970 年代以前，日美之間屢因紡織品貿易與開放市場問題而發生摩
擦，但對美關係始終是日本對外關係的主軸。蓋自戰後以來，日本所執行
的一直是經濟優先的外交政策，對美經貿當為其中心。當其躋進世界第二
大國之後，已在醞釀其「政治大國」的意識。田中角榮上臺後，積極推行
「自主多邊外交」，率先恢復與中國的邦交。尼克遜衝擊❸雖使日本耿耿於
懷，但仍仰賴美國「核子傘」的庇護，因此，日美雙方還是強調密切合作
是維護亞洲局勢的重要因素。1975 年 8 月，三木首相訪美之後，天皇第一
次訪美，堅持對美「協調」政策。大平正芳在 1979 年訪美，雙方強調兩國
的「建設性伙伴關係」是「亞洲穩定與和平的基石」，甚至強調「兩國是隔
海相望的命運共同體」。1980 年代的西方七國高峰會議上，日本支持美國在
西歐布署中程導彈，實現「北約核武現代化」的舉動，「開創了日美進行政
治外交合作的新局面」。日本增強其與美國「分享平等待遇的信心」，要求在
世界事務上，尤其在亞洲事務中，能「發揮應有的政治作用」。美國亦希望
日本能「站在自由世界和自由經濟的前鋒」，分擔其國力相應的國際責任。

---

❸　指美國「超越頭上的外交」和為了保衛美元而採取的緊急措施，對日本造成很大
　　的衝擊。

二、日蘇關係與日中關係的解凍

1.日蘇復交

　　第二次世界大戰末期，日本對於蘇聯片面撕毀 1941 年 3 月簽訂的「日蘇中立條約」出兵滿洲一事，一直耿耿於懷。日本始終把蘇聯視為假想敵國，雙方互不信任。

　　戰後蘇聯占領日本固有的北方領土（千島列島及國後等四小島），並通過立法程序，正式納入蘇聯的版圖，甚至將之建設為軍事基地，作為遠東的天然屏障和蘇聯太平洋艦隊的出入口。蘇聯此舉激起了日本舉國上下的憤慨。

　　日蘇關係一直多是曲折多舛，直到鳩山一郎上臺之前，兩國關係始終處於隔絕狀態。首相鳩山於 1956 年訪蘇聯，以蘇聯支持日本加入聯合國為代價，恢復日蘇邦交。1973 年，田中首相繼鳩山之後訪蘇，向蘇聯提出歸還北方四島作為締結「日蘇和約」的前提，但被拒絕。其後日本不斷提出歸還的要求，蘇聯卻堅持不讓。

　　經濟方面，在日本財界和蘇聯官方積極推動下，於 1965 年成立「日蘇經濟聯合委員會」，1977 年底，兩國協議聯合開發西伯利亞的森林資源，修建蘭格爾海港，開發庫頁島天然氣和石油。日本著眼於過剩資本的投資，就近得到工業原料和廉價能源，進而增加在領土談判中的籌碼。蘇聯則志在誘引日本共同開發西伯利亞，以挑撥日美關係，拆散日美同盟，甚至迫使日本打消對北方領土的要求。其後雙方關係雖有進展，但領土問題迄仍懸而未決。

　　日蘇漁業談判與北方領土問題息息相關。戰後隨著日本捕撈船隊的增加，雙方爭奪資源之戰愈演愈烈。直至 1978 年 4 月，雙方在莫斯科簽訂「日蘇漁業合作協定」，但北方領土水域卻劃入蘇聯管轄範圍內，領土問題一直籠罩在漁業問題之上，時生糾紛而無法徹底的解決。

2.日中關係的解凍

　　戰後的日中關係始終受制於日美關係和美中關係的演化發展，中共成立中華人民共和國後，美中處於對立狀態，進而在韓戰中對抗。日本則大發韓戰財，積極追隨美國敵視中共的政策。「舊金山和約」（1952 年）簽訂後，日本在美國的扶植下，支持臺灣的「反攻大陸」政策。鳩山、石橋（湛山）內閣在日蘇恢復邦交後，企圖改變這種情勢，但未成功。岸（信介）內閣時期，民間貿易較以前有很大的發展，但因 1958 年的臺灣海峽風雲突變❹，日中關係惡化，貿易中斷。

　　池田（勇人）內閣成立後，日中關係出現轉機。1960 年底，日本船隻航抵天津港，簽訂「廖‧高備忘錄」❺，擴大雙方的貿易，並簽訂了「中日漁業協定」。翌年，日本發出「吉田書簡」❻，對日中貿易加以限制。1964 年 11 月，佐藤內閣抨擊中共的核子試爆，在「日美會談公報」中重申「維持臺灣地區的和平與安全，對於日本的安全實為極重要的因素」，並保證「臺灣地區若遇軍事攻擊，美國為了履行保衛臺灣的義務時，日本將基於國家利益，對於美軍戰鬥行動的『事前協商』，採取積極而迅速的行動」。

　　1972 年 9 月，田中（角榮）首相訪問北京，與中共簽訂「聯合聲明」，恢復邦交。經過一番曲折，直到 1978 年 8 月，雙方簽訂「中日和平友好條約」，正式建交。

　　日中建交後，長期貿易仍呈不平衡，1984 年，中國對日貿易逆差二十億元。翌年驟增到五十四億美元。連年入超的持續，加上釣魚臺、教科書、參拜靖國神社等問題的爭議而呈現長期糾結的狀態。

---

❹　中共砲轟金門（金門砲戰），美國第七艦隊巡弋臺灣海峽，臺海頓成劍拔弩張之勢。

❺　日本的高崎達之助（通產大臣）與中共的廖承志（中日友好協會會長）以個人名義簽訂。這種非官方的貿易，稱之為 L (Liao) T (Takasaki) 貿易。

❻　「吉田書簡」指的是前首相吉田茂致書國民政府總統府秘書長張群，保證日本在對中國大陸貿易時，不用日本進出口銀行的低利貸款作為對中國大陸延期付款的資金。

第十二章　戰後的教育與文化

第一節　戰後的教育與學術

一、戰後的教育改革

　　1982 年，英國學者經多年研究結果發現，日本自六歲到十六歲少年的智商平均為 111，高於美國同年齡的 100。可見日本中小學校的教育效率之高。更令人驚嘆的是日本在第二次世界大戰後奇蹟式的復興。1951 年到 1980 年之間，日本的國民生產毛額 (GNP) 增加了七十四倍之多，遙遙領先歐美先進國家。大部分人都將這種成果歸諸於日本高水準的教育，產生了一批能很快吸收新知，有規律的勤奮勞工，以及結合團隊精神，追求完美，能創新的經理人才。

　　戰後，盟軍總部為了促進日本民主化，著重廢除戰前國家主義的教育，因此，把改造教育列為主要政策之一。1945 年 10 月，美國重申「波茨坦宣言」中消除軍國主義思想的理念，命日本政府廢止「戰時教育令」，實施改革。其內容包含教育課程、教科書等教材的修訂，放逐軍國主義者與極端國家主義者的教職，戰前被整肅的自由主義者、反軍國主義者的復職，禁止軍國主義與極端意識形態，民主主義、和平、基本人權思想教育的普及，刪除現行教科書之中軍國主義與極端的國家主義，更替和平的新教材、新教科書，重建正常的教育體制，尤其初等教育與教員的培養。旋又指令禁止國家保護、扶持神道教，革除軍國主義思想，否定天皇為「現人神」

的思想，實現政治與宗教的分離。並於年底禁止日本各級學校講授修身（公民）及日本歷史、地理等課程，徹底消除天皇制意識形態、軍國主義思想教育。

美國為徹底改革日本的軍國主義教育制度，1946 年 3 月，派遣教育使節團赴日，勸告日本放棄中央集權的教育制度，明示戰後教育改革的基本方向。採取美國地方教育委員會制度，即設立地區居民所組成的教育行政機構，並延長義務教育為九年，男女共學，廢除國定教科書。

與此同時，日本成立日本教育家委員會，協助美國教育使節團。日方的改革內容包含以「教育基本法」取代戰前的「教育敕語」，確立教育權，實施六、三、三、四制，與美國教育使節團的建議相符。

1947 年，日本政府公布「教育基本法」與「學校教育法」，翌年又頒布「教育委員會法」，並自同年 4 月起實施小學六年，中學三年，高中三年的六、三、三制，大學一律採取四年制。教科書改由各地方教育委員會檢定，由各學校自行採用。至於「教育敕語」的存廢，雖意見分歧，但終於決定廢除。根據憲法訂定的新「教育基本法」，為各種教育法令的基準，標榜培養尊重個人尊嚴，追究真理、和平，闡釋教育的目的、方針、教育的機會均等、義務教育、男女共學等。

戰後的教育改革，有幾項特色，一是教育的機會均等，二是義務教育的延長，三是男女同校的實現。

國民的義務教育由戰前的六年延長到九年。初中的升學率達 93%，高中的升學率已達 40% 以上。至於職業教育，亦相當普遍。由於重視教育，在日本的鄉村中，房舍建築最好的是學校。小學老師的薪水和大學教授幾無不同。只有師範院校的畢業生才有資格被聘為小學老師。除了研究所畢業外，非師範院校的畢業生，必須通過文部省的教師檢定考試始能任教。教育行政地方化，文部省（教育部）對地方教育，僅限定於教育技術上的援助，不應有直接的管理權。學校的設立與管理、教育預算的編制、教員

的選聘、教學科目的設定、教科書的選定等，均由各地域居民「公選」的教育委員會（其後改由地方公共團體首長經由同級議會同意後任命）承擔。

　　「學校教育法」規定學校教育的規範，其主要的特色乃在文部省的教育行政權顯已縮小，打破了以往教育行政的中央集權制。不僅中小學歸地方管理，且保障大學的自治。

　　經以上的改革，戰後日本的教育突飛猛進。高等教育方面，於 1948 年創設新制高等學校、新制大學，同年，整頓舊制大學和高等專門學校，而以一縣一校為基準，創立國立大學七十校。原則上消除舊制帝大的特權，創設新理念的大學，貫徹一般通才教育。日本戰後高等教育的新制大學，可分為三類：一是設有大學院（研究所），以研究高深學問為目的的大學；二是著重於專門職業教育的短期大學（專科學校）；三是以培養師資為目的的大學。新制大學的設置，依據國土產業計劃的觀點，避免集中於都市，以期能提高地方文化，促進產業的普遍開發。短期大學採取晝夜二部制，以便於一般工讀青年的進修，主要是適應戰後經濟的發展，同時也是為了減輕青年學生迫切要求升學的壓力。

　　新學制實施後，教育已完全民主化，教育行政亦徹底的獨立，使日本的教育普及發展，且其水準亦提高。

　　1960 年代的教育，隨著經濟的高度成長，實施英才教育以培養一部分的菁英，而大眾則普遍養成能適合獨占資本所需勞力的差別教育。道德教育的問題亦成為爭論焦點。文部省亟欲在社會科之中加強道德教育，強調愛國心和禮儀。

　　教育問題似乎不僅限於純粹的教育，難免受到內外現實社會的影響，大學的研究體制本身亦在戰後一定的歷史條件之中發展。其間現代的科學技術當與大學或研究所的方向有關。

　　戰後教育事業大為發展，造就了很多優秀的技術人員，對經濟發展實有巨大的貢獻。不論農業技術的革新，或工業技術的提升，均以高水準的

教育為原動力。

在學校制度方面，無論公立、私立學校，一律實行男女同校，國立或公立大學也都向女性開放，使得兩性均能獲得同等教育的機會。

戰後日本女大學生的人數年有增加，1970 年代，約有二十五萬人申請攻讀大學。女生的大學進學率，約為適齡總數的 5%。男女大學生的比率是女性一人對男性三‧四人，各級中學的男女學生的比率則差額較小，為女性一人對男性一‧三人。

自「舊金山和約」簽訂之後，政府及學術界人士有鑑於馬克思主義之過分盛行，唯恐影響日本一般青年學生，於 1951 年 4 月，由文部省頒發「道德教育參考書綱要」、「國民道德實踐要領」，企圖加強以天皇為日本國民道德中心的歷史地理教育。馬克思主義思想至 1955 年前後，由於日本共產黨極左冒險主義分裂，引起學者的恐懼失望，因此開始衰退，代之而起的是美國的「實踐主義哲學」。1960 年代，由於確立了「新安保體制」，取得與美國「對等的盟友」(equal partner) 的地位，致有國家主義的「日本大國論」歷史觀的抬頭，其中尤以林房雄的《大東亞戰爭肯定論》為典型的代表。

二、學術的發展

日本戰敗之初，盟軍總部全力剷除日本的軍國主義思想及戰爭的潛在能力，因此，不僅肅清軍國主義思想，且亦禁止日本研究自然科學，致使自然科學的研究發展不如人文社會科學。

盟軍總部極力推動日本的科學技術非軍事化及民主化，因此嚴格限制日本各大學、研究機關科學技術的研究方向，不僅原子能的研究，連電視、雷達等與航空有關的研究，亦在禁止之列。甚至於 1946 年銷毀了已認定其與原子能的開發無關的理化學研究所、京都帝國大學、大阪帝國大學等三個研究機構的「原子核裝置」。

至「舊金山和約」簽訂，日本恢復獨立，此項限制解除，自然科學的研究始得自由展開。其中尤以理論物理學的原子核研究、化學及醫藥學著有實績。

原子核物理學自京都大學教授湯川秀樹博士於 1949 年以「中子理論」獲得諾貝爾獎金之後，日本學界大受鼓舞。京都大學增設基礎物理學研究所，從事基礎物理學，尤其素粒子論的研究。

1953 年，日本政府為振興科學技術，設置科學技術廳。旋又成立「原子力委員會」，在東海村裝設核子反應爐，積極從事和平利用原子能的發展。1965 年，日本科學協進會會長朝永振一郎博士，因量子電子力學理論的研究，獲得諾貝爾物理學獎。至今，日本共有十二人獲得諾貝爾獎❶。

其次在化學方面，亦有可觀的業績，日本《化學雜誌》(*Chemical Abstract*) 摘錄的日本化學研究論文質量，亦僅次於英美，可見其業績卓著。

1964 年，化學界頗多發明。光學儀器，如望遠鏡、顯微鏡、照相機等，均已凌駕德國產品。人造纖維化學的發達尤著。至於造船、煉鋼以及電子工業、工作機械、醫藥研究等，均有顯著的進步。

1981 年，福井謙一博士以「化學反應過程有關理論之發展」，獲得諾貝爾化學獎。總之，戰後數十年來，日本在自然化學方面的突飛猛進，似乎僅有西德可以媲美。

第二節　科技的研究開發

日本在長年的鎖國睡夢中覺醒，急速轉向近代化的明治時代，制定開化文明，殖產興業的立國論，旨在引進海外先進國的現代產業技術與制度，

---

❶　除了湯川、朝永之外，尚有江崎玲於奈、小柴昌俊（物理），福井謙一、白川秀樹、野依良治、田中耕一（化學），利根川（生理學、醫學），川端康成、大江健三郎（文學），佐藤榮作（和平）等人受獎，受獎人數共有十二人。

以發展日本的產業。明治時代的日本經濟發展迅速，產業工業稍有成就之後，即標榜「工業立國」。

　　進入大正時代以後，發展產業，推動進口替代工業，加強國力成為此一時期經濟發展的基本方針。為此增設並充實研究開發機構，獎勵發明，培養技術人才。

　　現代產業的發展，必須大量投入資源，不斷地提高技術水準，以加強國際競爭力。但缺乏資源的日本，工業愈進步，確保海外資源的重要性亦愈增。因此，產業立國必須有貿易的支援。

　　日本的科技政策，與國民經濟的發展有密切的關係。從戰後到 1950 年代，日本經濟由復興到獨立，再經過高度成長的準備時期。其科技政策，乃從海外積極引進先進技術，由技術推動復興與自立，以達到高度成長。在 1960 年代的高度經濟成長時期中，全力加強技術革新基層結構，推行自力性技術開發 ， 進而建立技術發展體制 。 此時的技術特徵乃是量產技術 (mass production)。當時由於作為能源的石油可廉價輸入，材料產業的原料又很容易求諸於海外。因此汽車與家電製品等得以實現趕上歐美，超過歐美的目標。

　　戰爭期間因遭受轟炸而陷入停頓的產業設施，在 1960 年代的高度成長中，卻一變而為世界前茅的生產性高的工廠群。1970 年代，在產業結構趨向知識密集化過程中，成長的社會經濟環境發生變化。此時，發生石油危機，給予日本很大的衝擊。從日本的能源供給 93% 須仰賴石油，而其 99% 又是仰賴海外的狀況來看，這的確是一大難題。

　　但日本產業卻採取徹底的能源節省對策，克服危機。尤其鋼鐵、水泥與汽車等消費能源多的產業，在節省能源的改善方面有很大的效果。

　　技術發展的途徑，西歐已成一個定型，即先有軍需部門，由其開發的技術擴及於民生部門，再促進民間技術的發展。但戰後的日本，卻因其並無軍需產業，因此只能直接求諸於民生部門的尖端技術。由此開始無軍需

的技術發展時代，出現歐美看不到的技術發展的模式。

技術在所有層面均由市場原理來驗證，產品不僅需要提高到有互容的性能，且須降低成本到目標值。非軍需的民生用品，累積如此努力的結果，先取得耐於市場競爭的技術之後，續又發展技術，製造船舶、機車、電晶體收音機、電視等。

至 1980 年代，科技政策已位居貿易政策之前，成為影響國際經濟關係主要因素之一，「技術立國」遂成為日本的國策。

日本的科學技術，已逐漸達到技術國家的水準，即已由引進技術為中心轉為以技術創造為中心。技術的促進主要仰賴人力，技術的進步與否，端賴人力的培養。

日本的科技由最初的學習、模仿，一直到 1970 年代以降的獨立、創新，製造出輕薄短小卻極精巧的東西，其進展神速，甚至有凌駕歐美之勢。以一個缺乏天然資源、地狹人稠，又是戰敗國，卻能翻身一躍而為今日的科技大國，確屬奇蹟。

技術革新是戰後日本產業發展的主導力量，戰後日本的技術陷於停滯狀態，技術相當落後。但此一逆境，不久即好轉，蓋盟軍總部一連串的民主化措施，以及國際上冷戰的變局，美國對日政策的改變，日本的經濟逐漸復興，社會的消費情況與生活方式亦發生變化，因而促進了生產上的技術革新。

1950 年以後，日本全面引進科技，全力研究開發。發展的重點在民生工業，其目標乃在農業機械化，及振興紡織工業。

日本發現工業不發達的主要原因乃在機械工業的落後，因此，趁韓戰的「特需」機會，將所有機器與工具汰舊換新，積極地迎頭趕上。此外，由於石油、煤等天然資源的缺乏，遂使日本積極從事運輸技術的開發，尤其是造船工業更是蓬勃發展，1956 年以來，其造船總噸數已超越英國，而躍居世界第一。1950 年代後半可說是技術革新的時期。在煉鋼方面採用高

效能的大型設備，使其機器工業大為擴充。在石油化學、電子工程、合成纖維、合成樹脂及相關工業的發展，均見其吸收新技術的迅速有效。尤其以機器為中心的重工業和化學工業更為神速。由於技術的革新，促進了生產，而生產的激增更加速了技術革新的進展。其間設備投資亦由 4.5%（1956 年）增至 30%（1961 年），可見技術革新對日本經濟的高度發展所發生的作用。

此後，日本推動「所得倍增計劃」，並擬定十年科技發展計劃方案，以電子工業，尤其家電工業為發展重點。電子工業的技術應用在機器、照相機、火車上，因而有子彈列車的開發。同時，照相機技術也趕上德國，而稱霸世界。

1970 年代，由於石油危機，技術的引進比較困難，但為了克服石油危機，在能源科技發展方面不遺餘力，且也得到相當的成果。這段期間，日本開始提倡以技術立國，以技術換取資源的政策。因其體認到自己先天資源不足，必須以高科技才能在世界上爭一席之地。機器人的數量已高居世界第一，自動化生產技術可說是 1970 年代的特色。到了 1970 年代末期，日本科技已逐漸趕上歐美，尤其在半導體相關科技，如 IC、記憶體等方面，已超越美國。連電腦也足與美國的 IBM 相抗衡。

此一時期，日本所提出的口號，一是獨創性的科技，由官民合作研究，而在產業基礎科技的技術研究方面，則著重在新時代的電子、材料及生命科技等方面；一是國際化，即任何產業盡可能與國際合作。國內的研究機構，也在國際化的浪潮下，大力招聘外籍教授，納入正式編制。

戰後日本利用技術革新的成果使之實用化的，有電子顯微鏡、化學纖維、電晶體收音機、錄放音機、新幹線自動控制系統等。

日本產業研究開發的方向，逐漸地由技術的引進轉變為自行開發。民間企業的研究開發亦著重基礎研究。在高度成長時期中，從先進國引進技術，並與國內的企業結合模式，已逐漸改變。在產業研究開發的領域裡，

電子、生物技術等尖端技術，占有壓倒性的比重。

　　日本政府於 1987 年訂定今後科技開發的基本目標，在於促進具有創造性的科技，科技與人類以及社會間的調和，重視國際性的科技等。

　　推動日本科技研究的，有大學研究機關以及民間企業，尤其以民間企業所占比例為重。大學方面，研究費的比例是基礎科學占 55%，應用科學占 37%，開發研究只占 8%。至於民間企業則以 6% 作為基礎科學研究之用，20% 為應用科學，其餘 74% 作為開發研究。日本的研究者約有三十八萬人，僅次於蘇聯、美國，居世界第三位。

　　目前日本的科技研究開發著重在原子力、宇宙與海洋。官方有通產省與文部省等主持推動，前者推展新材料、生物科學等基礎科學的研究計劃，後者則推動核子融合、新能源、宇宙科學、海洋科學、生命科學等的研究。

　　日本科技發展的特色有四，一是精於輕小短薄而精緻的製作，這在小型汽車、錄影機、電子計算機等方面，已發揮得淋漓盡致。二是擅長技術的組合與應用。日本在傳統上已具有將不同的幾種東西組合在一起的才能。三是技術掛帥，著重開發。從 1950 年代以後約三十年，日本全力引進國外的技術，且每隔二年即從事大改良的技術革新。通產省推動重點科技發展，有完善的計劃與組織，積極而有效。四是從模仿到創造。日本的研究開發，雖被認為不具創造性，但技術需要嘗試錯誤，且須經過一段嘗試錯誤的過程，因此仍能得到創造性的東西。

第三節　文學與大眾文化

一、文學

　　戰後，由於戰敗與占領，一般國民心理陷於虛脫的苦悶混亂之中而茫然若失。但小說界卻是多彩多姿。在戰時被剝奪自由的作家以及有志新文

學的人們，紛紛登上了文壇。當時由於固有道德崩潰，新的倫理觀念尚未建立，人們在虛脫的幻覺精神狀態下，需要一種情緒上的發洩，於是暴露性的描寫以及色情小說，一時大為流行。繼之而起的是內幕小說與記錄文學，以揭發軍閥時期政治社會黑暗腐化的內幕為主。嗣後由於經濟的發展，這類作品遂逐漸斂跡。

　　戰敗之初，從廢墟中誕生的是《新生》，它刊載了戰前大作家的作品，如谷崎潤一郎的《細雪》❷是典型的富裕商家生活的寫實。在戰後的復興期，得到廣泛反響。三島由紀夫的《金閣寺》等，被翻譯成各國語言，而逐漸被世界所認識。

　　1950 年以前的日本文學，有三大特徵：一是大作家的復活，二是舊普羅文學系人士在民主主義文學的名義下，再度恢復其活動，三是戰後派文學的登場。

　　此後，日本的戰後文學，已有逐漸重編的傾向。尤其高中以下學校所用的語文教材，多以近代小說為主，因此對於文學的要求，益形增大，於是產生了大眾小說。日本最初獲得諾貝爾獎的川端康成，以新鮮的感覺，描寫人生無常，作風一貫，被稱為將日本文學古典的傳統生命復甦之作。

　　無論文學、電影或音樂，至 1950 年代，已完全擺脫戰敗的後遺症，產生了吉川英治的《新平家物語》等之類的歷史故實，享受和平的生活。

　　大眾文學則自從松本清張於 1961 年崛起於文壇以後，立刻引起「清張」熱潮。松本作品的特色乃在以貪污、政治腐敗等社會問題為背景，就社會與個人的關連提出新的觀點，實已超出推理小說解謎的範疇。

　　高度成長導致大眾社會化的情況與傳播媒體的發達，對文學界亦產生變化。過去的作家著重倫理的鍛練與實際生活體驗的文壇傳統已不適用，大膽描述性關係的作品反而大行其道，如石原慎太郎的《太陽的季節》等即是。此外，女性作家抬頭亦是 1950 年代文壇的特色。

---

❷　這是 1936 年到 1941 年之間所發生，大阪豪商一家四人姊妹的故事。

「文學的藝能化」使純文學與大眾文學之間甚難區別，而產生兼有文學性與大眾化的作家活躍於文壇。

二、傳播媒體

1.報紙與雜誌

日本的傳播媒體包括新聞、電視、廣告、文字媒體和衛星傳播、有線電視等，都相當先進。圖書出版事業亦遙遙領先其他先進國家。電話、電信的通信技術，更是一日千里。日本的傳播媒體、出版和通信，值得加以介紹。大眾傳播中發達最早的是新聞事業。

戰後的日本，不但教育普及，且其文化水準亦不斷地提高。日本國民對於周遭的事件，有強烈的求知慾，並盡量與世界動向配合。凡此都是促進報章雜誌的發達以及日本的新聞事業凌駕各先進國，而成為全世界最大的全國性報紙的主要原因。

戰後由於過去限制言論報導的種種法規已被撤銷，因此，報紙的言論尺度大為放寬。甚至盟軍總部在其占領期間為了管理報紙所頒布的「新聞條例」，亦在日本恢復獨立之後失效。日本新憲法中因有禁止新聞檢查制度的規定，因此沒有以新聞為直接對象的法規限制。後來制定的「破防法」、「公職選舉法」，雖對新聞的報導稍有限制，但對於報紙的自由，並無重大的影響。

戰後言論獲得自由解放之後，各地報紙紛紛出現。目前屬於「日本新聞協會」的近百家報紙之中，除了《讀賣》、《朝日》、《每日》、《日經》、《中日》、《產經》等六大報社屬全國性報紙之外，其餘都是地方性的報紙。根據1994年的統計，《讀賣新聞》每日發行一千萬份以上，《朝日新聞》次之，約為八百二十六萬份，《每日新聞》亦達四百萬份，六大報的總發行量幾乎占了全國報紙發行總數的一半。全國日報的發行量為七千三百多萬份，平均每一家庭擁有報紙二‧四份，日報發行數居世界之冠（每一‧七人一份）。

　　除了對知性的精神生活表現強烈的興趣之外，日本人也是十足的新聞狂，大約 93% 的日本人有每天看報的習慣。日本平均每人的報紙銷售量，除了瑞典之外，遠遠超過世界其他任何國家。目前，美國的報紙家數日益減少，而日本不論是地方性或是區域性的新聞報業，卻仍在繼續不斷地成長。

　　除了極少數的例外，戰後的日本報紙並不像歐美的報紙帶有政治色彩，在政治上，報紙是中立的，而且有批評政府顯要的傳統傾向。幾乎是清一色的民營公司，不屬於任何政黨和團體，具有輿論的制衡力量。一個民主國家，端在新聞報導的自由，政府不會用「新聞法」或「新聞局」來箝制人民的喉舌。

2.出版

　　戰後日本出版事業發展迅速為世界之冠。經過出版景氣的最盛時期，經濟恐慌後的一番整頓，至 1950 年代，出版事業逐漸進入健全合理化的安定狀態。書籍在一般日本人的生活中，扮演著非常重要的角色。日本出版界一年大約出版三萬五千本以上的新書。就絕對值來說，此數與美國相仿，但以每人平均數計算，則幾乎是美國的兩倍。就書籍所涵蓋的主題範圍而論，兩國大致相同，但日本人特別偏愛小說類。每年前三十名暢銷書排行榜中，小說占了絕大多數。

　　其後，由於紙價驟漲，遂競相刊行「文庫」書，這種風潮迄今未衰。此外，由於政府修改稅法，教育、學術性的出版品一律免稅，加上日本經濟景氣復甦，一般人購買力提高，因此，除文庫版之外，「全集」、「選集」、「全書」、「講座」之類的叢書，亦甚盛行。

　　日本出版界的發達和公私立圖書館的林立有關。圖書館數與藏書數，可作為一國文化水準高低的指針。不僅國會圖書館、大學圖書館，民間企業、各種團體的資料中心等專門圖書館，藏書豐富，且地域性的公共團體所經營的圖書館亦占有相當的比重。圖書館的藏書量相當可觀。

3.電視與廣播

　　日本的電臺廣播開始於 1925 年（電視開始於 1953 年，彩色電視開始於 1960 年代）。現在的普及率已超過百分之百。以電視為中心的映像，已和新聞、雜誌等印刷文字並立而成為情報媒體的主體。自通信衛星相繼升空以後，NHK❸拓展了衛星轉播部門，有二十四小時的衛星傳播。鄰近國家利用 「小耳朵」，都能收看日本的衛星節目，加強了媒體的交流。迄 1986 年底為止，日本的民間廣播公司已超過一百家。NHK 的節目是以教養節目為中心，而民營廣播電臺則以娛樂節目為主。

　　日本創造了世界上最廣布、發展最進步的電視播放系統。日本的電視有公營和民營兩種電視頻道。全國大約有將近一千五百個 VHF 頻道臺，和一萬個以上的 UHF。大部分隸屬於 NHK。

　　NHK 有一半頻道完全播放教育性及文化性節目，甚至連綜合性電臺的娛樂節目時間，也只占播出時間的 30% 以下。

　　商業電視臺已成為日本全國最大的廣告媒體。雖然有低俗化節目，但已微不足道，無可置疑的是，日本觀眾可選擇的電視節目，不論是品質或是種類，都超越美國。電視在日本社會裡，扮演著深具建設性的角色。

　　日本新聞報導的深度與廣度較佳。和日本報紙新聞不同的是，電視記者凡事無不力求客觀公正，同時還提供非常詳盡的新聞背景資料。

　　日本電視最大的榮耀在於其文化與教育節目。NHK 不僅在戲劇製作方面，可媲美英國的 BBC，且如同 BBC，擁有自己專屬的交響樂團。在一般綜合教育方面，NHK 製作出各種不同具有相當水準的節目，內容涵蓋面豐富而廣泛。此外，還有保健衛生、營養學及英、法、德、俄、中、韓文等外國語文的教學節目。

---

❸　日本放送協會 (Nippon Hōsō Kyōkai)，即國營電視臺。在組織結構上，大致和英國廣播公司 (BBC) 相似，主要經費來源也是由電視用戶繳費支持。

三、大眾演藝

　　日本的演劇有長久的歷史，但並非是過去的逐漸發展變化而成為現在的演劇，而是把過去的形式原原本本的保留下來，再加上新的東西，而使多種多樣的演劇共存。

　　傳統的演劇有十四世紀以來的「能」(nō)，十五世紀以來的「文樂」(bunraku) 與十七世紀初盛行的「歌舞伎」(kabuki) 等。

　　能是日本最古的演劇，其起源很早，至十四世紀以後始盛行。它是登場人物之中，主角戴假面，並有合唱歌謠與吹笛、打鼓等演奏的「囃子」(hayashi) 等隨曲起舞的樂劇。能的舞臺一直延伸到觀眾前面的獨特結構，背景只有一枝老松。能樂在神社、寺院與將軍足利義滿、關白豐臣秀吉等庇護之下，直到江戶時代都在武士階級之間盛行，明治後衰退，最近始又復興。

　　文樂則是十五世紀流行的《淨瑠璃物語》，加上三味線的伴奏而稱之為「淨瑠璃」(jōruri)，不久盛行一種在文樂座一邊操縱「人形」(ningyō，人偶，娃娃)，一邊配合淨瑠璃而展開的演劇方式，而稱為文樂或淨瑠璃。

　　歌舞伎是十七世紀以後盛行的日本代表性庶民演劇。亦有摻雜一部分能與文樂的要素，可說是日本傳統藝能的集大成。它起源於十七世紀初出雲大社的巫女阿國 (Okuni)，在京都開始念佛舞踊。但以敗壞風俗而被禁止，只允許男性演出。直到現在仍然以男人扮演女性角色。這些演劇至今雖仍受到愛好，但畢竟屬於少數。歌舞伎的主題有二，一是描寫古代貴族、武士的世界，一是庶民生活。歌舞伎的演員從幼少即被訓練承繼祖先的藝能，與其說是隨著腳本而演，不如說是依據演員的演藝為中心而寫成腳本。

　　歌舞伎的舞臺裝置有「花道」(hanamichi)、「迴旋舞臺」(mawaributai) 等獨特的設計。從演劇的性格而言，歌舞伎屬於音樂劇、舞踊劇。多數作品以三味線等日本固有的樂器伴奏，臺詞或動作均需獨特的音樂韻律感。男扮女裝的角色，瞬間的易裝等技巧為其特色。

傳統演劇歌舞伎在戰後，以其「立基於封建的忠誠和復仇的信條，不
適用於現代的世界」為由，被盟軍總部禁演，因此，「忠臣藏」等世所熟悉
的劇目乃告消失。及至「舊金山和約」之後，始又恢復。至於「浪花節」
(naniwabushi)、「落語」（rakugo，類似單口相聲）、「民謠」等大眾藝能，則
更受歡迎。

戰後，日本電影在國際上得到很高的評價，其契機是 1951 年黑澤明導
演的「羅生門」獲得坎城的金像獎。其後，衣笠貞之助導演的「地獄門」、
黑澤明導演的「影武者」、今村昌平導演的「楢山節考」等，都分別獲得各
種國際電影節的大獎。

四、傳統的技藝

1.茶道

茶道是根據一定的禮儀，使主人與客人的心共感的飲茶，屬於日本傳
統的藝能，它是以沏茶、品茶為手段，用以聯絡感情、陶冶性格，且富藝
術性、禮節性的一種獨特的活動。

茶道淵源於中國，大約於九世紀時傳到日本，但其儀式已失傳。在安
土、桃山時代（十六世紀後半）千利休完成茶道，其後分成幾個流派，一
直流傳到現在。

茶道的禮儀受到武士禮法與能樂的影響，對日本傳統的禮儀給予很大的
影響。茶道的基本精神是「和、敬、清、寂」四規，意即和睦相處、互相尊
敬、心平氣靜、閒寂優雅。重視心甚於形，使自我成空而款待賓客，乃是茶
道的基本用意。正規的茶道是在茶室舉行，有時也在庭園或寺社等野外舉行。

明治維新後，由於日本社會開始西化，舊事物受到排斥，茶道也受到
影響。第二次世界大戰後，日本經濟高速的發展，逐漸重視文化教育，傳
統的茶道也相應得到普及。不僅社會上婦女喜歡茶道，連大學裡的家政系
也開設茶道課。

花道

2.插花

　　插花亦稱花道，最早起源於中國佛教的供花，即向佛供獻鮮花。至十
五世紀，插花藝術才趨於完善，而被稱為花道。

　　自古以來日本就有把花插入瓶內作為裝飾的風俗。插花的理念是以花
枝表現大自然。十五世紀末，日本的插花、和歌、能樂、茶道以及庭園建
築等藝術都有顯著的發展。插花成了室內的重要裝飾。到了十八世紀，江
戶的商人統制了城市經濟，也繼承發展了文化事業，促進了庶民文化，插
花藝術也呈現眾彩繽紛的景象，並產生了小原流、草月流、安達流等流派。

　　初期的插花重視自然的素材與面目（形姿），逐漸賦與理念性的構成。
插花的樹枝有以下三種基本形態，即天（宇宙）、地（地球）、人，以表現
調和的大自然。插花原是女性結婚前的嗜好，現在則成為室內裝飾的一種。

3.書道（syodō，書法）

　　書道是日本琴、碁（圍棋）、書、畫四大藝術之一。即以毛筆書寫漢字
或假名，以表現精神的深度、美感的一種造形藝術。作品的鑑賞依據表現
美（運筆、構成、墨色、配置等）與內在美（風格、意味）。書道在東方的

藝術一向占有很高的地位。漢字傳入日本約在五～六世紀之間，日本的書法亦在此一時期草創。

七～八世紀（奈良時代），日本的書法主要因襲隋、唐筆法，尤其受到王羲之的影響最巨。至鎌倉、室町時代（十三～十五世紀）佛教禪宗傳入日本，中國書法亦由來日講學的中國高僧的傳播而發達。十七～十九世紀（江戶時代），則多仿效宋、元、明各派作風（稱之為唐樣）。及至十九世紀末年，經楊守敬與日本書法家的倡導，開始一改過去一千多年的「帖學」，引進嶄新風格的「碑學」，遂成為日本近代書法的主流。

書道在日本極為普及，現有三千萬人學習書道，占全國人口四分之一。

五、大眾運動

1.相撲 (sumō)

相撲乃是日本的國技，其歷史可以追溯到古代。神話時代有諸神鬥力的傳說。在農業時代，不僅作為運動，同時也占吉凶。直到六世紀始發展為供人觀看的運動。

很少一種競技像相撲這樣有如此繁雜的規則，除了兩個力士互競鬥力的短暫時間之外，自始至終，都須遵守繁雜的「儀式」。這些「儀式」都是經過細心的設計，周詳的顧慮所定的手續與作法，構成一種洗練而優美的「型」(kata)。不僅劍道、槍術、弓道等，武士道的「道」的理念如此，演藝方面的茶道、歌舞伎、舞踊等，亦都經過一定手續的作法與型，以追求式樣之美。

2.柔道 (judō)

柔道是日本古來的武術之一，初稱柔術，乃係防禦外來敵人的徒手格鬥。十六世紀後半葉始日趨規範化，形成一種較完善的武術技藝，並出現各種流派。到明治時代，經嘉納治五郎的研究與倡導，才開設「講道館」，柔道乃逐漸興盛。

　　柔道的目的不僅在健康、護身，且有提高精神修養以磨練身心的作用。柔道的原理是「以柔克剛」，即以柔 (yawara) 為基本，以投、固、打中要害等三種技巧，學習攻擊與防禦，作為鍛練身心之用。

　　第二次世界大戰中，日本利用柔道，以貫徹軍國主義思想，因此，戰後一度被盟軍總部禁止。1949 年以後始又恢復，並向世界推廣。

3. 劍道

　　劍道就是用劍作為工具保衛自己的一種武術，是日本男子喜歡的體育運動。劍道的歷史悠久，古代的劍道且曾受到中國劍法的影響。室町時代，由於戰亂，需要自衛，學習劍術者日益增多。但不久，即以木刀取代刀劍，十五、十六世紀時，已有二百以上的流派。至江戶時代，日本武士每喜表演武技以顯示自己的才能，劍道亦愈來愈發展。十八世紀，又以竹刀 (shinai) 取代木刀，全身著防具舉行比賽。比賽係以竹刀打擊對方的防具以決勝負，以其一瞬間的動向制機先，著重精神貫注，與柔道同樣，終極之目的乃在培養人格。

　　明治維新初期，廢除武士制度，禁止人民帶刀，同時嚴禁練習劍術。但到了明治末年，軍國主義興起，劍道以振奮民族精神為名而大為倡導，甚至列為中學生的必修科目。戰敗後，劍道組織被解散，劍道亦被禁止。至 1950 年始又恢復活動。

4. 弓道

　　弓道就是使用弓箭的一門技藝。日本的弓屬南方的長弓，有二公尺多長，射法則受中國的影響。弓道在奈良時代、平安時代極為盛行，原係一種儀式，稱為射禮。十世紀武士階級興起，武士積極練習射箭，弓道更加發達。其後曾作為實戰的技術，及至 1543 年槍砲傳入日本以後，弓箭失去實效性，毋寧作為鍛練身心的教養。

　　戰前，弓道與劍道、柔道同樣被重視，且定為中學生的課程，男女學生都得練弓道。戰後，成立了弓道聯盟，並且制定了專門的競技規則。

結　論

一、戰後世界體制的重整

1.轉變時期的政治與經濟

　　1960 年代後半以降，革新自治體的成立，議會多黨化與保守、革新勢力的伯仲，使日本的政治動向有了變化，但在石油危機之後的長期不景氣，民眾運動等社會運動開始陷入停滯。政治顯然有右傾的趨向。公明黨明確表明其「中道路線」，而社會黨則採取所謂「社‧公（公明黨）‧民（民社黨）」聯合路線，革新陣營開始分裂，在野第一大黨的勢力漸趨衰微。

　　1970 年代末期，日本的政局呈現保守化現象，即由「保革伯仲」（朝野勢力的均勢），變成「回歸保守」。這是因為保守勢力地盤的農村人口湧入城市的流動潮流已逐漸穩定，經濟成長亦因有效的能源與產業政策的推行而維持穩定的發展，使自民黨重獲安定的多數而繼續執政。

2.大國日本

　　從石油危機後的不景氣恢復的日本，很快在企業化繼續成長，到 1970年代末期，已一躍而躋進占有世界國民總生產 10% 的經濟大國。與十五年前（1955 年）僅占 2.2% 的情形相比，的確是驚異的成長。其成長的背景是大量的輸出，日本企業向海外進出至為顯著。歐美指斥日本貿易的擴伸，造成各國的不景氣，而產生經濟與貿易的嚴重摩擦。

　　隨著日本成為經濟大國，日本國民的意識亦逐漸有所改變。自以為日本是世界最優秀民族的大國意識很強。雖仍有種種不滿，但對自己的生活感到「豐富」、「滿意」的「中流」意識，極為普遍。實際上，為了企業的生

存，競爭日益激烈，「減量」化愈甚，勞工不得不留在企業，而盡其忠誠。

3.戰後日本的「總決算」

渡過二次石油危機的難關，在其他先進資本主義國家苦於不景氣之際，日本的經濟卻較順暢的成長。1970 年代初，已面臨原料供給型的重化學工業過剩投資所產生的不景氣，適逢石油危機而受到嚴重的打擊。結果，已有進展的汽車中心的加工型工業發展，尤其尖端科技產業的電子 (electronics biotechnology) 等新材料產業開始發展，並著重節約能源型的投資。

企業的工廠自動化 (factory automation) 頗有進展。不僅大企業，中小企業亦引進機器人。1982 年，日本的產業用機器人已達一萬四千臺，占世界的 63%。另一方面，以電腦為中心的辦公室自動化 (office automation) 亦在進行。辦公室自動化不僅是大企業的中樞管理部門、工廠的管理部門，農業協同組合（農會）、生活協同組合（合作社）、自治團體、學校等所有部門都在進行。產業結構發生戲劇性的變化。

實際上，很多勞工在此結構變化之中不堪其苦，但從宏觀的角度視之，日本的公司確能渡過激烈變動時期的難關。歐美對於日本企業有封建或「縱型社會」的批評，視之為非近代性，源於大企業與中小企業承包關係的「雙重結構」，指斥其近代化的不合理性，以為終身雇用制與年功序列制的工資是不合理的，並以日本勞工自主的提案與自動的管理品質，或為企業的股東，進而對企業盡忠的日本經營為落伍的作法。但在資本主義國家之中，只有日本未見負成長，亦無適應困難的情況，而能製造出優良而廉價的產品，贏得輸出競爭，因而有不同的評價。

日本的企業不像歐美的企業與地域社會共存為第一目標。此一傾向當其向國外擴張時，最為顯著，而有造成「租界」的現象，常與當地居民之間發生摩擦。歐美企業之中，有起用地域居民為重要職員之例，而日本則連工會的代表都無意當公司的幹部，當無意聘請當地居民擔當重任。另一

方面，日本的勞工並沒有享受市民的自由，在其為市民之前，須先為社員，為企業而協助特定議員選舉活動為理所當然。對大企業的社員而言，所謂「社區」並非地域社會，而是公司。這種情形恍如戰前的軍隊，仍然屬於封閉的社會。

此外，尚有以下三點值得探討：一是對外貿易所產生的經濟摩擦，尤其日、美摩擦；二是對內自石油危機以來內需擴大政策所產生的財政赤字；三是高度成長以來，社會資本不足等造成國民生活的困難，稱之為「日本病」。這三個現象相互關連，不僅 1980 年代，甚至成為整個二十世紀最大的政治經濟問題。

4.政治大國夢

1980 年 6 月大選之中，大平正芳急逝，鈴木善幸繼任首相。二年後中曾根康弘出任首相。中曾根素持修憲論，擴充軍備。他揭櫫其政治方針為「戰後政治總決算」，雖肯定日本在占領軍統治下完成戰後改革，發展日本的經濟，而使日本成為大國的功績，但畢竟是屬於占領的產物，必須重新檢討，應改頭換面，發揮日本應有的面貌。

中曾根的目標乃在擴充日本的軍事力量，增加「安保條約」中日本分擔的防衛費用。過去由於根據憲法第九條的非武力條款，而倚賴美國，如今既已成為大國，當為「西方之一員」，允宜對世界的安全保障有所貢獻。因此，廢止過去將國防預算壓抑在國民生產毛額 (GNP) 百分之一以內的原則，同時增加企求發展中國家政治、經濟安定的「政府開發援助」(ODA)。反之，卻壓低社會福利與教育、農業補助的支出。續又改革教育，以因應大國的國際化趨向，因而強調教育應提高「世界之中的日本人」的自覺，而強調太陽旗與國歌。此種傾向，難免予世人以日本軍國主義復活的疑慮。

二、世紀末的未來

1.國際化與東京過分集中化

　　1980 年代日本最大的政治、經濟問題是過分集中於東京。在高度的經濟發展時期，經濟力集中東京的弊害已屢見不鮮，1970 年代轉為低成長時期，此一傾向似有改變的跡象。

　　展望二十一世紀，將有產業結構的變化（高技術化、服務化、情報化、國際化與高齡化），而這些變化的重點，似乎都集中在東京。

2.未來的展望

　　二十世紀的百年間，日本取範於歐美先進國，追求近代化。第二次世界大戰後，傾全力於經濟發展。日本終於建立了經濟大國，「豐富」的社會。冷戰的兩超強國美蘇，卻因傾注過多的國家財力於軍事費，而導致經濟的困難與停滯。因第二次世界大戰的反省，得以放棄軍事，節省巨額軍事費的日本的繁榮，似乎值得作為二十一世紀世界的啟示。

附　錄

日本地圖

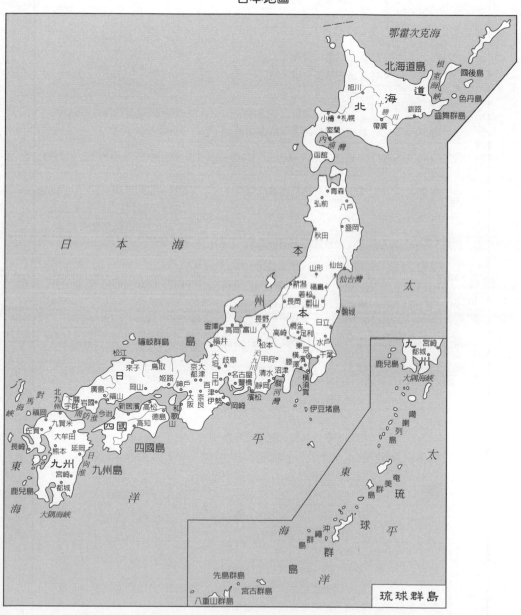

日本近代大事年表

時代	日本紀年	西元	日本紀事	世界紀事
江戶時代	享保 1	1716	德川吉宗任將軍，實行享保改革。	
	5	1720	放寬禁書令，蘭學興起。	
	9	1724	發布「節儉令」。	
				1725，彼得大帝死。
	17	1732	關西以西大饑饉。	
	延享 1	1744	在神田設天文臺。	
				1756，七年戰爭 (～1763)。
				1769，瓦特製造單向蒸汽機。
	安永 3	1774	杉田玄白等編著《解體新書》。	
				1776，美國獨立宣言。
	天明 2	1782	天明大饑饉 (～1787)。	
	寬政 1	1789	老中松平定信推行寬政改革。	1789，法國革命。
				1793，法國路易王、妃被處死。
				1797，拿破崙征服義大利。
	10	1798	本居宣長撰《古事記傳》。	
	享和 3	1803	美船抵長崎，要求通商。	
				1804，拿破崙稱帝。
	8	1811	幕府設立蘭學譯書局。	
	12	1815	杉田玄白撰《蘭學事始》。	1815，德意志聯邦成立。
	天保 3	1832	高野長英組「蠻學之社」，遭鎮壓。	
	8	1837	大塩平八郎起義。	
				1840，鴉片戰爭。
	12	1841	天保改革。	
				1851，太平天國革命 (～1864)。
	嘉永 6	1853	培里率艦抵浦賀，要求開港通商。翌年，締訂「日美親善條約」。鎖國體制瓦解。	1853，克里米亞戰爭。
	安政 4	1857	與哈里斯簽訂「下田條約」。	1857，印度傭兵起義。
	5	1858	井伊直弼任大老。與美、俄、荷、英、法簽訂「安政條約」。	
	6	1859	安政大獄。	
	萬延 1	1860	櫻田門外之變，井伊直弼遇刺。	
			尊王攘夷派志士介入政治。	1861，美國南北戰爭 (～1865)。
	文久 2	1862	和宮下嫁將軍家茂。生麥事件。	

	3	1863	高杉晉作組「奇兵隊」。薩摩與英國戰爭爆發。八一八政變。薩摩、長州兩藩聯盟反對幕府。	1863，林肯廢止奴隸宣言。
	元治 1	1864	英、法、美、荷四國聯合艦隊轟擊下關。幕府征長州（第一次）。	
	2	1865	幕府命再征長州。	1865，美國南北戰爭結束。
	3	1866	將軍家茂死，第二次征伐長州中止。	1866，普奧戰爭。
	慶應 3	1867	明治天皇即位（翌年正式舉行登基大典）。德川慶喜「奉還大政」。天皇宣布「王政復古」。	1867，奧匈帝國建立。美國向俄國購買阿拉斯加。
明治時代	明治 1	1868	鳥羽・伏見之戰（戊辰戰爭）開始。頒布「五條誓約」、「政體書」、「五榜禁令」。	1868，英屬加拿大自治領成立。
	2	1869	遷都東京，實行「奉還版籍」。五陵郭之役（戊辰戰爭結束）。	1869，蘇伊士運河開通。
	3	1870	開設集議院。公布徵兵規則。	1870，普法戰爭。
	4	1871	廢藩置縣。岩倉使節團訪歐美。簽訂「中日修好條約」。	1871，德國統一。法國割讓阿魯撒斯・洛林給德國。
	5	1872	頒布「學制令」。東京、橫濱間的火車開通。決定使用太陽曆。	1872，俾斯麥結成三帝（德、俄、奧）同盟。
	6	1873	公布「地稅改革條例」。征韓論戰，西鄉等下野。	1873，西班牙成立共和制。
	7	1874	日本出兵臺。板垣退助提出設立「民選議院建議書」。明六社成立。	1874，英國首相狄斯雷里即位。
	8	1875	江華島事件。	1875，西班牙王政復古。
	9	1876	日本迫韓簽訂「日韓修好條規」（「江華條約」）。熊本發生神風連之亂。取消封建俸祿。	
	10	1877	西南戰爭。加入「國際郵政條約」。創立「博愛社」。	1877，俄土戰爭。
	11	1878	大久保利通被刺。	1878，柏林會議。
				1879，愛迪生發明電燈。
	13	1880	自由民權運動全國性組織「國會期成同盟」成立。公布「出售官營工廠條例」。	

14	1881	明治十四年政變。發布開設國會詔敕。自由黨成立。	1881，俄國亞歷山大二世被暗殺。
15	1882	頒布「軍人敕諭」。	1882，朝鮮壬午事變。德、奧、義結成三國軍事同盟。
17	1884	制定「華族令」。	1884，英國攻擊蘇旦。韓國甲申事變。
18	1885	簽訂「中日天津條約」。實行內閣制度。	1885，剛果自由國成立。
19	1886	公布「帝國大學令」。	
			1888，德國占領俾斯麥島。
22	1889	頒布「大日本帝國憲法」。制定「皇室典範」。第一次資本主義經濟危機。	
23	1890	舉行第一次眾議院議員選舉。立憲自由黨成立。發布「教育敕語」。	1890，俾斯麥辭職。
			1891，俄法同盟。
27	1894	修改不平等條約。發動甲午戰爭。簽訂「日英通商航海條約」。	1894，德國完成基爾運河。
28	1895	簽訂「馬關條約」。三國干涉還遼。	1895，俄、德、法三國干涉還遼。德國擴充軍備。發明X光。
30	1897	實施金本位制。設立八幡煉鋼廠。日美因夏威夷日本移民問題而對立。	
31	1898	大隈、板垣組織憲政黨內閣。日俄成立「西・羅森協定」。	1898，美西戰爭。美國合併菲律賓、夏威夷。
			1899，海牙和平會議。
33	1900	公布「治安警察法」。參加八國聯軍，鎮壓義和團。立憲政友會成立。	1900，庚子事變。
34	1901	日本社會民主黨成立。	1901，辛丑和約。
35	1902	第一次英日同盟。簽署「日韓議定書」。	1902，西伯利亞鐵路完成。
			1903，萊特兄弟發明飛機。
37	1904	日俄戰爭。	1904，制定諾貝爾獎。
38	1905	締「樸資茅斯條約」。	1905，第一次摩洛哥事件。

	39	1906	設韓國統監府。設立南滿鐵路會社。日本社會黨成立。	
				1907，英、法、俄三國協約。第二次海牙和平會議。
				1908，青年土耳其黨革命。
	43	1910	大逆事件。併吞朝鮮。	1910，葡萄牙共和制成立。英屬南非成立聯邦政府。
	44	1911	第三次英日同盟。恢復關稅自主權。日俄反對美國滿鐵中立案。片山潛等組織社會黨。	1911，辛亥革命。
	45	1912	明治天皇崩逝。大正天皇踐祚。	1912，中華民國成立。第一次巴爾幹戰爭。
大正時代	大正 1	1912	憲政擁護大會（第一次護憲運動）。	
	2	1913	大正政變。立憲同志會成立。日本抗議美國加州排日案。	1913，第二次巴爾幹戰爭。
	3	1914	參加第一次世界大戰。出兵山東，占領南洋諸島。	1914，第一次世界大戰。
	4	1915	向中國提出二十一條要求。	1915，英德北海海戰。袁世凱洪憲帝政。
	5	1916	大隈首相受襲擊。日俄第四次協約（密約）。	1916，波蘭獨立宣言。
	6	1917	石井·藍辛協定。發表八八艦隊案。	1917，俄國革命，沙皇退位。美國參戰。
	7	1918	搶米騷動。中日簽署軍事協定。出兵西伯利亞。	1918，干涉俄國革命，出兵西伯利亞。美國總統威爾遜發表十四點意見。
	8	1919	簽署「凡爾賽和約」。日本全權西園寺公望。	1919，朝鮮三一運動。中國五四運動。凡爾賽和約。
	9	1920	日本勞工黨成立。廟街事件。	1920，國際聯盟成立。
	10	1921	原敬首相在東京車站被刺殺。華盛頓會議，日本全權德川家達、加藤友三郎。皇太子裕仁就任攝政。四國條約成立。	1921，華盛頓會議召開。
	11	1922	華盛頓會議，簽訂九國公約。全國水平社、日本農民組合、日本共產黨成立。西伯利亞撤兵。	1922，蘇維埃共和國成立。

12	1923	關東（東京）大地震。	1923，蘇聯制定憲法。
13	1924	護憲三派聯合內閣成立（第二次護憲運動）。	1924，倫敦會議。
14	1925	實施「治安維持法」。田中義一為政友會總裁。	
			1926，中國國民軍開始北伐。德國加入國際聯盟。
昭和2	1927	金融恐慌。出兵山東。召開東方會議。	1927，中國國共分裂。
3	1928	眾議院議員首次大選。三一五事件。五三慘案。日蘇簽訂漁業條約。	1928，張作霖被炸死。十五國在巴黎簽訂非戰條約。
			1929，紐約股票暴跌，世界經濟不景氣。
			1930，倫敦海軍裁軍條約。
6	1931	九一八事變。	
7	1932	建立偽「滿洲國」。五一五事件。	
8	1933	日軍占領熱河。退出國際聯盟。	1933，希特勒「納粹」政權成立。
9	1934	偽滿洲國實施帝制。	
11	1936	二二六事件。簽訂「日德防共協定」。退出倫敦裁軍會議。	1936，西安事變。德國進駐萊因。
12	1937	七七事變。南京大屠殺。「日德義防共協定」成立。	1937，義大利退出國際聯盟。
13	1938	制定「國家總動員法」。近衛發表「建設東亞新秩序」聲明。張鼓峰事件。	1938，德、奧合併。英、法、德、義慕尼黑會議。汪精衛組織南京政府。
14	1939	諾門罕事件。美國廢除「日美通商條約」。日本發表不介入歐戰聲明。日美關係惡化。	1939，歐戰爆發。蘇聯侵入波蘭。
15	1940	締結「日德義三國軍事同盟」。大政翼贊會成立，解散所有政黨。日本與法屬越南簽訂軍事協定。進駐中南半島。	1940，汪精衛在南京組國民政府。英軍自敦克爾克撤退。德軍進巴黎。
16	1941	簽訂日蘇中立條約。偷襲珍珠港，對英美宣戰。	1941，蘇、德戰爭爆發。

（左欄「昭和時代」直書標示於表格左側）

17	1942	占領馬尼拉、新加坡等地。美軍開始轟炸日本本土。	1942，史達林格勒保衛戰。
18	1943	大東亞會議。日軍在太平洋戰爭敗退。尾崎‧索爾格間諜事件。	1943，義大利無條件投降。開羅會議。緬甸、菲律賓獨立宣言。開羅宣言。德黑蘭會議。
19	1944	塞班島、關島日軍覆滅。臺灣實施徵兵制度。	1944，盟軍登陸諾曼第。收復巴黎。
20	1945	美軍在廣島、長崎投擲原子彈。蘇聯對日宣戰。日本接受「波茨坦宣言」，宣告投降。美軍進駐日本，盟軍總部下達五項改革指令。	1945，德國無條件投降。聯合國成立。美、英、蘇雅爾達會議。
21	1946	實施土地改革。成立「經濟安定本部」。採取「傾斜生產方式」方案。	1946，紐倫堡國際軍事審判。美英締軍事同盟。
22	1947	制定「教育基本法」。美國制定道奇計劃。蕭普發表稅制改革建議書。新憲法施行。召開第一次國會。	1947，美國杜魯門總統宣布「杜魯門主義」、「馬歇爾計劃」。
23	1948	盟軍總部發表安定經濟九原則。	1948，以色列共和國成立。
			1949，中華人民共和國成立。
25	1950	成立警察預備隊。	1950，韓戰開始。
26	1951	締結「舊金山對日媾和條約」、「美日安全保障條約」。麥帥解任。社會黨分裂。簽訂「舊金山和約」。	1951，埃及廢除「埃英條約」。美國與南斯拉夫締結軍事援助協定。
27	1952	成立保安隊。	1952，埃及政變。
28	1953	日美簽訂行政協定。	1953，簽訂朝鮮停戰協定。
29	1954	簽訂「日美安全保障法協定」。成立防衛廳與自衛隊。通過兩項教育法。	1954，西德重整軍備。日內瓦會議。英、埃簽訂「蘇伊士運河協定」。西德重整軍備。伊朗石油紛爭解決。
30	1955	自由民主黨組成。日本加入關稅暨貿易總協定。	1955，萬隆亞非會議。美、英、法、蘇四國首腦會議。
31	1956	日蘇恢復邦交。日本加入聯合國。	1956，匈牙利抗暴。蘇聯批判史達林主義。埃及宣布蘇伊士運河國有化。
32	1957	日本當選聯合國安全理事會非常任理事國。	1957，蘇聯實驗洲際飛彈、發射人造衛星成功。

34	1959	岸首相旅遊歐洲、中南美十一國。	1959，歐洲經濟共同體 (EEC) 成立。
35	1960	改訂「日美安保條約」。安保鬥爭。池田內閣制定「國民所得倍增計劃」。	1960，韓國李承晚總統亡命美國。
36	1961	公布「農業基本法」。	1961，蘇聯發射載人衛星成功。
			1962，古巴飛彈危機。
39	1964	東京奧運。	
40	1965	簽訂「日韓基本條約」。	1965，美國轟炸北越。
41	1966	日蘇簽訂「關於航空業務協定」等。	1966，中國文化大革命。
42	1967	佐藤首相訪美。防衛二法修正案成立。	1967，中東戰爭爆發。中共第一次試爆氫彈成功。
44	1969	警視廳解除東大講堂的封鎖。	1969，阿波羅 11 號登陸月球成功。
45	1970	要求無條件歸還沖繩的群眾運動。「日美安保條約」自動延長。	1970，美軍侵犯柬埔寨。
46	1971	日美簽訂「歸還沖繩協定」。日本舉行反美示威遊行。	1971，中共加入聯合國。
47	1972	琉球主權歸還日本。簽訂「日美紡織品協定」。田中發表「日本列島改造論」。田中首相訪華。簽訂中日「聯合聲明」，恢復邦交正常化。日本擬訂「第四次防衛計劃大綱」。	1972，尼克遜訪中國大陸。
48	1973	金大中事件。日本與北越、東德建交。狂亂物價，造成搶購物品風潮。	1973，在巴黎召開越南和平會議。蘇聯第一書記布列茲涅夫訪美。歐洲共同體九國首腦在哥本哈根會議。第四次中東戰爭。
49	1974	通過「靖國神社方案」。日幣與股票大跌。佐藤榮作獲諾貝爾獎。	1974，韓國總統朴正熙被狙擊，朴夫人喪生。
50	1975	天皇、皇后訪美。	
51	1976	洛克希德案。田中角榮被捕。日本政府確認防衛費不超過 GNP 的百分之一。	1976，越南統一。中共四人幫被捕。毛澤東死。
52	1977	眾議院通過「海洋二法」。	

	53	1978	與中共簽訂「中日和平友好條約」。	1978，伊朗革命。
	54	1979	伊東正義外相訪問泰、緬、印、巴四國。大平首相訪問大洋洲三國。	1979，美國與中共建交。
				1980，伊朗革命。莫斯科奧運。
	58	1983	東京迪士尼樂園開園。	1983，前蘇聯核動力衛星失控，引起世界關注。
				1984，黎巴嫩內戰。美國出兵格瑞那達。
	60	1985	筑波世博舉行。五大工業國簽訂廣場協議。	1985，戈巴契夫繼任蘇聯總書記。
	61	1986	第 12 屆 G7 峰會於東京舉行。	1986，瑞典首相奧洛夫‧帕爾梅遇刺身亡。車諾比核事故。臺灣民主進步黨成立。李遠哲獲得諾貝爾化學獎。韓國爆發六月民主運動。
	62	1987	日本泡沫經濟。國鐵民營化。JR 成立。	1987，韓國爆發六月民主運動。美國總統雷根在柏林圍牆前發表演說，呼籲戈巴契夫推倒這堵牆。簽訂蒙特婁議定書。
	63	1988	清函隧道、瀨戶大橋開業。瑞可利賄賂事件。	1988，天安門城樓對外開放。兩伊戰爭結束。緬甸翁山蘇姬創立反對派全國民主聯盟。
	64	1989	昭和天皇駕崩。改年號為平成。	1989，六四天安門事件。愛沙尼亞、拉脫維亞、立陶宛三國約兩百萬人牽起「波羅的海之路」，抗議蘇聯占領五十週年。柏林圍牆倒下。冷戰結束。美國全球定位系統第一枚工作衛星成功發射升空，並進入太空軌道。法國大革命兩百周年。丹麥允許同性伴侶登記。
平成時代	1	1989	引入消費稅 3%。	
	2	1990	大阪舉行國際花與綠博覽會。	1990，WHO 把同性戀從精神病名單剔除。英法海底隧道貫通。
	3	1991	波灣戰爭，日本派遣自衛隊前往。泡沫經濟崩壞。	1991，華沙條約組織解散。蘇聯解體。

4	1992	天皇第一次訪問中國，與時任國家主席楊尚昆會晤。	
5	1993	「河野談話」針對二戰日本強徵韓國慰安婦表達反省與道歉，但未經允許即發表引發爭議。	1993，北韓宣布退出《防止核武器擴散條約》。
6	1994	關西國際機場開港。松本沙林毒氣事件。向井千秋成為首位進入太空的女日本人。	1994，盧安達內戰結束。《聯合國海洋法公約》生效。
7	1995	阪神大地震。沖繩美軍少女暴行事件，造成強烈的「駐日美軍撤出沖繩」呼聲	1995，WTO 成立。《申根公約》生效。以色列撤軍，伯利恆成為巴勒斯坦自治城市。
8	1996	橋本龍太郎以首相身分參拜靖國神社。	1996，世界第一隻複製羊誕生。
9	1997	京都議定書制定。土井隆雄成為日本首位進行太空漫步的太空人。	1997，亞洲金融風暴。火星探路者及火星車成功登陸火星。
10	1998	日本首次進入世界盃足球賽。	1998，美國總統柯林頓下令空襲伊拉克。北韓發射大浦洞 1 號導彈飛越日本領空。
11	1999	日本進行首例捐贈者腦死亡後的腦移植手術。	1999，歐元正式啟用。921 大地震。
12	2000	白川英樹獲得諾貝爾化學獎。二千日圓紙幣發行。	2000，千禧年。
13	2001	野依良治獲得諾貝爾化學獎。日本確診首例狂牛症。小泉純一郎首相參拜靖國神社（任內連續六年參拜）。	
14	2002	小柴昌俊獲得諾貝爾物理學獎。田中耕一獲得諾貝爾化學獎。小泉純一郎突訪朝鮮，首次日朝首腦會談。	
15	2003	派遣自衛隊至伊拉克。	2003，SARS。
16	2004	伊拉克多宗綁架日本人事件。中越地震發生，新幹線首次脫軌。	
17	2005	H-2A 運載火箭發射成功。愛知世博。「小泉談話」發表，再次承認日本殖民的過錯，受到中華人民共和國與大韓民國等曾被日本殖民的國家肯定。	

18	2006	日本贏得第一屆世界棒球經典賽冠軍。	
19	2007	日本防衛廳升級為防衛省。日本郵政民營化。	
20	2008	南部陽一郎、小林誠、益川敏英獲得諾貝爾物理學獎。下村脩獲得諾貝爾化學獎。G8 峰會於北海道洞爺湖舉行。	2008，世界金融危機，景氣衰退。
21	2009	蟬聯世界棒球經典賽冠軍。天皇特例會見習近平。	2009，H1N1 流感大流行。
22	2010	根岸英一、鈴木章獲得諾貝爾化學獎。公立高校無償化。東北新幹線全線通車。	2010，阿拉伯之春：茉莉花革命。
23	2011	「311 大地震」造成福島核災。無線電視全面數位化。	
24	2012	山中伸彌獲得諾貝爾生理學或醫學獎。東京晴空塔開業。	
25	2013	取得 2020 東京奧運舉辦資格。《水俁條約》制定，禁止生產以及進出口含汞產品。	
26	2014	赤崎勇、天野浩、中村修二獲得諾貝爾物理學獎。若田光一成為國際空間站首位日本人站長。消費稅稅率增至 8%。	2014，歐洲難民危機。
27	2015	梶田隆章獲得諾貝爾物理學獎。大村智獲得諾貝爾生理學或醫學獎。伊斯蘭國 (ISIS) 殺害日本人質湯川遙菜和後藤健二。東京都涉谷區，允許以民事結合方式締結同性婚姻。選舉權年齡由二十歲下調至十八歲。日韓慰安婦協議，兩國宣布慰安婦問題達成「最終且不可逆轉的解決」。	2015，西非伊波拉病毒。
28	2016	大隅良典獲得諾貝爾生理學或醫學獎。日本銀行首次導入負利率。美國總統歐巴馬訪問廣島，為美國	

		總統首次到訪原爆城市。卡達襲擊事件造成七名日本人遇害。	
	29	2017	日本與歐盟完成雙邊經濟夥伴協定談判。北韓兩次導彈試射飛越日本領空。	
	30	2018	成人年齡確定於 2022 年由二十歲下調至十八歲。本庶佑獲得諾貝爾生理學或醫學獎。平成最後的日本年度代表漢字:「災」。	2018,史蒂芬・霍金去世。G20 高峰會議於阿根廷舉辦。
	31	2019	內閣官房長官菅義偉於 4 月 1 日在首相官邸公布新年號為「令和」。天皇明仁於 4 月 30 日退位,將皇位內禪予皇太子德仁親王,明仁則改尊號為「上皇」。	2019,巴黎聖母院大火。G20 峰會於大阪舉行。
令和時代	1	2019	G20 大阪峰會。吉野彰獲得諾貝爾化學獎。美國總統川普訪日。	
				2020,Covid-19 爆發。
	3	2021	東京奧運。	
	4	2022	日本加入區域全面經濟夥伴關係協定 (RCEP),是至今最大的自由貿易協定,涵蓋全球近 1/3 的人口與 GDP。	2022,俄國入侵烏克蘭,戰事爆發。

日本史（修訂二版）　　林明德／著

過去二千年來的中日關係，日本受惠於中國者甚厚，但近百年來，日本報之於中國者極酷。中國飽受日本之害，卻不甚了解日本。本書雖不抹煞日本所受中國文戶影響之深，但卻著重日本歷史文化發展的主體性，俾能深入了解日本歷史的獨特發展模式及其文化特徵。

日本通史（增訂二版）　　林明德／著

日本人善於模仿，日本文化可說是以先進文化為典範而形成。日本積極的吸取中國文化，與日本固有文化相融合，產生了「和魂洋才」和「國風文化」。直到明治維新時期，才轉而吸收歐美文化。本書闡析日本歷史的發展過程，並探討日本的民族性、階層制度與群體意識等問題，從各層面了解日本的歷史文化。

近代中日關係史（修訂二版）　　林明德／著

日本自明治維新後，即步上歐美帝國主義之後塵，對亞洲大肆侵略，一部近代中日關係史，即在日本大陸政策陰影下發展，飽含中國人辛酸血淚。作者有鑑於此，擬以史家史筆探討近代中日關係之演變發展，激發國人認識日本，重視中日關係之未來發展。

日本中世史　　鄭樑生／著

日本中世史始於十二世紀末的鎌倉幕府，直到十六世紀室町幕府滅亡為止。這個時期最主要的特色就是天皇勢力的衰落，以及武士階層的興起。在這個「下剋上」的時代裡，不僅在政治方面出現了重大的變化，武士階層與庶民也逐漸在文化方面發揮其影響力，使得此時的日本，出現了不同於古代史的新氣息。本書最後更闡明日本戰國時期的發展，完整呈現從中世過渡到近世的過程。

日本史——現代化的東方文明國家　鄭樑生／著

她擁有優雅典美的傳統文化，也有著現代化國家的富強進步。日本從封建的舊式帝國邁向強權之路，任誰也無法阻擋她的發光發亮。她是如何辦到的？值得同樣身為島國民族的我們學習。

韓國史——悲劇的循環與宿命　朱立熙／著

位居東亞大陸與海洋的交接，注定了韓國命運的多舛，在中日兩國的股掌中輾轉，歷經戰亂的波及。然而國家的困窘，卻塑造出堅毅的民族性，愈挫愈勇，也為韓國打開另一扇新世紀之窗。

越南史——堅毅不屈的半島之龍　鄭永常／著

龍是越南祖先的形象化身，代表美好與神聖。這些特質彷彿也存在於越南人民的靈魂中，使其永不屈服於強權與失敗。且看越南如何以堅毅不撓的精神，開創歷史的新篇章。

印尼史——異中求同的海上神鷹　李美賢／著

印尼是一個多元、複雜的國家——不論在地理或人文上都是如此。印尼國徽中，神鷹腳下牢牢地抓住 "Bhinneka Tunggal Ika" 一句古爪哇用語，意為「形體雖異，本質卻一」，也就是「異中求同」的意思。它似乎是這個國家最佳的寫照：掙扎在求同與存異之間，以期鞏固這個民族國家。

烏克蘭史——西方的梁山泊　　王承宗／著

地處歐亞大陸交界的烏克蘭，歷史發展過程中不斷受到周遭勢力的掌控，但崇尚自由的他們始終堅持著民族精神與強鄰對抗。蘇聯解體後，烏克蘭終於獨立，但前途仍然一片荊棘，且看他們如何捍衛自由，朝向光明的未來邁進。

捷克史——波希米亞的傳奇　　周力行／著

位處歐洲心臟地帶的捷克，深受日耳曼和拉丁文化勢力的影響，也是傳統歐洲與斯拉夫世界的橋樑。　二次大戰後捷克陷於蘇聯的鐵幕之下，1968 年的布拉格之春喚起捷克沉睡的靈魂，而1989 年的絲絨革命，終為捷克的民主化開啟新頁。

國家圖書館出版品預行編目資料

日本近代史／林明德著.——四版一刷.——臺北市：
三民，2022
面；　公分——(世界史)

ISBN 978-957-14-7306-2　（平裝）
1.近代史 2.日本史

731.26　　　　　　　　　　　110016069

日本近代史

作　　者	林明德
發 行 人	劉振強
出 版 者	三民書局股份有限公司
地　　址	臺北市復興北路 386 號 (復北門市)
	臺北市重慶南路一段 61 號 (重南門市)
電　　話	(02)25006600
網　　址	三民網路書店 https://www.sanmin.com.tw
出版日期	初版一刷 1996 年 4 月
	四版一刷 2022 年 4 月
書籍編號	S730070
I S B N	978-957-14-7306-2

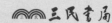